KB012503

미디어 격차

사회적 불평등의 새로운 흐름과 탐색

한국여성커뮤니케이션학회 총서 17

Media Divide

미디어 격차

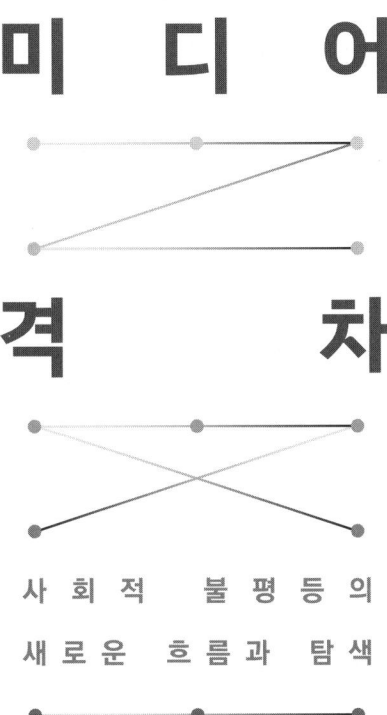

사 회 적 불 평 등 의
새 로 운 흐 름 과 탐 색

New Stage of Social Inequality

한국여성커뮤니케이션학회 엮음
김미경·김은진·조인숙·김소형·이소현·장은미·
이경숙·장미화·최은경·신정아·채정화·육은희 지음

한울
아카데미

책을 펴내며

불평등은 세계화, 기술변화와 같은 구조적인 것과 기업, 노동, 정부 등 행위자의 역할 변화에서 발생한다. 구조적인 문제를 간파했다고 하더라도 행위자가 제도적으로 보완하지 못한다면 불평등은 상호 영향을 주면서 확산될 것이다. 그래서 문제의 진단도 중요하지만 이를 해결하기 위한 사람들의 관심과 행동도 중요한 것이다.

사회적 불평등은 제거될 수 없는 근본 모순이다. 디지털 불평등은 기존의 사회적·공간적 불평등과 중첩되어 그 불평등 양상을 더욱 심화시킬 수 있다는 점에서 심각성을 더한다. 메사추세츠공과대학교(MIT) 에릭 브린욜프슨(Erik Brynjolfsson) 교수와 앤드루 맥아피(Andrew McAfee) 교수는 『제2의 기계시대』에서 '디지털 기술은 풍요의 엔진이면서 격차의 엔진'이라고 주장한다. 2000년 이후 디지털 기술이 미국 경제를 이끌고 있지만, 소득 격차와 승자독식 사회를 만들고 있다고 분석했다. 실제로 구글의 검색엔진, 아마존의 도서 추천, 페이스북의 얼굴 인식 등 많은 영역에서 인공지능(AI) 기술이 응용되면 상위 1% 사람들만 더 많은 부를 축적할 기회를 가질 수 있다고 한다.

디지털 경제와 디지털 사회로의 전환에서 디지털 자원의 보유 여부나 디지털 기술의 활용 여부는 사회생활의 결정적 요소로 작용하고 있다. 밝은 측면에서 삶의 질을 풍요롭고 다양하게 하지만 소득 격차와 노동력의 대체,

사생활 침해, 컴퓨터 해킹, 프로그램 무단복제, 정보의 오남용 등 어두운 측면도 있다. 그렇지만 디지털 기술혁신이 초래하는 보다 근본적인 음영은 디지털 격차(digital divide)이다.

디지털 격차는 정보통신기술에 접근할 기회와 다양한 활동을 위해 인터넷을 사용하는 개인, 가계, 기업, 지역 간의 격차에서 디지털 기술, 디지털 기기와 콘텐츠 이용, 활용의 차원, 권력의 차원 등 보다 포괄적인 개념으로 변화했다. 최초의 디지털 격차가 접근과 이용 가능성의 문제였다면 이제는 활용의 문제가 되고 있다. 소득, 교육과 같은 기본적인 차원 외에 가구 유형, 연령, 성, 인종, 지리 등의 차이에 따라 디지털 격차는 발생한다. 디지털 격차는 전통적 요인에서 매개되어 전개된다는 점에서 기존의 사회경제적 불평등을 심화시킨다. 디지털 격차의 심화는 개인의 다양한 사회생활 경험을 통한 자아실현과 적응에 장애가 되고, 궁극적으로 특정 집단과 계층의 배제로 이어져 사회통합에 악영향을 미친다.

지금은 디지털 기술이 고도화되어 인간과 기계가 대화하는 시대이다. 내가 하는 이야기를 기계가 학습한다. 새로운 AI와 알고리즘 기술이 등장하면서 또 다른 문제가 발생한다. '코로나19'로 모든 것이 온라인으로 넘어가면서 '불편함'은 '불이익'이 되어버렸다. 예를 들어 팬데믹 상황에서 음식 주문을 키오스크 주문으로 변경했다고 하자. 디지털 활용 역량이 부족한 노인은 주문을 포기한다. 키오스크는 손님들의 데이터를 모아서 매출이 높은 메뉴와 시간대를 분석하고 서비스를 변경한다. 노인의 데이터는 축적되지 못한다. 장기적으로는 서비스에서 배제된다. 이 경우 데이터로 재현된 정보를 가진 자와 가지지 못한 자 사이에 권력의 불평등이 발생한다. 정보를 가지지 못한 자를 위한 사회는 없다. 또한 이들을 위한 제도도 마련되지 못할 것이다.

흔히 알고리즘 기술은 객관적이고 중립적이라고 생각한다. 알고리즘에는 개발자의 편향이 들어갈 수 있다. 인공지능은 인간의 정보를 통해 학습하고 인간을 모방하기 때문에 얼마든지 불공정해질 수 있다. 재범 가능성을 예측한 알고리즘은 흑인 범죄자의 재범 가능성을 과대평가하고 백인 범죄자들은 과소평가했다. 알고리즘이 불러일으키는 차별은 사회경제적 차별을 증폭시킬 수 있다. 남녀 간, 연령 간, 지역 간, 자산 및 소득 계층 간 갈등, 편견, 혐오의 뿌리가 깊고, 다문화사회로 변하면서 인종 간 갈등도 표면화될 수 있다. 인공지능 알고리즘의 확산은 사회적 차별을 반영하고 증폭시킬 수 있다.

디지털 기술의 고도화와 디지털 사회의 심화에 직면해 새롭게 발생할 디지털 불평등 문제에 관심이 있었지만 그 방향성에 관한 토론은 충분히 이루어지지 못했다. 인공지능과 알고리즘이 바꾸어놓을 미래의 산업적 가치와 일상의 편리를 우선해 논의함으로써 신종 불평등에 대한 면밀한 관심은 뒷전이었다. 이렇게 당면한 학술적 과제를 위해 한국여성커뮤니케이션학회 총서 팀은 디지털 불평등 2.0에서 디지털 불평등 3.0으로의 변화를 연속선상에서 접근해 살펴보고자 했다.

이 저서는 신종 디지털 기술이 풍요의 엔진이자 격차의 엔진임을 주지하면서 소득, 성별, 소수자, 민족, 인종, 노령인, 취약계층에게 미치는 디지털 불평등 효과를 진단했다. 연속적 흐름에 덧붙여 인공지능과 알고리즘 기술은 무궁무진한 가능성 속에서 편향성과 불공정을 학습했고, 전통적인 격차의 영향력이 성별, 소수자, 민족, 인종, 노령인, 취약계층에서 정교하게 재생산되고 있음을 진단했다. 이 저서는 새로운 디지털 격차를 중요한 정책문제로 인식하도록 하기 위해 디지털 기술을 '보편적 서비스(universal service) 영역으로 상정하고, 새로운 디지털 불평등과 소외의 양상을 체계적으로 파악하고자 했다. 이에 보편적인 디지털 접근 시스템을 구축하고 소외된 집단이나 계층을 대상으로 한 디지털 리터러시 교육 및 디지털 기술의 활용을 촉진할 수 있는 포용 지원책을 제시하고자 했다.

이 저서는 총 4부, 12장으로 구성되어 있다. 제1부의 두 장은 미디어 격차 문제를 미디어 기술 환경과 사회구조적 조건과 관련해 광범위하게 논의하고 지능정보화 시대 미디어 격차가 초래하는 사회적 불평등의 실태를 진단했다. 제1장은 레거시 디지털 불평등의 연속선상에서 신종 디지털 불평등의 지평을 탐색하면서 인구사회적 요인을 매개로 한 격차 이외에도 플랫폼 생태계와 자동화 등이 가져오는 새로운 유형의 불평등을 논의하고 제도적 지원방안을 제시한다. 제2장은 미디어 기술의 발전에 따른 정보 격차 담론의 변화와 관련 이론을 세 가지로 나누어 검토한다. 우선 새로운 기술이나 미디어에 대한 '접근' 개념을 중심으로 초기 정보 격차 이론을 소개하고, ICT 기기의 대중화가 가져온 '활용' 개념에서 '수용과 참여' 개념으로 확대되어 가는 정보 격차 이론의 변천 과정을 살펴본다.

제2부는 디지털 불평등의 현실 속에서 미디어 이용이 배태하는 사회문화적 격차를 논의하고, 대표적인 사회화 기제이자 의식 산업의 주체로서 미디어의 역할을 새롭게 성찰하고자 했다. 우선 제3장은 불확실성의 시대 속 뉴스 이용의 증가에 주목하고 변화된 뉴스 미디어 환경과 이용자 격차 문제를 다룬다. '뉴스 선택성'의 강화, 다중 뉴스미디어 이용, '정보 맞춤화 환경' 등의 맥락 속에서 개인의 뉴스 이용이 정치지식의 습득과 사회정치 참여, 더 나아가 민주주의 실현에 어떻게 영향을 미칠 것인지 고찰한다. 제4장은 코로나19 위기 상황에서 부상한 디지털 격차와 교육 격차의 문제를 조명하면서, 네트워크 사회의 격차와 불평등의 연결고리를 끊어낼 수 있는 보편적 교육의 역할과 의미를 숙고하고 교육 현장에서 나타나는 디지털 격차의 현주소 및 해소 방안을 논의한다. 제5장에서는 디지털 격차 문제를 소수자의 재현과 사회문화적 이슈를 중심으로 살펴본다. 디지털 격차는 사회적 불평등을 초래할 뿐 아니라 문화적 실천과 담론적 구성에까지 영향을 미치고 있음에 주목해, 새로운 불평등 요인이 소수자에게 부과하는 억압 기제를 추적하고 정보지능사회가 요구하는 포용의 양식과 다양성의 가치를 모색한다. 제6장

은 디지털 기술이 제공하는 젠더 평등의 '기회'와 젠더화된 '위험'을 중심으로 디지털 기술과 젠더 이슈를 탐색한다. 디지털 성폭력과 성차별적 혐오, 온라인 게임문화를 통해 디지털 공간의 젠더 정치학을 고찰하고, 이에 대응하는 온라인 페미니즘의 전개 과정 속에 부상하는 새로운 젠더 주체화와 저항의 정치학을 논의한다.

제3부는 글로벌 플랫폼 환경에서 드러나는 미디어 산업 격차에 대한 것이다. 제7장은 미디어 산업의 급격한 지각변동을 마주하고 있는 미디어 산업 종사자들을 살펴본다. 미디어 산업의 노동 특성에 대한 이해를 바탕으로 청년과 여성 중심의 불안정한 고용과 위계적 노동시장에서 야기되는 격차를 탐구하고, 디지털 환경 속 미디어 노동자의 불확실하고 위태로운 삶을 돌아본다. 제8장은 넷플릭스 사례를 중심으로 글로벌 OTT 영상플랫폼과 문화소비의 관계를 고찰한다. 넷플릭스의 영향력을 이용자의 문화소비, 산업적 효과, 문화적 정체성, 영화적 예술성 차원에서 살펴보고, 국내 미디어 산업 및 문화환경의 안정성을 확보하기 위한 방향을 모색한다.

마지막 제4부에서는 뉴노멀 시대, 플랫폼과 데이터 환경에서 지속가능한 발전을 위한 미디어 리터러시 교육과 포용 사회를 위한 실천 방안을 논의한다. 제9장은 국경과 문화를 초월하는 디지털 네트워크 사회의 디지털 시민성과 디지털 리터러시를 탐구한다. 시공간의 변화와 공명하는 시민성 개념의 변화를 추적하고 여러 선진국의 미디어 리터러시 교육 사례 및 미디어 리터러시 연구 동향을 살펴봄으로써, 디지털 미디어 환경의 변화에 대응하고 더 나은 미래를 준비하기 위한 시민으로서의 역량과 의무를 성찰한다. 제10장은 팬데믹의 위기를 넘어 글로벌 연대를 통해 공공선의 실현에 기여하는 방안으로 콘텐츠 액티비즘을 제안한다. 문화콘텐츠가 지향하는 소통의 가치에 주목하여 콘텐츠 액티비즘의 실행 방식과 성과를 검토하고, 미디어 리터러시 역량에 기초한 콘텐츠 액티비즘 실행 모델과 교육적 활용 방안을 모색한다. 제11장은 우리 일상을 파고든 알고리즘의 문제와 데이터 주권에 대한 논의를 담고 있다. 알고리즘 서비스에 내재한 개인정보의 노출 및 편향성의 문제를 고찰하고 온라인 플랫폼 기업들의 개인정보 수집 실태 및 이용자 보호 방안을 탐색함으로써 알고리즘의 투명성과 책무성을 제고하고 알고리즘 리터러시의 필요성을 설명한다. 마지막 제12장은 디지털 포용사회의 실현을 위해 디지털 참여 거버넌스를 제안하고, 디지털 참여가 포용사회로 연결되기 위해 필요한 것들은 무엇인지 검토한다. 디지털 참여 격차의 문제, 디지털 기술의 포용적 실천, '디지털 신뢰' 개념 등의 논의를 바탕으로 다자간의 연결성 강화와 시민참여 확대를 통한 디지털 협력 거버넌스 모델을 모색한다.

이 책의 기획에서 출간에 이르기까지 많은 분들의 도움을 받았다. 먼저 출판지원사업을 통해 도움을 주신 한국언론진흥재단과 편집 및 출판 과정을 책임져 준 한울엠플러스의 윤순현 차장님, 김하경 편집자님께 고마움을 표한다. 책의 기획 작업부터 출판 과정까지 함께해 주신 한국여성커뮤니케이션학회 조수선 회장님과 집행부 선생님들, 전하늘 간사님께 감사의 인사를 전한다. 무엇보다도 17번째 한국여성커뮤니케이션학회 총서를 위해 수고하신 열 분의 공저자, 김은진·조인숙·김소형·장은미·이경숙·장미화·최은경·신정아·채정화·육은희 선생님께 깊은 감사를 드린다. 비대면 상황의 어려움 속에서도 장시간의 회의와 토론에 열정적으로 참여해 주셨고, 바쁜 일정 속에서도 반짝이는 아이디어와 성실한 노력으로 지난한 집필 과정을 완수해 주셨다. 코로나19 팬데믹 여파로 보다 심각한 격차와 소외를 견뎌내야 하는 어려운 시기에 이 책이 사회적 불평등 문제를 새롭게 바라보고 작은 해결 방안이라도 고민하는 계기가 될 수 있기를 희망한다.

저자들을 대표하여

김미경·이소현

/ 차례 /

제 1 부

네트워크 사회에서의 미디어 격차

제1장

디지털 불평등
연속선상의 레거시 불평등과 신종 불평등

1. 서론

'디지털 격차(digital divide)'라는 개념이 등장한 지 25년이 지났다. 그러나 여전히 디지털 불평등은 남아 있고 새로운 불평등이 확산되고 있다. 디지털의 공유성, 이전성, 복제성이 디지털 평준화에 기여할 것이라는 기대와 달리 불평등은 심화·확대되었고, 이에 불평등의 문제는 학문적으로나 사회적으로 더욱 관심을 불러일으켰다. 디지털 격차에 관한 전통적 논의는 '접근 격차', '기능 격차', '활용 격차'의 세 가지 유형을 중심으로 진행되

---

* **김미경**(청운대학교 미디어커뮤니케이션학과 교수)

어 왔다. 지능화 디지털 전환은 새로운 유형의 디지털 격차를 낳고 있다.

디지털 접근(access)의 불평등은 디지털을 소유한 자와 소유하지 못한 자 간의 격차에 대한 것이다. 다행히 현재는 디지털 접근 기회가 증가했지만 네트워크와 기기 접근에 대한 '품질'에서 뚜렷한 불평등이 나타나고 있다. 유비쿼터스(ubiquitous) 접근이 가능한 사람에게도 이용(use)은 차별화되고 기능(skill) 격차가 발생하고 있다. 또한 디지털 불평등은 코로나19 팬데믹 상황에서 경제, 계급, 젠더, 성적 취향, 인종, 민족, 나이, 장애, 의료 수준, 교육 수준, 거주지역(수도권/지방), 네트워크 상황, 글로벌 지리(global geographies)에 따라 더욱 심화되었다.

신종 디지털 불평등은 레거시 디지털 불평등의 연속선상에서 나타난다. 따라서 인간의 기본권으로서 광대역(broadband) 접근권을 옹호하며 논의했던 디지털 불평등 개념은 새로운 지평에서 접근할 필요가 있다. 즉 신종 플랫폼 기반의 디지털 플랫폼이 경제, 노동에 영향을 미치고, 빅데이터와 알고리즘의 이용이 새로운 유형의 불평등을 낳고 있다.

「디지털 불평등 2.0: 정보화 시대의 레거시 불평등」이 인구통계학적 요인과 자원(resources) 요인을 중심으로 디지털 불평등의 원인을 진단했다면 「디지털 3.0: 지능화 시대 새로운 불평등」은 플랫폼 경제와 노동의 문제, 데이터 표현에 따른 불평등, 알고리즘에 의한 소외 등의 새로운 형태를 나타내고 있다(Robinson et al., 2020a; Robinson et al., 2020b). 김문조(2020)는 지능화 시대 디지털 격차로 운영 격차(operation divide), 선정 격차(curation divide), 증강 격차(augmentation divide)를 제시하면서 활용 품질에 따른 격차의 증폭에 대해 설명하기도 한다.

신종 디지털 불평등은 하나의 원인으로 나타나지 않고 서로 연관된 여러 수준에서 발생하기 때문에 여러 요소들이 뭉쳐서 움직이는 '디지털 불평등 스택(digital inequality stack)' 개념으로 접근할 필요가 있음을 제기한다

(Robinson et al., 2020b). '디지털 불평등 스택'에서 각 층위는 서로 연결되어 한 층위의 결핍이 다른 층위의 결핍을 촉진한다. '디지털 불평등 스택'의 인프라스트럭처(네트워크, 기기, 소프트웨어)에 불평등이 존재할 경우, 연속적으로 기능과 이용을 포함한 높은 수준의 불평등이 이어진다. 디지털 불평등이 해소되기 위해서는 접근, 기능, 이용 측면에서 최적의 결과를 낳도록 해야 한다. 디지털 불평등 스택에서 접근 층위(access layer)에서 접근 역량은 연결, 기기, 소프트웨어의 수준을 반영한다. 여기에서 연결성이 불평등(connectivity inequality)하다는 것은 연결 품질, 연결 지속시간, 연결의 연속성이 얼마나 잘 이루어지는지에 따라 결정된다. 또한 기기의 불평등(device inequality)은 연결성과 상관없이, 개인이 이용 용도에 적합하게 기기를 이용하는지의 문제이다. 소프트웨어 접근성의 경우, 개인이 소프트웨어에 쉽게 접근한다고 해도 자원이 부족한 사람은 유료 소프트웨어 서비스에 접근하지 못할 수도 있다.

더욱이 각 개인들은 연결, 기기, 소프트웨어 접근성과 기능 및 이용 면에서 서로 차이를 보인다. 정보검색에서부터 쇼핑에 이르기까지 다양한 소비 영역에서 기능과 이용법이 차별화되어 나타나고 있다. 기능과 이용의 불평등으로 격차는 확대될 수 있는데, 예를 들어 소셜 미디어를 만들 수 있는지와 큐레이션과 평가 시스템을 포함한 활동이 가능한지와 같은 구체적인 기능과 이용의 차이가 사회적 격차를 낳을 수 있다. 더 나아가 프로그래밍, 소프트웨어 설계, 하드웨어 엔지니어링, AI 및 그 이상의 전문성의 기능에서도 불평등이 존재한다.

디지털 불평등에 대해 검토할 때, 보편적 접근(universal access)과 이동성(mobility)을 보장한다고 해서 기능과 이용의 리터러시 격차가 사라질 것이라는 기대는 접어야 할 것이다. 인프라 차원에서 보이는 격차가 극복되어도 활용할 줄 아는 능력 및 역량의 격차가 새로운 불평등을 야기한다. 따라서 새로운 디지털 기술에 의해 발생하는 기능과 활용에 대한 기술적인 접근과 함께 사회문화적인 접근이 필요하다.

디지털 불평등을 이해하기 위해 전통적 디지털 불평등과 신종 디지털 불평등 발생 원인을 비교하고 사회적 불평등으로 어떻게 재현되는지 검토하고자 한다. 전통적 불평등은 인구사회학적 특징과 자원의 결핍에서 발생하는 것이라면, 신종 불평등은 플랫폼 생태계와 자동화 등에서 불평등이 재현되는 것이라 할 수 있다.

2. 디지털 불평등 통합 모델과 레거시 디지털 불평등

1) 디지털 불평등의 통합 모델

디지털 격차의 개념은 접근, 이용, 성과(outcome)를 주로 다룬다. 1단계 정보 격차는 컴퓨터와 인터넷에 물리적으로 접속하는 것과 관련된다. 1995년 미국통신정보국(National Telecommunications and Information Administration, NTIA)이 발표한 보고서에서 필수적인 하드웨어 접근이 가능한 자(소유)와 접근이 불가능한 자(비소유)의 격차에 대한 기술적 용어로 '디지털 격차'를 논하기 시작했다. 초기의 디지털 격차 연구는 인터넷 접속에 영향을 미치는 주요 변수로 인구통계학적 요인을 다루었다.

초기에는 접근만으로도 이용자들이 디지털 기술의 이점을 수용한다고 생각했지만 인터넷은 그렇게 간단한 것이 아니다. 왜냐하면 인터넷 기술에 접근한다고 해서 모두가 인터넷을 이용하고 활용할 수 있는 것은 아니다. 이에 연구의 개념적 초점은 이용으로 확대되었다. 이러한 연구 흐름은 "2단계 디지털 격차"(Atwelll, 2001)라고 하고 '이용 격차'라는 개념이 등장했다. 일부는 "참여 격차(Participation gap)"(Jenkins et al., 2006)라는 용어를 제시하기도 했다. 연구는 인구통계학적 예측 변수뿐만 아니라 디지털 기술에 참여 가능성을 불평등의 요소로 상정하기도 했다. 또한 '3단계 디지털 격차'에 대한 연구는 사람들이 어떻게 인터넷을 활용하는지에 따라 나타나는 격차이다. 즉 사람들이 자신의 학습, 정보 추구, 생산성 증진 및 수입과 영향력을 증진하기 위해서 어떻게 인터넷을 활용하는지에 따라 성과의 차이가 달라진다는 의미이다.

단계별 불평등의 발생은 선형적인 순서에 의해서 접근, 기능, 활용에 대해 다루고 있고 주로 인구사회통계학적 요인으로 원인을 규명했다. 그러나 디지털 접근 환경의 성숙을 위해서는 제도적·구조적·개인적 차원을 종합적으로 발전시켜야 하기 때문에 이를 불평등의 발생 원인으로 살펴보고, 디지털 수용과 지속적 이용 및 디지털 확산의 상태를 따져봐야 불평등을 제대로 진단할 수 있을 것이다. 디지털 불평등의 원인과 성과 분석을 위해서 디지털 불평등 통합 모델을 통해 접근할 수 있다.

통합 모델은 디지털 불평등의 원인을 거시적·중형적·미시적 차원의 순환 생태계로 접근한다. 디지털 불평등의 거시적인 동인은 주로 이념, 공공 행정, 공동체, 산업, 개인의 특징에서 발생한다. 거시적 불평등의 원인에 덧붙여 자원의 격차(물리적 자원, 재정적 자원, 지적 자원, 심리적 자원, 대면적 자원, 교육적 자원)도 불평등을 심화시킨다. 또한 미시적으로 물리적·동기적·사회적·인지적 접근의 격차는 불평등을 심화시킨다. 이러한 미시적 불평등은 다시 거시적인 불평등 요인에 순환적으로 영향을 미치는 불평등 생태계를 형성한다. 거시적·중형적·미시적 원인에 의해 발생된 디지털 불평등이 개인의 디지털 이용과 채택 및 일상에서의 효과성 평가에 의해 평가된다. 또한 일자리, 건강 정보, 제품 및 서비스, 교육에 이르기까지 모든 생활 영역에 활용한다. 이러한 활용 정도는 다수의 사람들에게 확산된다. 〈그림

그림 1-1 디지털 불평등의 통합 모델(an integrated measurement model of digital inequality)

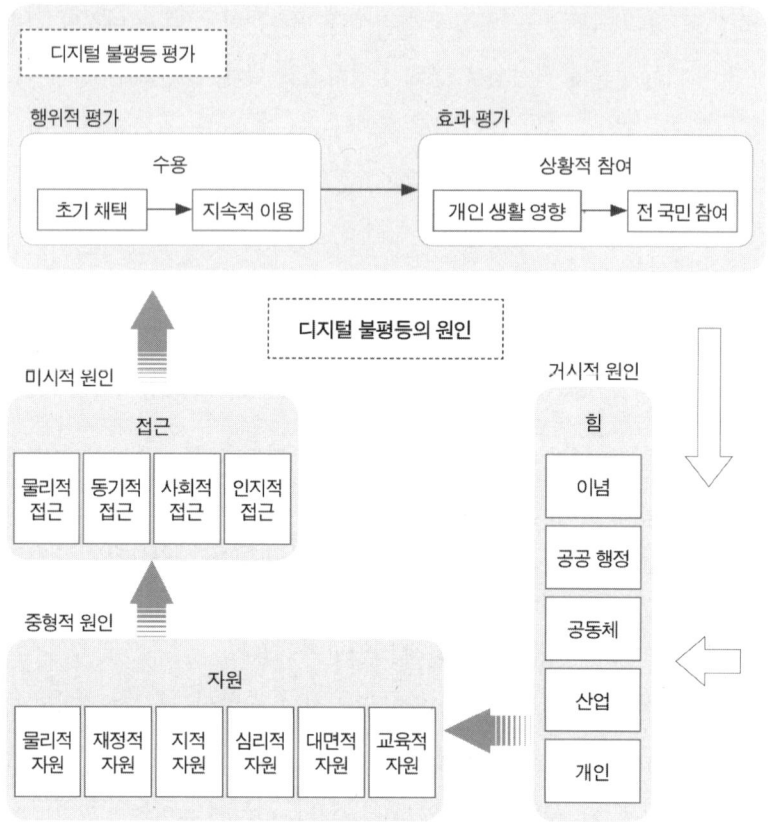

자료: Biyang Yu et al.(2018), 552~574쪽.

1-1〉에서 보듯이 디지털 불평등은 거시적·중형적·미시적 원인에서 통합적으로 발생하는 격차부터 우리의 생활세계에서 수용 및 발휘되는 효과까지를 종합적으로 검토해야 할 것이다. 이에 디지털 불평등의 해소 방안도 제도적·자원적·개인적 차원에서 마련되어야 할 것이다. 따라서 디지털 불평등에 대한 인식은 통합적이고 종합적으로 접근되어야 할 것이며, 디지털 불평등의 해소 방안도 제도적·자원적·개인적 차원에서 마련되어야 할 것이다.

2) 레거시 디지털 불평등

디지털 불평등의 원인은 미시적·거시적·중형적 원인으로 〈그림 1-1〉에서 구분했다. 중형적 원인은 주어진 자원의 차이에 따라 디지털 격차를 야기한다는 측면에서 구조적인 문제라고 할 수 있다. 디지털 격차의 구조적 원인으로 레거시 불평등을 살펴보고자 한다.

(1) 경제적 수준과 디지털 불평등

경제적 수준은 하드웨어 품질, 소프트웨어, 네트워크 액세스, 사용 패턴과 기술 측면에 영향을 미치는 강력한 불평등 지표이다. 예컨대 네덜란드와 같이 인터넷 채택과 디지털 기기 확산이 높은 국가에서도 소득은 디지털 기기에 대한 접근 및 다양한 기기를 이용하는지의 여부에 큰 영향을 미치는 지표로 나타났다(van Deursen·van Dijk, 2019). 미국은 소득 격차에 따라 스마트폰의 소유, 브로드밴드 서비스의 유무, 노트북과 데스크탑 컴퓨터 유무, 태블릿 유무, 디지털 기기와 서비스 소유 등에서 격차를 나타내고 있다(Anderson·Kumar, 2019). 또한 경제적 계급에 따라 디지털 이용의 패턴과 범위에서 큰 차이를 보이기도 한다. 경제적으로 고소득층은 인터넷을 이용하는 데 있어서 정보나 서비스를 광범위하고 보다 정교하게 이용하지만 저소득층은 디지털 자원을 엔터테인먼트를 위해 이용하기도 한다.

(2) 젠더와 디지털 불평등

젠더(gender)는 디지털 불평등 스택에 걸쳐 불균형이 어떻게 이루어지는지를 보여주는 지표이다. 성별의 차이는 디지털 불평등 연구의 핵심적인 변인이다. 초기 연구에서 여성들이 인터넷에 덜 접속함으로써 정보 경제의 혜택에서 배제될 수 있음을 우려했다. 그러나 후속 연구에서 액세스에서의 성별 차이는 사라졌거나 역전되었다고 밝히기도 한다(Campos-Castillo, 2015). 젠더와 디지털 불평등 연구는 성별에 따른 인터넷 중독(Toker, 2015), 성별에 따른 사이버 범죄의 유형(디지털 저작권 침해, 사이버불링, 해킹)(Doner, 2016), 성별에 따른 온라인 신문과 종이신문 이용 현황(Taipal, 2013) 측면에 대해 연구되고 있다. 최근에는 여성의 접근권이 약화되는 이유를 구조적이고 사회적인 맥락에서 접근하면서 선진국과 신흥 개발국 여성 간의 디지털 격차를 연구했다. 성별 디지털 불평등이 여성의 경제적 능력과 노동시장의 참여 가능성, 사회경제적 발전을 위한 리터러시를 약화할 수 있음을 걱정하고 있다.

(3) 섹슈얼리티와 디지털 불평등

섹슈얼리티(sexuality)는 '2단계 디지털 격차'와 '3단계 디지털 격차'로 누적되는 디지털 불평등을 낳는다. 온라인이든 오프라인이든, 섹슈얼리티는 친밀한 교제를 위한 인간 욕망의 표현이다. 디지털은 성희롱의 위험뿐만 아니라 강제적인 폭로와 사생활 측면에서 성소수자들을 취약하게 만들 수 있다. 섹슈얼리티를 위한 온라인 접근권을 확보한다는 것은 매력적이다. 성적 선호 대상의 발견을 쉽게 하지만, 다른 한편에서는 개인의 성적 취향이 다른 사람에게 노출될 위험도 있다(Gershon, 2010). 또한 디지털에서 드러나는 지배적 성적 취향은 전통적인 성규범을 재생산하거나 과장하는 경향이 있다(Bruch·Newman, 2018; LaViolette·Hogan, 2019). 여성이 남성보다 피해자가 될 가능성이 높기 때문에 성소수자와 여성이 추가적인 위험에 빠질 수 있다(Bates, 2017). 따라서 커밍아웃(coming out)한 소수자들은 온라인에서의 인상관리와 일상에서의 인상관리 전략을 다르게 취한다. 섹슈얼리티에 의한 디지털 불평등을 해소하기 위해서 온라인 자기 프리젠테이션이 가능해야 할 것이다.

(4) 민족과 인종

민족과 인종(ethnicity and race)에 관련된 디지털 불평등은 다양한 민족과 인종이 새로운 기술에 접근, 이용, 참여하는 방식의 차이로 인해 사회적 불이익이 확대 혹은 축소되는지의 여부를 탐색하는 것이다(Chen, 2013). 디지털 불평등 연구의 계층화 가설(the stratification hypothesis)에 따르면, ICT(information and communications technology) 채택, 이용 및 기술의 프로세스는 기존의 사회적 불평등을 재생산하고, 온라인 네트워크는 오프라인 네트워크 구조를 재생산한다. 소수민족과 인종은 다수민족과 인종보다 인터넷 이용이 일반적으로 낮다. 예컨대 미국에서의 소수민족과 인종은 일상생활에서 디지털 불평등을 보이고 있다(DiMagio·Garip, 2012). 반면 다양화 가설(the diversification hypothesis)에 따르면, 인종과 민족별 온라인 네트워크 접속을 통해 소셜네트워크와 사회적 자본을 확장한다. 인종과 민족별 디지털 자원을 어떻게 활용하는지에 따라 사회적 자본의 차이를 보인다고 주장하면서 아프리카계 미국인들은 약한 유대(weak tie)[1] 관계를 많이 맺지만, 백인들은 강한 유대(strong tie)[2] 관계를 훨씬 더 많이 맺고 있다(Mesch, 2018)고 보고했다.

(5) 노령화와 디지털 불평등

디지털을 이용해 ICT를 활용할 수 있는 사람은 시간적·공간적·사회적 장벽을 극복하고, 이메일, 온라인 커뮤니티, 소셜 미디어, 메시징을 통해 사회적으로 유대감을 형성하며, 건강, 여행, 엔터테인먼트 및 기타 활동을

---

[1] 네트워크 구성원들 간에 제약이 낮아 가입과 탈퇴가 자유롭고 다양한 범위의 사람들과 만날 수 있는 가능성이 열려 있다. 경험하지 못한 세계와 정보와 자원과 기회가 있다.

[2] 가족, 친구는 강한 유대를 형성한다. 우리의 사회적 인맥 중에 내부 집단을 구성한다.

위한 정보에 접근함으로써 생활이 윤택해진다(Cotten·Gupta, 2004). 65세 이상의 노년층은 젊은 층에 비해 인터넷, 스마트폰, 소셜 미디어의 이용률이 여전이 낮으며 80세 이상은 더 낮다(Anderson·Kumar, 2019; Anderson·Perrin, 2017). 노인층에게 비용, 인지능력, 디지털 능력 및 기술지원의 가용성은 지속적 활용과 편익의 획득 면에서 중요하다. 코로나19로 인해 일상이 비대면으로 전환되면서 디지털 기기 사용도 한층 가속화됐다. 전문가들은 코로나19 유행 속 디지털 격차는 노인 건강관리와도 직결된다고 지적한다. 지금은 일일 환자 수부터 유행 지역, 예방접종까지 코로나19와 관련한 모든 정보가 온라인을 통해 실시간으로 전달된다. 코로나19에 가장 취약한 고령층이 정보 획득에서는 한발 늦을 수밖에 없다. 따라서 이런 경우 디지털 불평등은 실생활에서 확연히 드러나게 된다(황남희 외, 2020).

(6) 장애와 교육

장애(disability)는 디지털 불평등 스택에서 과소 연구된 부분이다. 장애인은 비장애인에 비해 교육 부족, 건강 악화, 고용 수준 저하, 빈곤율 증가 등 사회경제적 부작용을 경험할 가능성이 높다. 미국의 인터넷(비) 이용 측면에서 볼 때, 비장애인과 장애인의 인터넷 이용 격차는 2017년에 20.7점을 기록했다(U.S. Census Bureau, 2001~2017). 장애는 디지털 불평등을 낳는 여러 요인과 교차하면서 격차를 악화시킨다. 장애 유형별로 디지털 격차를 구체화하고 기술적이고 법적인 지원 정책이 필요할 것이다.

교육(education)은 디지털 불평등 스택에서 매우 중요한 요소이다. 디지털 자원에 대한 접근성이 부족한 학생은 숙련 개발 기회를 가질 가능성이 낮다(Robinson et al., 2018). 한편 디지털 기술의 남용은 학생들의 학업 성공에 해를 끼칠 수 있다(Judge, 2005). 또한 디지털 경제에 의해 끊임없이 직업 역량이 변화하면서 고용주들은 디지털 기술과 리터러시를 요구하기 때문에 디지털 불평등은 직업의 궤도에 영향을 미친다(Robinson, 2012). 핀란드와 같이 우수한 교육기관이 있는 국가에서도 성인 2/3 이상이 디지털 기술에 의한 직업적 성과가 낮은 것으로 나타났으며, 독일 청소년을 대상으로 한 OECD 연구 결과, 문화자본 분배의 오래된 불평등이 디지털 불평등으로 재현되고 있다고 밝혔다(Bourdieu, 1986). 디지털 기술 자원의 불평등은 디지털 활용에서도 차이를 나타낸다. 전통적 미디어 자원이 부족한 학생들은 디지털 기술을 여가 활동에 활용하지만, 미디어 자원이 풍부한 학생들은 학업 활동에 활용하는 경향이 있다(Dravowicz, 2017).

(7) 농촌-도시 간 디지털 불평등, 글로벌 디지털 불평등

농촌-도시 디지털 불평등은 개발도상국과 선진국 모두에 존재한다. 그러나 개발도상국 농촌-도시의 디지털 격차는 ICT 인프라 불균등 분포로 인해 선진국에 비해 더 크다. 미국 농촌 지역 인터넷 사용자들은 도시 사용자에 비해 초고속 인터넷 인프라가 부족할 뿐만 아니라 인터넷 기기의 채택 수준도 낮다. 영국도 인터넷 이용에 있어서 지리적 불평등이 상존하고 있다. 인도 농촌의 인터넷 보급률은 도시보다 대략 45% 낮다. 중국 농촌의 인터넷 보급률은 도시보다 36% 이상 낮다. 인터넷 서비스의 채택은 농촌과 도시의 지리적 차이 이외에도 연령, 교육, 성별과 같은 다른 인구학적 요인에 영향을 받는다. 농촌과 도시의 디지털 불평등을 좁히기 위해서는 인프라에 대한 투자, 디지털 리터러시의 향상 및 정보서비스 개선이 필요하다.

글로벌 디지털 불평등은 국가 간 혹은 국내의 디지털 불평등을 검토하는 것이다. 전 세계 디지털 불평등의 현주소를 조사해 보면, 레거시 디지털 불평등이 여전히 존재한다는 것을 알 수 있다. 2018년 통계에 따르면, 북미(95%)와 유럽(85%)이 가장 높은 인터넷 보급률을 나타냈으며 아프리카(36%)와 아시아(49%)가 낮은 보급률을 나타냈다. 그러나 컴퓨팅 기기(노트북 및 데스크톱)가 덜 보급된 지역에서는 모바일 기기의 보급이 급증하고 있는 사례를 볼 때 모바일 기기의 발전은 신흥국가의 연결성, 커뮤니티 및 경제적 측면에서 긍정적 영향을 미칠 수 있다(Ling·Horst, 2011). 글로벌 디지털 불평등을 해소하려면 리터러시 수준을 향상시키고 전문교육을 강화해야 할 것이다. 또한 이해관계자들의 협력과 적절하고 유연한 규제, 사용자 친화적인 제도를 마련할 필요가 있다.

3. 디지털 기술혁신과 디지털 평등 스택

인류 역사 변화의 중심에는 새로운 기술의 등장과 기술적 혁신이 자리하고 있다. 새로운 기술의 등장은 단순히 기술적 변화에 그치지 않고 전 세계의 사회 및 경제구조에 큰 변화를 일으켰다. 역사적으로 기술혁신은 힘의 역학 관계의 원천임을 보여주고 있다. 제1차 산업혁명은 '기계혁명'이라고도 불리며 18세기 중반 증기기관의 등장으로 가내수공업 중심의 생산체제가 공장생산체제로 변화된 시기를 말한다. 제2차 산업혁명은 전기 동력의 등장으로 '에너지혁명'이라고도 불리며 대량생산체제가 가능해졌다. 컴퓨터 및 정보통신기술(ICT)의 발전으로 정보화·자동화 체제가 구축되었고, 이로 인해 우리는 '디지털 혁명'이라는 제3차 산업혁명의 시대(Rifkin, 2012)를 지내고 있다. 산업혁명은 역사적 관점에서 보자면 아주 짧은 기간 동안 발생했으나, 그 영향력은 개인 일상생활에서부터 전 세계의 기술, 산업, 경제, 사회구조를 뒤바꾸어 놓을 만큼 거대했다. 또한 새로운 기술의 등장과 기술적 혁신은 계속 진행 중에 있으며 또 다른 산업혁명을 야기하고 있다. 다보스 포럼(World Economic Forum, WEF)에서 던져진 화두인 제4차 산업혁명은 일자리 지형 변화라는 사회구조적 변화를 예견하고 있다. 제4차 산업혁명을 '디지털혁명(제3차 산업혁명)에 기반해 물리적 공간, 디지털 공간, 생물학적 공간의 경계가 희석되는 기술융합의 시대'라고 정의하면서, 전 세계의 산업구조 및 시장경제 모델에 커다란 영향을 미칠 것으로 전망하고 있다.

이러한 기술혁신은 힘의 도구라는 것이 사회과학적 입장이다. 그래서 기술시스템하에 권력관계가 숨겨져 있음을 주장한다. 대표적으로 푸코는 권력의 기술이 개인을 행동하게 하고 종국적으로는 특정한 지배 상황에서 복종하게 한다고 주장한다(Mantin et al., 2016). 즉 정보 테크놀로지를 이용하는 것이 필연적으로 개인정보의 노출이라는 이용자들의 필수적 희생을 강요함에도 불구하고, 정작 정보 노출의 희생자인 이용자들은 그러한 전자적 감시를 부정하기보다는 오히려 그것이 제공해 주는 각종 편익과 혜택을 환영하게 된다. 이러한 생성적 권력(positive power)은 내재된 생성적 가치로부터 파생되기도 하지만 그러한 가치를 적극적으로 광고하고 홍보하는 다양한 매개된 활동에 의해 우리의 욕구(need)나 바람(wants)이 조작된 것으로 볼 수 있다(김동윤, 2006).

또한 '커뮤니케이션 파워'에서 카스텔스(Castells, 2001: 4)는 "정치적 관행을 비롯한 사회 관행의 모든 영역에서 커뮤니케이션 과정은 권력관계를 구성하고 혁신하는 방식을 매개한다"라고 강조한다. 즉 권력은 커뮤니케이션 과정을 통해 사람들의 마음에 구축된다는 점, 마음의 형성은 위험이나 폭력에 의해 신체를 굴복시키는 것보다 더 결정적이고 오래가는 형태의 지배라는 점이다. 새로운 커뮤니케이션 기술은 단적으로 '이동'으로 표현할 수 있다. 인터넷을 통한 인간의 생각이 급속히 이동함으로써 각종 경계가 해체되고 유행, 혁신, 개혁과 같은 다양한 형식의 정치, 경제, 사회, 문화적 변화가 초래된다는 것이다. 이로 인해 심층적 수준의 권력관계까지 바꾸어 놓을 수 있다.

기술은 우리가 배우고 일하고 사는 방식을 바꾸고 있다. 디지털은 기존의 전통적 미디어 사업을 보완하는 차원에서 벗어나 새롭게 대체하고 있다. 예를 들어 영상·미디어·교육 플랫폼, 핀테크 등 신흥 사업이 등장하고 있다. 따라서 사회의 모든 시스템은 생존을 위해서 기술 친화적이 되었지만 디지털 불평등은 일상에서 재현되고 있다. 이러한 디지털 불평등을 약화시키고 기술과 인터넷이 사람들의 삶에 긍정적인 영향을 미치도록 하기 위한 적극적인 노력이 디지털 평등(digital equity) 이슈이다. 모든 시민이 디지털 기술을 사용해 자신의 삶과 공동체를 개선하는 것이다.

디지털 평등을 위해 디지털 기술을 이용하는 데 필요한 조건인 전체 스택을 이해하는 것이 매우 중요하다. 내체로 광내역 인터넷 접근, 컴퓨터나 기기 접근, 디지털 기술 접근을 가정해 정보 격차가 제기되었다. 정보 격차를 해결하기 위해 모두에게 광대역과 기기에 대한 동등한 접근을 보장한다면 디지털 평등을 구현할 수 있다고 가정했다. 물론 광대역과 기기의 요소가 정보 격차의 근본적인 구성 요소이지만, 이것만이 전부가 아니다. 디지털 접근 이외에도 디지털 기술을 의미 있게 사용하기 위한 필요조건인 디지털 채택(adoption)이 요구된다. 또한 디지털 기술을 통해 모든 사람들이 각자의 개인적, 공동체적 목표를 달성할 수 있도록 이용하고 활용(use/application)함으로써 완성된다(Swarthout, 2017: 7; 21).

디지털 평등을 위한 최종의 목표는 디지털 접근 역량의 증진이다. 디지털 접근 역량의 향상을 위해서는 네트워크와 기기에 대한 접근이 전제되어야 한다. 채택을 위한 숙련적 기능이 확보되고 이를 위해 부담 없고 저렴한 소프트웨어의 보급, 디지털 프라이버시 보호 도구, 디지털 리터러시가 필요하다. 디지털 활용 측면에서 교육, 건강, 경제 및 직업, 시민참여, 공적 안전 서비스 등 개인적 필요를 위해서 적절하게 활용할 수 있어야 한다. 실질적인 삶에서 활용되어 긍정적인 변화를 추동할 힘이 되어야 할 것이다. 이로 인해서 디지털 불평등은 해소될 수 있는 것이다.

표 1-1 디지털 불평등 해소를 위한 디지털 평등 스택

활용/이용	교육	건강	경제·직업	시민참여	공적 안전·긴급 서비스	
채택	저렴하고 잘 기능화된 소프트웨어					접근 역량의 설계
	디지털 권한 및 프라이버시를 안전하게 보호할 도구					
	디지털 리터러시					
접근	저렴한 홈 인터넷과 모바일 인터넷 서비스 및 기기					
	인터넷에 대한 공적 접근					
	이용 가능한 인터넷 서비스					

자료: Swarthout·Luke(2017: 7, 21).

4. 신종 디지털 불평등: 인권으로서 접근권, 플랫폼 경제와 알고리즘, 빅데이터

디지털 정보 격차 연구가 이루어진 지 25년이 지났지만 디지털 불평등 문제는 여전히 상존하고 있다. 기존의 디지털 불평등은 경제적 계급, 성별, 인종, 노화, 장애, 의료, 교육 수준, 농촌-도시 거주 등의 여러 측면에서 발생했다. 동시에 신종 불평등이 중첩되어 나타나고 있다. 디지털 기술의 채택 비용이 감소하면서 디지털 정보 격차도 해소될 것이라고 예측하기도 했지만 새로운 디지털 활용 기술이 등장하면서 디지털 불평등은 점점 복잡한 모습으로 재현되고 있다. 플랫폼 경제, 자동화, 빅데이터, 알고리즘, 사이버 범죄, 사이버 안전, 시민참여, 모빌리티, 게임 등 다양한 영역에서 디지털 불평등이 새로운 양상으로 등장하고 있다. 신종 디지털 불평등의 양상은 적극적으로 디지털을 이용하는 사람과 소극적으로 이용하는 사람이 만드는 데이터 재현에 의해 발생할 수 있다. 예를 들어 특정 집단이 특정 지역의 데이터를 과잉 혹은 과소로 재현할 경우, 데이터가 실제 세계를 대표하지 못하고 편향적인 결과를 낳을 수 있다. 이로 인해 '데이터 재현

격차'가 발생할 수 있다(김미경, 2020). 또한 지능화 디지털 기술을 능동적으로 개발하는 자와 수동적으로 운영하는 자 간의 격차(개발자 파워), 데이터와 알고리즘으로 선별의 힘을 가진 자와 못 가진 자 간의 격차(알고리즘 파워), 질적 불평등으로 인한 '유능-무능(able-unable)'이 아닌 '가능-불능(enable-disable)'의 격차가 나타나기도 한다(김문조, 2020).

1) 인권으로서 접근권

디지털 불평등 스택의 기본 층위인 액세스는 인권으로 다루어지고 있다. 그만큼 액세스권은 디지털 불평등을 해결하는 데 근본적인 요소이다. 핀란드, 에스토니아, 그리스, 프랑스는 인터넷 접근을 인권으로 간주해 법령과 정책을 마련했다. 대부분의 정부 서비스 및 기업 네트워크가 인터넷 플랫폼으로 운영되기 때문에 시민들이 당연히 이용할 권리가 있다는 의미에서 적용된 것이다. 인터넷이 정보, 통신 및 경제적 기회뿐만 아니라 상업 및 공공서비스에 접근하는 기본적 자원이기 때문에 저렴한 비용으로 시민의 접근권을 실현해야 한다는 것이다. 시민의 접근권을 인권으로 다루기 위해서 가장 시급한 것은 접근권의 가장 큰 장벽인 비용을 축소하는 것이다. 이를 위해 인터넷 공공정책과 요금 정책을 마련해야 한다. 아프리카 전역에서 1GB 데이터에 대한 평균 비용은 월평균 급여의 약 7%를 차지한다. 또한 일부 국가에서는 1GB의 데이터 비용이 평균 급여의 20%를 차지한다(Affordable Internet, 2019b). 이 경우 근본적으로 접근권은 실현되지 못하고 있다. 더욱이 이동통신 광대역(4G 및 5G 등)과 차세대 위성 기술의 발전은 eHealth, 교통, 교육 및 재난 구조에 영향을 크게 미치기 때문에 시민의 디지털 서비스에 대한 안정적 접근은 필수적이다. 데이터 및 인터넷에 대한 공정하고 경제적인 접근은 글로벌 디지털 불평등을 극복하기 위한 근본 요소이다. 접근성 부족은 다른 글로벌 불평등 문제와도 맞물려 있기 때문에 저비용의 광대역 인프라 구축과 '라스트 마일(last mile)'[3] 정책이 요구된다.

2) 플랫폼 경제, 빅데이터, 알고리즘과 기타

디지털 플랫폼 경제가 확산됨으로써 접근성뿐만 아니라 디지털 이용과 활용에 따른 삶의 격차에 새로운 지평이 열리고 있다. 플랫폼은 데이터와 알고리즘에 의해 움직이는 디지털 인프라 구조로, 두 개 이상의 다양한 그룹을 상호 연결한다. 플랫폼은 컴포넌트(component)와 룰(rule)로 구성된다 (Eisenmann·Parker·van Alstyne, 2008).[4] 플랫폼 기업은 이러한 플랫폼을 소유하며 유지, 관리한다. '구글'이나 '페이스북'과 같은 소셜 미디어 플랫폼은 광고 영업자와 기업을 한쪽에 두고, 다른 쪽에는 이용자를 플랫폼에 모이게 하며 상호 연결한다. 한마디로 플랫폼 사업은 서로 다른 이용자 집단을 끌어모으고 이들 사이의 경제적·사회적 상호작용을 지원해 그 대가를 수취하는 사업이다(금민, 2020).

디지털 플랫폼 기업의 이윤은 '네트워크 외부성(network externality)'[5]에

---

3 통신, 케이블 텔레비전 및 인터넷 산업에서 소매 최종 사용자에게 통신 서비스를 제공하는 통신 네트워크의 최종 구간을 지칭하기 위해 널리 사용된다.

4 컴포넌트는 하드웨어(HW), 소프트웨어(SW), 서비스 모듈(service module), 아키텍처 (architecture)를 의미한다. 스마트폰 등의 단말기, 안드로이드 등의 운영체제를 컴포넌트라고 할 수 있다. 룰은 네트워크 참여자나 플랫폼에 직간접적으로 관여하고 있는 이해관계자를 조율하거나 조정하는 규칙을 의미한다.

5 특정 제품을 사용하는 소비자가 많아질수록 해당 상품의 가치가 더욱 높아지는 현상이다. 네트워크 외부성은 선순환구조를 만들어낸다는 점이 특징이다. 다수의 소비자가 구입한 재화는 가치가 상승해 다른 사람들에게도 효용이 높은 재화로 인식될 가능성이 높기 때문에 구매를 유인하는 효과가 발생하며, 이에 따라 소비자의 수는 증가하게 된다. 네트워크

의존한다. 여기에서 핵심적인 것은 '데이터'이다. 디지털 플랫폼은 디지털 인프라의 구축부터 서로 다른 그룹들을 연결하는 전체 과정에서 모든 연결을 모니터링하고 데이터를 추출하는 위치에 있다. 디지털 플랫폼은 방대한 데이터 추출과 통제가 가능하도록 만들어주는 디지털 인프라이며 플랫폼 기업의 소유물이다. 디지털 플랫폼 기업이 공급자와 이용자를 맞춤형으로 매칭(matching)해 이윤 창출을 가능하게 하는 것은 물적·인적 자원이 아니라 '데이터'이다. 디지털 플랫폼이 더 많은 데이터를 모으면 이윤은 더 많아지고 네트워크 효과는 증대된다. 따라서 데이터는 플랫폼 기업의 경쟁 수단이며 이종 비즈니스에 진출(구글이 데이터 기반으로 자율주행 사업)하기 위한 교두보가 된다.

디지털 플랫폼의 데이터 기반 가치 창출을 위해 클라우드 컴퓨팅(cloud computing)과 머신 러닝(machine learning)은 빅데이터를 확보하게 하는데, 이를 통해서 인공지능 개발도 가능하게 된다. 데이터를 가장 많이 집적하고 빅데이터를 형성할 수 있는 디지털 플랫폼 기업들이 인공지능 개발에서도 선두에 서게 되었다. 이렇게 새로운 디지털 생태계에서 디지털 플랫폼의 데이터, 알고리즘, 인공지능 효과가 디지털 불평등에 어떠한 영향을 미칠지는 아직 확실하지 않다(Sundararajan, 2016; Hoang et al., 2020). 그러나 플랫폼 경제의 디지털 노동, 데이터와 알고리즘에 의한 신종 디지털 불평등을 추정할 수 있다.

첫째, 디지털 플랫폼 경제와 디지털 노동력의 관계에 내포된 디지털 불평등은 대체로 플랫폼 소유와 비소유 간의 격차에서 발생한다. 디지털 플랫폼 노동은 여전히 대부분 규제를 받지 않으며 저임금, 불안정, 보호되지

외부성은 기술 발전에 의해 발생되는데 기술 발전이 이루어지면 생산 비용이 절감되어 재화의 시장가격을 인하하는 효과를 나타낸다.

않는 작업 활동으로 구성되어 있다. 이로 인해 기존 격차를 강화하거나 새로운 취약점이 발생할 수 있다. 플랫폼 기업들은 필요에 따라 계약직으로 사람을 채용한다. 우리나라 플랫폼 노동은 배달서비스, 대리운전, 가사서비스, 퀵서비스, 간병, 번역, 청소 용역, 홈페이지 제작, 디자인, 시나리오 작가, 미용서비스, 과외, 택배(쿠팡 플렉스), 일회성 아르바이트 등이 있는데 그 영역이 계속 확대되고 있다. '긱 이코노미(gig economy)'라는 비정규 프리랜서 근로 형태를 띠는데, '긱'이라는 말은 1920년대 미국 재즈 공연장 주변에서 즉흥적으로 단기 연주자(gig)를 구한 데서 유래했다. 에어비앤비(airbnb)와 같은 위치 기반 긱 플랫폼은 기술 기반 효율성 향상뿐만 아니라 이전에는 규제가 심해 제외된 택시 산업 운전자 등의 다양한 인력을 포함하겠다는 약속으로 많은 대중의 관심을 끌어왔다. 낙관적인 기대와는 달리 플랫폼 노동에서도 우리사회의 광범위한 성별 격차와 인종 격차가 발생했으며 고정관념에서 발생한 편견이 플랫폼 노동에서도 나타났다. 예를 들어, 청소 플랫폼 노동력은 여성 중심이며, 배달과 운송 플랫폼 노동력은 주로 남성이 담당한다(van Doorn, 2017).

둘째, 알고리즘(algorithm) 관리는 정보의 비대칭과 감시를 발생시킨다(Rosenblat, 2018). 데이터 알고리즘은 플랫폼 혁신과 효율을 위해 주로 존재하지만 플랫폼 노동 통제에 악용될 소지 또한 크다. 자동화된 스마트 앱을 통해 노동을 유연화하거나 고객과 노동자의 사적 정보를 관리하는 알고리즘 코딩 시스템은 노동권에 반대적일 경우가 많으며, 일반인은 인지하기도 어렵다. 플랫폼 알고리즘은 수많은 정보를 연결하고 계속 업데이트되지만, 노동자는 보호받지 못한 채 알고리즘이 알려주는 대로 개별적으로 움직일 뿐이다. 플랫폼 사업자는 기업인수를 통해 덩치를 키우고 독점적 지위를 확보하려는 반면, 노동자는 개별적인 계약자로 뭉치기가 쉽지 않다. 플랫폼 알고리즘 규칙 개발에 일반인은 개입하기 어려워 플랫폼 내 자동화 기술 수위나 정도는 미래 노동권 방어와 관련해 중요한 쟁점이 될 수 있다(이광석, 2019).

셋째, 빅데이터와 알고리즘 결합은 기존의 디지털 불평등을 강화하는 동시에 새로운 형태의 디지털 불평등을 발생시킬 수 있다. 빅데이터와 AI는 데이터와 개인정보를 비대칭으로 제어한다. 빠르게 성장하는 서비스 및 자원의 자동생산 및 배포, 알고리즘 인프라에서 소외된 목소리의 과소 표현으로 인해 '데이터 재현 격차(data representation divide)'를 발생시킬 수 있다(김미경, 2020). 빅데이터는 근본적으로 개인정보 보호 권리에 도전하고 새로운 불평등을 야기할 수 있다. 예를 들어 미국 성인 페이스북 사용자 중 약 3/4은 사용자의 특성과 관심사에 대한 데이터를 광고주를 위해 수집했다는 사실을 몰랐다고 한다(Pew Research Center, 2019). 또한 개인의 데이터는 기존 불평등을 유지하고 가격결정, 사회적 신용 점수, 행동 표적화(Chen, 2019)와 같은 수단으로 새로운 불평등을 창출하는 데 사용될 수 있다. 따라서 빅데이터와 AI는 새로운 정렬 지표를 통해 기업과 정부의 이익을 반영하고 알고리즘 불평등을 발생시킬 수 있다.

넷째, 디지털 불평등 스택의 또 다른 층위는 사이버 범죄와 관련된 것이다. 사이버 공간의 익명 환경이 범죄와 피해자 범위를 증가시킬지라도 예방 교육과 자원에 대한 접근 능력 향상을 통해 이용자 피해를 방지할 수 있다. 사회적 불평등이 디지털 불평등을 형성하듯이, 디지털 리터러시의 부족과 자원의 불평등은 사이버 범죄의 대응을 취약하게 한다. 예를 들어, 장애인들은 사이버 공간에서 괴롭힘, 스토킹, 장애 관련 증오범죄에 불균형적으로 노출된다(Alhaboby et al., 2017). 또한 사법기관들은 범죄를 추적, 해결, 예측하기 위해 데이터 마이닝(data mining) 기술을 점점 더 많이 채택하고 있지만(Hassani et al., 2016), 데이터 마이닝 기술의 효능감은 낮은 것으로 나타났다(Merrill, 2017). 데이터 마이닝 기술은 인종, 민족, 성별, 사회경제적 지위에 따라 편향되어 있어서 디지털 불평등을 낳는다(McClain, 2019; Noble, 2018). 예를 들어, 범죄 패턴을 밝혀내기 위한 얼굴 이미지와 DNA 기반 기술은 유색인종에게 불리하게 알고리즘화되어 있어서 편향적으로 인식될 위험성이 있다(Machado·Granja, 2020). 데이터뿐만 아니라 알고리즘의 입력 규칙에 따라 재현되는 편향된 정보와 지식도 기존의 불평등을 고착화할 수 있다.

다섯째, 사이버 안전(cyber safety)은 사이버 범죄와 밀접한 관련이 있는 디지털 불평등 스택의 또 다른 층위이다. 사이버 안전 기술과 위험 관리는 자본을 향상시키는 디지털 활동이다. 디지털 기술에 의존하는 정기적인 업무와 자원이 증가함에 따라 개인과 그룹은 점점 더 큰 디지털 위험에 노출되고 있다. 여기서 전통적인 디지털 불평등은 사회 경제적 지위, 연령, 장애 및 성별에 따라 디지털 기술이 불균등함으로써 나타나지만 신종 디지털 불평등은 이러한 사회경제적 불균형이 사이버 안전에 대응하는 역량의 격차를 낳고 있으며, 실생활에 복합적인 영향을 미치고 있다. 예컨대 성별과 연령은 사이버 안전 행동에서 복잡한 모습을 보인다. 여성과 노년층 이용자는 사이버 안전의 효능감과 디지털 기능이 부족하지만, 다른 한편 긍정적으로 사이버 안전의 취약성을 극복하기 위한 리터러시에 적극 참여하기도 한다(Dodel·Mesch, 2019).

여섯째, 디지털 불평등으로 시민참여가 취약해질 수 있다. 디지털 기술이 시민 네트워크를 확대하고 국가 수준의 참여를 촉진한다는 낙관적인 전망도 있지만, 시민참여를 위한 디지털 자원의 혜택은 소득, 인종, 교육, 연령에서도 격차를 보이고 있다. 또한 경제적 수준, 고등교육 수준, 시민 그룹 및 정치 그룹에 참여한 사람들에 따라 불균형적으로 격차가 나타남으로써 시민참여의 취약성은 극복되지 않는다(Stern·Adams, 2010).

일곱째, 게임은 디지털 불평등의 또 다른 차원이다. 디지털 게임은 수많은 교육, 경력 및 심리적 이점을 제공할 수 있는 잠재력이 있다. 게임을 통해 대화를 나누고, 사회적 관계를 경험하고 공동체를 이루기도 한다. 많은 국가에서 디지털 게임과 이용자와의 관계, 게임 세계와 실제 세계의 관계, 게임을 통해 인간과 사회의 관계를 이해하는 능력을 가르치기도 한다. 이에 게임을 비롯한 디지털 미디어 교육의 중요성이 커지고 있다. 그런데 이런 디지털 게임에 대한 리터러시 격차에 대해 소홀히 인식된다. 예를 들어, 미국 가정의 64%는 비디오 게임 기기를 소유하고 있지만 36%는 소유하고 있지 않다. 디지털 게임 기기에 대한 접근 격차와 함께 기능 및 활용 격차도 확대될 수 있다. 게임 기기의 종류와 품질에도 상당한 차이가 발생함으로써 게임 활용에도 영향을 미친다. 이러한 활용 능력에 따라 세상과 인간을 이해하는 능력의 차이도 발생할 수 있기 때문에 게임 리터러시의 중요성도 커지고 있다.

5. 결론

디지털 격차가 줄어들고 있기는 하지만, 새로운 디지털 격차가 발생하고 있다. 디지털 불평등은 제도적이고 구조적이며 개인적인 차원에서 발생한다. 디지털 불평등을 낳는 대표적인 발생요인은 소득수준에 있다고 할 수 있다. 또한 교육 수준과 연령, 거주지(도시와 농촌), 인종 등도 중요 요인이다. 레거시 디지털 불평등은 경제적 계급, 성별, 인종, 노령화, 장애, 의료, 교육 수준, 농촌 거주 등의 측면에서 발생한다. 신종 디지털 불평등도 전통적 불평등의 연속적 구조에서 불평등이 발생하기 때문에 전통적인 불평등의 요소는 그 효력을 유지하고 있다. 단지 신종 디지털 불평등은 인터넷, 디지털 기기, 소프트웨어의 사용과 소비는 물론이고 생산과 프로그래밍 등의 측면에서 복잡하게 나타나고 있다. 이러한 불평등은 실제적으로 돈을 벌고 업무 역량을 키우는 등 우리의 일상생활에서의 다양한 기회를 확대하지 못하게 한다.

플랫폼, 데이터, 알고리즘 등 플랫폼 생태계의 발달로 인해 신종 디지털 불평등이 발생하고 있다. 디지털 플랫폼 생태계에서 디지털 이용자는 데이터 생산자이기도 하다. 디지털 플랫폼을 잘 활용하는 사람은 자신의 데이터로 환경을 표현하고 재현하지만 그렇지 않은 사람들은 데이터로 재현하지 못한다. 이로 인해 조직된 정보는 현실 세계를 왜곡하고 장기적인 불이익을 가져올 수 있다. 또한 지능화 디지털 기술을 개발하는 사람과 운영하는 사람 간의 격차, 데이터 알고리즘 규칙을 정하는 자와 따르는 자 간의 격차, 디지털 지능화 기술로 자신의 역량 증강이 가능한 자와 불가능한 자 간의 격차가 발생할 수 있다. 이러한 신종 디지털 불평등의 영향력에 대해서 아직 분명하게 제시하기는 힘들지만, 새로운 환경의 구체적인 불평등이 서서히 드러나고 있다.

- 디지털 불평등은 기존의 사회적 불평등을 강화할 수 있다.
- 디지털 불평등은 완전히 해소할 수 없다. 디지털 미디어에 접근할 때 디지털 기술, 이용, 결과, 편익의 불평등이 남아 있고 심지어 증가하는 경향이 있다.
- 최근까지 디지털 불평등 정책은 물리적 접근에 초점을 두었다. 후속적 대안으로 디지털 기술 향상, 더 나은 인터넷 이용 기회와 혜택에 대한 교육이 필요하다. 또한 디지털의 부정적인 사용을 규제하는 정책이 마련되어야 할 것이다.
- 디지털 불평등 해소를 위해 기술적, 경제적, 교육적, 사회적, 설득적 인식 개발 등 다차원적인 접근이 필요하다.
- 디지털 불평등 해소를 위해 사회적 불평등과 디지털 불평등을 동시에 줄이는 정책을 개발해야 할 것이다.
- 코로나19 팬데믹은 기존의 사회적 불평등과 디지털 불평등을 모두 증진시켰다.

당면한 디지털 불평등을 완화하기 위한 최선의 정책은 디지털 기술에 접근할 수 있는 환경을 조성하고 디지털 활용 능력을 갖출 수 있도록 하는 디지털 포용을 지원하는 것이다.

신종 디지털 불평등은 사회적 불평등과 상호연관성을 갖고 복합적으로 나타나고 있다. 즉 국가 간, 개인 간, 집단 간, 힘 있는 자와 힘없는 자 사이에서 지속되는 경향이 있다. 신종 디지털 불평등에서 기술의 개발자와 빅테크(big tech), 사회적 행위자는 힘이 강화되고 개인의 통제력은 약화되는 경향이 있다. 따라서 시민들과 빅테크의 지배적인 권력 간에 점점 더 커지는 힘의 차이에 주목할 필요가 있다. 레거시든 신종이든 모든 불평등은 '자연적 사실'이 아니라 경제적, 정치적, 이념적 선택의 누적 결과이다. 디지털 불평등을 완전히 해소할 수는 없지만 사람들의 행복에 기여할 수 있는 디지털 평등을 구현하기 위한 방안을 마련해야 한다. 대표적으로 디지털 자원은 시민권과 인권이라는 인식을 바탕으로 접근권을 보장해야 한다. 또한 디지털 격차의 간격을 줄이는 방법을 마련해야 한다.

표 1-2 디지털 격차 연결하기(bridging the digital divide) 정책 전략

동기/태도 (motivation/Attitude)	디지털 기술에 대한 친숙성과 이용성 증대
	관련 어플리케이션 정보제공
	부정적 성과의 축소, 인식 개발과 긍정적 성과 증진
	부정적 성과의 축소, 긍정적 성과 지원, 새로운 규칙 제정
	지원되지 않는 집단에 대한 특별 서비스(펀딩과 촉진)
물리적 접근 (physical access)	규제에 의한 보편적 접근, 경쟁과 혁신에 대한 지원
	공공 접근 지점 개발
	브로드밴드 액세스 개발
	상호연결성 개발
	사회적 약자의 물리적 접근에 대한 조건부 보조금

디지털 기능 (digital skill)	디지털 기능의 중요성 인식을 위한 프로그램
	교육 소프트웨어 어플리케이션과 콘텐츠에 대한 더 좋은 설계
	미디어와 콘텐츠 관련 커리큘럼 적용
	교사의 디지털 기능 개선
	직업 현장에서의 성인교육 확대, 지역문화와 참여자 수요에 맞춘 공공장소에 대한 성인교육 확대
디지털 이용 (usage)	노인, 아이들, 장애인, 문맹인 등 특정 집단을 위한 하드웨어와 소프트웨어 설계
	문화적 소수자와 사회적 소외집단 관련 특별 콘텐츠 개발
	소프트웨어와 서비스의 경쟁 지원
	ICTs의 사회적 이용자 환경으로 완전한 통합

자료: van Dijk(2020: 149).

❶ 디지털 불평등을 발생시키는 원인은 무엇인지 생각해 보자.

❷ 디지털 불평등이 심화된다면 우리의 일상은 어떤 영향을 받을지 생각해 보자.

❸ 플랫폼 경제에서 긱 노동의 특성과 문제점에 대해 생각해 보자.

❹ 미디어 알고리즘은 과연 중립적인지에 대해 생각해 보자.

학습 활동

❶ 데이터와 알고리즘을 소유한 사람과 소유하지 않은 사람 간에는 어떤 격차가 발생할지 토론해 보자.

❷ 플랫폼 이용이 많은 사람과 이용이 적은 사람의 데이터 재현 격차는 어떤 문제점을 나타낼지 토론해 보자.

참고문헌

금민. 2020. 「플랫폼자본주의와 기본소득: 마르크스주의 내부의 기본소득 찬반을 넘어서」. ≪마르크스주의 연구≫, 17(3), 35~70쪽.

김동윤. 2006. 「정보테크놀러지, 전자감시, 그리고 프라이버시 위기: 푸코와 루쿠스의 권력개념을 중심으로」. ≪사이버커뮤니케이션 학보≫, 18호, 43~68쪽.

김문조. 2020. 「포스트코로나 시대, 사회적 전망과 과제」. ≪학술원논문집(인문·사회과학편)≫, 59(2), 295~334쪽.

김미경. 2020. 「플랫폼 데이터 생태계에서 데이터 격차」. ≪커뮤니케이션이론≫, 16(4), 5~45쪽. https://doi.org/10.20879/ct.2020.16.4.005.

이광석. 2019. 「플랫폼경제, 상생의 공유와 승자독식 사이」. ≪월간참여사회≫. https://www.peoplepower21.org/index.php?mid=Magazine&page=1&listStyle=list&document_srl=1627479 (검색일: 2021.7.29).

황남희 외. 2020. 「노년기 정보 활용 현황 및 디지털 소외 해소 방안 모색」. 한국보건사회연구원 연구보고서, 2020-46.

Cotten, S.R. and S.S. Gupta. 2004. "Characteristics of Online and offline Health Information Seekers and Factors that Discriminate Between Them." *Social Science & Medicine,* 59(9), pp.1, 795~1, 806. doi: https://doi.org/10.1016/j.socscimed.2004.02.020 (검색일: 2021. 7.3).

Alhaboby, Z.A. et al. 2017. "Challenges Facing Online Research: Experiences from research Concerning Cyber-victimization of People with Disabilities." *Cyberpsychology*, 11(1), article 8. doi: https://doi.org/10.5817/CP2017-1-8.

Alliance for Affordable Internet. 2019a. "The 2019 Affordability Report." https://a4ai.org/affordability-r (검색일: 2021.6.8).

_____. 2019b. "Mobile Broadband Pricing Data for Q2 2019." https://a4ai.org/extra/mobile_broadband_pricing_usd-2019Q2 (검색일: 2021.7.10).

Anderson, M. and A. Perrin. 2017.5.17. "Tech Adoption Climbs Among Older Adults." *Pew Research Center.* at https://www.pewinternet.org/2017/05/17/tech-adoption-climbs-among-older-adults/ (검색일: 2021.6.12).

Anderson, M. and M. Kumar. 2019. "Digital Divide Persists Even as Lower-income Americans

Make Gains in Tech Adoption." *Pew Research Center*(7 May), at https://www.pewre search.org/fact-tank/2019/05/07/digital-divide-persists-even-as-lower-income-ameri cans-make-gains-in-tech-adoption/ (검색일: 2021.7.21).

Bates, S. 2017. "Revenge Porn and mEntal Health: A Qualitative Analysis of the Mental Health Effects of Revenge Porn on Female Survivors." *Feminist Criminology*, 12(1), pp.22~42. doi: https://doi.org/10.1177/1557085116654565 (검색일: 2021.6.16).

Biyang Yu et al. 2018. "E-inclusion or Digital Divide: an Integrated Model of Digital Inequal-ity." Journal of Documentation, 74(3), pp.552~574. https:// doi.org/10.1108/ JD-10-2017-0148 (검색일: 2021.7.16).

Bourdieu, P. 1986. "The forms of capital." in: J. Richardson (editor). *Handbook of Theory and Research for the Sociology of Education*. New York: Greenwood, pp.241~258. (검색일: 2021.5.30).

Bruch, E.E. and Newman, M.E.J. 2018. "Aspirational Pursuit of Mates in Online Dating Markets." *Science Advances*, 4(8), eaap9815. doi: https://doi.org/10.1126/sciadv.aap 9815 (검색일: 2020.6.16).

Campos-Castillo, C. 2015. "Revisiting the First-level Digital Divide in the United States: Gender and Race/ethnicity Patterns, 2007‒2012." *Social Science Computer Review*, 33(4), pp.423~439. doi: https://doi.org/10.1177/0894439314547617 (검색일: 2021. 6.19).

Castells, M. 2001. *The Internet Galaxy: Reflections on the Internet, Business, and Society*. New York: Oxford University Press.

Chen, W. 2013. "The Implications of Social Capital for the Digital Divides in America." *Information Society*, 29(1), pp.13~25. doi: https://doi.org/10.1080/01972243.2012. 739265 (검색일: 2020.6.16).

Chen, W. 2019. "Now I Know My ABCs: U.S.-China Policy on AI, Big Data, and Cloud Computing." *Asia Pacific Issues*, 140. https://www.eastwestcenter.org/publications/ now-i-know-my-abcs-us-china-policy-ai-big-data-and-cloud-computing, (검색일: 2020. 6.17).

DiMaggio, P. and F. Garip. 2012. "Network Effects and Social Inequality." *Annual Review of Sociology*, 38, pp. 93~118. doi: https://doi.org/10.1146/annurev.soc.012809.102 545 (검색일: 2021.5.21).

Dodel, M. and G. Mesch. 2019. "An Integrated Model for Assessing Cyber-safety Behaviors:

How Cognitive, Socioeconomic and Digital Determinants Affect Diverse Safety Practices." *Computers & Security*, 86, pp.75~91. doi: https://doi.org/10.1016/j.cose.2019.05. 023 (검색일: 2021.7.1).

Doner, C.M. 2016. "The Gender Gap and Cybercrime: An Examination of College Students' Online Offending." *Victims & Offenders*, 11(4), pp.556~577. doi: https://doi.org/10. 1080/15564886.2016.1173157. (검색일: 2021.5.11).

Dravowicz, T. 2017. "Social Theory of Internet use: Corroboration or Rejection Among the Digital Natives? Correspondence Analysis of Adolescents in Two Societies." *Computers & Education*, 105, pp.57~67. doi: https://doi.org/10.1016/j.compedu. 2016.10.004 (검색일: 2021.6.9).

Eisenmann, T.R., G. Parker, van A. Marshall. 2008.8.31. *Opening Platforms: How, When and Why?* Working Paper 09-030, Harvard Business School.

Gershon, I. 2010. *The breakup 2.0: Disconnecting over New Media*. Ithaca, N.Y.: Cornell University Press.

Hassani, H. et al. 2016. "A Review of Data Mining Applications in Crime." *Statistical Analysis and Data Mining*, 9(3), pp.139~154. doi: https://doi.org/10.1002/sam.11312 (검색일: 2021.7.6).

Hoang, B. 2018. "Break-ups and the Limits of Encoding Love." in Z. Papacharissi (editor). *A Networked Self and Love*, pp.113~128. New York: Routledge.

International Telecommunications Union (ITU), Broadband Commission for Sustainable Development. 2018. "The State of Broadband 2018: Broadband Catalyzing Sustainable Development." https://www.itu.int/dms_pub/itu-s/opb/pol/S-POL-BROADBAND. 19-2018-PDF-E.pdf (검색일: 2021.7.12).

Jenkins, H. et al. 2006. "Confronting the Challenges of Participatory Culture: Media Education for the 21st Century." *John D. and Catherine T. MacArthur Foundation*. http://www. newmedialiteracies.org.

Judge, S. 2005. "The Impact of Computer Technology on Academic Achievement of Young African American Children." *Journal of Research in Childhood Education*, 20(2), pp. 91~101. doi: https://doi.org/10.1080/02568540509594554 (검색일: 2021.7.13).

LaViolette, J. and Hogan, B. 2019. "Using Platform Signals for Distinguishing Discourses: The Case of Men's Rights and Men's Liberation on Reddit." *Proceedings of the Thirteenth International AAAI Conference on Web and Social Media*, 13, pp.323~334. https://

www.aaai.org/ojs/index.php/ICWSM/article/view/3357 (검색일: 2020.6.16).

Ling, R. and H.A. Horst. 2011. "Mobile Communication in the Global South." *New Media & Society*, 13(3), pp.363~374. doi: https://doi.org/10.1177/1461444810393899 (검색일: 2021.7.14).

Machado, H. and R. Granja. 2020. "Emerging DNA Technologies and Stigmatization." In: H. Machado and R. Granja. *Forensic Genetics in the Governance of Crime*. Singapore: Palgrave Pivot, pp.85~104. doi: https://doi.org/10.1007/978-981-15-2429-5_7 (검색일: 2021.6.18).

Mantin, D. et al. 2016. "Turking in a Global Labour Market." *Computer Supported Cooperative Work (CSCW)*, 25, pp.39~77. doi: https://doi.org/10.1007/s10606-015-924 1-6 (검색일: 2021.6.22).

McClain, N. 2019. "Caught inside the Black Box: Criminalization, Opaque Technology, and the New York subway MetroCard." *Information Society*, 35(5), pp.251~271. doi: https://doi.org/10.1080/01972243.2019.1644410 (검색일: 2021.6.23).

Merrill, A. 2017. "The Life of a Gunshot: Space, Sound and the Political Contours of Acoustic Gunshot Detection." *Surveillance & Society*, 15(1), pp.42~55. doi: https://doi.org/10.24908/ss.v15i1.6305 (검색일: 2021.6.25).

Mesch, G.S. 2018. "Race, Ethnicity and the Strength of Facebook Ties." *Journal of Youth Studies*, 21(5), pp.575~589. doi: https://doi.org/10.1080/13676261.2017.1396303 (검색일: 2021.6.29).

Noble, S.U. 2018. *Algorithms of Oppression: How Search Engines Reinforce Racism*. New York: New York University Press.

Rifkin, J. 2012. "The Third Industrial Revolution." *Economist*. https://www.economist.com/leaders/2012/04/21/the-third-industrial-revolution (검색일: 2021.6.29).

Robinson, L., Ø. Wiborg and J. Schulz. 2018. "Interlocking Inequalities: Digital Stratification Meets Academic Stratification." *American Behavioral Scientist*, 62(9), pp.1, 251–1, 272. doi: https://doi.org/10.1177/0002764218773826 (검색일: 2021.6.29).

Robinson, L. et al. 2020a. "Digital in-equalities 2.0: Legacy Inequalities in the Information Age. *First Monday*." *University of Illinois at Chicago Library*, 25(7). https://halshs.arc hives-ouvertes.fr/halshs-02889893/document (검색일: 2021.6.15).

_____. 2020b. Digital In-equalities 3.0: Emergent Inequalities in the Information Age. First Monday, University of Illinois at Chicago Library, 25, 10.5210/fm.v25i7. 10844.

halshs-02889891 (검색일: 2021.6.16).

Stern, M.J. and A. Adams. 2010. "Do Rural Residents Really Use the Internet to Build Social Capital? An Empirical Investigation," *American Behavioral Scientist*, 53(9), pp.1, 389~1, 422. doi: https://doi.org/10.1177/0002764210361692 (검색일: 2021.6.22).

Sundararajan, A. 2016. *The sharing economy: The End of Employment and the Rise of Crowd-based Capitalism*. Cambridge, Mass: MIT Press.

Swarthout, Luke. 2017.7.21. The Digital Equity Stack. https://medium.com/@luke.swarthout/the-digital-equity-stack-b7624a912155 (검색일: 2021.6.21).

U.S. Census Bureau. 2001~2017. "Current Population Survey," at https://www.census.gov/programs-surveys/cps.html (검색일: 2021.5.30).

U.S. National Telecommunications and Information Administration (NTIA). 1995. "Falling through the Net: A Survey of the 'have nots' in Rural and Urban America." https://www.ntia.doc.gov/ntiahome/fallingthru.html (검색일: 2021.5.30).

van Deursen, A.J.A.M. and J.A.G.M. van Dijk. 2019. "The First-level Digital Divide Shifts from Inequalities in Physical Access to Inequalities in Material Access." *New Media & Society*, 21(2), pp.354~375. doi: https://doi.org/10.1177/1461444818797082 (검색일: 2021.4.1).

van Dijk, J.A.G.M. 2020. *The digital divide*. Cambridge, UK: Polity.

van Doorn, N. 2017. "Platform Labor: on the Gendered and Racialized Exploitation of Low-income Service Work in the 'On-demand' Economy." *Information, Communication & Society*, 20(6), pp.898~914. doi: https://doi.org/10.1080/1369118X.2017.1294194 (검색일: 2021.4.30).

Zittrain, J. 2019.7.23. "The Hidden Costs of Automated Thinking," *New Yorker*. https://www.newyorker.com/tech/annals-of-technology/the-hidden-costs-of-automated-thinking (검색일: 2021.7.4).

제2장

미디어 기술의 발전과 격차 담론

1. 서론

2016년 세계경제포럼은 제4차 산업혁명을 '사람, 사물, 공간을 초연결·초지능화해 산업구조 사회 시스템을 혁신하는 것'으로 정의하며 현 시대의 화두로 제시했다(정석인, 2017). 이후 이는 속도, 범위와 깊이, 시스템적 충격의 측면에서 이전의 산업혁명과 분명히 구분되는 새로운 사회경제적 변혁을 가져올 것으로 예상되고 있다(Klaus, 2016). 제4차 산업혁명이 진행되면 미국 내 현재 존재하고 있는 모든 직업 중 47%가 향후 10~20년 이내에

** **김은진**(젠더·어펙트연구소 전임연구원, 부산대학교 미디어커뮤니케이션학과 강사)

소멸되는 등(Frey·Orborne, 2013) 대량 실업 사태와 산업 재편이 일어나고 그에 따른 사회적 파장이 클 것으로 예측된다.

한국은 초고속 인터넷과 5G 도입 등 세계적으로도 제4차 산업혁명의 진행 속도가 가장 빠른 나라 중 하나이다. 특히 2020년 이후 팬데믹으로 비대면 생활이 늘어나면서, 온라인 기술 도입은 더욱 가속화되고 있다. 이렇게 새롭고 혁신적인 기기가 수시로 등장하지만, 그때마다 빠르게 터득해 활용하기는 쉽지 않고 사람들 간에 적응 속도는 차이가 벌어지게 된다. 일례로 패스트푸드점은 물론 공항, 기차역 등 대중교통과 노약자의 출입이 많은 병원에서도 키오스크(kiosk) 사용이 보편화되어 이로 인한 고령층, 장애인의 불편 우려가 커지고 있다(김순신, 2018). 새로운 기기에 빠르게 적응하는 사람과 그렇지 못한 사람과의 격차를 지식 격차, 정보 격차 혹은 디지털 격차라고 한다. 이에 관한 담론들은 디지털 기기 등장 전인 1960년대부터 이미 시작되어 ICT(Information & Communication Technology) 등 미디어와 사회의 발전에 따라 지속적으로 보완되고 발전해 왔다. 정보 격차에 대한 초기 논의에서는 새로운 정보나 기술에 접근할 수 있는 "가진 자"와 "가지지 못한 자" 사이의 격차, 즉 접근 격차에 초점을 맞췄다. 그러나 최근의 연구에서는 정보통신기술에 대한 접근 문제보다 그 활용, 질적 문제가 더 중요하게 제기되고 있다.

이 장에서는 이러한 정보 격차 담론의 변화와 관련 이론들을 크게 3가지로 나누어 살펴보고자 한다. 정보 격차 단계나 유형에 대해서는 이론가들에 따라 분류가 조금씩 다르지만 여기에서는 첫째로 접근, 둘째로 활용 및 이용 능력, 셋째로 효과 및 사회적 활용(참여)으로 나누어 살펴보고자 한다.

2. 초기 정보 격차 이론과 접근권

1) 정보 격차의 개념

'정보 격차(information divide)'라는 용어는 '디지털 격차(digital divide)'와 혼용되고 있으며, 연관 용어로 '지식 격차(knowledge gap)', '스마트 격차(smart divide)' 등이 있다. 정보 격차 이론 중 가장 초기 이론이자 대표적인 이론이 1970년대 미국의 커뮤니케이션 학자 티치너·도너휴·올리엔(Tichenor·Donohue·Olien, 1970)이 매스미디어의 정보 효과와 관련해 제시한 '지식 격차 이론(knowledge gap theory)'이다. 지식 격차 이론에서 독립변인은 인구통계학적(Social Economic Status, SES) 변인 중 '사회경제적 지위'이고, 종속변인은 '정보의 양'이다. 즉 사회경제적 지위에 따라 미디어를 통한 정보 습득에 차이가 생긴다는 이론이다. 이후 관련 이론들에서 '지식 격차'보다는 '정보 격차'라는 단어가 많이 쓰였고, ICT가 대중화된 90년대 중반 이후에는 'digital divide'라는 단어가 'information divide'를 대체해 '정보 격차' 혹은 '디지털 격차'로 쓰이고 있다. 즉 최근에는 정보 격차와 디지털 격차가 같은 의미로 쓰이는 경우가 많다. 디지털 디바이드를 넘어 스마트 기기 이용과 관련한 '스마트 디바이드'라는 용어도 등장했다(Lee, 2016). 이를 모두 포함할 수 있는 단어를 정보 격차로 보고 여기서는 '정보 격차'라는 용어를 주로 사용하되 디지털 기기 등장 이후로는 '디지털 격차'도 혼용해 사용한다. 이 장에서는 시기적으로 주로 디지털 격차 이전의 정보 격차, 접근권에 중점을 둔 이론들에 대해 다루겠다. 초기 정보 격차 관련 이론은 크게 정보 격차 감소론과 증대론으로 나뉜다.

2) 정보 격차 감소론

(1) 로저스의 혁신의 확산 이론

정보 격차 감소론의 대표적 이론가인 로저스(Rogers, 2003)는 1962년 저서 『혁신의 확산(Diffusion of Innovation)』을 출간한 이후 2003년 개정 5판을 내는 등 이에 관한 연구를 꾸준히 이어왔다. 그는 혁신, 즉 새로운 아이디어나 새로운 기술을 채택하는지 여부에는 다음의 5가지 요인이 영향을 미친다고 보았다.

① 상대적 이점(relative advantage): 혁신이 기존의 것보다 더 좋은 정도
② 일치성(compatibility): 혁신이 과거의 경험이나 가치와 유사하거나 일치하는 정도
③ 복잡성(complexity): 혁신을 사용하고 이해하기 어려운 정도
④ 시험가능성(triability): 혁신이 실제로 시험 가능한 정도
⑤ 관찰가능성(observability): 혁신의 결과가 다른 사람에게 얼마나 잘 보이는지의 정도

또 로저스는 혁신의 채택 속도에 따라 집단을 기술혁신의 혁신자, 초기 채택자, 후기 수용자, 지체자(최후 수용자)로 구분했다.

① 혁신자(innovators): 모험을 좋아하고 새로운 아이디어를 시도하는 자
② 초기 채택자(early adopters): 그가 속한 사회에서 존경받는 사람으로서 사회적 지위가 높은 오피니언 리더
③ 초기 다수자(early majority): 신중하고 동료들과 상호작용이 많지만 평균적으로 약간 빠르게 혁신을 받아들이는 사람
④ 후기 수용자(late majority): 의심이 많고 경제적 필요나 동료들의 압력 때문에 혁신을 수용하는 사람

그림 2-1 혁신 채택의 S형 누적 곡선과 종형 빈도 곡선

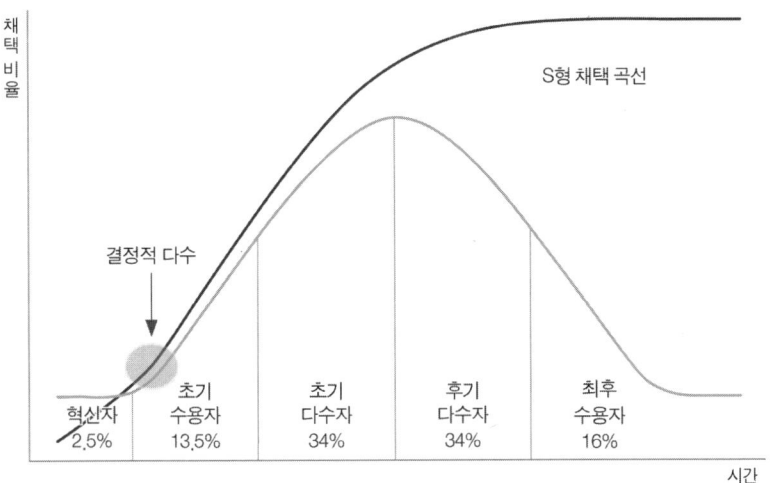

자료: Rogers(2003: 114, 281).

⑤ 최후 수용자(laggard): 보수적이고 의심이 많으며, 사회적 네트워크에
   서 벗어나 있고, 경제적으로 불안정한 사람

이러한 5가지 유형의 사람들 중 초기 다수자와 후기 수용자가 가장 많아
그 숫자는 〈그림 2-1〉의 종 모양과 같다. 또 시간의 흐름에 따라 혁신을 채
택하는 이들이 어떻게 증가하는지 나타낸 혁신의 채택 곡선은 〈그림 2-1〉
의 'S모형' 형태이다. 혁신자와 초기 채택자의 혁신 수용은 느리게 진행되
다가 결정적 다수가 발생한 후 급격하게 늘어난다. 그 후 초기 다수자까지
가파르게 증가하고, 후기 다수자와 지체자로 가면 완만하게 늘어나다가
포화 상태가 된다. 즉 기술혁신의 초기에는 소수 엘리트들만 기술혁신을
수용해 기술의 수용에 대한 확산이 느리지만, 성숙 단계가 되면 다수 사용
자가 기술혁신을 수용하게 되면서 자연스럽게 기술 확산이 대다수에게 보

급된다는 것이다. 즉 로저스는 시간이 지날수록 정보 격차가 감소된다고 보았다.

(2) 컴파인의 낙관론

컴파인(Compaine, 1986)은 정보 격차의 문제를 기술 도입 초기에 나타나는 일시적이고 과도기적인 현상으로 낙관했다. 그는 미국에서 전화, 전기 및 기타 혁신 기술이 도입된 역사를 살펴보고 그 기술들이 모두 초기 단계에는 접근이 제한된 동일한 패턴을 따랐다고 밝혔다. 즉 새로운 미디어를 채택하는 초기 단계에는 경제적 이점이 있는 소수에 의해서 시작되지만, 미디어가 보급될수록 가격이 빠르게 하락하므로 초기 채택자와 후기 채택자의 격차가 우려할 정도는 아니라고 주장했다. 그는 이 정도의 격차는 이전에도 늘 있었고, 정보기술에 대한 접근을 개선하기 위해 성급하게 행동할 필요가 없으며, 어떤 조치가 필요한지도 명확하지 않다고 보았다. 또한 세계적으로 노동자들이 점점 더 부유해지고 기술 비용이 감소함에 따라, 격차는 점점 더 줄어들 것이라고 주장했다.

3) 정보 격차 확대론

정보 격차 확대 이론을 주장하는 학자들은 티치너·도너휴·올리엔(Tichenor· Donohue·Olien, 1970), 미첼(Michael, 1972), 골딩·머독(Golding·Mordock, 1986) 등이다. 이들은 정보사회가 진전될수록 수용자들의 정보매체의 접근에 대한 불평등이 가속화될 것이라고 주장했다.

(1) 티치너, 도너휴, 올리엔의 지식 격차 이론

1970년대 미국의 커뮤니케이션 학자 티치너·도너휴·올리엔(Tichenor·

Donohue·Olien, 1970)은 매스미디어의 정보 효과와 관련해 '지식 격차 이론'을 제시했다. 매스미디어 정보가 증가하면서 사회경제적 지위가 높은 집단은 사회경제적으로 지위가 낮은 집단보다 상대적으로 빨리 정보를 습득하고, 이러한 집단 간의 지식 격차는 시간이 지날수록 점점 커진다는 것이다. 즉 지식 격차 가설이란 사회경제적 상위계층은 하위계층에 비해 더 빠른 속도로 정보를 받아들여 시간이 흐를수록 부유층과 빈곤층의 격차가 더욱 벌어진다는 내용의 이론적 가설이다.

티치너 등은 다음과 같은 5가지 이유를 들어 지식 격차 가설의 정당성을 주장했다.

① 사회경제적 지위에 따라 교육 수준이 다르고, 이로 인해 읽고 이해하고 기억하는 기초적 정보처리 능력, 즉 '커뮤니케이션 수준'의 차이가 생긴다. 이 '커뮤니케이션 수준'의 차이 때문에 지식의 격차가 발생한다.

② 사회경제적 지위에 따라 교육과 미디어 노출량이 다를 것이며, 이에 따라 저장되어 있는 정보량, 즉 습득한 지식의 양에 차이가 있다. 이 축적된 지식에 따라 지식 격차가 발생한다.

③ 높은 사회경제적 지위에 있는 사람들은 공공문제나 전문적 사안과 관련해 사회적 접촉을 많이 하고 그에 대해 토의할 기회가 많다. 이러한 사회적 접촉에 따라 지식 격차가 발생한다.

④ 사회경제적 지위가 낮은 사람들은 심각한 공공문제에 대해 관심이 낮을 것이다. 즉 '선택적 노출(selective exposure)[1]'의 메커니즘이 작용할 것이다.

---

[1] 사람들이 커뮤니케이션 과정에서 자신의 기존 관점에 부합하는 정보는 선택하고, 그렇지 않은 정보는 기피하는 경향. 페스팅거(Festinger, 1957)의 인지부조화이론(cognitive dissonance theory)에 따르면, 인간은 인지 부조화로 인한 심리적 불안감을 회피하기 위해 자기 의견과 다르거나 기존 신념을 위협하는 정보를 회피하는 경향이 있다고 한다.

⑤ 매스미디어의 유형과 보급 정도에 따라 지식 격차는 다르게 나타날 수 있다. 특히 공적인 문제들과 과학에 관한 뉴스는 주로 인쇄 미디어에서 볼 수 있는데, 인쇄 미디어는 높은 지위에 있는 사람들의 흥미와 취향에 의해 만들어지고 있다. 따라서 매스미디어 체계는 사회경제적으로 높은 위치에 있는 사람들에게 맞추어졌다고 볼 수 있다.

(2) 미첼의 4가지 집단 분류

미첼(Michael, 1972)은 사회의 정보화가 진행되면서 수용자가 4가지 집단으로 분화된다고 보았다. 낙관론자인 로저스는 혁신사, 초기 채택사, 후기 수용자, 지체자로 구분해 수용 시점에 따라 이름을 붙인 데 반해, 미첼은 '포용자' 외에는 '거부자', '무관심', '무기력' 등 기술에 대한 부정적인 태도를 강조한 용어를 사용한다. 또 로저스의 분류에서 기술을 늦게 받아들이는 사람들은 모두 의심이 많고 경제적으로 불안정했지만 미첼의 '거부자' 유형은 교육과 소득이 높으면서도 기술을 거부하는 사람들이 있을 수 있다는 것을 드러낸다.

① '포용자(the embracers)' 집단: 정보기술을 적극적으로 수용한다. 경제, 교육 수준이 높고 사회적으로 안정된 지위를 가진다. 개방적이고 미래지향적인 태도를 가지는 동시에 보수층의 자기 보호적 현상 유지를 지지한다. 정보기술과 정보산업 확장을 이끈다.

② '거부자(the rejectors)' 집단: 정보기술의 확대를 부정적인 사회적 침투로 생각한다. 교육과 소득수준이 높다는 점에서 '포용자' 집단과 같지만, 기술혁신에 대해 비판적 시각을 가지며 타인과의 교제를 하거나 집단에 참여하는 경우가 적다.

③ '무관심(the indifferent)' 집단: 사회경제적으로 중간계층이면서 정보기술에 대해 특별히 관심을 가지거나 신념을 가지고 있지 않다. 이 집

단은 직업 때문에 혹은 주위 환경 때문에 필요성이 있을 때만 수동적으로 정보기술을 받아들인다. 정보기술의 장단점이나 사회적 영향력을 실감하지 못한다.

④ '무기력(the inadequate)' 집단: 사회경제적으로 소득과 교육 수준이 낮고, 직업적 지위도 낮다. 적절한 교육을 받지 못해 정보기술에 대한 이해가 낮고 정보환경 변화에 적응할 능력이 없다.

뉴미디어의 정보서비스는 이용자가 비용을 부담하는 경우가 많다. 레거시 미디어(legacy media)인 공중파 방송과 달리 이용하는 만큼 부담이 늘어나고, 신문과 달리 이용하기 위한 하드웨어와 소프트웨어가 필요하다. 따라서 소득이 높은 집단이 먼저 수용할 가능성이 크다. 결국 정보 격차는 소득이나 경제 수준에 영향을 받으며, 정보의 소유 정도에 따라서 '정보 부자(information rich)', '정보 빈자(information poor)'로 구분된다. 미첼은 정보 격차가 시간이 지남에 따라 증가하며 계층별 분열이 커질 수 있다고 보았다.

(3) 골딩과 머독의 '불평등한 정보'

골딩과 머독(Golding·Murdock, 1986)은 「Unequal Information」라는 글을 통해 디지털 격차와 정보의 불평등성을 비판했다. 그들은 미국 등의 정보산업 분야 탈규제화는 상업적 정보 양산을 초래하며, 미디어 산업의 경쟁을 확대시킨다고 보았다. 이러한 경쟁으로 인해 미디어 산업이 거대 기업화되면서 사용자의 선택권은 줄어들고 생산자가 선택권을 가지게 된다. 저소득 계층은 과거와 유사한 정보를 뉴미디어로 재포장해 지불만 강요당하고, 고소득 계층은 부가가치가 있는 정보 상품, 정보기술을 누릴 수 있게 된다. 즉 그들은 같은 뉴미디어 환경 속에서 질적으로 다른 정보 지배가 이루어지는, 가장 심각한 형태의 정보 격차가 생긴다고 보았다. 낙관론자들은 시간이 지나면 새 미디어의 가격이 떨어지고 보급률이 올라가 격차가 사라진다고 주장한 반면, 이들은 새로운 미디어가 대중화되더라도 곧 다른 새로운 미디어가 등장하기 때문에 정보 격차는 사라지지 않는다고 보았다. 새로운 미디어의 초기 구매 가격은 늘 비싸기 때문에 이전 미디어의 가격이 떨어져도 불평등은 계속 재생산된다는 것이다(Golding·Murdock, 1989).

3. 디지털 디바이드와 질적인 격차

1960~1980년에 등장한 초기 정보 격차 이론이 주로 새로운 기술이나 미디어에 대한 '접근'권을 둘러싼 논의였다면, 개인 능력에 따른 '이용', '활용', 혹은 '능력이나 역량'에 대한 논의는 ICT가 대중화된 1990년대 중반 이후 본격화되었다. 양적인 격차에서 질적인 격차로 논의가 발전한 것이다. 기기에 접근한다고 해도 이용하기가 쉽지 않은 디지털 기기의 특성이 이용과 역량 격차에 대한 논의를 활성화시켰다고 볼 수 있다. 여기에서는 ICT 이후 정보 공해와 그로 인한 질적 격차 논의의 등장을 개략적으로 살펴본다. 질적 격차에 대한 구체적인 논의는 '4. 정보 격차의 유형 혹은 단계'에서 살펴볼 것이다.

1) ICT의 등장과 디지털 디바이드

지식 격차 가설은 1960~1970년대에 등장했지만, 1989년에 월드와이드웹(www)이 등장해 인터넷 사용이 보편화되고 90년대 중반 디지털 미디어가 대중화된 후 본격적으로 실생활에서 현실화되었다. 이런 의미에서 최근에는 정보 격차가 디지털 격차와 동의어로 쓰이기도 한다.

디지털 격차에서 '정보'는 초기 지식 격차 이론(Tichenor·Donohue·Olien, 1970)의 '지식'과는 의미가 다르다. 지식 격차 이론에서의 지식이 공공 사안에 대한 판단이나 사회적 행동의 기초였다면, 디지털 격차에서의 정보는 기초적인 일상 자원, 매스미디어를 넘어 다양한 매체로 그 외연이 확대된 개념이다(윤석민 외, 2004). 반면 머클럽(Machlup, 1962; 고영만, 2003: 56에서 재인용)은 지식과 정보를 거의 같은 의미로 사용했다. 그는 지식산업을 "자체적 혹은 다른 사람의 이용을 목적으로 지식, 정보서비스 또는 정보 상품을 생산하는 기구들의 집합체"라고 정의했다. 실제로 지식 격차 이론은 정보 격차 이론 중 하나로 분류되고 있다.

디지털 디바이드는 1993년 미국소비자단체가 인터넷 회사에 대해 가난한 사람들을 위한 부가서비스를 요구한 상황에서 처음 언급되었는데 이후 클린턴 행정부의 상무차관보이자 기술보좌관이었던 래리 어빙(Larry Irving)이 일련의 리포트에서 디지털 디바이드를 집중적으로 사용하면서 이 용어를 대중적으로 유행시켰다(고삼석·노창희·성동규, 2011).

미 상무부의 정보 격차 실태보고서는 정보 격차를 "신기술에 접근할 수 있는 집단과 그렇지 못한 집단 간의 격차"로 정의해 '접근'을 강조했다면, OECD 보고서는 "서로 다른 사회경제 수준의 개인, 가구, 기업, 지역들 간에 정보통신기술에 대한 접근 기회와 다양한 활동을 위한 인터넷 이용에서의 차이"로 정의해 '이용'의 개념을 포함한다(강월석·양해술, 2012). 우리나라에서 2001년 제정된 정보 격차 해소에 관한 법률(2001.1.16, 법률 제6356호)에서도 정보 격차를 "경제적·지역적·신체적 또는 사회적 여건으로 인해 정보통신망을 통한 정보통신 서비스에 접근하거나 이용할 수 있는 기회에 있어서의 차이"라고 정의해 접근과 이용의 개념을 모두 포함하고 있다. '이용'의 개념은 소유한 정보나 정보기기를 얼마나 활용하고 있는지에 따라 발생하는 '정보 활용 측면에서의 질적인 격차'를 의미한다(Hargittai·Hinnant, 2008).

2) 셴크의 데이터 스모그와 밀러의 정보부하량 ∩곡선 가설

셴크(Shenk, 1997)는 '많은 정보는 꼭 좋은 것인가?'라는 의문을 제기하며 불필요한 정보들이 지나치게 많이 유통되는 현상을 '데이터 스모그(Data Smog)'라고 표현했다. 그는 인터넷의 발달로 정보의 유통 속도가 빨라지고 정보가 많아졌지만, 동시에 쓰레기 같은 정보와 허위 정보들이 대기오염을 일으키는 '스모그(smog: smoke + fog)'처럼 가상공간을 오염시킨다고 보았다. 과거에는 정보 부족이 문제였지만 지금은 정보 과잉이 빚어내는 폐해들이 더 문제라는 것이다. 그가 말하는 데이터 스모그의 법칙은 다음과 같다.

데이터 스모그 법칙

제1법칙: 과거 연어처럼 귀하고 소중했던 정보가 이제 감자처럼 흔하고 당연한 것이 되었다.

제2법칙: 실리콘 회로는 인간의 유전자보다 훨씬 빨리 진화한다.

제3법칙: 컴퓨터는 인간이 아니며 인간적이지도 않다.

제4법칙: 모든 교실에 컴퓨터를 설치하는 것은 모든 가정에 발전소를 설치하는 것과 같다.

제5법칙: 기업이 판매하는 것은 정보기술이 아니라 정보 갈망이다.

제6법칙: 전문가들이 너무 많으면 명료성을 해치게 된다.

제7법칙: 모든 자극적인 도로들은 타임스 스퀘어로 인도된다.

제8법칙: 비슷한 깃털을 가진 새들은 가상현실 속에서도 함께 어울린다.

제9법칙: 전자 시청은 빠른 커뮤니케이션과 함께 해로운 의사결정을 하게 만든다.

제10법칙: 미국의 주요 신용조사기관이 모든 것을 보고 있다

제11법칙: 모든 복잡성을 해소시키는 이야기를 경계하라.

제12법칙: 정보고속도로상에서 모든 길은 저널리스트들을 우회한다.

제13법칙: 사이버 공간은 공화당적이다.

이렇게 각종 매체를 통해 수많은 정보가 제공되는 상황에서는 불필요한 것들은 걸러내고 필요한 것만 취하는 일이 중요해졌다. 셍크는 데이터 스모그가 사람들이 필요한 정보만 취하기 어렵게 만들고, 나아가 사람들의 판단을 왜곡하고 전자민주주의의 진전을 어렵게 할 수 있다고 주장했다. 그는 정보란 유용하게 쓰일 때만 가치 있는 존재로서, 어느 정도 유용하게 보이는 정보도 공해가 될 수 있기 때문에 '정보 다이어트'가 필요하다고 주장했다. 그는 데이터 스모그 탈출법으로 휴대전화를 들고 다니지 않거나, 쓸데없는 인터넷 뉴스 그룹의 가입을 해지하거나, 업그레이드에 매달리지 않거나, 데이터 단식 시간을 갖는 등의 방법을 제시했다.

디지털 미디어가 등장하면서 정보 공급량과 정보 소비량의 불균형이 발생한다. 미디어와 정보량은 급증하지만 이용자들의 수용 능력이나 정보 이용량은 비례해서 늘어나지 못한다. 밀러(Miller, 1965; 전석호, 1997: 276에서 재인용)의 정보부하량(information lode)에 대한 '∩곡선 가설'은 60년대에 등장했지만 디지털 디바이드를 설명하는 데 유용하다. 이 가설은 정보부하량이 증가하면 수용자(개인이나 조직)의 정보처리 능력도 함께 증가하고, 정보 부하량이 한계 지점을 넘으면 수용자의 정보수용 능력이나 이해력 등 정보처리능력이 감소되어, 정보 부하량에 따른 정보처리 능력이 ∩자 곡선을 이룬다는 것이다.

정보기술의 발달로 기존 데이터보다 너무 방대해 기존의 방법이나 도구로 수집, 저장, 분석이 어려운 정형, 비정형 데이터를 의미하는 빅데이터 개념이 등장했다. 이러한 상황에서 개인의 정보 창출 능력, 정보를 통한 가치 창출 능력이 정보 격차 문제에 포함될 수밖에 없다(서형준, 2014).

3) 디지털 디바이드 축소론과 확대론

디지털 디바이드[2]가 점차 축소될 것이라고 주장한 대표적인 이들로는 미래학자이자 『제3의 물결』 저자인 앨빈 토플러(Alvin Toffler), 역시 미래학자이며 『메가트렌드』의 저자인 존 나이스빗(John Naisbitt), 전산학자이자 『디지털이다』의 저자 니콜라스 네그로폰테(Nicholas Negroponte)를 들 수 있다. 이들은 정보기술의 초기 단계에는 정보 격차가 발생하지만, 점차 많은 이들이 기술을 수용하면서 미디어 가격이 하락하고 접근성이 높아진다고 보았다. 즉 정보 격차는 점점 줄어들 것이라고 본 것이다. 이들은 정보화가 진행되면 산업 생산력이 증가하고 기술이 정치참여에 이용되어 시민참여까지 높일 수 있다고 주장했다(Toffler, 1991; Naisbitt·Aburdene, 1990). 이 입장의 대표적인 기관으로 헤리티지재단(Heritage Foundation)이 있다. 이들은 전화를 미국 인구의 50%가 이용하는 데 걸린 시간은 71년이지만, 인터넷을 미국 인구의 50%가 이용하는 데는 10년밖에 걸리지 않을 것이라고 전망했다(Thierer, 2000). 다른 매체들보다 인터넷의 보급 속도가 빠르며 곧 보편적 매체가 될 것이라는 주장이다.

반면 노리스(Norris, 2001)는 『Digital Divide』에서 디지털 이후 정보 격차가 커진다고 보았다. 계층화 모형에서 디지털 기술을 이용하는 집단은 이를 통해 자신의 경제적 이익을 강화해 부유층은 더욱 부유하게 되고, 취약계층은 더욱 낙후되고 소외되어 계층 간 격차는 갈수록 커진다는 것이다. 그는 초기 수용자의 기술혁신 수용에 대한 이용과 접근 속도를 중기, 후기 수용자가 따라잡지 못한다고 주장했다. 또 성별, 교육 수준, 연령, 소득 등의 인구학적 변수가 인터넷 사용에 대해 상당한 연관성을 갖는다고

---

2 초기 정보 격차 이론들과 구분하기 위해 여기서는 디지털 디바이드라는 용어를 사용한다.

보았다. 실러(Schiller, 1996), 헤이우드(Haywood, 1998) 등도 사유화, 민영화, 탈규제 등으로 인해 디지털 정보화 이후 국가 간, 국가 내 정보 격차는 점차 확대될 것이라고 전망했다.

4. 정보 격차의 유형 혹은 단계

정보 격차에 관한 초기 연구들은 주로 기술적 측면, 물리적·물질적 접근성에 주목했다. 그러나 1990년대 이후 물리적인 접근성을 넘어 사회적·심리적·문화적 배경에 주의를 기울이는 흐름들이 나타났다. 즉 접근성에서 이용, 수용, 참여 등으로 정보 격차 논의가 점차 확대되었다. 정보를 '수용'하는 데에는 정보의 신뢰성을 포함한 가치의 판단이 중요한데, 이러한 판단을 하려면 정보와 관련한 포괄적인 지적 능력이 필요하며 이는 정보 격차의 요인으로 작용한다(Girling, 2006). 따라서 정보 격차에 대한 논의는 기존의 양적 격차에서 질적 격차 그리고 사람들 사이의 지적 격차로 다변화했다(이승민, 2020). 반 다이크(van Dijk, 2005), 몰나르(Molnar, 2003), 셀윈(Selwyn, 2004)은 정보 격차의 여러 측면을 3~4가지 유형, 혹은 단계로 분류했다.

1) 반 다이크의 네 가지 접근

정보 격차 이론의 대표적인 학자 중 한 명인 반 다이크(van Dijk, 2005)는, 지금의 격차는 수용자가 매체를 소유하고 접근할 수 있는지의 단계를 넘어, 개인의 내적 자원과 사회문화적 자원에 따른 활용 격차를 살펴보아야 한다고 주장했다. 즉 개인의 정보에 대한 내적 동기에 따라 기술 활용의 적극성에 차이가 있고, 지속적인 학습과 지적 노력에 따라 커뮤니케이션 능력에도 차이가 나타난다고 보았다. 그는 이를 네 가지 접근 개념으로 정리했다.

① '동기적 접근(motivational access)': 기존에 관련 연구가 많지 않았던 접근이다. 1999~2003년까지 유럽과 미국의 설문조사에 따르면 경제적 이유, 기술 부족, 욕구나 의미 있는 이용 기회 없음, 매체(게임 등 위험성이 있는 미디어) 거부, 컴퓨터 분노, 기술 공포 등의 이유로 인터넷 접속을 거부하는 사람들이 있었다. 이 중 컴퓨터 분노는 컴퓨터를 사용하려 할 때 느끼는 스트레스, 불안, 우려, 기술 공포는 기술에 대한 두려움과 불신이다. 또 동기적 접근은 정보 격차가 '가진 사람 vs 가지지 못한 사람(have-not)'뿐만 아니라 '원하는 사람 vs 그렇지 않은 사람(want-not)' 간에도 나타남을 알려준다.

② '물질적 접근(material access)': 개인 컴퓨터와 인터넷에 대한 기기적·물리적 접근이다. 이는 초기 정보 격차 연구에서 이미 제시된 것으로 2000년 네덜란드의 조사에 의하면 물리적 접근과 관련한 요인은 수입이 가장 영향이 크고 그다음이 연령, 교육 순이었다. 최근 PC 가격이 하락했으나 주변기기, 소프트웨어, 인터넷 이용 등에 모두 비용이 들기에 물질적 접근에 여전히 격차가 존재한다.

③ '기술적 접근(skill access)': 세 가지 하위 유형으로 나뉜다. 이 중 첫째가 기기를 작동시킬 수 있는 기술(이용 능력)인 '운영 기술(operational skills)', 둘째가 정보를 검색, 선택, 처리, 평가할 수 있는 '정보기술(informational skills)', 셋째가 자신의 사회적 지위를 향상시키는 등 특정 목적의 수단으로서 미디어를 다룰 수 있는 '전략적 기술(strategic skills)'이다. 조사에 따르면 실제로 물질적 격차보다 기술격차가 크며, 물리적 격차가 선진국 내에서 줄어들고 있는 반면 기술격차는 점

그림 2-2 디지털 기술에 대한 연속적인 액세스의 반복적 모델

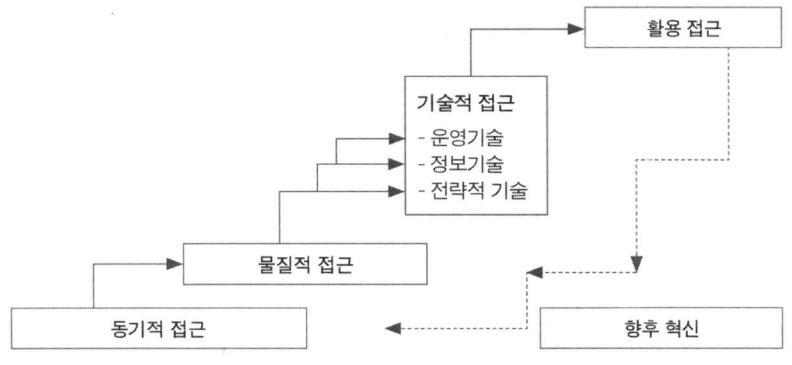

자료: van Dijk(2005: 22).

점 커지고 있다고 한다. 또 사람들은 기술을 공식적 교육보다도 시행착오를 통해 습득하고 있었고, 전통적 리터러시 수준이 높은 사람일수록 기술적 능력이 높았다. 이를 통해 전통적인 지식수준과 사회적 네트워크의 중요성이 다시금 부각되었다.

④ '활용 접근(usage access)': 최종 단계이다. 반 다이크는 활용 접근을 '이용 시간, 이용을 위한 어플리케이션과 다양성, 광대역 또는 협대역 이용, 능동적이고 창조적인 이용 등'이라고 규정했다. 네덜란드의 조사에 따르면 남성과 여성의 물리적 격차는 좁혀졌으나 남성의 컴퓨터/인터넷 이용 시간이 여성의 두 배로 이용 격차는 여전히 컸다. 또 상위층, 고소득자, 고학력자들은 정보, 커뮤니케이션 직업, 경영, 교육 등 고차원적인 어플리케이션을 이용했고 하위층, 저소득자, 저학력자들은 정보, 커뮤니케이션, 쇼핑, 오락 등 단순한 어플리케이션을 이용했다. 〈그림 2-2〉는 이러한 단계를 그림으로 나타낸 것이다. 다이크는 개인이 매체를 소유해 정보나 네트워크에 접근할 수 있다 해도 정보에 대한 내적 동기와 관심에 따라 '기술 활용의 적극성'에

그림 2-3 수용 집단의 차이를 고려한 S-C curve 곡선

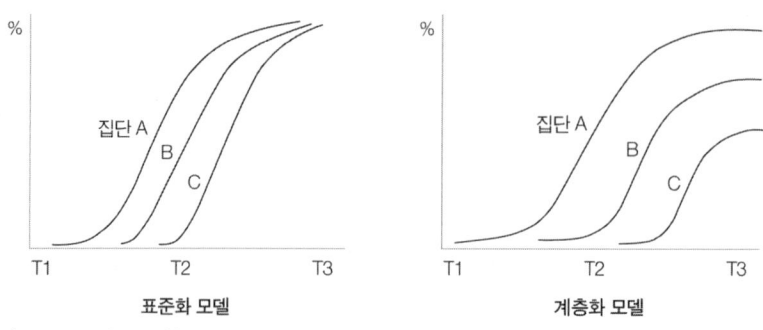

자료: van Dijk(2005: 66).

차이가 있고, 계속적인 학습과 지적인 노력 정도에 따라 '커뮤니케이션 능력'에 차이가 존재한다고 보았다. 그는 내적 동기나 학습 차이가 계층적으로 존재하기 때문에 디지털 디바이드도 계층에 따라 심화되고, 이는 사회적 문제이므로 해소를 위해서는 정책적 노력이 필요하다고 보았다. 로저스 등 확산론자들이 시간이 지나면 디지털 격차가 해소된다고 본 것과 달리, 반 다이크 등은 계층에 따른 격차가 유지 혹은 확산된다고 보았다. 로저스 등의 주장을 '표준화 모델', 반 다이크 등의 주장을 '계층화 모델'로 나타낸 것이 〈그림 2-3〉이다.

2) 몰나르, 셀윈 등의 격차 단계 이론

반 다이크 외에도 여러 연구자들이 디지털 격차를 유형화하거나, 단계별로 구분했다. 몰나르(Molnar, 2003)는 인터넷 확산에 따라 디지털 디바이드의 양상을 세 단계로 분류하고 시간의 흐름에 따른 디지털 사용자 수의 확산을 나타내는 'S자 모형'을 제시했다. 초기 도입기(early adaptation)에는 접근할 수 있는 사람과 그렇지 않은 사람 간의 '접근 격차(access divide)', 도

표 2-1 몰나르가 제시한 디지털 격차 단계

수용 단계	디지털 격차 형태	디지털 격차 용어
초기 도입기	접근 격차	초기 디바이드
도약기	이용 격차	1차 디지털 격차
포화기	이용의 질적 차이에 의한 격차	2차 디지털 격차

자료: 몰나르(2003).

약기(take-off)에는 이용자와 비이용자 간의 '이용 격차(usage divide)', 포화기(saturation)에는 이용자 간 '이용의 질적 차이에 의한 격차(divide stemming from the quality of use)'가 존재한다는 것이다.

반다이크 외에 대부분의 연구자들이 디지털 격차를 3단계로 구분한 것과 달리 셀윈(Selwyn, 2004)은 4단계로 세분화했다. 그는 첫 단계를 정보통신 기술과 콘텐츠에 대한 물리적 접근(physical access)인 '형식적/이론적(formal/theoretical) 접근'으로, 둘째 단계는 개인이 인지하는 접근 가능성(perceived access)과 실제 이용인 '실제적 접근과 이용(effective access, use)'으로, 셋째 단계는 정보통신 기술의 의미 있는 활용인 '정보통신 기술 및 콘텐츠에 대한 선용(engagement with ICTs and content)', 넷째 단계는 정보통신 기술을 선용함에 따른 생산, 정치, 사회, 소비, 저축 활동의 단/중/장기 결과인 '단기적/장기적 결과(outcome-actual and perceived)'로 나누어, 디지털 디바이드에 대해 단계적(hierarchical) 차원의 접근이 필요하다고 주장했다.

몰나르(2003), 셀윈(2004), 김봉섭(2016) 등이 디지털 격차의 마지막 단계를 '결과'나 '효과' 등으로 정의해 디지털 격차의 사회적 의미를 살펴보았다면 만셀(Mansell, 2002), 모스버거·톨버트·스탠스버리(Mossberger·Tolbert·Stansbury, 2003), 정애리(2005), 패스트레즈(Fastrez, 2009), 김문조(2020) 등은 마지막 단계를 '민주적 격차', '참여'와 '권력' 등 용어를 사용해 사회정치적 차원의 의미를 더욱 부각시켰다.

표 2-2 김문조(2020)가 제시한 AI 전후 디지털 격차 비교

	AI 이전 디지털 격차	AI 이후 디지털 격차
기기(하드웨어)	기회 격차(opportunity gap) 접근성(accessibility)	운영 격차(operation gap) 숙달성(mastery)
자료(소프트웨어)	활용 격차(utilization gap) 검색 능력(searching ability)	선정 격차(curation gap) 여과 능력(filtering ability)
사용자	수용 격차(reception gap) 문해력(literacy)	증강 격차(augmentation gap) 갱신력(upgrading)
폐해	결핍(scarcity)	지체(retard)
전망	구제 가능(rescuable)	구제 불가(unrescuable)
결과	사회를 분할(divide society)	인간을 분할(divide humanity)

자료: 김문조(2020)의 표 2, 4, 5 내용 재구성.

구체적으로 살펴보면, 만셀(Mansell, 2002)은 디지털 격차에 대해 기술 접근에만 초점을 맞춘 현재의 시각은 한계가 있으며 '역량(capabilities)' 개념을 중점적으로 보아야 한다고 주장했다. 디지털 격차는 '참여 격차(participation gap)'로 이어지고, 이는 정치사회적 문제가 될 수 있다는 것이다. 그는 개인의 삶의 방식에 대한 선택권과 주체성을 강조하면서 '디지털 권한(digital entitlements)' 개념을 강조했다.

김문조·김종길(2002)은 디지털 격차의 원인과 그로 인한 단계를 3단계로 설명한다. 1단계는 경제력에 따른 정보 '접근성'의 차이, 2단계는 정보의 홍수 속에서 '정보 활용 능력'에 따른 정보 격차, 3단계는 정보 격차가 누적되며 정보 격차가 '문화 권력'까지 진화하는 단계이다. 모스버거·톨버트·스탠스버리(Mossberger·Tolbert·Stansbury, 2003)는 좀 더 세분화해 디지털 격차 4영역을 '접근 격차', '기술 격차', '경제적 기회 격차', '민주적 격차'로 구분했고, 접근 격차보다 정보기술에 의한 커뮤니케이션 기회와 혜택을 강조했다.

김문조(2020)는 AI 이전과 이후로 디지털 격차를 구분했다. 그는 AI 이

전에는 활용 능력, 검색 능력, 문해력이 필요했다면 AI 이후에는 여과 능력(filtering ability), 선정 능력(curation ability), 갱신력(upgrading ability)이 중요해졌다고 주장했다. 또 디지털 격차의 폐해가 AI 이전에는 '결핍(scarcity)'이었기 때문에 구제 가능했으나 지금은 '지체(retard)'이며 구제가 불가능하다고 보았다. 그 결과 AI 이전에는 디지털 격차가 사회를 분할했으나(divide society) AI 이후에는 인간을 분할한다는(divide humanity) 것이다.

3) 보이지 않는 격차

디지털 격차 중에서 접근권을 넘어서는 질적인 격차, 물질적으로 눈에 보이지 않는 격차에 대한 논의도 정교화되고 있다. 정애리(2005)는 이러한 최근 디지털 격차 연구의 변화를 4가지로 정리했다. 첫째, 보이는 격차에서 보이지 않는 격차에 주목한다. 둘째, 커뮤니케이션 능력, 즉 인간의 잠재적 능력, 내적 요인의 중요성을 제기한다. 셋째, 격차는 해소되거나 좁혀지지 않고 구조화될 수 있다. 넷째, 집단 간뿐 아니라 집단 내 격차로 연구가 확대되고 있다.

격차에 대한 논의가 확대되면서 최근에는 '정보 격차'를 넘어 '정보 기회(digital opportunity)', '정보 포용(digital inclusion; 디지털 포섭, 디지털 통합)', '정보 불평등(information inequality)'의 개념과 용어도 등장하고 있다(이기식, 2008).

격차의 질적 측면과 관련한 사례로 빈곤한 히스패닉 학생은 부유한 백인 학생보다 낮은 기술 이용 능력을 가지고 있으며, 높은 사고 능력을 요구하는 기술은 사용하려 하지 않는다는 것을 들 수 있다(Wenglinsky, 1998). 바샤우어(Warschauer, 2004)는 '교정 훈련과 연습' 소프트웨어로 인해 오히려 낮은 계층의 학생들이 컴퓨터를 더 사용하는 경우도 있다고 지적했다.

그러나 같은 과학 수업을 하더라도 부유한 학교 학생이 자료를 수집하고 컴퓨터 프로그램으로 데이터를 분석해 미적분 알고리즘 사용법을 배우는 동안, 가난한 학교 학생들은 해양생물학 수업에서 섬에서 보낸 수학여행에 대한 뉴스를 컴퓨터로 기록하고 편집했다며 디지털 격차의 범위를 확장시켜 살펴보았다. 그는 또한 부유한 학생은 미래의 멀티미디어 콘텐츠 제작자가 되는 방법을 배우는 반면, 부유하지 못한 학생은 수동적인 수신자일 뿐이라며, 온라인 시대에 오히려 '비판적 리터러시(critical literacy)'가 더 중요하다고 강조했다. 그는 클링(Kling, 1999)의 사회정보학(social informatics) 개념을 석용해, 사회 변화와 포용(inclusion)을 위해 ICT를 효과석으로 이용하려면 단지 기술과 장비만 보는 것이 아니라 사람들이 무엇을 하는지 보는 것이 필요하다고 주장했다.

4) 디지털 격차 실태

한국정보문화진흥원의 '2006 정보 격차 지수 및 실태조사'를 보면 사무직 대비 학생의 정보화 수준은 비슷한 수준이지만 사무직 대비 농어민, 생산직, 주부, 무직층의 정보화 수준은 크게 낮은 수준이었다. '접근' 부문에 비해 '역량 및 활용' 부문에서 사무직과 타 직업군 간 정보화 수준 차이가 매우 컸는데 농어민, 생산직, 주부, 무직층의 '역량 및 활용' 부문 정보화 수준은 사무직의 절반에도 못 미치는 수준이었다. 구체적으로 '접근' 부문이 일반 국민의 80.2% 수준인 반면, '활용' 부문은 49.2%, '역량' 부분은 가장 낮은 42.9%로 나타났다(연합뉴스, 2007).

2020년 과학기술정보통신부와 한국지능정보사회진흥원은 '디지털정보 격차' 및 '스마트폰 과의존' 관련 실태조사 결과를 보면, 일반 국민 대비 정보취약 4대 계층(저소득층, 장애인, 농어민, 고령층)의 종합 디지털정보화 접근 수준은 93.7%, 활용 수준은 74.8%, 역량 수준은 60.3%였다(과학기술정보통신부, 2020). 각 격차 측정 지표를 살펴보면 '접근'은 PC, 모바일 스마트 기기, 인터넷 접근 가능 정도, '역량'은 PC, 모바일 스마트 기기, 기본적인 인터넷 이용 여부, '활용'은 PC, 모바일 스마트 기기, 인터넷의 양적·질적 활용 정도로 정의되었다. 각 격차의 크기를 비교해 보면 접근 격차에 비해 활용 격차가 더 크고 역량 격차가 가장 크게 나타났다. 이러한 순위는 2015년부터 2020년까지 계속 유지되었다. 즉 이제는 접근보다 역량, 이용, 활용의 격차가 더 크고, 정보 격차에 대한 논의에서 이 문제가 더 중요하다고 볼 수 있다.

5. 디지털 격차의 발생요인과 해법

1) 디지털 격차의 발생요인

정보 격차에 관한 지금까지의 논의들에 의하면 격차는 계층, 성, 연령, 지역 등 4개의 변인에 의해 주로 발생한다고 한다(World Bank Group, 2016). 최근에는 이 외에 동기 등 심리적 혹은 상황적 요인, 장애, 국가, 지역 등의 변인도 격차의 발생요인으로 논의되고 있다(김봉섭, 2016). 리빙스턴·반 쿠버링·투밈(Livingstone·van Couvering·Thumim, 2005)은 디지털 격차 발생요인을 연령, 사회경제적 지위(교육, 소득 포함), 성, 장애 여부, 인종, 지역성, 영어 숙련 정도로 정리했다.[3]

이 외에 동기 부족도 정보 격차의 요인 중 중요한 요인이다. 영국에서는

---

3 이 내용은 1장과 중복되므로 여기에서는 생략한다.

인터넷 비이용자들이 비이용 이유로 '관심 부족'(57%)을 , 한국에서는 '필요성을 못 느껴서'(55.9%)를 가장 많이 꼽았다. 또한 영국에서 비이용 이유로 두 번째로 꼽은 것이 '인터넷의 혜택에 대한 이해 부족'(39%), 한국에서 두 번째로 꼽은 것이 '이용 방법 모름'(30.1%)이었다(Office of the e-Envoy, 2003; 한국인터넷진흥원, 2004). 이는 동기 부족도 결국 기술 사용 방법이나 혜택에 대한 이해 부족과 연관이 있음을 보여주는 결과이다.

이러한 격차 발생요인들은 단일 요인이 아니라 두 가지 이상 요인이 결합해 나타나기도 한다. 앞서 보았듯이 소득과 교육은 '사회경제적 지위' 요인으로 묶여 작용하며, 성별과 학력(Losh, 2004), 성별과 연령(구자순, 2007), 성별과 직종(김수정, 2009) 등도 묶여서 격차가 나타났다. 성별과 학력이 결합해 격차가 나타난 경우를 보면 고학력 남성은 주로 전문·기술직에 종사하며 분석, 종합, 정보 검색에 인터넷을 활용했으나, 저학력 여성은 사무직에 종사하고 데이터 입력이나 문서 편집 등 인터넷 이용이 거의 필요치 않은 업무를 수행했다(Losh, 2004). 또 고연령 여성은 전체 고연령 집단 내에서 남성보다 인터넷 이용률, 이용 기간, 인터넷 이용 인식 및 태도, 역량 등의 수치가 상대적으로 매우 낮을 뿐 아니라 여성집단 내에서도 다른 연령보다 낮아 디지털 격차가 가장 큰 집단이었다(구자순, 2007). 김수정(2009)에 따르면 인터넷 이용률과 이용 시간은 성별보다 직종에 따라 격차가 크게 나타났다. 즉 사무 직종에서는 여성이 남성보다 인터넷 이용률이 오히려 약간 앞섰지만, 생산직에서는 남성이 여성보다 인터넷 이용률과 이용 시간이 약 3배 더 많았다. 또 사무직 여성 노동자들의 인터넷 경험과 활용은 작업 도구이자 인간 커뮤니케이션 매체로서 자부심과 자기 계발의 의미를 부여하는 '업무 연결형'이었다. 반면 생산직은 '업무 분리형'으로서 주로 오락과 실용적 이용에 그쳤다.

한국의 디지털 격차 상황을 보면 접근, 역량, 활용 모든 부분에서 노인,

농어민, 장애인, 저소득층 순서로 심각하게 나타난다. 2020년 과학기술정보통신부와 한국지능정보사회진흥원이 수행한 '디지털 정보 격차' 및 '스마트폰 과의존' 관련 실태조사 결과를 보면, 4대 정보취약계층(장애인·저소득층·농어민·고령층)의 디지털 정보화 수준은 일반 국민 대비 72.9%였다. 2019년의 69.9%에 비하면 2.8%p 상승한 수치이다. 취약계층 중에서는 고령층의 디지털 정보화 수준이 68.6%로 가장 낮으며, 장애인 81.3%, 농어민 77.3%, 저소득층(95.1%) 순으로 나타났다. 지금까지 가장 연구가 많이 진행된 소득에 따른 격차가 상대적으로 적었다.

접근, 역량, 활용 세 부문으로 나누어보면, 2020년 일반 국민 대비 정보취약 4대 계층의 종합 디지털 정보화 수준은 접근 수준이 93.7%, 역량 수준이 60.3%, 활용 수준이 74.8%였다. 취약계층별로 보면 일반 국민의 디지털 정보화 역량 수준을 100으로 할 때 접근 수준은 고령층이 92.8%로 가장 낮았고 농어민(94.8%), 장애인(95.4%), 저소득층(98.3%)의 순이었다. 역량 수준은 고령층이 53.7%로 가장 낮으며 그다음으로 농어민(69.0%), 장애인(74.2%), 저소득층(92.5%)의 순이었다. 활용 수준은 고령층의 디지털 정보화 활용 수준이 71.4%로 가장 낮으며 그다음으로 농어민(76.9%), 장애인(81.4%), 저소득층(96.1%) 순이었다. 역시 세 부문 모두 소득 요인의 격차가 상대적으로 적었다.

2) 디지털 격차의 해법

리빙스턴·반 쿠버링·투밈(Livingstone·van Couvering·Thumim, 2005)은 디지털 격차 해소 요인(enablers)을 종합적으로 정리했다. '텍스트와 기술의 사용자를 위한 설계', '성인의 교육 기회', '이용할 수 있는 기기와 서비스에 대한 소비자 인식', '미디어 상품과 서비스의 가치 인식', '자기 효능감'(뉴미디어 기술 사용 능력 및 자신감), '접근 수용 및 유지를 위한 사회적 네트워크의 지원', '가족 구성'(자녀 유무 등), '직장에서 컴퓨터 및 신기술을 사용하는지 여부', '제도적 정책 수립자의 노력' 등이 그것이다. 이러한 다차원적 디지털 격차를 해소하기 위한 각국의 민간과 정부가 다양한 노력을 하고 있다. 그중 대표적인 것이 카피레프트 운동, 디지털 격차에 대한 조사와 법률 제정 등이다.

(1) 저작권과 카피레프트

저작권(copyright)은 창작물의 저작자가 자신의 저작물에 대해 가지는 배타적인 법적 권리로 대부분의 국가에서 인정되는 권리이다. '베른협약[4]'에 의해 저작물을 밖으로 표현할 때 저작권은 저절로 생겨나며 일정 기간[5] 동안 인정된다. 저작권자는 자신의 저작물을 다른 사람이 복제·공연·전시·방송·전송 등에 이용하는 것을 허가하거나 금할 수 있다. 저작권은 '인격권(moral right)'과 '재산권(economic right)'으로 나뉜다. 저작권은 저작자의 권리를 보호하고 저작물의 생산과 이용을 촉진해 문화를 발전시키는 것을 목적으로 한다. 그러나 저작권만 강화하면 선의의 범죄자나 악의의 권리자를 양산하거나, 나아가 표현의 자유를 위협할 수 있다. 1990년대 이후 미국을 중심으로 저작권을 강화하는 경향인데, 이에 대한 시민사회의 대응 중 하나가 '프리 소프트웨어 운동(Free Software Movement)'이다.

프리 소프트웨어 운동은 미국의 소프트웨어 전문가인 리처드 스톨먼(Richard Stallman)이 1985년에 GNU 선언문(GNU Manifesto)을 발표하면서 소프트웨어 본래의 생산 유통 방식인 '정보 공유'의 방식을 복원하고자 한 운

---

4   1886년 스위스 베른에서 체결된 세계 최초의 저작권 관련 다국적 협약.
5   베른협약 당시에는 사후 50년. 미국과 한국은 현재 사후 70년.

동이다. 그는 인류의 지적 자산인 지식과 정보가 소수에게 독점되면 안 되고 모두가 자유롭게 사용할 수 있어야 한다며, 저작권으로 설정된 정보의 독점을 거부했다. 프리 소프트웨어 운동은 소스 코드를 공개해 누구나 소프트웨어를 수정할 수 있게 하고, 정보의 자유로운 복제와 배포를 허용하는 것으로 모든 소프트웨어를 프리 소프트웨어로 만드는 것이 목표이다.

스톨먼은 프리 소프트웨어 운동을 통해 '카피레프트(copyleft)' 개념을 만들었다. '카피레프트'는 '카피라이트(저작권)'의 반대되는 개념이며, '크리에이티브 커먼즈 이용 허락(CCL)' 등의 표시를 통해 공유가 가능한 정보임을 표시한다. 그는 정보사회에서 저작권법, 불법 복제의 논의를 넘어서는 정보 공유가 필요하다고 보았다. 카피레프트는 저작권자가 저작물을 자유롭게 이용하는 것을 허락함으로써, 저작권 체제하에서 저작권을 공유하는 효과를 낳는다.

2000년 들어 미국의 법학자인 로런스 레시그(Lawrence Lessig) 교수가 '창조적 공유재 운동'을 시작했고, 2000년 중반 시작된 위키백과와 위키리크스도 콘텐츠 분야에서 미국 정보 공유 운동의 대표적 사례이다. 한국에서는 '진보적 네트워크센터'와 '정보 공유 연대' 활동이 정보 공유 운동을 대표하는 사례이다. 이처럼 디지털 시대에 정보 공유, 즉 접근권을 넓히는 것은 디지털 디바이드의 중요한 해법 중 하나로 볼 수 있다.

(2) 정책적 노력

정보 격차를 해결하려는 노력은 민간뿐 아니라 국가적으로도 이루어지고 있다. 국가별로 정보 격차가 존재하기도 하고 국가 내 정보 격차가 사회적으로 이익이 되지 않는다는 조사나 연구들이 이어지기 때문이다. 노리스(Norris, 2001)는 세계 159개 나라의 인터넷 접근과 이용에 대해 조사한 결과 선진국과 중진국, 후진국 사이의 정보 격차가 심각한 수준이라고 밝했다. 바샤우어(Warschauer, 2004)는 정보 격차 문제는 집단 간 격차 이전에 지식에 접근하고 적용해 지식을 창출하는 것이라고 보았다. 지식 창출이 안 되면 격차가 발생하고, 사회적 효용이 감소하는 등 사회적 손해가 발생한다고 본 것이다. 빌헬름(Wilhelm, 2006)도 이제 대부분의 국가가 디지털화되어 구직(job apply)도 온라인으로 하는 상황이므로 정보 격차는 개인과 사회 모두에게 불이익이 된다고 보았다.

모스버거·톨버트·스탠스버리(Mossberger·Tolbert·Stansbury, 2003)는 정보 격차가 사회적 불평등이며, 이에 대한 실질적이고 상식적인 정책 대안이 있어야 한다고 강조한다. 정보 격차는 정부 차원에서 대응해야 하는 문제라는 것이다. 먼로(Monroe, 2004)는 정보 격차를 해소하기 위해 중고등학교의 역할이 중요하다고 보았다. 읽고 쓰는 능력, 다양한 문화를 받아들이게 하는 교육이 중요하다고 본 것이다. 이기식(2008)은 지금까지 선진국의 정보 격차 관련 연구는 민간 부문의 역할을 강조해 왔으나, 한국의 경우 지금까지 정보화, 즉 디지털화 부문에 정부의 적극적인 노력이 있어 왔기에 정부의 역할이 더 중요하다고 강조했다.

한국 정부에서는 정보화나 정보 격차 관련 법률이 꾸준히 제정, 개정되어 왔다. 우선 정보화 촉진과 관련해서, 1995년 '정보화를 촉진하고 정보통신산업의 기반을 조성하며 정보통신 기반의 고도화를 실현함으로써 국민 생활의 질을 향상하고 국민경제의 발전에 이바지함'을 목적으로 '정보화촉진기본법'이 제정되었다. 2001년에는 정보 격차와 관련해 '정보 격차 해소에 관한 법률'이 제정되었고, 2008년에 공공기관에 대한 접근성 보장의 제도화, 정보화 교육 수혜 대상자 확대, 정보 이용 시설의 운영·감독에 대한 규제 폐지를 주요 내용으로 일부 개정되었다.

그 후 세계적으로 국가정보화의 패러다임이 정보화 촉진에서 정보 활용 중심으로 변화하는 등 이러한 환경이 변화함에 따라 2009년 5월 '국가정보화기본법'이 새로 제정되었다. 이 법은 5년 단위로 국가정보화 기본계획을 수립할 것을 명시하고 공공·지역·민간 등 사회 각 분야별로 국가, 지방자치단체, 민간 등 다양한 주체들이 정보화를 추진할 수 있는 원칙과 기본 방향을 규정했다. 또 정보화의 역기능을 해소하기 위해 인터넷 중독 예방, 웹사이트 접근성의 보장 및 정보 격차 해소 교육의 실시, 개인정보 보호, 건전한 정보통신 윤리의 확립 등을 위해 필요한 시책을 마련하도록 규정했다.

5G, 빅데이터, 인공지능 등 기술의 발전으로 제4차 산업혁명 패러다임에 접어들면서 2020년 12월 '지능정보화기본법'이 새로 제정되었다. 이 법은 모든 정부 부처와 지방자치단체는 지능정보화 실행 계획을 3년마다 수립하고 정보화 기반 구축과 더불어 정보 격차 해소 시책을 마련할 것을 명시하고 있으며 지능정보서비스 과의존의 예방 및 해소, 지능정보서비스 등의 사회적 영향 평가 등 지능정보사회 역기능 해소 및 예방에 관한 내용도 포함하고 있다. '지능정보화기본법'에서 "정보 격차"란 "사회적·경제적·지역적 또는 신체적 여건 등으로 인해 지능정보서비스, 그와 관련된 기기·소프트웨어에 접근하거나 이용할 수 있는 기회에 차이가 생기는 것"이라고 규정하고 있다.

(3) 디지털 리터러시 키우기

앞서 살펴보았듯이 이제는 기기에 대한 접근을 넘어 개인의 이용 능력이 주목받고 있다. 개인의 디지털 역량은 디지털 리터러시라는 용어로도 사용되고 있다. 이전의 리터러시는 '정보를 읽고, 쓰고, 말하는 능력'을 의미하지만 최근에는 '미디어나 도구를 사용할 수 있고 이를 이용해 정보를 찾고 다양하게 활용하고 적용하는 능력'을 의미한다(최숙영, 2018). 유럽연합(EU)과 유네스코(UNESCO)는 네트워킹을 강조하는 통합적 매체 이용 능력을 '커뮤니케이션 능력(communication competence)'이라고 이름 붙이고,

이를 '디지털 미디어를 통해 정보와 의견을 생산, 교환하고 사회의 공역에 참여하는 능력'이라고 정의했다(EAVI, 2009). 정보에 대한 접근, 이용, 해석 능력을 넘어 디지털 미디어 환경에서 요구되는 이용자의 능동적 미디어 활용을 강조하고, 네트워킹을 통한 타인과의 커뮤니케이션 능력까지 의미를 확장한 것이다(황용석 등, 2012).

페스트레즈(Fastrez, 2009)는 미디어 리터러시를 '기술적(technical)', '인지적(cognitive)', '사회적(social)' 차원으로 구분했다. '기술적 차원'은 기술적인 미디어 사용 능력, '인지적 차원'은 정보를 생산하고 공유하려는 의도, '사회적 차원'은 공동체 관계 유지를 위한 대화, 활동, 참여 등으로 정의했다(최숙영, 2018). 홉스(Hobbs, 2010)는 디지털 미디어 리터러시를 기술적 능력, 비판적 생각, 분석, 실천, 성찰, 도덕적 생각, 팀이나 협력 활동 참여들의 의미까지 포함한다고 정의했다. 최숙영(2018)은 이렇게 국내외에서 제시된 디지털 리터러시 구성 요소를 〈표 2-3〉과 같이 정리했다.

표 2-3 국내외 디지털 리터러시 구성 요소

구분	기본 영역		하위 요소
국외	JISC 영국, 연합정보 시스템위원회	ICT 능숙도	-ICT 능숙도, ICT 생산성
		정보, 데이터, 미디어 리터러시	-정보 리터러시, 데이터 리터러시, 미디어 리터러시
		디지털 창조, 문제해결, 혁신	-디지털 생성, 디지털 혁신, 디지털 연구 및 문제해결
		디지털 의사소통, 협력, 참여	-디지털 의사소통, 디지털 협력, 디지털 참여
		디지털 학습과 개발	-디지털 학습, 디지털 가르침
		디지털 정체성과 웰빙	-디지털 정체성 관리, 디지털 웰빙
	British Columbia 주 교육부	연구 및 정보 리터러시	-정보 리터러시, 정보 프로세싱 관리
		비판적 사고, 문제해결, 의사결정	-학습을 위한 전문 고급 기술
		창의성 및 혁신	-창의성 표현

구분		기본 영역	하위 요소
		디지털 시민의식	-인터넷 안전, 개인정보 보호 및 보안, 관계와 의사소통, 사이버불링, 디지털 발자국과 평판, 자기 이미지와 정체성, 창의성 신용 및 저작권, 법적 윤리적 측면, 기술에 관한 균형 잡힌 태도, ICT 역할에 대한 이해와 인식
		의사소통 및 협동	-기술기반의 통신과 협동
		기술의 운용 및 개념	-일반적 지식과 기능적 스킬, 일상에서의 사용, 정보에 근거한 의사결정, 자기효율성을 증명하는 원활한 사용, 디지털 기술에 대한 학습 및 디지털 기반 학습
국내	KERIS 한국교육 개발원, 2017	디지털 테크놀로지 이해와 활용	-컴퓨터시스템, 소프트웨어 활용, 정보관리, 인터넷과 네트워크, 코딩, 최신 기술 이슈
		디지털 의식. 태도	-생명 존중 의식, 디지털 준법정신, 디지털 예절
		디지털 사고능력	-비판적 사고력, 컴퓨팅 사고력, 창의적 사고력
		디지털 실천 역량	-의사소통과 협업, 문제해결, 콘텐츠 창작

자료: 최숙영(2018: 28) 중 일부 재구성.

6. 결론: 디지털 격차와 인간의 존엄

최근 SNS에서 "어머니가 패스트푸드점 키오스크 이용을 못해 '엄마는 이제 끝났다'며 우셨다"는 글이 화제가 되었다. 기술이 발전하면서 점점 복잡한 기기가 등장하고, 사람들이 그것에 적응할 틈도 없이 더 새로운 기기가 등장한다. 음성인식이나 터치패드 기능 등 손쉽게 활용할 수 있는 기능이 발전하지만, 사람들이 새로운 기기에 내장된 다양한 기능을 자신의 목적에 맞춰 능숙하게 사용할 가능성은 오히려 줄어들었다(Hrari, 2018).

바르질라이 나혼(Barzilai-Nahon, 2006)은 기술에 대한 접근에 초점을 맞추었던 초기의 디지털 격차 논의가, 시간이 지남에 따라 디지털 격차를 만드는 다양한 요인을 밝히는 것으로 확대되어 왔고, 이렇게 다차원적인 디지털 격차를 측정할 통합적인 분석틀이 필요하다고 제안했다. 이러한 필요에 따라 한국에서는 한국지능정보사회진흥원(구 한국정보화진흥원)이 2004년부터 일반 국민 대비 취약계층의 정보화 격차 정도를 측정하는 정보 격차 지수를 조사, 발표하고 있으며 최근에는 접근, 역량, 활용 세 영역으로 나누어 살펴보고 있다.

디지털 격차는 접근·이용·활용·참여 등의 단계(혹은 영역)가 존재하며, 따라서 격차 해소를 위한 대응 전략도 단계별로 진행해야 한다. 우선 정보 격차의 초기 단계에는 정보매체에 대한 접근성을 증진시키는 일이 중요하다. 그다음 단계로 접어들면 활용 및 의사소통 능력이 더 중요해지므로, 매체 접근성이나 정보 사용 능력뿐 아니라 일상생활과 조직 활동에 필요한 의사소통 역량, 담화 능력을 높이는 것이 중요해진다(김문조·김종길, 2002).

가장 중요한 점은 디지털 격차는 결국 사회적 차원의 문제이므로 해법도 사회적으로 접근해야 한다는 것이다. 사씨(Sassi, 2005)는 디지털 격차와 관련한 연구들의 관점을 네 가지로 정리했다. 첫째는 테크노크라시(Technocracy; technology와 bureaucracy의 합성어)의 관점, 즉 전문적 지식이나 과학기술 등을 소유하는 자가 권력을 가진다는 것이고, 둘째는 사회구조적 관점으로 본래 존재하던 사회구조적 불평등을 인터넷과 디지털이 더 촉진시킨다. 셋째는 정보 구조와 소외 관점으로 참여, 사회 통합, 배제와 소외가 중요하고, 넷째는 현대화와 자본주의 관점으로 정보기술의 탄생이 자본주의적 동기에 의한 것이며 격차는 구조적이라는 것이다. 즉 디지털 격차는 단순한 기기 보급의 차원을 넘어 사회구조의 문제이며, 자본주의 시스템의 문제부터 접근해야 한다.

앞서 살펴보았듯이 최근 연구자들은 디지털 격차의 사회적 의미를 강조한다. 모스버거·톨버트·스탠스버리(2003)는 디지털 격차 4영역 중에서 3, 4 영역을 '경제적 기회 격차', '민주적 격차'로 규정해 정치사회적 관점을 강조했다. 만셀(Mansell, 2002)은 디지털 격차가 '참여 격차(participation gap)'로 이어지고 이는 정치사회적 문제가 될 수 있기 때문에, 개인의 삶의 방식에 대한 선택권, 주체성과 관련된 '디지털 권한(digital entitlements)'이 중요하다고 보았다. 나아가 디지털 격차는 일종의 '문화 권력'으로까지 진화할 수 있다(김문조·김종길, 2002).

김문조(2020)는 AI 등장 이후 정보 격차가 문해력의 문제에서 갱신력의 문제로 변화하고 결핍에서 불능으로, 구제 가능에서 구제 불능으로 변했다고 분석했다. 따라서 "생활 현장에서 실존감을 유실한 심정적 퇴출자들의 인간성 회복 문제"가 중요하다는 것이다. 이는 앞에서 언급한 키오스크 사용을 못해 "엄마는 이제 끝났다"라고 한 노인의 사례에서 잘 드러난다. 결국 사람들이 가치 있다고 판단한 정보를 이용해 자신이 원하는 삶을 향유할 수 있도록 하는 것이 정보 격차의 해소일 것이다(이호규, 2009). 즉 사회구조적 모순을 같이 해결하려는 노력, 소수자의 특성을 이해하고 배려하는 관점, 인간의 존엄성과 자존감을 지켜줄 수 있는 방안까지 생각하는 것이 디지털 격차 문제를 바라보는 데 필요한 관점일 것이다.

참고문헌

강월석·양해술. 2012. 「스마트융합시대 취약계층에 대한 정보격차 해소 방안」, ≪디지털융복합연구≫, 10(1), 29~38쪽.

고삼석·노창희·성동규. 2011. 「디지털 전환에 따른 방송에서의 정보격차에 대한 연구」. ≪한국방송학보≫, 25(3), 46~91쪽.

고영만. 2003. 「정보의 경제성에 관한 담론」. ≪한국문헌정보학회지≫, 37(4), 53~68쪽.

구자순. 2007. 「고령층여성의 디지털격차에 관한 연구」. ≪정보사회와 미디어≫, 11, 1~24쪽.

과학기술정보통신부. 2020. 「2020 디지털정보격차 실태조사 보고서」.

김문조. 2020. 「AI 시대의 디지털 격차」. ≪지역사회학≫, 21(1), 59~88쪽.

_____. 2004. 「정보화와 한국사회 불평등체계의 변화」. ≪담론 201≫, 7(1), 5~41쪽.

김문조·김종길. 2002. 「정보격차의 이론적·정책적 재고」. ≪한국사회학≫, 36(4), 123~155쪽.

김봉섭. 2006. 「정보격차 연구의 성과와 한계」(한국정보문화진흥원). ≪정보격차해소동향≫, 가을호, 152~162쪽.

김수정. 2009. 「여성노동자 집단 간의 디지털 격차와 인터넷 활용의 특성」. ≪한국언론학보≫, 53(2), 206~230쪽.

김순신. 2018.5.6. "모바일뱅킹 시대… 43년 만에 사라지는 현금지급기". https://news.v.daum.net/v/20180506184505988 (검색일: 2021.7.17).

김은진. 2019. 「노인들의 SNS 정치커뮤니케이션 연구: 카카오톡을 중심으로」. ≪언론정보연구≫, 56(4), 188~239쪽.

나이스빗, 존(John Naisbitt). 1982. 『미래의 단서 :글로벌 메가트렌드 최종 결정판』. 우진하 옮김. 부키.

민영. 2011. 「인터넷 이용과 정보격차: 접근, 활용, 참여를 중심으로」. ≪언론정보연구≫, 48(1), 150~187쪽.

서형준. 2014. 「정보격차 연구에 대한 비판적 논의」. ≪한국콘텐츠학회 논문지≫, 14(11), 657~666쪽.

슈밥, 클라우스(Klaus Schwab). 2016. 『클라우스 슈밥의 제4차 산업혁명』. 송경진 옮김. 메가스터디북스.

안정임. 2006. 「디지털 격차와 디지털 리터러시」. ≪한국언론정보학보≫, 36, 78~108쪽.

안정임·서윤경. 2014. 「디지털 미디어 리터러시 격차의 세부요인 분석-세대와 경제수준을 중심으로」. ≪디지털융복합연구≫, 12(2), 69~78쪽.

양혜영. 2012. 「빅데이터를 활용한 기술기획 방법론」(한국과학기술평가원).

연합뉴스. 2007.1.18. "정통부, '06 정보격차 지수 및 실태조사 결과, 정보격차 지속적 완화". https://news.v.daum.net/v/20070118102519053?f=o (검색일: 2021.7.17).

윤석민 외. 2004. 「이동전화격차(Mobile Phone Divide)」. ≪한국언론정보학보≫, 48(3), 354~ 374쪽.

이기식. 2008. 「정보격차해소를 위한 거버넌스 구축 방안」(한국정보문화진흥원).

이명진·박기태. 2009. 「정보격차 연구의 쟁점 변화와 그 함의」. ≪정보화정책≫, 16(3), 3~17쪽.

이승민. 2012. 「미국 사회에서 스마트 기기가 정보격차에 미치는 영향 분석」. ≪한국도서관정 보학회지≫, 43(2), 29~52쪽.

이승민. 2020. 「정보격차의 패러다임 전환과 지적 정보격차」. ≪한국도서관정보학회지≫, 51(1), 91~114쪽.

이원태. 2012. 「디지털 컨버전스 환경에서 정보격차 해소 및 미디어 리터러시 제고방안 연구」(정 보통신정책연구원).

이원태 외. 2012. 「스마트 모바일 환경에서의 참여격차와 정책 대응방안」(정보통신정책연구원).

이호규. 2009. 「정보격차 논의에 대한 비판적 고찰: 집단 수준의 논의에서 개인 수준의 논의로」, ≪한국언론학보≫, 53(6), 5~25쪽.

이홍재·박미경. 2020. 「노인의 정보격차와 삶의 만족도: PC와 모바일 기기 비교를 중심으로」. ≪한국행정연구≫, 29(2), 209~241쪽.

전석호. 1997. 『정보사회론: 커뮤니케이션 혁명과 뉴미디어』. 나남출판.

정석인. 2017.2. 「제4차 산업혁명 시대의 산업구조 변화 방향과 정책과제」. ≪국토≫, 424, 22~ 30쪽.

정애리. 2005. 「'디지털 격차' 담론의 변화와 그 함의: 확산 이론 S-curve 곡선의 재해석 가능성 을 중심으로」. ≪커뮤니케이션 이론≫, 1(2), 208~240쪽.

정윤모. 2020. 「전자정부서비스와 ICT 자본서비스가 디지털정보격차에 미치는 영향」. 고려대 학교 대학원 박사학위논문.

조동기. 2017. 「사이버공간의 불평등 담론과 문화적 시민권」. ≪사회과학연구≫, 24(1), 57~74쪽.

진상기. 2013. 「한국 정보격차의 시계열 변화 분석: 정보격차지수를 중심으로」. ≪한국지역정 보화학회지≫, 16(3), 147~174쪽.

최숙영. 2018. 「제4차 산업혁명 시대의 디지털 역량에 관한 고찰」. ≪컴퓨터교육학회논문지≫, 21(5), 25~35쪽.

하라리, 유발 노아(Y.N. Harari). 2018. 『21세기를 위한 21가지 제언』. 전병근 옮김. 김영사.

한국정보화진흥원. 2014. 「2013 정보격차지수 및 실태조사 보고서」.

한국지능정보사회진흥원. 2020. 「2020년 디지털정보격차실태조사 보고서」.

한국인터넷진흥원. 2004. 「2004년 상반기 정보화실태조사 최종보고서」.

황용석 외. 2012. 「디지털 미디어 환경과 커뮤니케이션 능력 격차 연구: 세대 요인을 중심으로」. ≪한국언론학보≫, 56(2), 198~225쪽.

황주성·유지연. 2004. 「제2세대 인터넷에 대응하는 정보격차해소 정책의 방향과 과제」. ≪KISDI 이슈리포트≫, 27, 1~60쪽.

Barzilai-Nahon, K. 2006. "Gaps and Bits: Conceptualizing Measurements for Digital Divide/s." *The Information Society*, 22(5), pp.269~278.

Beentjes, H.J.W.J. et al. 1999. "Dutch and Flemish Children and Adolescents as Suers of Interactive Media." *Communications: The European Journal of Communication*, 24(2), pp.145~166.

Burke, C. 2003. "Women, Guilt and Home Computers." in Turrow, J., A. Kavanaugh 르 (eds). *The Wired Homestead An MIT Sourcebook on the Internet and the Family*, pp.325~355. Cambridge MA: MIT Press.

Compaine, B.M. 1986. "Information Gaps: Myth or Reality?" *Telecommunications Policy*. 10(1), pp.5~12.

_____. 2001. "The Digital Divide: Facing a Crisis or Creating a Myth?" *Philosophy & Technology*, 14(4), pp.182~185.

EAVI(European Association for Viewers Interests). 2009. "Study on Assessment Criteria for Media Literacy Levels." http://www.eavi.eu/joomla/what-we-do/researchpublica tions/70-study-on-assessment-levels-of-ml-in-europe (검색일: 2021.7.18).

Fastrez, P. 2009. "Evaluating Media Literacy as Competences: What Can We Agree on?" https://www.slideshare.net/pfastrez/evaluating-media-literacy-as-competences-wha t-can-we-agree-on (검색일: 2021.7.18).

Festinger, L. 1957. *A Theory of Cognitive Dissonance*. Evanston, IL: Row, Peterson.

Frey, C.B. and M.A. Osborne. 2013. "The Future of Employment: How Susceptible Are Jobs to Computerisation." *Technological Forecasting and Social Change*, 114, pp.254~280. Oxford Martin Programme on the Impacts of Future Technology.

Golding, P. and G. Murdock. 1986. "Unequal information: Access and Exclusion in the New Communications Marketplace." *New Communication Technologies and the Public Interest: Comparative Perspectives on Policy and Research*. pp.71~83.

Golding, P. and Murdock, G. 1989. "Information Poverty and Political Inequality: Citizenship in the Age of Privatized Communications." *Journal of Communication*, 39(3), pp.180~195.

Haywood, T. 1998. "Global Networks and the Myth of Equality." *Cyberspace Divide*, pp.32~41. Routledge.

Hargittai, E. and A. Hinnant. 2008. "Digital inequality: Differences in Young Adults' Use of the Internet." *Communication Research*, 35(5), pp.602~621.

Hobbs, R. 2010. "Digital and Media Literacy: A Plan of Action. A White Paper on the Digital and Media Literacy Recommendations of the Knight Commission on the Information Needs of Communities in a Democracy." The ASPEN Institute. https://files.eric.ed.gov/fulltext/ED523244.pdf (검색일: 2021.7.18).

Kling, R. 1999. What is Social Informatics and Why Does It Matter? *D-Lib Magazine*, 5(1). http://www.dlib.org/dlib/january99/kling/01kling.html (검색일: 2021.7.18).

Lee, S. 2016. "Smart Divide: Paradigm Shift in Digital Divide in South Korea." *Journal of Librarianship and Information Science,* 48(3), pp.260~268.

Livingstone, S., E. van Couvering and N. Thumim. 2005. "Converging Traditions of Research on Media and Information Literacies: Disciplinary, Critical, and Methodological Issues." in Coiro, Julie et al. 2008. *Handbook of research on new literacies*, pp.103~132. New York, USA: Routledge.

Losh, S.C. 2004. "Gender, Educational, and Occupational Digital Gaps 1983-2002." *Social Science Computer Review*, 22(2), pp.152~166.

Mansell, R. 2002. "From Digital Divides to Digital Entitlements in Knowledge Societies." *Current Sociology*, 50(3), pp.407~426.

Michael, D. 1972. "The Individual: Enriched or Impoverished? Master or Servant?" in *Information Technology: Some Critical Implications for Decision Makers*. The Conference Board, 1972, pp.37~59.

Molnar, S. 2003. "The Explanation Frame of the Digital Divide", *Proceedings of the Summer School, Risks and Challenges of the Network Society,* pp.4~8, Sweden: Karlstad University.

Monroe. 2004. *Crossing the Digital Divide: Race, Writing, and Technology in the Classroom*. New York: Teachers College Press.

Mossberger, K., C.J. Tolbert and M. Stansbury. 2003. *Virtual Inequality: Beyond the Digi-*

tal Divide. Georgetown University Press.

Negroponte, N. 1995. *Being Digital*. pp.1~5. London: Hodder & Stoughton.

Herbert I. Schiller. 1996, *Information Inequality*. pp.1~212. New York: Routledge.

Norris, P. 2001. *Digital Divide: Civic Engagement, Information Poverty and the Internet World-wide*. Cambridge: Cambridge University Press.

Office of the e-Envoy. 2003. UK Online Annual Report 2003.

Rogers, E.M. 2003. *Diffusion of Innovations*(5th ed). New York: The Free Press.

Sassi, S. 2005. "Cultural Differentiation or Social Segregation? Four Approaches to the Digital Divide." *New Media & Society*, 7(5), pp.684~700.

Schiller, H. 1996. *Information Inequality: The Deepening Social Crisis in America*. London: Routledge.

Selwyn, N. 2004. "Reconsidering Political and Popular Understanding of Digital Divide." *New media & Society*, 6(3), pp.341~362.

Shenk, D. 1997. *Data smog*. New York: HarperCollins Publishers.

Thierer, A. 2000. *How Free Computers Are Filling the Digital Divide*. Heritage Foundation. https://www.herisagegreentage.org/technology/report/how-free-computers-are-filling-the-digital-divide(검색일: 2021.7.18).

Tichenor, P.J., G.A. Donohue and C.N. Olien. 1970. "Mass Media Flow and Differential Grow the in Knowledge." *Public Opinion Quarterly*, 34(2), pp.159~170.

Toffler, A. 1980. *The third wave*. New York: Bantam books.

van der Voort, T.A.H. et al. 1998. "Young People's Ownership and Sues of New and Old Forms of Media in Britainand the Netherlands." *European Journal of Communication*, 13(4), pp.457~477.

van Dijk, J.A.G.M. 2005. *The Deepening Divide: Inequality in the Information Society*. Thousand Oaks, CA: Sage.

van Dijk, J.A.G.M. 2006. "Digital Divide Research, Achievements and Shortcomings." *Poetics*, 34, pp.221~235.

Warschauer, M. 2004. *Technology and Social Inclusion: Rethinking the Digital Divide*. MIT Press.

Wenglinsky, H. 1998. *Does It Compute? The Relationship between Educational Technology and Student Achievement in Mathematics*. NJ: Educational Testing Service.

Wilhelm, A. 2006. *Digital nation: Toward an Inclusive Information Society*. MIT Press.

제2부

미디어 이용과 사회문화적 격차

_제3장[*]

뉴스 이용과 정치사회화 격차

1. 서론: 위험사회와 폭증하는 뉴스

전 세계가 코로나19의 혼돈 속에 갇혀 있다. '신종 바이러스, 원인 불명, 돌연변이, 팬데믹, 백신' 등의 단어가 이를 대표한다. 확언과 예측이 힘든 과학적 불확실성이 세상을 가득 메웠다. 일찍이 독일의 사회학자 벡(Beck, 1992)은 현대사회를 '위험사회'로 규정하며, 현대사회에 도래하는 위험은 인간의 평상적 인식능력을 완전히 벗어날 것이고, 그 위험은 특수한 정치적 폭발력을 지닐 것이라고 경고했다.

---

* **조인숙**(국민대학교 언론정보학부 겸임교수)

코로나19 관련 정보가 뉴스 미디어를 통해 봇물 터지듯 쏟아져 나왔다. 미국질병통제센터(Centers for Disease Control and Prevention, CDC)는 감염병과 같은 위기 상황이 발생했을 때 가장 중요한 대응 원칙으로 신속성을 제시했다. 위기 상황에서는 관련 정보를 신속하게 전달하고 소통하는 것이 가장 중요하다고 지적한 것이다. 이에 언론에서는 '현재 무슨 일이 벌어지는지'를 신속하게 알렸다. 신규 확진자, 해외 유입 확진자, 격리 치료·해제 확진자, 중증 환자, 사망자, 치명률에 대한 숫자 정보가 다수를 차지했다. 유행하는 바이러스의 특성과 감염되지 않으려면 어떻게 대처해야 하는지, 백신의 개발과 보급 현황 및 효용성에 내한 정보들도 제공했다.

뉴스는 대중적이고 보편적이며 다양한 영역의 정보와 지식을 두루 제공하는 대표적인 정보서비스이다. 오랫동안 뉴스는 제도권 언론사가 독점적으로 시민이 '알 필요가 있고 알아야 하는' 사안을 선별해 제공해 왔다. 그러나 지금은 뉴스 공급처의 수가 늘고 다양해지면서 엄청난 속도로 정보와 뉴스가 쏟아지고 있다. 2019년 기준, 문화체육관광부에 등록된 인터넷 신문사 숫자만 해도 무려 8888개이다(한국언론진흥재단, 2020a). 소셜 미디어나 유튜브 등에서 뉴스인 듯 뉴스 아닌 듯한 시사 정보를 제공하는 개인 방송까지 포함하면 그 수를 셀 수 없을 정도이다. 제도권·비제도권 언론에서 제공하는 정보 속에는 사실 정보뿐 아니라 과잉 정보, 허위 정보, 오정보, 감정과 정념에 호소하는 뉴스와 정보도 함께 자리한다.

과학적 불확실성이 증가하는 시기에는 사람들이 더 자주, 더 많이 뉴스를 소비하는 경향이 있다. 불확실성이 증가할수록 뉴스를 더 찾게 되는 법이다. 불확실성 감소 이론(uncertainty reduction theory)에 따르면, 정보의 부재나 불충분으로 인해 발생한 불확실성과 그로 인한 불안감 해소를 위해 사람들은 적극적으로 정보를 탐색한다(Gudykunst, 2005). 감염병 발생 및 확산 상황을 긴급하게 전하는 뉴스를 보면서 사람들은 죽음에 대한 막연한

'불안'과 '공포'를 경험하며 뉴스를 더 찾게 된다(Chung·Chung·Easthopeet, 2000). 실제 팬데믹 시기에 사람들은 대면접촉을 최소화하기 위해 외부 활동을 자제하고 집 안에 머무는 시간이 증가할수록 뉴스 이용률이 증가하는 양상을 보였다. 한국언론진흥재단(2020b)의 「코로나19 이후 국민의 일상 변화」 조사에 따르면, 코로나19 이후 가장 증가한 활동이 미디어 이용(70.3%)이었고, 이용량이 증가한 미디어 콘텐츠 중에는 뉴스(72.2%)가 가장 높았다. 뉴스에 관심을 두지 않던 10대도 유튜브를 통해 뉴스를 소비하는 것으로 나타났다.

비단 코로나19 소식이 아니더라도 우리는 죽음, 재난, 재앙, 비극과 같은 부정적 소식을 알리는 나쁜 뉴스를 끊임없이 목도하고 있다. 뉴스는 본질적으로 나쁜 뉴스를 선호하는 경향이 높다. 편집국에서는 '나쁜 뉴스를 좋은 뉴스(Bad news is Good news)'로 간주한다. 그래서 뉴스는 일상에서 벗어난 부정적 사건을 강조하고 판에 박힌 일상이나 지루하게 반복되는 사안은 무시한다. 사람들도 나쁜 뉴스에 더 많이 주목한다. 아이러니하게도 긍정적이고 사회발전을 고무하는 뉴스보다 일탈적이고 부정적 이슈에 초점을 맞춘 나쁜 뉴스가 더 잘 팔린다. 나쁜 뉴스의 속성은 사람을 위험하고, 불안하고, 분노하게 만든다. 어쩌면 뉴스 이용량이 증가한 이유가 우리 사회가 위험하고 불안하고 불확실하다고 인식하는 사람들이 늘어서일지 모른다.

뉴스 이용의 증가가 우리 사회에 가져오는 함의는 무엇일까? 일단 뉴스 이용량이 증가한 것은 여러모로 반가운 일이다. 뉴스 이용의 증가는 시민이 살아가는 데 필요한 정치지식을 함양하는 데 도움을 주기 때문이다. 시민이 판단과 결정을 내려야 하는 상황에서 즉흥적이고 감성적인 판단보다 이성적이고 합리적인 판단을 유도할 수 있다. 다시 말해 뉴스 이용의 증가로 인해 개인의 정치지식이 증가할 경우 사적·공적 차원의 위기 대응에 효율성을 높일 수 있다는 얘기이다. 그럼 왜 뉴스 이용을 많이 하는 사람들은 그렇지 못한 사람들보다 정치지식이 더 높고, 더 합리적인 판단과 결정을 할 수 있을까?

그동안 뉴스 이용과 정치사회화의 관계, 민주주의와의 관계 등에 천착해 많은 연구가 이루어졌다. 학계에서는 시민들의 정치지식과 정치 효능감이 증가하고 다양한 차원의 사회정치참여가 이루어질 때 민주주의가 제 기능을 할 수 있다고 주장한다(Kenski·Stroud, 2006). 뉴스가 공동체 구성원에게 그 사회의 정치적 가치관이나 태도를 습득하게 하고 동화시키는 중요한 원천이라는 점에서 뉴스 이용의 유익성을 들여다보는 것은 중요하다.

뉴스 미디어 채널과 플랫폼의 증가, 콘텐츠의 양석 확대와 그 내용적 다양성의 증가는 필연적으로 이용자의 선택을 증가시킨다. 따라서 '선택성(selectivity)'은 변화된 뉴스 미디어 환경과 이용자 격차를 설명하는 핵심 요인이다. 이용자의 선택성이 강해지는 미디어 환경에서 뉴스를 선호하는 사람과 뉴스를 회피하는 사람들 간에 정치사회화, 즉 정치지식의 습득이나 각종 사회·정치 이슈에 참여하는 활동 등에 현저한 차이가 나타날 수 있다. 또 뉴스 미디어의 이용 유형, 즉 어떤 미디어를 선택해 뉴스를 이용하고 어떤 주제의 뉴스를 소비하는지도 정치사회화 격차를 유발하는 요인이될 수 있다. 이러한 맥락에서 우리의 주요 관심사는 '누가' 어떤 '뉴스 채널과 콘텐츠'를 선택하며 그것이 어떤 '결과'로 귀결되는지를 알아보는 것이다.

코로나19 관련 정보는 어디서 접하고, 어떻게 평가할까?

한국언론진흥재단(2020b)의 보고서에 따르면, 국내 이용자들은 인터넷 포털(79.5%)과 TV(74%)를 통해 코로나19 관련 정보를 가장 많이 얻고 있었다. 그중 TV는 사람들이 가장 신뢰하는 경로(75.5%)이면서 가장 도움이 되는 경로(73.9%)라고 밝혔다. 구체적으로 TV는 특히 50대(91.1%)와 60대(89.9%)에서 가장 높은 이용과 긍정적 평가를 했다. 반면 포털은 20대(93.4%), 30대(94.7%), 40대(95.5%)

의 이용이 많았고, 긍정적 평가 또한 높았다. 상대적으로 유튜브 등의 온라인 동영상 플랫폼(21.7%)과 소셜 미디어(20.9%)의 이용량은 적었으나, 이들 미디어에 대한 신뢰도와 유용성 평가는 높았다. 특히 온라인 동영상 플랫폼은 20대(65%), 30대(50.8%), 40대(46.9%), 50대(54.9%), 60대 이상(50.3%) 등 전 연령대에서 고른 이용 분포를 보인다는 점도 특기할 만하다.

젊은 세대의 TV 뉴스 이용률이 증가한 점도 흥미롭다. 20대의 TV 뉴스 이용률은 73.8%(2019년)에서 79.8%(2020년)로 늘었고, 30대도 51%(2019년)에서 61.5%(2020년)로 증가했다. 일반적으로 젊은 세대는 디지털 뉴스 미디어 이용이 높고, 중장년 세대는 전통 뉴스 미디어 이용이 압도적이다. 그러나 위험의 시기에는 세대 간 차이가 감소하는 경향이 나타날 수 있다. 일상에 존재하는 위험으로 인해 사람들의 정보에 대한 수요가 증가하고, 위험 정보를 실시간으로 파악하기 위해 뉴스 미디어를 복수로 이용하는 경향이 높아지기 때문이다. 그래서 중장년 세대는 평소와 달리 포털이나 소셜 미디어 이용을 늘리고, 젊은 세대 역시 평소보다 TV나 신문 등의 전통 미디어를 더 많이 이용하기 때문에 세대 간 이용 패턴의 동질화 경향이 나타날 수 있다.

코로나19로 인한 뉴스 이용 증가는 한국만의 이야기는 아니다. 영국 옥스퍼드대학교 부설 로이터저널리즘연구소의 연구 결과에 따르면 6개국(미국, 독일, 스페인, 한국, 영국, 아르헨티나) 모두 뉴스 이용량이 증가했다(한국언론진흥재단, 2020b).

2. 뉴스 선택성과 정치지식

미디어 이용자들이 뉴스를 보지 않고 걸러내는(screening out) 현상이 증가하고 있다. 이러한 현상을 '뉴스 선택성(news selectivity)'이라고 한다(Prior, 2005). 언제 어디서나 편리하게 뉴스를 이용할 수 있는 경로뿐 아니라 오락 등의 비뉴스 콘텐츠 역시 손쉽게 소비할 수 있는 경로 또한 증가했기 때문이다. 특히 정치나 공적 이슈에 관심이 부족한 사람들은 다양한 콘텐츠를 선택할 수 있는 미디어 환경에서 뉴스를 걸러내기 쉽다(Reuters Journalism Institute, 2019). '삶의 재미'를 추구하기 위해 미디어를 이용하는 사람들도 게임, 영화, 드라마 등 즐길 수 있는 콘텐츠를 우선해서 선택하므로 뉴스가 차선으로 밀리기 쉽다. 또 정보 환경 맞춤화 설정이 이용자의 오락 콘텐츠 소비를 강화하기도 한다.

뉴스 선택성에 관해 연구하는 학자들은 뉴스 읽기가 정치 관련 지식 습득에 있어 긍정적 효과가 있음을 주장해 왔다. 예컨대 프라이어(Prior, 2005; 2007)는 선택성이 높은 미디어 환경에서 다양한 콘텐츠가 이용 가능할 때, 개인의 뉴스 선호도에 따라 지식 격차가 증가할 것이라고 주장했다. 뉴스 선호가 높은 사람들은 여러 미디어와 플랫폼을 아우르며 뉴스를 소비할 가능성이 크고, 경성 뉴스를 소비하는 경향이 강하며, 더 집중적으로 뉴스를 소비하기 때문에 정치지식이 점진적으로 누적되는 효과를 가져온다는 것이다(de Vreese·Boomgaarden, 2006). 반면에 드라마나 리얼리티쇼 등 오락 선호가 높은 사람들은 정치에 관심이 적어 뉴스 회피를 일상화하기 쉽고, 뉴스를 소비하더라도 사적 호기심을 자극하는 뉴스만 소비하는 경향이 강해 시민성을 함양할 수 있는 정치정보를 습득하지 못할 가능성이 크다는 것이다. 즉 뉴스를 회피할수록 사람들은 정치에 더 무관심해질 것이고, 이로 인해 정치지식을 습득하는 기회를 놓친다고 지적했다. 요컨대 뉴스에 노출되는 그 자체만으로 사회에서 공유하는 정치적 가치, 태도, 행동 방식 등을 보고 배우는 정치학습으로 이어질 가능성이 있으므로 뉴스를 선호하는 사람과 회피하는 사람들 간에 정치사회화 격차가 발생할 수 있다는 것이다.

국내에서 수행한 뉴스 선택성 연구에서도 뉴스 선호가 정치 관련 지식 습득에 미치는 긍정적 결과를 제시했다. 뉴스 선호도는 대개 나이가 많을

수록 높았다. 그리고 정치에 관심이 많을수록, 여성보다 남성이 높았다. 신문과 TV의 이용량과 뉴스 선택성 간에는 양의 상관관계를 보였지만, 비뉴스 콘텐츠가 많은 인터넷 이용량과는 음의 관계를 보였다. 즉 인터넷을 많이 이용할수록 뉴스를 더 많이 회피한다는 것이다.

무엇보다 우리는 이용자의 뉴스 선택성이 정치학습을 증진한다는 결과에 주목할 필요가 있다. 구체적으로, 뉴스를 선호하는 사람들의 경우 일반적 정치지식에 뚜렷한 효과가 나타났다(민영, 2016). 뉴스 미디어 중에서 신문, 뉴스 웹사이트 이용은 정치지식에 통계적으로 강한 양의 관계가 보였으나 소셜 미디어와 방송 뉴스는 유의미하지 않은 결과를 제시한 연구도 있다(금희조·조재호, 2015). 또 뉴스 이용이 낮거나 흥미 위주의 연성화된 뉴스를 접하는 사람들보다 경성과 연성 주제의 뉴스를 모두 소비하는 사람들의 정치지식 수준이 더 높았다는 흥미로운 연구도 있다(문지혜·이숙정, 2015). 이러한 결과는 뉴스의 선택 여부뿐 아니라 어떤 주제의 뉴스를 보는지도 중요하다는 것을 보여준다. 즉 흥미 위주의 연성 뉴스보다 경성 뉴스를 포함한 다양한 주제의 뉴스 소비가 일반 시민의 정치지식을 함양하는 데 긍정적 영향을 미칠 수 있다는 것이다.

뉴스 선택성의 효과를 실증적으로 검증한 연구들은 뉴스가 심층적인 정치정보를 제공함으로써 시민들의 식견 있는(informed) 의사결정을 이끌어야 한다는 규범적 기대와 맞닿아 있다.

3. '재미'있는 뉴스와 얕은 지식

『뉴스의 역사(A History of News)』를 쓴 스티븐스(Stephens, 2006)는, '뉴스는 시대의 산물이자 사회의 산물'이라고 정의하면서 사회와 사회 성원이 생각하는 것을 반영하는 것이 뉴스라고 강조했다. 사회가 변하고 이용하는 사람들의 생각이 바뀌면 뉴스도 달라질 수 있다는 의미이다. 미디어 환경이 급변하면서 이제 뉴스는 기존의 뉴스 형식에 얽매인 정보로서가 아니라 무수한 플랫폼에서 다양한 방식과 내용으로 생산·유통·소비되고 있다. 그 변화의 중심에 젊은 세대가 있다.

젊은 세대는 미디어를 즐겨 이용하지만, '뉴스는 보지 않는다'는 통념이 자리한다. 이를 두고 젊은 세대가 '세상 돌아가는 일에 관심이 없어서'라거나 '뉴스 보는 것을 싫어해서'라고 말한다. 이를 뒷받침하는 실증 연구도 있다. 젊은 세대의 뉴스 이용 연구를 수행한 문지혜·이숙정(2015)은 대학생의 뉴스 이용 정도가 현저히 낮고, 흥미 위주의 연성 뉴스를 소비하는 경향이 높다고 보고한 바 있다.

과연 젊은 세대가 뉴스를 회피하는 것일까? 지난 몇 년을 돌아보면 굵직한 사건의 중심에는 젊은 세대가 있었다. 이들은 여러 사회문제 앞에서 당당히 자신들의 목소리를 표출해 왔다. '화이트 불편러'를 자처하며 갑질이나 소비자를 우롱한 기업을 비판하고 사회 곳곳에 만연한 권력형 성범죄를 고발했다. 미국 신문협회(API)가 수행한 보고서에는 미국의 젊은 세대 10명 중 8명 이상이 '뉴스가 자신에게 중요'하다고 생각하고, 그중 5명은 하루에 5개 이상의 경성 뉴스를 읽는다고 응답했다(American Press Institute, 2015). 한국의 젊은 세대도 10명 중 6명 이상이 일주일에 5일 이상 모바일로 뉴스를 소비하고 있다(한국언론진흥재단, 2020c). 이러한 결과는 젊은 세대도 뉴스를 중요하게 인식하고 뉴스 이용량도 적지 않다는 점을 보여준다. 통념과 엇갈린 결과를 어떻게 해석해야 할까? 혹시 젊은 세대가 '엄근진(엄격, 근엄, 진지)'의 상징인 전통 언론의 뉴스를 회피하는 것은 아닐까? 젊은 세대가 인식하고 소비하는 뉴스에 차이가 있는 것은 아닐까?

젊은 세대는 개인화된 미디어 환경에서 성장했다. 당연히 뉴스 소비도 온라인 중심이다. 대신에 이들은 폭넓은 뉴스 채널을 이용한다. 포털을 주요하게 이용하지만 소셜 미디어와 유튜브 등의 동영상 플랫폼도 병행한다. 또 제도권 언론사가 다루는 공적 이슈뿐 아니라 개인 유튜버가 제공하는 사적 이슈도 뉴스로 인식한다(이선민·진민정·이봉현, 2020). 누가 제공하든 간에 뉴스는 '알면 쓸모 있고, 흥미롭고, 재밌는 정보'인 것이다(Reuters Journalism Institute, 2019). 뉴스의 의미를 확장한 것이다. 실제 젊은 세대는 동영상 플랫폼이나 소셜 미디어에서 제공하는 정보를 뉴스로 인식하는 비율이 다른 세대보다 높았다. 특히 유튜브는 언론으로서의 영향력과 신뢰도에서 제도권 언론사보다 좋은 평가를 받았다(한국언론진흥재단, 2019).

젊은 세대는 재미없는 건 싫어한다. 게다가 재미있는 건 특별한 이유 없이 좋아한다. 그래서 SNS에서 늘 재미의 군집을 형성한다. 뉴스의 경우, 배경과 맥락의 친절한 설명, 친근한 어투, 색다른 포맷, 파격적 표현, 쌍방향 소통 등에서 재미와 흥미를 느낀다. 그래서 뉴스를 선택할 때도 '흥미'와 '호기심'이 느껴질 때 클릭한다(설진아, 2018). 뉴스도 철저히 실용과 재미의 관점에서 바라보기 때문이다. 이들은 자신의 삶과 직접적으로 관련 있거나 일상생활에 도움이 될 만한 정보에 귀를 기울인다. 요컨대 젊은 세대는 뉴스도 중요하게 인식하고, 많이 이용하고 있으나 뉴스의 의미, 관심 주제, 이용 방식 등 모든 면에서 이전 세대와 다를 뿐이다.

뉴스를 '즐길 거리'로 인식하는 젊은 세대의 마음을 사로잡기 위해 제도권 언론사가 선택한 전략은 눈높이에 맞춘 뉴스를 제공하는 것이다. 그래서 뉴스 아이템을 선정할 때도 시의성이나 영향력보다는 유용성과 인간적 흥미에 더 높은 가치를 부여한다. 알면 쓸모 있고, 흥미롭고, 재밌는 콘텐츠를 생산하는 데 주력하는 것이다. SBS의 〈스브스뉴스〉, MBC의 〈14F〉, KBS의 〈크랩〉 등이 이에 해당한다. 〈뉴닉〉, 〈닷페이스〉 등의 미디어 스타트업도 복잡하고 재미없고 어려운 이슈를 20~30대가 좋아할 만한 문체와 어법으로 풀어내고 캐릭터 등을 사용해 친근하게 다가간다.

뉴스에 오락 요소들이 결합한 형태를 '엔터테인먼트형 뉴스'라고 한다. 정치적 메시지를 우선적(primacy)이고 명시적(explicitness)으로 전달하면서 패러디(parody), 풍자(satire), 유머(humor) 등의 오락적 요소를 결합한 형태이다. 정치적 메시지에 엔터테인먼트 요소를 가미한 심야 토크쇼나 정치 팟캐스트가 이에 해당한다.

학계는 엔터테인먼트형 뉴스가 미치는 영향에 대해 엇갈린 해석을 제시해 왔다. 유익을 주장하는 사람들은 엔터테인먼트형 뉴스가 대체로 인지적 능력이나 동기가 부족한 사람들도 쉽게 이해할 수 있는 수준에서 정치정보를 다루기 때문에 우연한 노출이나 수동적인 이용 수준에서도 정치지식을 습득할 수 있다고 설명한다. 구체적으로, 심야 토크쇼 시청이 전통 뉴스 이용을 촉진하는 이른바 '출입구 효과'를 통해(Baum, 2003) 정치학습에 유의미한 역할을 한다는 것이다(Hollander, 2005). 즉 정치에 무관심한 사람들도 심야 토크쇼를 보면서 정보도 얻고, 웃고 즐기다 보면 정치에 관심도 생기고 그러면서 추가 정보를 얻기 위해 다시 전통 뉴스를 찾게 된다는 것이다.

반면에 엔터테인먼트형 뉴스가 흥미로운 정보만 선택해 얕고 편협하게 제공함으로써 정치정보의 왜곡을 가져올 수 있고, 더 나아가 민주주의 발전을 심각하게 위협할 수 있다는 우려가 제기되기도 한다(Prior, 2005). 심야 토크쇼나 정치 팟캐스트 등 엔터테인먼트형 프로그램 이용과 정치지식 간에 상관관계를 실증한 연구를 보면, 낮은 수준의 정치지식 지표들에 대해서만 긍정적 효과가 나타났다.

시민의 정치지식 습득에 있어 엔터테인먼트 미디어가 뉴스 미디어보다 미약한 효과를 보이는 이유는 무엇일까? 미디어 유형에 따른 정보처리 방식의 관점에서 보면, 뉴스 미디어는 기억 기반(memory based) 방식으로 정보가 처리되므로 사실 정보의 총량이나 정확성 측면에서 효과적이다. 반면 엔터테인먼트 미디어는 온라인 기반(online based) 방식으로 정보가 처리되어 사실 정보 전달보다 정치인이나 정치집단에 대한 인상 등의 경험 정보전달에 더 집중하기 때문이다(Kim·Vishak, 2008).

4. 다중 뉴스 미디어 이용과 숙의

다매체 환경에서 뉴스 이용자들은 특정 뉴스 미디어를 선호하고 그 미디어를 정기적으로 혹은 자주 이용한다. 반면 어떤 뉴스 이용자들은 오랫동안 이용해서 익숙한 뉴스 미디어라고 할지라도 더 쉽게 활용 가능한 새로운 미디어로 갈아탄다. 다시 말해, 뉴스 이용자들은 뉴스 활용 목적과 이용 습관, 콘텐츠 속성에 따라 해당 미디어를 지속해서 이용할 수도 있지만 보완하거나 대체한다. 기능적 유사성 원칙(functional similarity principle)에 따르면, 이용자가 기존 미디어에서 충족해 왔던 욕구들을 새로운 미디어를 통해 효과적으로 충족할 수 있다고 인식하면, 새로운 미디어가 기존 미디어를 대체한다. 이때 대체성의 수준은 새로운 미디어의 '유용'과 '충족'의 수준에 따른다. 즉 새로운 미디어가 기존 미디어와 기능적으로 유사성이 높으면서 유용과 충족 수준이 높을 때는 대체 관계가 나타나고, 기능적 상이성이 높을 때는 각 미디어의 고유한 특성에 주목해 보완 또는 보충적으로 활용하는 상보 관계가 나타난다.

뉴스 미디어는 종류에 따라 이용자에게 각기 다른 정치적 영향력을 행사해 왔다. 뉴스 미디어마다 우선적 기능에 차이가 있기 때문이다. 예컨대 TV나 신문 등의 전통 미디어는 불특정 다수에게 정보를 제공하는 데 주력하고, 인터넷 뉴스 사이트(전통 언론사, 인터넷 언론사 등)는 사이트 방문자에게 정보를 제공하는 것을 목적으로 한다. 이 둘은 이용자와의 상호작용보다 단방향성 정보제공의 특성이 강하다. 반면에 소셜 미디어는 정보를 제공하고 공유하는 기능과 동시에, 이용자의 생각과 느낌을 나누고 강화하고 설득하는 것이 가능하도록 디자인되었다. 정보제공보다 이용자들을 연결하고 관여시키고 동원을 촉진하는 역할이 상대적으로 큰 것이다. 요컨대 읽기 중심의 전통 미디어나 포털은 정치적 학습을 통해 이용자의 지식 증진에는 효과적일 수 있으나 공감을 이끌고 참여를 유도하는 데는 역부족일 수 있다. 역으로 소통 중심의 소셜 미디어는 지식 함양에는 부족할 수 있으나 효능감과 참여 증진에 더 효과적일 수 있다.

그간 학계에서는 단일한 뉴스 미디어 이용 유형(신문, TV, 인터넷, 소셜 미디어)에 따른 격차의 상대적 크기를 비교해 왔다. 그러나 멀티 플랫포밍 뉴스 환경에서는 개인이 단일한 '어떤 채널'로 뉴스를 이용하는지의 질문보다 '얼마나 많은' 혹은 '어떤 플랫폼을 넘나들면서' 뉴스를 이용하는지를 파악하는 일이 더 중요해졌다. 단일한 미디어 이용에 집중하기보다 일상 활동의 맥락 속에서 여러 개의 뉴스 미디어를 복합적으로 이용하기 때문이다. 예컨대 지하철이나 버스로 이동할 때는 스마트폰의 포털 뉴스를 이용하지만, 퇴근 후 식사를 할 때는 TV 뉴스를 본다. 승용차로 이동하면서 시사 라디오를 청취하기도 하고, 시사 유튜브를 들으며 수면에 들기도 한다. 또 뉴스를 상대적으로 많이 소비하는 사람들이라고 해서 다 같은 방식으로 뉴스 미디어를 이용하지 않는다는 사실도 고려해야 한다. 이렇듯 사람들이 뉴스를 이용할 때 다양한 '뉴스 미디어 레퍼토리'가 존재한다. 많은 연구자가 이러한 사실에 주목하고, 개인이 뉴스 미디어 레퍼토리를 이용하는 것이 우리 사회에 어떤 함의를 제공하는지를 살펴보는 데 주력하고 있다.

뉴스 미디어 레퍼토리는 개인 선호와 구조 여건에 따라 일상적으로 이용하는 뉴스 미디어의 조합으로 정의할 수 있다. 사실 미디어 레퍼토리의 출현은 수많은 선택이 필요한 상황에서 자신에게 필요한 범위로 선택의 폭을 좁히고자 하는 이유에서 비롯되었다. 다시 말해 인지적 복잡성을 줄이는 '제한적 합리성'을 통해 흥미를 극대화하려는 의도에서 나타난 것이다. 뉴스 이용자가 선택적으로 구성한 뉴스 미디어 레퍼토리는 구성과 활용의 측면에서 능동성, 규칙성, 반복성이 드러난다. 한번 형성된 뉴스 미디어 레퍼토리는 일상의 습관처럼 고착될 수 있어서다. 이러한 점에 착안해 연구자들은 뉴스 미디어 레퍼토리가 이용자의 정치지식이나 정치참여에 각기 다른 차이가 발생할 수 있음을 예측하고 이를 경험적으로 검증한다.

국내 이용자들은 몇 개의 플랫폼을 넘나들며 뉴스를 소비할까? 여러 미디어를 통해 뉴스를 소비하는 사람들은 어떤 이점을 얻을 수 있을까? 뉴스미디어 레퍼토리 연구자들은, 얼마나 많은 플랫폼을 넘나들며 뉴스를 소비하는지와 총 뉴스 이용 시간이 얼마나 긴지 혹은 얼마나 자주 소비하는지를 기준으로 뉴스 미디어 이용 유형을 개념화하고 이를 분류했다. 국내에서 수행한 연구에 따르면, 한국의 뉴스 이용자들은 대체로 5가지 미디어 (신문, TV, 언론사 홈페이지, 포털, 소셜 미디어)를 다양한 수준에서 중복적으로 이용하는 다중 미디어 이용자였다(윤호영·길우영·이종혁, 2017). TV, 종이신문, 라디오, 잡지, 케이블/위성, 포털, 스마트폰 등 7개 미디어 중에서 5개 이상의 미디어를 주 2회 이상 이용한다는 다중 뉴스 이용자는 전체의 31.6% 수준이었고, 주 2회 이하 이용하는 미디어 수가 2개 이하인 응답자는 21.4%였다(조은희 등, 2013). 또 5개 이상의 다중 이용자는 하루 평균 355분을, 2개 이하의 이용자는 90분을 소비했다(양정애·이현우, 2013). 연구자들은 뉴스 소비를 위해 이용하는 미디어의 개수가 많고 총 뉴스 이용 시간이 길수록 전반적으로 더 많은 정치지식을 보유한다고 보고했다.

다양한 뉴스 미디어의 이용이 제공하는 유익은 크게 두 가지이다. 먼저, 뉴스 미디어가 가진 고유한 속성으로 인해 개인들은 사회의 주요 이슈에 대한 다양한 시각을 접할 가능성이 있다. 예컨대 사회면 구성에 있어 방송과 신문 간 차이를 살펴본 연구(정일권, 2010)에 따르면, 뉴스 가치의 관점에서 방송은 영상 가치에 따른 주제를 선정하는 반면에 신문은 텍스트 가치에 따른 주제 선정을 하는 등 미디어 간 특성 차이가 선명했다. 특히 재해나 위험 관련 기사의 비중에서 방송은 신문과 비교해 2.5배 더 영상 가치를 높이 평가했다. 방송은 재난과 관련된 충격적이고 선정적인 영상, 즉 사망, 부상, 아비규환의 장면을 반복적으로 노출함으로써 현장의 모습을 생생하게 전달하려 하기 때문이다.

또 다양한 뉴스 미디어를 이용해 정치·사회 이슈를 접하는 것은 이용자에게 이견을 접할 기회를 높이고, 이질적 관계들과의 정치 대화를 통해 숙의를 촉진할 수 있다. 특히 소셜 미디어는 다양한 시각의 이질적 정보에 더 많이 노출될 기회를 제공한다. 숙의는 다른 의견을 가진 사람들이 자유롭고 평등하게 이성적으로 토론하게 하고, 합리적 규칙을 따르며 공적 이익을 추구하는 토론의 과정을 의미한다. 인터넷 공간에서 발생하는 공적 사안에 대한 다양한 '읽기' 행위는 타인에 대한 이해를 도모하고 관용적이고 협력적인 태도를 증진할 수 있다. 국내 연구에서 비정치적 온라인 커뮤니티 이용에서 읽기는 관용적 태도를 강화하는 효과를 보였고(김은미·이준웅, 2006), 읽기 행위가 활발할수록 태도 극화의 정도가 완화되었다(노정규·민영, 2012). 이처럼 다양한 뉴스 미디어를 통해 다양한 의견이 표출되고 교환되고 합의에 이르는 과정은 민주주의 사회에 너무나 중요하다.

그러나 여러 미디어를 이용한다고 해도 자신이 선호하고 신뢰하는 미디어에만 선택적으로 노출되는 경우에는 얘기가 달라진다. 자신의 신념과 배치되는 정보는 회피하고, 자신의 정치 성향에 우호적 정보만 접근하는 선택적 노출은 정치 태도의 극화 현상을 초래할 수 있어서다.

5. 정파적 선택성과 태도 극화

정보의 과부하 속에서 미디어 이용자들은 자신이 원하는 정보에 노출되기를 바란다. 이러한 이용자의 요구에 부응하는 테크놀로지가 빠르게 개발되고 있고, 미디어 플랫폼 기업들은 적극적으로 정보 환경 맞춤화 기술을 이용자에게 제공하고 있다.

정보 환경 맞춤화(customization)는 미디어 이용자들이 테크놀로지를 통해 자신의 원하는 정보원이나 주제를 선택하고, 원하지 않는 정보는 배제하면서 개인의 사적 정보 환경을 능동적으로 조성하는 것을 의미한다(Dylko, 2016). 맞춤화 환경은 다양한 미디어 플랫폼, 포털, 소셜 미디어, 유튜브 등에서 관찰된다. 포털은 개인화된 정보 환경 설정이 가장 일반적으로 일어나는 공간이고, 소셜 미디어와 유튜브는 포털보다 더 맞춤화가 정교하게 이루어지는 정보 플랫폼으로 주목받고 있다. 네이버, 다음, 구글, 유튜브, 페이스북, 인스타그램, 카카오톡 등은 맞춤 설정 또는 친구 맺기 등을 통한 맞춤화가 가능하도록 기술 시스템을 제공하고 있다. 이제 미디어 이용 행동에서 알고리즘에 의한 추천과 개인 선호에 맞는 정보 환경 맞춤화는 중요한 부분으로 자리했다. 이용자들은 자신의 정치적 견해와 유사한 채널혹은 집단을 중심으로 정보 환경을 구축하고, 각종 정치·사회 이슈에 관해 편리하게 소통하고 있다.

정파적 선택성(partisan selectivity)은 개인의 정치 이념 성향이 정보에 대한 노출, 인식, 기억 등 정보처리 전반에 걸쳐 중요한 준거가 되는 현상을 의미한다(Stroud, 2011). 선스타인(Sunstein, 2001)은 인터넷 등장 이후 이용자의 선택 가능성이 점차 고도화됨으로써 사람들은 정파적 선택성을 통해 자신과 비슷한 사람들의 견해에 더 많이 노출되고 있음을 지적했다. 이용자의 정치 성향을 기준으로 정보 환경의 맞춤화가 이루어질 때, 자아 확인 동기를 자극해 자신의 정치 성향과 일치하는 정보에 대한 선택적 노출(selective exposure)을 유도하기 때문이다.

정파적 선택성으로 인한 선택적 노출의 주요 골자는 개인이 자신의 정치 성향과 일치하는 정보를 선택하고, 일치하지 않는 정보는 무시하거나 회피한다는 것이다. 이것은 미국의 심리학자 페스팅거(Festinger, 1957)의 인지부조화(cognitive dissonance)이론에 기초한다. 인지부조화이론은 페스팅거와 그의 동료들이 수행한 흥미로운 실험을 통해 탄생하게 되었다. 그 실험 내용을 들여다보자. 연구자들은 피험자들에게 다이얼 손잡이를 방향을 바꿔가며 계속 돌려야 하는 '지루한' 과제를 지시했다. 그리고 피험자들이 지겨워할 때쯤 실험실로 돌아와서, 밖에서 기다리는 다음 피험자들에게 "당신들이 해야 할 과제가 아주 재미있다"라는 거짓말을 해달라고 부탁했다. 실험자는 거짓말을 한 대가로 A집단에게는 20달러를, B집단에게는 1달러를 주겠다고 약속했다. 모든 피험자가 실험자의 요청에 따랐고, 피험자들은 앞서 했던 다이얼 손잡이 돌리기 과제가 '진짜로' 어느 정도 재미있었는지에 대해 보고했다.

지루한 과제에 대한 피험자들의 태도는 '보상' 약속을 받은 후에 바뀌었을까? A집단과 B집단 간에 차이가 있었을까? 어느 집단이 지루한 과제를 더 재미있다고 했을까? 결과는 B집단이 더 큰 태도 변화, 즉 과제가 재미있었다는 쪽으로 더 많이 변화했다는 것이다. B집단의 심리 상태는 무엇이었을까? 인지부조화이론에 의하면, 이들은 낮은 보상으로 자신의 행동을 정당화하기 불편해 생각을 바꾼 것이다. 즉 "난 고작 1달러를 위해 거짓말을 하는 사람은 아니야. 다시 생각해 보니 손잡이 돌리기는 재미있었던 것 같아"라고 자신의 내적 신념을 변화시킨 것이다. 인지부조화이론은 인간은 합리적 존재가 아니라 합리화하는 존재라는 사실을 통찰력 있게 보여주었다.

뉴미디어 환경에서 선택적 노출을 검증한 연구들에 따르면, 미디어 이용자들은 다양한 이슈에 접했을 때 자신의 견해와 일치하는 정보인 경우, 인지적 저항도는 낮아지나 선호도, 관여도, 인지된 적절성은 모두 높게 나타났다(Beam·Kosicki, 2014). 사람들은 맞춤화 정보 환경에서 접한 정보일수록 더 관심이 가고 적절하다고 인식하게 되어 자연스럽게 메시지에 대해 호감을 느낀다는 것이다. 최근 연구에 따르면 이용자의 정보 환경 개인화 경향이 이용자의 선택적 노출에 유의미한 영향을 주었다(유연·금희조·조재호, 2021). 연구자들은 포털과 소셜 미디어, 소셜 네트워킹 사이트(페이스북·트위터·카카오톡 등), 각 종류의 미디어를 이용해 정치 사회 이슈에 관한 정보를 얻을 때 자신이 선호하는 출처, 분야, 주제, 지역 등을 반영하도록 얼마나 맞춤 설정을 적극적으로 하는지를 측정했다. 그런 후에 선택적 노출에 어느 정도 영향을 주는지 실증적으로 검증한 결과, 정보 환경 맞춤화 성향이 높을수록 이용자들의 선택적 노출이 더 많이 이루어지고 있음을 확인했다.

정파적 선택성은 '극화', '쏠림', '갈등' 현상을 유발하는 요인으로 알려져 있다. 태도 극화(attitude polarization)는 선택적 미디어 노출이 초래할 수 있는 중요한 효과의 유형이다. 스트라우드(Stroud, 2010)는 2004년 미국 대통령 선거 기간에 수집된 다양한 유형의 패널 조사 자료 분석을 통해 선택적 노출이 정치적 태도 극화 간에 존재하는 인과적 관계를 입증했다. 2011년 서울시장 보궐선거 맥락에서 정치정보에 대한 선택적 노출이 태도 극화로 이어지는 경로를 검증한 연구에서, 연구자들은 진보 성향의 집단에서 선택적 노출이 우호적 여론 인식을 매개로 태도 극화에 영향을 주었다고 보고했다(노정규 등, 2012). 구체적으로, 연구자들은 선택적 노출이 편향 동화(biased assimilation)를 강화하고 이를 매개로 태도 극화가 발생한다고 설명했다. 편향 동화는 특정 이슈에 대해 입장이 강할 때, 사람들은 선택적으로 입수한 메시지를 자신과 일치하는 내용으로 소화해서 현실을 해석하는 경향을 말한다. 연구자들은 선택적 노출이 집단의 다수 의견에 대한 개인의 인식, 특히 우호적 여론 인식에 영향을 미침으로써 태도 극화가 이루어진다고 보았다. 다시 말해 개인의 선유 경향에 일관된 방향으로 이루어지는 선택적 노출은 확증편향을 내포한 정보 추구 활동이므로 선택적 노출이 여론 환경에 대한 우호적인 인식을 초래할 수 있다는 것이다.

확증편향

확증편향(confirmation bias)은 자신의 신념과 일치하는 정보는 수용하고 자신의 신념과 일치하지 않는 정보는 회피하는 경향을 의미한다. 이것은 현실 세계의 정보와 증거가 복잡하고 불분명한 가운데 자기 신념에 맞는 정보를 찾는 건 상대적으로 쉬운 일이라는 전제에서 출발한다. 인지부조화이론이 내적 일관성에 해당한다면, 확증편향은 외적 일관성에 해당한다.

저널리스트이자 사상가인 리프먼(Lippmann)은 1922년에 쓴 책 『여론(Public Opinion)』에서 "사람들은 대부분 정의를 내리기 위해서 무엇을 읽는 것이 아니라, 정의를 먼저 내린 다음에 읽는다"라며 사람들의 확증편향 속성을 적확히 피력했다(Lippmann, 2020). 『착각의 심리학(You are Not So Smart)』에서 데이비드 맥레이니(McRaney, 2012)도 '새로운 이야기를 불편해하는 사람들'에 대해 다음과 같이 재치 있게 지적했다. "그들은 자신의 세계관에 맞춰 세상을 걸러낸다. 만약 그들의 필터가 당신과 일치한다면 당신을 좋아할 테지만 그렇지 않다면 당신을 싫어할 것이다. 그들은 정보를 얻으려는 것이 아니라 그저 자신의 믿음을 확인받으려는 것뿐이다."

6. 결론: 뉴스 이용과 정치사회화

개인의 정치사회화 기제는 뉴스 노출에서 출발한다. 사람들이 뉴스에 노출되는 빈도와 이용량이 증가하면 그 결과로 사회·정치 이슈에 대한 지식이 쌓인다. 누적된 정치지식은 시민의 판단과 선택을 돕는다. 따라서 뉴스를 통한 정치지식의 습득과 함양은 그 자체로도 가치가 충분하다. 특히 민주주의적 가치 실현을 위해 능동적으로 참여하는 주체로서의 시민을 길러낸다는 점에서 더 큰 의미가 있을 것이다. 시민들의 정치사회참여는 민주주의의 자산인 동시에 정치 시스템 안에서 정의와 공정을 성취하는 데 무엇보다 중요한 요인이기 때문이다. 뉴스는 시민 개개인이 공동체적 삶에 적극적으로 참여할 수 있도록 유도하고, 이러한 과정이 다시 시민들의 민주적 삶을 고양하는 선순환 역할을 담당한다. 뉴스가 가진 사회적 영향력 때문이다.

사회정치참여는 정치적 사안과 관련된 온오프라인 활동을 의미한다. 오프라인에서 기부, 봉사활동, 서명운동, 집회, 특정 제품의 불매운동이 주를 이룬다면, 온라인에서는 다양한 형태의 참여로 확대되고 있다. 정치적 메시지의 포스팅, 동영상·이미지 공유, 투표 인증샷 등의 다양한 의견 표명과 각종 챌린지, 착한 소비 등의 참여가 이에 해당한다. 대표적인 온라인 참여 중 하나가 청와대 국민 청원이다. 2021년 7월 현재, 20만 명 이상의 동의를 받은 국민 청원 수가 200여 건에 육박했다. 소셜 미디어와 스마트폰을 통해 정치적 의사 표현과 소통에 익숙한 사람들에게 온라인상에서 이루어지는 참여는 너무나 쉽고 효율적이다.

뉴스 이용에 따른 정치사회참여에서 주목할 부분은 정치 효능감과 정치 대화 등을 통해 이루어지는 간접효과이다. 앞서 뉴스 선택성과 정치지식 부분에서 뉴스 읽기는 정치 관련 지식 습득에 직접적 효과를 준다고 제시한 바 있다. 예컨대 모든 종류의 뉴스 미디어를 평균 이상으로 소비하는 뉴스 추구 집단의 경우, 뉴스를 거의 이용하지 않는 뉴스 회피 집단과 비교했을 때 사회정치참여 의도가 더 높았다(Ksiazek·Malthouse·Webster, 2010). 또 전통 미디어와 뉴미디어를 가리지 않고, 다양하게 많이 소비하는 사람일수록 참여 의도뿐 아니라 실제 참여 행동에도 긍정적 결과가 나타났다(조은희, 2014; 양정애 등, 2013). 그러나 뉴스 읽기만으로 사람들의 실질적인 참여를 이끄는 동원 효과를 온전히 기대할 수는 없다. 자신이 정치에 참여할 때 정치가 바뀐다는 것을 인식하는 정치 효능감이나 타인과 이질적인 정치 대화를 매개할 때 더 높은 사회정치참여를 촉진할 수 있다.

정치 효능감은 정치 변화를 이끄는 데 자신이 일익을 담당할 수 있다는 긍정적 느낌을 의미한다. 예컨대 '나의 한 표가 우리나라의 정치발전을 위해 중요하다', '내가 투표에 참여함으로써 나와 이웃의 생활이 달라질 수 있다' 등 자신이 정치적으로 올바르고 합리적인 판단을 내리고 행동을 취할 수 있다는 자신의 능력에 대한 신념이다. 즉 왕성하게 뉴스를 추구하는 사람들은 시사 및 정치 문제와 관련된 정보와 지식의 축적뿐 아니라 정치 효능감이 높아짐으로써 참여의 가능성 또한 증가할 수 있다. 또 정치 대화는 사회적 상호작용을 통해 정치정보를 전파하고 교환한다는 측면에서 뉴스 미디어를 이용한 정보 습득만큼이나 사회정치참여에 고무적인 역할을 한다. 특히 이질적인 타인과의 정치 대화는 뉴스 이용과 상호작용해 온오프라인 참여를 배가했다(천혜선·박남수·이현주, 2014).

뉴스가 시민의 정치지식을 양성하고 나아가 사회정치참여에 중요한 자원을 제공하는 것은 분명하다. 그러나 같은 뉴스 내용일지라도 어떤 미디어를 통해 습득하는지, 어떤 뉴스 미디어를 중요한 정보원으로 활용하는지에 따라 이용자가 다르게 인식할 수 있고, 어떤 목적으로 뉴스를 이용하는지에 따라 지식의 습득 여부가 달라질 수 있으며 누구와 정치 대화를 나누냐에 따라 참여 여부 또한 달라질 수 있다. 예컨대 타인과의 소통을 위해 정보를 습득할 목적으로 뉴스를 이용할 때 뉴스 내용을 더 정확하게 기억하므로 정치지식이 증가할 수 있을 테지만 오락을 목적으로 뉴스를 접할 때는 확연히 달라질 수 있다. 또 동질적 관계가 아닌 이질적인 관계의 사람들과 다양한 정치 대화를 나눌 때 참여의 가능성은 증가한다. 물론 그 참여가 자신과 공동체 모두에 의미 있고 가치 있다는 확신이 들 때 참여의 가능성이 커질 것이다. 숙의의 관점에서 포털과 소셜 미디어 등 뉴미디어를 중심으로 한 개인화 경향은 논쟁의 여지가 존재하지만, 참여의 관점에서 보면 시민의 정치사회화 과정에 긍정적이다(Dylko, 2016). 이용자 수요에 맞는 정치정보를 제공해 줌으로써 온오프라인에서 추진되는 다양한 사회정치 활동에 시민들의 참여를 독려하는 유인을 마련하기 때문이다. 요컨대 뉴스의 선택도 중요하지만, 정치사회화의 격차는 '누가' 어떤 '채널'과 어떤 주제의 '콘텐츠'를 선택하고 이용하는지에 따라 더 크게 벌어질 수 있다.

뉴스 이용이 소셜 미디어나 유튜브 등의 동영상 플랫폼으로 이동하면서 전문가들은 저널리즘의 약화와 공적 담론의 후퇴를 우려한다. 심층적 기사보다 핵심 내용을 압축해서 전달하는 요약형 기사, 생각을 요구하는 딱딱한 기사보다 즐길 수 있는 부드러운 기사가 풍미하고 있어서다. 미국의 우민화 문화를 질타하는 저코비(Jacoby, 2018)는 미국 국민 중 정부의 삼권분립을 구성하는 행정부·입법부·사법부를 제대로 열거할 수 있는 사람이 1/3에 불과하다고 주장하며, 지난 50여 년간 미국 시민이 점점 더 무식하고 무지해지고 있다고 피력했다. 우민화(dumbing down)는 인간의 지력 수준을 낮추거나 단순화하는 경향을 의미한다. 그는 미국 시민을 바보로 만드는 우민화의 주범이 언론이라고 질타하며 흥미로운 소재, 자극적 이미지, 저속한 표현, 희화화, 연성화, 단순화를 좇는 언론의 고질적 문제를 거론했다. 문제는 이것이 미국에 국한된 이야기가 아니라는 점이다.

한때 미국의 인터넷 언론사 ≪버즈피드(Buzzfeed)≫를 한국 뉴스 미디어가 나아가야 할 방향이라고 언급하던 사람들이 있었다. ≪버즈피드≫는 주로 대중문화와 관련성 높은 콘텐츠를 제작해 젊은 세대에게 큰 인기를 얻었다. 클릭을 유도하는 '낚시성' 기사라는 비판도 있었으나 '기승전 ≪버즈피드≫'라는 조어까지 등장할 정도로 인기가 높았다. 그런 ≪버즈피드≫가 2017년과 2019년에 걸쳐 대규모 구조조정을 단행해야 했다. 반면 위기설이 돌았던 ≪뉴욕타임스(New York Times)≫는 디지털판의 수익이 ≪버즈피드≫ 연간 수익의 5배를 넘어섰다(Lee, 2019). 이러한 사례는 뉴스 미디어가 이용자의 코드를 맞추는 것도 중요하지만 이용자가 진짜 얻고자 하는 것이 무엇인지 인지하는 것이 중요하다는 것을 보여준다.

뉴스를 즐길 거리로 인식하는 이용자들은 더더욱 짜릿한 느낌의 뉴스를 편식할 것이다. 이는 시민의 이성적 사회 인식과 공론 형성을 방해하고 쾌락 추구와 탈정치화 등의 폐해를 가져올 수 있다. 뉴스 미디어가 성, 추문, 살인, 범죄, 부정부패 등의 소재를 지나치게 강조하면 할수록 이용자들은 정치적 무지에 빠져들고, 의식 추구보다 쾌락 추구를, 효능감보다 무력·허무·냉소를 느낄 것이다. 궁극적으로 우리 사회가 일구고 가꾸어야 할 공동선이나 건전한 민주주의의 발전에 걸림돌이 될 것이다.

뉴스 미디어 기술의 발달과 이에 따른 정보와 지식의 보급 및 확대가 민주주의의 성장을 담보하지 못한다. 뉴스 이용량의 증가로 인해 정치지식이 많더라도 개인이 가진 인지구조와 정보처리 경향, 즉 인지 부조화나 확증편향에 따른 퇴행적이고 왜곡된 정보처리가 민주주의의 발전을 방해할 수 있어서다. 우리는 이를 경계해야 한다.

생각해 보기

❶ 범죄, 사고, 재난 같은 부정적 소식을 알리는 나쁜 뉴스는 뉴스 이용량을 증가시킨다. 나쁜 뉴스가 왜 잘 팔리는 뉴스인지 생각해 보자.
❷ 뉴스 선택성이 정치지식에 미치는 긍정적 효과는 무엇인지 생각해 보자.
❸ 젊은 세대를 공략한 뉴스 미디어의 전략은 무엇이고, 왜 그런 선택을 했는지 생각해 보자.
❹ 인간이 합리화하는 존재임을 보여준 이론과 관련 개념에 대해 생각해 보자.
❺ 뉴스 이용에 따른 사회정치참여에서 주목할 부분은 무엇인지 생각해 보자.

참고문헌

김은미·이준웅. 2006. 「읽기의 재발견: 인터넷 토론 공간에서 커뮤니케이션의 효과」. ≪한국언
   론학보≫, 50(4), 65~94쪽.

금희조·조재호. 2015. 「미디어를 통한 뉴스 이용과 대화가 정치 지식, 효능감, 참여에 미치는 영
   향: 미디어의 종류와 대화 채널의 차별적 효과를 중심으로」. ≪한국언론학보≫, 59(3),
   452~481쪽.

노정규·민영. 2012. 「정치정보에 대한 선택적 노출이 태도 극화에 미치는 효과: 비정치적 온라
   인 커뮤니티 이용자들을 대상으로」. ≪한국언론학보≫, 57(2), 58~79쪽.

문지혜·이숙정. 2015. 「뉴스 미디어 레퍼토리에 따른 후기 청소년의 정치적 시민성 차이에 관
   한 연구」. ≪한국청소년연구≫, 26(1), 217~244쪽.

민영. 2016. 「선택적 뉴스 이용: 정파적 선택성과 뉴스 선택성의 원인과 정치적 함의」. ≪한국언
   론학보≫, 60(2), 7~34쪽.

민영, 노성종. 2011. 「한국과 미국 청소년의 인터넷 이용, 정치의식, 그리고 정치참여」. ≪한국
   언론학보≫, 55(4), 284~308쪽.

벡, 울리히(Ulrich Beck). 2006. 『위험사회: 새로운 근대(성)을 향하여』. 홍성태 옮김. 새물결.

설진아. 2018. 「밀레니얼세대의 모바일 뉴스소비와 소셜미디어의 영향」. ≪Journal of Internet
   Computing and Services≫, 19(4), 123~133쪽.

양정애·이현우. 2013. 「크로스플랫폼 뉴스소비 유형에 따른 커뮤니케이션 효과 격차: 정치지
   식, 정치효능감, 정치대화를 중심으로」. ≪한국방송학보≫, 27(5), 162~203쪽.

유연·금희조·조재호. 2020. 「이용자의 정보 환경 맞춤화가 시사 지식과 SNS상의 의견 표현에
   미치는 영향: 정치 성향에 따른 선택적 노출과 우연적 이견 노출의 역할을 중심으로」. ≪한
   국언론학보≫, 64(4), 289~324쪽.

윤호영·길우영·이종혁. 2017. 「다중미디어 시대의 뉴스 미디어 레퍼토리와 주제 관심도 관계
   분석: 뉴스 주제 연결망 분석을 중심으로」. ≪한국방송학보≫, 31(1), 107~148쪽.

이선민·진민정·이봉현. 2020. 「밀레니얼 세대의 뉴스 이용에 대한 탐색적 연구」. ≪한국방송
   학보≫, 34(4), 80~115쪽.

정일권. 2010. 사회면 기사분석(1998년~2009년)을 통해 본 뉴스 미디어의 현실구성. ≪한국언
   론정보학보≫, 143~163쪽.

조은희. 2014. 「인터넷 이용자의 뉴스이용 레퍼토리와 사회정치참여」. ≪한국언론학보≫, 58(2),
   64~87쪽.

조은희·조성겸. 2013. 「다매체 이용수준과 숙의적 성향: 선택적 노출의 조절효과를 중심으로」. ≪언론과학연구≫, 13(2), 370~396쪽.

천혜선·박남수·이현주. 2014. 「다매체 뉴스 이용과 사회적 네트워크 정치토론이 사회정치참여에 미치는 영향: 동질적이질적 네트워크와의 정치대화의 조절효과」. ≪한국방송학보≫, 28(5), 197~236쪽.

한국언론진흥재단 2019. 「2019 언론수용자 조사」.

_____. 2020a. 「2020 신문산업 실태조사」.

_____. 2020b. 「코로나19 이후 국민의 일상 변화 조사」.

_____. 2020c. 「2020 언론수용자 조사」.

American Press Institute. 2015. "How Millennials Use and Control Social Media." https://www.americanpressinstitute.org/publications/reports/survey-research/millennials-social-media/ (검색일: 2021.7.20)

Baek, Y.M. and M.E. Wojcieszak. 2009. "Don't Expect Too Much! Learning Form Late-night Comedy and Knowledge Item Difficulty." *Communication Research*, 36(6), pp.783~809.

Baum, M.A. 2003. Soft News and Political Knowledge: Evidence of Absence or Absence of Evidence? *Political Communication*, 20(2), pp.173~190.

Beam, M.A. and G.M. Kosicki. 2014. "Personalized news portals: Filtering Systems and Increased News Exposure." *Journalism & Mass Communication Quarterly*, 91(1), pp.59~77.

Chung, M.C., C. Chung and Y. Easthope. 2001. "Traumatic Stress and Death Anxiety Among Community Residents Exposed to an Aircraft Crash." *Death Studies,* 24(8), pp.689~704.

Dylko, I.B. 2016. "How Technology Encourages Political Selective Exposure." *Communication Theory*, 26(4), pp.389~409.

Festinger, L. 1957. *A Theory of Cognitive Dissonance.* Stanford, California: Stanford university press.

Gudykunst, W.B. 2005. "An Anxiety/uncertainty Management(AUM) Theory of Effective Communication: Making the Mesh of Net Finer." in W.B. Gudykunst(ed.). *Theorizing about Intercultural Communication*, pp.281~322. Thousand Oaks, CA: Sage.

de Vreese, C.H. and H. Boomgaarden. 2006. "News, Political Knowledge and Participation:

The Differential Effects of News Media Exposure on Political Knowledge and Participation." *Acta Politica*, 41, pp.317~341.

Hollander, B.A. 2005. "Late-night Learning: Do Entertainment Programs Increase Political Campaign Knowledge for Young Views?" *Journal of Broadcasting & Electronic Media*, 49, pp.402~415.

Jacoby, S. 2018. *The Age of American Unreason in a Culture of Lies*. USA: Vintage

Ksiazek, T.B., E.C. Malthouse and J.G. Webster. 2010. "News-seekers and Avoiders: Exploring Patterns of Total News Consumption Across Media and the Relationship to Civic Participation." *Journal of Broadcasting & Electronic Media*, 54(4), pp.551~568.

Kenski, K. and N.J. Stroud. 2006. "Connections Between Internet Use and Political Efficacy, Knowledge, and Participation." *Journal of Broadcasting & Electronic Media*. 50(2), pp.173~192.

Kim, Y.M. and J. Vishak. 2008. "Just laugh! You Don't Need to Remember: The Effects of Entertainment Media on Political Information Acquisition and Information Processing in Political Judgment." *Journal of Communication*, 58(2), pp.338~360.

Lee, E. 2019. "Digital Media: What Went Wrong." https://www.nytimes.com/2019/02/01/business/media/buzzfeed-digital-media-wrong.html (검색일: 2021.7.20).

Lippmann, W. 2020. *Public Opinion*. USA: Digireads.com Publishing.

McRaney, D. 2012. *You Are Not So Smart: Why You Have Too Many Friends on Facebook, Why Your Memory Is Mostly Fiction, and 46 Other Ways You're Deluding Yourself*. UK: ONEWorld Publications.

Prior, M. 2005. "News vs. Entertainment: How Increasing Media Choice Widens Gaps in Political Knowledge and Turnout?" *American Journal of Political Science*, 49(3), pp.577~592.

Reuters Journalism Institute. 2019. "Reuters Institute Digital News Report 2019" https://reutersinstitute.politics.ox.ac.uk/sites/default/files/2019-06/DNR_2019_FINAL_0.pdf (검색일: 2021.7.20)

Stephens. M. 2006. *A History of News*, 3rd Ed. UK: Oxford University Press.

Stroud, N.J. 2010. "Polarization and Partisan Selective Exposure." *Journal of Communication*, 60(3), pp.556~576.

Sunstein, C.R. 2001. *Republic.com*. Princeton, NJ: Princeton university press.

제4장

디지털 트랜스포메이션과 교육 격차

1. 서론

1년 6개월여 간의 코로나19 팬데믹 상황은 장기적인 경제 불황과 더불어 사회 전반을 새롭게 조망하고 재구성할 필요성을 제기하고 있다. 특히 한 국가의 미래를 책임지는 백년지대계인 교육은 학교 공간에서 교사와 학생 간의 대면 상호작용을 통해 이뤄지던 전통적인 교육 방식에서 코로나 이후 전면적인 비대면 원격교육으로 전환할 수밖에 없게 되었다. 이러한 비대면 온라인교육 환경은 학교라는 이전의 전통적 교육 현장에서 어느 정도 보완, 해소되거나 또는 미처 드러나지 않았던 골 깊은 사회 불평등

* **김소형**(성균관대학교 미디어커뮤니케이션학과 초빙교수)

의 문제들을 새로운 방식으로 수면 위에 부상시키는 계기가 되었다.

최근 유네스코(UNESCO)에서 발간한 「2020 전 세계 교육 현황 보고서」 (2020)에 따르면 봉쇄령(lockdown)으로 학교가 폐쇄되어 취약계층의 수많은 학습자들이 기존의 여러 지원 혜택을 받지 못하게 되었을 뿐 아니라 어쩔 수 없이 가정에서 더 많은 시간을 보내는 것이 학습에 오히려 장애요인으로 작용하는 등, 코로나 팬데믹은 기존에 복잡하게 얽혀 있던 사회 불평등으로 촉발된 교육 위기를 더욱 악화시키고 있다. 이러한 교육 위기는 선진국과 저개발국가 간 그리고 한 국가 내에서도 지역별, 계층별, 여타 다른 요인에 따른 학력 격차를 드러내 보이고 있다.

특히 코로나 팬데믹은 디지털 격차가 학력 격차의 주요한 원인 중에 하나임을 명백히 증명해 보이고 있다. 예컨대 약 40%의 저소득 국가들은 가난한 소수민족과 장애가 있는 학생들처럼 소외의 위험에 처해 있는 학생들을 지원해 주지 못했으며 저개발국가의 12% 가구만이 인터넷에 접속할 수 있었고 라디오나 텔레비전 등의 낮은 기술(low-technology) 매체를 활용해서도 학습의 지속성을 담보해 주지 못했다. 이미 사회에 내재해 있던 디지털 불평등의 문제가 코로나19 확산 이후 선진 국가들에서도 학력 격차를 더 벌리는 것으로 나타났다. 프랑스에서는 약 8%의 학생들이 3주간 학교 폐쇄로 교사와의 소통이 전혀 없었던 것으로 나타났으며(UNESCO, 2020) 미국의 경우 공립학교 학생의 약 30%가 원격 온라인 수업을 받기 어려운 것으로 조사되었다(박민제, 2020).

이처럼 모든 학생과 교사가 디지털 플랫폼의 이점을 최대한 이용하는 데 필요한 인터넷 연결(internet connectivity) 및 접속 장비와 기술, 업무 및 학습 환경이 갖춰지지 않았기 때문에, 전면적인 온라인교육 방식은 많은 장점에도 불구하고 디지털 격차에 따른 분명한 한계를 드러내고 있다.

이 장에서는 주요하게 코로나 팬데믹 위기를 통해 다시 불거진 디지털 격차와 교육 격차의 문제에 대해 살펴볼 것이다. 특히 사회 불평등이라는 악순환의 고리를 차단할 수 있는 희소 자원인 보편적 교육의 의미에 대해 짚어보고 팬데믹 위기로 부상한 디지털 격차의 현황과 해소 방안들에 대해 살펴보겠다.

2. 학교 그리고 보편적 교육의 의미와 역할

부와 권력을 가진 대다수 사람들은 부유하고 유복한 가정환경에서 성장해 최고의 교육을 받고 기업과 조직의 고위직에 오른다. 더욱이 세대에 걸쳐 자녀들에게 상속되는 부모의 축적된 소득, 기술, 인맥, 정보 등의 자원과 더불어 그들이 받는 최고의 교육은 남들보다 유리한 출발선에서 경쟁할 수 있게 만듦으로써 부의 영속화가 가능해진다(Giddens, 1997: 266~267). 이처럼 교육이 사회경제적으로 취약한 계층에 충분한 혜택을 제공해주지 못하고 이미 혜택받고 있는 계층에 더 많은 이익을 주는 방식으로 삶에 차별적인 결과를 초래하고 있음을 여러 연구들이 보여주고 있다(Livingstone, 2018). 조직과 기관들은 어떤 특정 집단을 더 선호하고 보다 취약한 집단에게는 일련의 기회를 배제하는 사회적 규범과 스테레오타입을 확산시킬 수 있다. 또한 개인들은 집단 내 구성원들에게는 특정 혜택을 제공하고 집단 외 사람들에게는 이를 차단하는 방식으로 집단을 구성하기도 한다. 공공기관은 애초에 이러한 불균형을 바로잡기 위해 설계되었지만 기득권과 권력 이익집단을 위해 존재하기도 하는 것이 현실이다(Bernardi·Plavgo, 2019).

그럼에도 불구하고 교육은 포용적이고 민주적인 사회, 즉 사회 통합을 추구하고 다양성을 칭송하면서 다른 의견을 자유롭게 표현하고 다양한 목소리가 들리는 사회를 만드는 데 필수적인 기여를 한다(UNESCO, 2020). 더욱 중요하게는 교육은 삶을 더 나은 방향으로 변화시킬 수 있는 잠재적 가능성을 제공해 주는 결정적인 기회라고 할 수 있다.

따라서 교육은 모든 이를 위한 보편적인 권리이자 현실이 되어야 한다. 개인의 사회경제적 수준과 관계없이 누구에게나 공평한 교육의 기회가 제공되어야 한다는 이상적 규범을 구현하는 공간이 바로 학교이다. 학교는 많은 학생들에게 따뜻한 식사, 고속 인터넷 서비스, 특수교육 등을 제공하는 안전망 역할을 한다(Jaisinghani, 2020). 또한 교사와 동료 학생들과의 상호작용을 통해 소속감과 공동체성을 형성해 가고 다양한 경험을 통해 성장해가는(권순정, 2020) 사회문화적 공간으로서 역할을 한다.

그러나 코로나 팬데믹으로 학교가 폐쇄되고 온라인교육으로 전환되면서 사회적 디지털 격차로 가장 취약한 계층은 학습의 기회를 잃고 중퇴해야 할 위기에 처할 정도로 교육 기회의 손실 현상이 더욱 심화되고 있다. 팬데믹과 관계없이 일반적으로 가난과 불평등이라는 취약한 사회경제적 조건이 학업 성취도에 부정적 영향을 미치고 있는 것이 현실이다. 2018년 PISA(Programme for International Student Assessment; 국제학업성취도)[1] 결과, 젠더와 더불어 가정 내에서 부모의 교육, 교육 자원 등의 요인으로 규정되는 사회경제적 조건에 따라 15세 학생들의 읽기와 산술 능력에서 큰 차이를 보였다. 또한 가난과 차별이 한데 묶여 이 학생이 '어떤 사람인가'라는 정체성(identity)으로 인해 소외되는(Save the Children, 2017: 1) 결과를 초래하기도 한다. 특히 아동기에 얼마만큼의 기회를 갖고 활용할 수 있느냐 하는 사회경제적 조건이 학력에 주요한 영향을 미친다.

---

1 OECD(Organization for Economic Cooperation and Development; 경제협력개발기구)가 회원국 및 비회원국의 15세 학생들의 읽기, 수학, 과학 분야에서의 수행 능력을 측정해 각국의 교육 시스템을 평가하고, 교육 정책과 성과를 향상시킬 수 있도록 비교 가능한 데이터를 제공하는 것을 목표로 한다. 2000년부터 시작된 PISA는 3년마다 실시된다(NCES website).

따라서 학교라는 전통적 공교육의 공간 안, 그리고 학교 밖 공간에서 다양한 형태의 보편적 교육의 기회를 제공함으로써 불평등한 교육 격차를 메우고 사회의 불평등을 완화시켜 나갈 수 있을 것이다. 교실에서, 학교 운동장에서, 그리고 학부모와 교사 간 회의에서, 지역사회 회합이나 지방정부를 포함한 정부 부처 기관들 간 협력에서 일상적으로 작동하는 교육 시스템은 모두 중대한 영향을 미치기 때문이다. 궁극적으로 인간성을 위협할 수 있는 장기간의 사회 불평등을 해소함으로써 함께 잘 사는 더 좋은 세상에 한 발짝 더 다가갈 수 있을 것이다.

3. 뉴노멀시대 교육 격차

"디지털 격차는 경제적 조건이 취약하고 빈곤한 환경에 놓인 사람들을 더욱 불우한 삶으로 끌어들인다."

전통적 교육 공간과 실행이라는 교육의 양 측면에서 디지털 불평등 해소는 오래된 숙제이다. 이러한 불평등 문제는 사회문화적, 사회경제적 불평등에 깊은 근원이 있으나 교육과 디지털 테크놀로지 간의 역동적인 미시적·거시적 관계를 통해 독특한 양상을 드러내고 있다. 특히 코로나19의 세계적 대유행 상황하에서, 교실과 캠퍼스라는 하부구조의 공급이 다양한 가정 내 배치들로 대체됨에 따라 디지털 불평등 문제가 새롭게 조명되고 있다.

경제적 환경에 따라 가정 내 원격 학습의 환경은 디지털 기기의 보유 및 인터넷 연결 여부, 디지털 기기 및 정보를 활용하는 능력, 부모의 돌봄과 학습 지도(지원) 등에 따라 그 질적 수준이 달라진다. 안정적인 인터넷 접속이나 테크놀로지가 없는 학생은 디지털 학습에 참여하기 위해 애를 먹는

그림 4-1 전 세계적 학교 폐쇄로 타격을 받은 학생 수

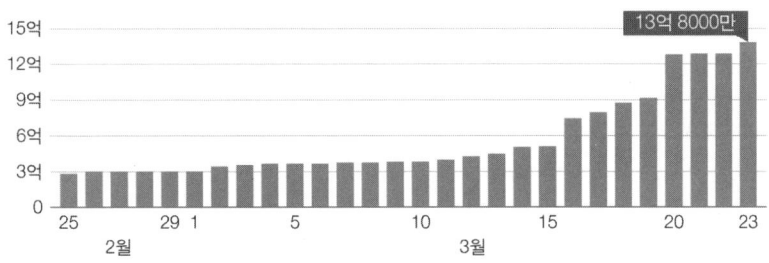

자료: UNESCO(2020); Li·Lalani(2020)에서 재인용.

다. 이러한 격차는 국가 간 그리고 한 국가 내에서도 소득수준에 따라 온도차를 보인다. 예를 들어 스위스, 노르웨이, 오스트리아와 같은 선진국 학생들의 95%가 학교 과제를 위해 컴퓨터를 보유한 반면, 인도네시아에서는 34%만이 컴퓨터를 보유한 것으로 나타났다. 미국에서는 이러한 디지털 격차가 더욱 심각한데, 15세 학생들 중 부유한 가정환경의 학생들은 모두 컴퓨터를 보유한 반면 취약계층의 학생 25%는 그렇지 못한 것으로 나타났다. 영국의 경우 2021년 1월에 발간한 「서튼 트러스트 보고서(Sutton Trust Report)」에 따르면 팬데믹 이후 학생의 가정환경에 따라 학습격차가 현저하게 벌어졌다. 예컨대 잉글랜드 지역 부유한 가구 40% 학생들의 일일 평균 학습 시간이 5시간 이상인 반면 저소득층 가구의 26%만이 동일 시간을 학습한 것으로 나타났다(Weale, 2021).

이처럼 기존의 사회경제적 불평등은 컴퓨터 등의 디지털 기기, 기술과 안정적인 인터넷 접근을 포함하는 디지털 불평등을 가시화하고 더욱 심화시키는 양상을 보이고 있다. 이러한 불평등 현상은 앞에서 살펴본 바와 같이 비단 개발도상국 등 상대적인 저개발국가뿐 아니라 미국이나 영국 등의 이른바 선진국에서도 디지털 기기의 소유 여부나 인터넷 접근권에 있어서 상당한 불평등이 존재한다. 호주의 경우 뉴사우스웨일스(New South

Wales) 지방정부와 학교는 필요로 하는 학생들에게 디지털 장비를 공급해 주고 있지만 여전히 팬데믹으로 인해 디지털 격차가 심화될 것이라는 우려가 크며(Renjen, 2021), 이러한 상황은 코로나 팬데믹이 장기화됨에 따라 더욱 악화되는 양상이다.

4. 디지털 시대 교육·사회 불평등 해소를 위한 하나의 열쇠, 디지털 능력

오늘날 거의 모든 데이터가 디지털화된 미디어를 통해 재현되는 멀티미디어 융합 환경에서 사회·교육 불평등의 문제를 해결하기 위해서는 디지털 격차의 해소를 통해 불평등의 악순환 고리를 끊어내는 것이 필요하다. 디지털 격차라는 용어의 개념 정의가 어떻게 변화해왔는지를 살펴보는 것은 중요한데, 왜냐하면 그 개념 정의에 따라 디지털 불평등 해소를 위한 정책의 초점과 대상 집단이 달라질 수 있기 때문이다. 1990년대 ICT(Information and Communication Technology)와 인터넷의 접근성(access)에서의 격차를 설명하기 위해 사용되었다가(Irving et al., 1999) 2000년대 들어서는 이용(use) 그리고 최근에는 지식(knowledge)과 기술(skills), 태도(attitude)를 아우르는 활용 능력에서의 차이를 포괄하는 것으로 확장해 가고 있다(Ferrari, 2012).

디지털 능력(digital competence)은 디지털 격차를 줄이기 위한 유럽연합(European Union, EU)의 접근 방법[2]으로, 지식, 기술, 태도의 차원을 포괄한

---

2   EU 의회와 이사회가 2006년 12월에 발간한 '평생학습에 필요한 핵심 능력에 관한 권고문'에 따라 유럽집행위원회(European Commission)는 개인적 성취와 발전, 적극적인 시민으로서의 실천과 더불어 사회통합과 고용성을 높이기 위해 필요한 8가지 핵심 능력(key competences)을 강화하기 위해 유럽 연합 국가들과 정책적 공조를 하고 있다. 8가지 핵심

다(Janssen, 2013). 디지털 테크놀로지의 운용과 적용에 중점을 두는 기술(application-oriented skills)에만 한정하지 않고 정보사회기술을 일과 삶, 커뮤니케이션에 필요한 자신감 있고 비판적인 사고 기술(confident and critical thinking skill)에 역점을 둔다. 디지털 리터러시는 다소 협소하게 지식과 기술에 초점을 두는 반면 디지털 활용 능력은 보다 광의의 교육 지향적 개념으로서 점증적으로 '진화하는 테크놀로지에 의해 규정되는 새로운 필요조건들에 이용자들이 적응할 수 있도록 하는'(Coiro et al., 2008) "심리 상태나 마음가짐(mindset)"(Gilster, 1997)으로 자신감(confidence)이나 신뢰(trust), 동기(motivation)라는 인지적 태도의 차원을 중요하게 다룬다.

2014년 12월 영국 정부가 발간한 「디지털 포용 정책(Government Digital Inclusion Strategy)」 보고서(UK Cabinet Office, 2014)에서도 대다수 사람들이 온라인을 이용하지 않는 주요 원인으로 접근, 기술, 동기부여, 신뢰를 들고 있다. 즉 인터넷에 접속하고 이용할 수 있는 능력뿐 아니라 인터넷의 활용 가치를 이해함으로써 인터넷을 이용하게 되는 동기부여와 더불어 온라인 범죄에 대한 우려를 불식하고 안전하게 인터넷을 이용할 수 있다는 확신과 신뢰의 인지적 차원이 해소되어야 온라인을 적극적으로 이용하게 된다는 것이다. 일례로, 어떠한 이유로 초기에 디지털 테크놀로지 사용법을 배우지 못하고 변화하는 테크놀로지를 따라잡을 수 있도록 충분한 격려와 지원을 받지 못한 사람들은 디지털 매체를 통해 소통과 사회 작용이 이뤄지고 수많은 새로운 학습 자원과 기회들을 검색하고 효과적으로 활용하기 위해서 최소 수준의 디지털 능력을 필요로 하기 때문에 사회적으로나 디

능력에는 모국어 소통, 외국어 소통, 산술 능력과 과학 및 기술에서의 기본 능력, 디지털 능력, 학습하기 위해 배우는 것(learning to learn), 사회시민(social and civic) 능력, 이니셔티브와 기업가정신, 문화적 인식 및 표현을 포함하며, 이러한 능력들은 중첩되며 상호보완적이다.

지털적으로 더욱 소외될 위험에 처하게 된다. 이런 방식으로 디지털 소외의 위험은 그 자체가 디지털 소외의 원인인 사회적 소외를 증가시키게 된다(Kluzer·Priego, 2018).

디지털 능력 개념은 사회·문화적·경제적 취약 계층에게 교육에 대한 평등과 접근권을 보장함으로써 사회 불평등 해소에 기여하는 보편적 평생교육[3]의 역할에 주목한다. 지난 2년간 지속된 코로나19 팬데믹으로 디지털 미디어 소유와 접근, 그리고 활용능력에서의 사회경제적 계층별 격차는 더욱 크게 벌어진 것으로 나타났다(박민제, 2020; 정성민, 2021; Adams, 2020; Fleming, 2021; Halliday, 2020; Jaisinghani, 2020; Weale, 2021). 디지털 능력의 결핍 또는 부족은 학업성취도 격차를 심화시키며 이는 결국 고용성에서의 격차를 초래하게 되고 취약한 계층의 빈곤은 세대에 걸쳐 영속화되기 쉽다. 따라서 디지털 시대, 모든 이에게 삶의 기회를 평등하게 부여하고 이러한 악순환의 고리를 차단하기 위해서는 디지털 기기의 보유와 인터넷 접속 상태뿐만 아니라 디지털 기술을 적극적으로 활용하고자 하는 동기와 자신감, 디지털 기술의 역량 등을 포괄하는 디지털 능력 제고를 위한 교육이 절실히 필요하다. 이러한 교육은 개인적 차원에서뿐만 아니라 국가적 차원에서도 중요한데, 즉 디지털 격차와 소외의 해소를 통한 경제성장의 고른 분배는 성공적인 경제성장을 추동하기 때문이다(DG CONNECT, 2016).

특히 이러한 교육의 수혜 대상을 학령기에 국한시키지 않고 전 생애주기에 걸친 평생교육 차원에서 이뤄져야 한다. 일례로 코로나19 팬데믹 상황에서 비대면 온라인 쇼핑이 급증해 가는 가운데 한국의 노령 인구층이나 디지털 미디어 활용 능력이 부족한 장년층 등이 디지털 혜택에서 소외된 점도 고려할 필요가 있다.

---

3   학령 전(pre-school) 연령에서부터 은퇴 이후 연령까지를 포괄하는 교육을 의미한다.

5. 디지털 능력 중점 교육의 성공 사례: 에스토니아

유네스코는 보고서를 통해 교육 불평등을 만들어내는 요인들을 성공적으로 해소한 국가들로부터 모범적인 정책 사례들을 제시하고 있다. 그 예로 에스토니아(Estonia)의 전 생애주기에 걸친 디지털 교육 사례를 통해 어떻게 에스토니아가 디지털 강국과 더불어 전인적 교육의 사례로 거론되고 있는지 살펴보겠다.

프리덤 하우스(Freedom House)에 따르면 인구 130만의 작은 에스토니아는 세계에서 경제적 자유와 언론 및 인터넷 자유를 향유하는 디지털 강국이자4 유럽에서 학업성취도가 가장 높은 나라이다. 정부 주도의 'e-Estonia 이니셔티브'를 통해 혁신적 교육과 가상 비즈니스, 디지털 시민성을 선도하고 있으며, 세계 최초로 인터넷 접속권을 인권으로 포함시키고 전국을 무료 와이파이 존으로 만들었으며 7세부터 컴퓨터 프로그래밍 교육을 받는다(Roonemaa, 2017).

이러한 e-Estonia 이니셔티브는 1990년대 초반에 시작된 이래로 후임 정부뿐 아니라 민간 부문, 학계 및 시민 등 각계의 협력이 성공의 토대가 되었다. 1990년대 후반 모든 학교가 온라인화되었고 컴퓨터 네트워크와 인프라에 대규모 투자가 이뤄져 5년 뒤 10개의 공영·민영 기업들이 강력한 공공민간 파트너십(Look@World Foundation)을 구축했다. 해당 프로젝트는 텔레콤과 은행 기관들의 지원을 받아 디지털 인식(awareness)을 제고하고 특히 교육, 과학, 문화 분야에서 인터넷과 ICT의 이용을 대중화시켰다. 2003년 전자정부를 구축하고 2005년에는 세계 최초로 선거에 전자투표를

---

4   세계은행(World Bank)의 디지털 인덱스에서도 세계 1위로 선정됐다. 마이크로소프트사 소유인 인터넷 영상통화 솔루션 기업인 스카이프(SKYPE)가 창립되었으며, 현재 수도 탈린(Tallinn)에 4백여 개의 스타트업이 성행 중으로 발틱해의 실리콘밸리라 불린다.

도입했다. 이러한 전국적 디지털 인프라와 서비스 구축은 국가가 데이터 관리의 투명성과 설명력을 보장해 시민의 신뢰를 얻은 데 크게 기인한다. 기관이 개인 정보에 접근하기 위해서는 반드시 당사자의 허락을 받도록 해, 개인의 데이터를 법률로 엄격하게 보호하고 있다.[5] 즉 시민은 자신의 개인 프라이버시를 항시 모니터할 수 있으며 정부 포털(eesti.ee)에 접속해 누가 언제 자신의 어떤 정보에 접근하려고 했는지 추적할 수 있다.

에스토니아는 모든 이가 동등하게 고품질의 교육에 접근할 수 있는 권리를 보장하고 있다. 시민 누구나 사회, 경제, 문화, 정치 및 행정 영역에서 충분히 효과직으로 관여할 수 있도록 히기 위해 디지털 능력을 정규 교과과정에 통합시켰다. 또한 각 학교의 디지털 인프라와 디지털 디바이스 정책의 개발을 지원하고 단순명료한 디지털 능력 모델을 개발해 교사들이 활용하도록 하고 있다. 디지털 능력 태스크포스팀과 국가교육청년위원회(National Education and Youth Board of Estonia, Harno)가 디지털 능력 개발을 담당하고 있다. 또한 대학을 포함한 다수의 교육기관 전문가들이 참여해 각 교육 단계별 평가도구의 채택, 인가, 시범 시행을 결정하고 주요 학습 단계별 기대 학습 성과를 규정하고 온라인 진단 평가 도구의 설계와 개선을 담당한다.

교사와 학생들을 위한 디지털 능력 프레임워크를 정리하면 다음과 같다.

• 교사의 디지털 능력 프레임워크

1. 직무 개발 및 관여: 디지털 테크놀로지를 이용한 커뮤니케이션, 협력, 숙고 및 직무 개발
2. 디지털 자원: 디지털 교육 자료의 선정, 제작 및 공유

---

5   일례로 일부 의사나 경찰이 비윤리적으로 데이터베이스에 접근해서 실형을 선고받았다.

3. 교육 및 학습: 교육과 학습에 디지털 테크놀로지를 관리하고 활용하는 것

4. 평가: 학습 향상을 위한 디지털 테크놀로지의 활용

5. 학습자에게 권능 부여: 학습자의 적극적인 관여를 이끌어내고 학습자의 일반적인 능력이나 기술의 개발과 더불어 개인화를 지원하는 것

6. 학습자의 디지털 능력을 장려: 학생들의 디지털 능력 개발을 지원

• 학생들의 디지털 능력 프레임워크

유럽의 DigComp 2.1에서 채택한 것으로 다음의 5가지 차원으로 구성된다.

1. 정보와 데이터 리터러시: 필요를 정확하게 이해하고 자원의 적절성을 판별하며 디지털 데이터를 조직하는 것

2. 커뮤니케이션과 협력

3. 디지털 콘텐츠 제작: 콘텐츠의 제작, 품질 개선, 편집, 저작권에 대한 이해, 컴퓨터 시스템에 이해 가능한 명령 지시 등

4. 안전

5. 문제 해결

이와 같은 디지털 능력 중점 교육과 더불어 학생들의 학습 동기를 유발하고 학습 목표를 달성하기 위해 자유로이 활용할 수 있는 물리적 학습 환경, 즉 스마트 교실(smart classrooms)을 구축하고 있다. 이러한 환경은 혁신적인 학생중심 설계와 테크놀로지, 적극적인 학습 방법의 독려가 융합된 공간으로, 상호작용과 발표 영역, 그룹 작업을 위한 교환영역, 개인별 작업을 위한 개발 영역, 직접 체험(hands-on) 학습을 위한 제작과 탐구 영역, 경청 영역으로 구성된다(Estonian Education System website). 또한 교육 단계별

로 학생들의 학업 성취도를 평가해 학습이 부진한 학생들은 유급하거나 미흡한 과목에 대해서는 보충 수업을 제공하는 등 지속적인 관리와 지원을 하고 있다.

비대면 원격교육 환경에서 학습 격차 해소 노력 사례

코로나 팬데믹 상황에서 심화되는 교육 격차 해소를 위해 세계경제포럼(World Economic Forum)에 소개된 미국과 영국의 사례(Li·Lalani, 2020)와 우리나라 교육 공영방송 EBS의 사례를 요약했다.

사례 1: 미국
- 로스앤젤레스 학교 연합(Los Angeles Unified School District)과 공영 텔레비전 방송(PBS SoCal/KCET)이 파트너십 구축함.
- 연령별로 다양한 디지털 옵션에 초점을 맞춘 개별 채널을 통해 지역 교육 방송을 제공함.

사례 2: 영국 공영방송 BBC 온라인교육 프로그램 강화
- 바이트사이즈 데일리(Bitesize Daily)가 2020년 4월 20일 출범함.
- 14주짜리 정규교과과정 기반 학습 프로그램을 영국 전역의 아동들에게 제공함.
- 연령별로 5~7세, 7~9세, 9~11세, 11~12세, 12~13세, 13~14세로 대상 집단을 분류함.
- 200여 명의 교사들, 교육기관 등이 긴밀히 협력해 모든 내용들을 구성함.
- 사회 각계의 저명인사들이 수학, 영어, 과학 등의 핵심 과목을 중심으로 다양한 주제에 재미를 곁들여 교육함. 예를 들어,
  - 저명한 물리학자 브라이언 콕스(Brian Cox) 교수가 태양계, 중력 등의 핵심 과학 주제를 가르침.

- 대중적인 장기 방영 SF드라마 닥터후(Doctor Who)의 최초의 여성 닥터후 조디 위태이커(Jodie Whittaker)가 바이트사이즈 데일리 수업에 출연함.
- 맨체스터 시티(Manchester City)의 인기 있는 축구선수 세르기오 아게로(Sergio Aguero)가 스페인어로 숫자를 가르침.
- 이어서 전 국회의원 에드 볼(Ed Balls)이 어떻게 경제학에 바탕을 둔 정치 경력을 갖게 됐는지 설명하면서 수학을 가르침.
- 자연사 다큐멘터리로 세계적으로 유명한 데이비드 아텐버로우 경(Sir David Attenborough)이 오대양과 동물의 생태계 등에 대해 설명함.
- 화려한 수상 경력을 가진 음악인 마벨(Mabel)과 리암 페인(Liam Payne), 뮤지컬 스타들이 출연해 중학생 대상으로 음악과 독서를 가르침.
• BBC iPlayer(인터넷 텔레비전 서비스)와 BBC Red Button(TV수신기가 인터넷에 연결되지 않은 시청자를 위한 서비스)을 통해 평일 아침 9시에 방송됨.

사례 3: 한국 교육방송 EBS

• 초중고생 대상의 라이브 특강을 실시하고 초중 학년별 전문 학습 채널인 EBS 러닝을 신설. 이를 IPTV, OTT, 지상파와 케이블TV, 위성방송까지 확대함.
• 특히 EBS 라이브 특강은 인터넷 환경에 낯선 초등학교 1, 2학년 학생을 위해 텔레비전으로 수업을 시청할 수 있도록 방송을 우선 편성하고 방송 다시보기 등을 제공함.

6. 학교 현장과 온라인 학습의 하이브리드 교육

디지털 시대 여전히 전통적 현장 교육은 중요하다. 그래서 하이브리드 교육이 하나의 지향점이자 대안이 될 수 있다. 물론 적절한 교육이 필요하고 불충분한 대역폭(bandwidth)의 문제라든지 준비가 부족한 상태에서 미처 제대로 된 계획 없이 서둘러 온라인 학습으로 전환하는 것은 이용자의 경험을 형편없게 만들어서 지속적인 성장을 어렵게 할 수도 있다.

이러한 우려에도 불구하고 정보테크놀로지를 교육에 통합시키는 새로운 하이브리드 교육 모델은 학습자가 원하는 시간에 장소의 구애 없이 몇 번이고 반복해 학습할 수 있다는 여러 장점을 갖고 있다. 이 때문에 장기적인 측면에서 온라인교육은 학교교육의 통합적인 요소가 될 것으로 보인다.

해외의 많은 대학에서도 온라인교육으로의 성공적인 전환이 이뤄지고 있음이 목도되고 있다(World Economic Forum, 2020). 예컨대 영국의 임페리얼 런던대학교(Imperial College London)는 2020년 코로나바이러스학에 관한 과정을 코세라(Coursera)에 개설해 그 해 개설 과목 중 가장 수강생이 많은 과목으로 기록을 세웠다. 중국의 자장대학교(Zhejiang University)는 딩톡(DingTalk) ZJU를 이용해 5000여 개의 교과목을 온라인화하는 데 성공했다.

이러한 하이브리드 교육은 코로나 팬데믹 위기를 계기로 비단 대학에서뿐 아니라 중고등학교에서도 점차 증가하고 있는 것이 현실이다. 실제로 팬데믹 기간에 하이브리드 교육을 실시한 영국 바렘(Barham) 교사들의 증언에 따르면 전통적인 학교 교실과 온라인교육의 혼합은 부모의 관여를 늘리고 학생들의 컴퓨터 기술을 증진시켰으며 학습 현황을 모니터링할 수 있도록 해 교사들의 업무를 최소화하는 장점이 있다(Fleming, 2021). 이러한 장점을 최대화하려면 에듀테크 도구들을 활용한 기술 기반 온라인 수업의 증가가 부유한 학생들이 이미 향유하고 있는 상대적인 이점들을 더 심화시킬 수 있다는 우려를 불식할 수 있도록 공립학교의 디지털 인프라를 확충하고 취약계층 학생들의 디지털 기기 보유 및 인터넷 접속을 기본적으로 보장해 줄 수 있는 방안이 함께 마련되어야 할 것이다.

7. 결론: '모든 이를 위한' 공공재로서의 교육을 향해

디지털 격차와 사회 불평등은 그 궤를 같이한다. 끊임없이 계속되는 쳇바퀴의 악순환 고리를 끊어내야만 사회 불평등과 디지털 격차는 줄어들수 있으며 좀 더 포용적인 사회로 나아갈 수 있다. 누구에게나 공평한 배움의 기회를 제공해 줄 수 있는 교육 시스템이 이러한 악순환의 고리를 끊어낼 수 있는 결정적인 기제 역할을 한다. 앞서 살펴본 유네스코(UNESCO, 2020)의 전 세계 교육 현황 보고서 제목이 말해주듯이 '누구나, 모든 이'를 위한 교육이 이뤄져야 한다.

그런 의미에서 먼저 '학교'의 의미를 다시 생각해 볼 필요가 있다. 학교를 진정한 공공 교육의 공간으로 재정립하고 코로나 팬데믹으로 더욱 가시화된 디지털 격차 해소를 위한 리터러시 교육이 디지털 인프라가 제대로 갖춰진 학교 공간 안에서 교사와 학생 간 '협력'을 통해 이뤄져야 한다. 공공재로서의 교육의 본래 목적인 '모든 이를 위한 교육'을 실현하기 위해 학교 밖 아이들을 포용하고 전 생애주기에 걸친 평생 교육 공간으로서 공공도서관의 의미와 역할을 확장할 필요가 있다. 각 지방정부의 예산과 재원 역량에 따라 공공도서관의 인프라가 달라지는 것이 아니라 다른 제반 시설이나 개별 가구의 자원이 부유한 지역과 비교했을 때 상대적으로 취약한 커뮤니티에는 중앙정부의 특별 예산을 투입하는 방식으로라도 공공도서관의 시설을 확충할 필요가 있다. 그곳에서 수준별 디지털 리터러시 교육 프로그램이 상시적으로 운영되고 멘토나 챔피언 제도를 운영해 수시로 디지털 기술 관련 문제해결을 위한 상담이나 조언을 얻을 수 있도록 하는 것도 좋은 방안이 될 수 있다.

정부가 이러한 디지털 리터러시 교육 프로그램을 계획하고 운영하는 과정에 영국에서처럼 구글이나 네이버, 다음 등 테크기업들이 참여할 수 있도록 개방하고 독려할 필요가 있다. 다수의 산업 분야가 심각한 경제적 타격을 입는 팬데믹 기간에도 흔들림 없이 전 세계적으로 막대한 수익을 거둬들이는 거대 테크기업들은 그 수익을 일정 정도 공익 활동에 투자함으로써 기업의 사회적 책임을 분담할 때이다.

이와 더불어 모두를 위한 포용적 교육을 통해 교육 불평등을 해소하려는 노력은 정부와 기업 등 관련 기관뿐 아니라 교사 그리고 정규교육으로부터 배제된 청소년들에 대한 지원과 정확한 데이터의 확보, 적절한 인프라 구축, 표적화된 재정지원 운영과 일관된 거버넌스, 적절한 평가를 통한 후속 조치 등을 통해 소기의 성과를 이룰 수 있을 것이다. 그 궤를 같이하는 디지털 격차와 교육 격차를 줄이고 궁극적으로 디지털 시대, 더 나은 삶의 기회를 제공해 줄 수 있는 고용성의 기회를 높임으로써 사회 불평등을 해소하는 방향으로 나아갈 수 있을 것이다.

참여 활동

❶ 코로나19 팬데믹 이전과 이후에 본인의 학습 상황과 진도에 차이가 있는지 평가해 보자. 차이가 있다면 그 이유는 무엇인지, 학교나 가정이라는 학습 공간의 환경 차이나 인터넷 접속 상태 등의 기술적 제반 여건의 차이에 기인하는지 아니면 또 다른 원인이 있는지 이야기를 나눠보자.

❷ 디지털 미디어 콘텐츠를 비판적으로 이해하고 평가하는 것뿐 아니라 제대로 활용할 수 있는 기술적 능력 측면에서, 즉 본인의 디지털 능력은 어느 정도라고 생각하는지, 그렇게 생각하게 된 계기나 경험에 대해 서로 이야기를 나눠보자.

❸ 본인의 디지털 리터러시 역량이 부족하다고 느낀다면, 어떤 점에서 그러한지, 부족한 점을 향상시키기 위해서 무엇이 필요하고 그 개선 방안은 무엇인지 생각해 보자. 예를 들어 현재 디지털 기기의 보유 여부나, 최신 사양의 디지털 기기를 보유하고 있어도 자신이 원하는 다양한 디지털 콘텐츠를 제작하고 활용하기 위한 기술 역량이 부족한 경우 등 그 각각에 대해 어떤 해결책이 있을지 메모를 해보자. 그런 다음 동료 학생들과 본인의 이야기를 공유해 보자.

❹ 학교라는 학습 공간에서뿐만 아니라, 특히 학교 밖 청소년들에 대한 디지털 능력 교육은 어떻게 실행되어야 할지 함께 논의해 보자. 주변이나 본인의 봉사활동 중에 겪었던 경험들이 있다면 곁들여 이야기해 보는 것도 좋은 방법일 것이다.

❺ 지역이나 연령, 계층별 디지털 격차와 이에 따른 교육 격차를 해소하기 위한 정책적 방안은 무엇이 있을지 생각해 보고 함께 논의해 보자.

디지털 격차(Digital Divide)

일반적으로 정보커뮤니케이션 테크놀로지(ICT)에 접근할 수 있는 사람과 그렇지 못한 사람 간의 격차를 말한다. 초기에 '디지털 격차'라는 용어는 개인용 컴퓨터와 같은 하드웨어에 접근하는 사람과 그렇지 못한 사람간의 격차를 나타내기 위해 사용되었었다. 테크놀로지가 진화하고 그 사용도 질적으로 변화하면서 디지털 격차는 이용자와 비이용자를 구분하다가 최근에 와서는 각기 다른 유형의 이용자들을 구별하는 것으로 간주되고 있다. 따라서 단 한 가지 형태의 디지털 격차가 존재한다기보다 젠더, 연령, '민족 집단(ethnic clustering)', 거주 및 재정적 조건의 불확실성, 고용 불안정성, 사회 불안정성 등과 같은 여러 요인들에 따른 복합적인 격차가 존재한다고 보는 것이 더 타당하다.

사회적 소외 또는 배제(Social Exclusion)

한 사회에서 개인이 적극적인 시민으로서 참여하지 못하는 조건 또는 상태를 말한다. 이러한 사회적 소외 현상은 서로 복잡하게 얽혀 있는 여러 요인들에 의해 발생한다. 예컨대 낮은 소득과 교육 수준, 건강 악화나 기술의 부족으로 인한 노동시장에서의 배제, 교육과 학습의 기회를 갖지 못하는 경우, 열악한 주거 상태나 사회 자본의 수준 등이 서로 맞물려 '빈곤의 순환(cycles of poverty)'을 강화한다.

디지털 소외(Digital Exclusion)

온라인 상품이나 서비스에 접근하거나 단순한 형태의 디지털 테크놀로지를 이용하지 못하는 상태를 말한다. 이러한 디지털 소외는 취약 계층, 저소득 계층, 노인 및 사회에서 보다 주변화된 커뮤니티에 부정적 영향을 미친다.

디지털 포용(Digital Inclusion)

모든 시민이 ICT에 접근할 수 있고 그것을 효과적으로 이용함으로써 혜택을 얻을 수 있어야 한다는 개념에서 출발한다. 따라서 디지털 테크놀로지를 이용해 직접 또는 간접적으로 사회취약계층(disadvantaged people)의 삶과 삶의 기회들, 그리고 그들의 거주 지역을 개선하는 것으로 정의할 수 있다. 이는 단순히 인터넷에의 접근뿐 아니라 ICT를 효과적으로 이용해 교육, 건강, 고용에서뿐 아니라 사회적으로 그리고 일상생활에서 충만한 삶을 영위할 수 있는 상태를 의미한다.

참고문헌

권순정. 2021. 「코로나19 이후 교육의 과제: 재조명되는 격차와 불평등, 그리고 학교의 역할」. ≪서울교육≫, 63(243). http://webzine-serii.re.kr/%EC%BD%94%EB%A1%9C%EB% 82%9819-%EC%9D%B4%ED%9B%84-%EA%B5%90%EC%9C%A1%EC%9D%98-%EA %B3%BC%EC%A0%9C-%EC%9E%AC%EC%A1%B0%EB%AA%85%EB%90%98%EB%8 A%94-%EA%B2%A9%EC%B0%A8%EC%99%80-%EB%B6%88%ED%8F%89%EB%93% B1/#easy-footnote-6-7840 (검색일: 2021.6.5).

김종균. 2021.7.29. "코로나 학습결손 막는다 … 203만 명 보충 수업". YTN. https://news.naver. com/main/read.naver?mode=LSD&mid=shm&oid=052&aid=0001620970&sid1=102 (검색일: 2021.7.29).

김현정. 2019. 「유럽 교육의 신흥 강국 '에스토니아'의 교육을 만나다」. ≪해외교육≫, 237. http:// webzine-serii.re.kr/%EC%9C%A0%EB%9F%BD-%EA%B5%90%EC%9C%A1%EC%9D %98-%EC%8B%A0%ED%9D%A5-%EA%B0%95%EA%B5%AD-%EC%97%90%EC%8A %A4%ED%86%A0%EB%8B%88%EC%95%84%EC%9D%98-%EA%B5%90%EC%9C%A 1%EC%9D%84-%EB%A7%8C/ (검색일: 2021.6.5).

박민제. 2020.12.14. "미국 저소득층 학생 1년 학습공백, 코로나로 디지털 격차 커져."중앙일보. https://news.v.daum.net/v/20201214000541351 (검색일: 2021.4.10).

정성민. 2021.1.26. "'원격교육 기본법' 제정 추진 … 미래형 수능, 대입 방향 논의 착수". ≪한국 NGO신문≫. http://www.ngonews.kr/sub_read.html?uid=123278&section=sc98(검색 일: 2021.5.20).

_____. 2021.2.3. "디지털 교육격차로 교육불평등 심화". ≪한국NGO신문≫. http://www. ngonews.kr/123411 (검색일: 2021.5.20).

이병희. 2021.2.13. "경기도, 교육격차 해소한다 … 원격수업 디지털교육 지원". ≪뉴시스≫. https://newsis.com/view/?id=NISX20210213_0001337845 (검색일: 2021.5.20).

Adams, Richard. 2020.9.1. "Gap Between Rich and Poor Pupils in England 'Grows by 46% in a Year.'" *Guardian*. https://www.theguardian.com/education/2020/sep/01/ disadvantaged-and-bame-pupils-lost-more-learning-study-finds (검색일: 2021.6.5).

Bernadi, Fabrizio and Ilze Plavgo. 2019. "Education as an equalizer for human development?" 2019 UNDP Human Development Report. http://hdr.undp.org/sites/default/

files/hdr_19_bp_education_as_equalizer.pdf (검색일: 2021.5.6).

Coiro, J. et al.(Eds.). 2008. *The Handbook of Research in New Literacies*. New York : Erlbaum.

DG CONNECT. 2016. "Digital Inclusion for a Better EU Society." https://ec.europa.eu/dig ital-single-market/en/politics/digital-inclusion-and-web-accessibility (검색일: 2016.10. 20).

Estonian Education System Website. "Digital Competence: Empowering Teachers and Students." https://www.educationestonia.org/innovation/digital-competence/ (검색일: 2021.8.8).

Estonian Education System Website. https://www.educationestonia.org/about-education-system/ (검색일: 2021.8.8).

Ferrari, Anusca. 2012. "Digital Competence in Practice: An Analysis of Frameworks." Joint Research Centre Technical Reports. https://ifap.ru/library/book522.pdf (검색일: 2016. 10.10).

Fleming, Nic. 2021.1.23. "After Covid, will Digital Learning be the New Normal?", *Guardian*. https://www.theguardian.com/education/2021/jan/23/after-covid-will-digital-learni ng-be-the-new-normal (검색일: 2021.6.20).

Giddens, Anthony. 1997. *Sociology*(Third Edition). Cambridge, UK: Polity Press.

Gilster, Paul. 1997. Digital Literacy. New York: Wiley Computer Publication.

Halliday, Josh. 2020.6.15. "Give 1m UK Children Reliable Broadband or Risk Harming Their education, MPs say", Guardian. https://www.theguardian.com/technology/20 20/jun/15/uk-children-reliable-broadband-coronavirus-lockdown-education (검색일: 2021.4.1).

Irving, L. et al. 1999. "Falling Through the Net: Defining the Digital Divide." Washington, DC: National Telecommunications and Information Administration, U.S. Department of Commerce.

Jaisinghani, Priyanka. 2020.8.10. "COVID-19 is Widening the Education Gap. This is How We Can Stop it." World Economic Forum. https://www.weforum.org/agenda/2020/ 08/we-must-resist-covid-19-widening-us-education-gap/ (검색일: 2021.4.3).

Janssen, José et al. 2013. "Experts' Views on Digital Competence: Commonalities and Differences." *Computers & Education*. Vol. 68. pp.473~481. https://doi.org/10.101 6/j.compedu.2013.06.008 (검색일: 2016.10.10).

Kluzer, Stefano and Laia Pujol Priego. 2018. "DigComp into action: Get inspired, make it happen. A user guide to the European Digital Competence Framework." JRC Working Papers JRC110624. Joint Research Centre. https://ideas.repec.org/p/ipt/ipt wpa/jrc110624.html (검색일: 2016.10.10).

Li, Cathy and Lalani Farah. 2020.4.29. "The COVID-19 Pandemic has Changed Education forever. This is How." World Economic Forum website. https://www.weforum.org/ agenda/2020/04/coronavirus-education-global-covid19-online-digital-learning (검색일: 2021.4.10).

Livingstone, Sonia. 2018.10.25. "Media Literacy: what are the challenges and how can we move towards a solution?" The LSE Media Policy Project. https://blogs.lse.ac.uk/me dialse/2018/10/25/media-literacy-what-are-the-challenges-and-how-can-we-move-t owards-a-solution/ (검색일: 2018.12.11).

NCES(National Center for Education Statistics). "Program for International Student Assess- ment (PISA)." https://nces.ed.gov/surveys/pisa/ (검색일: 2021.8.22).

Renjen, Punit. 2021.6.16. "This Challenge is Advancing Education Solutions to Help Students Thrive." World Economic Forum. https://www.weforum.org/agenda/2021/ 06/advancing-education-solutions-through-the-worldclass-education-challenge/(검 색일: 2021.6.5).

Roonemaa, Mari. 2017. "Global Lessons from Estonia's Tech-savvy Government." The UNESCO Courier: Many Voices, One World. https://en.unesco.org/courier/2017- april-june/global-lessons-estonia-s-tech-savvy-government (검색일: 2021.8.9).

UK Cabinet Office. 2014. Government Digital Inclusion Strategy. https://www.gov.uk/ government/publications/government-digital-inclusion-strategy/government-digital- inclusion-strategy (검색일: 2016. 10.10).

UNESCO. 2020. "Global Education Monitoring Report 2020: Inclusion and Education: All Means All". Paris, UNESCO, https://unesdoc.unesco.org/ark:/48223/pf0000373718/ PDF/373718eng.pdf.multi (검색일: 2021.5.3).

Weale, Sally. 2021.1.21. "Home Schooling is Widening Attainment Gap Between Rich and Poor, Finds Report." *Guardian*. https://www.theguardian.com/education/2021/jan/ 21/home-schooling-is-widening-attainment-gap-between-rich-and-poor-finds-report (검색일: 2021.4.3).

제5장

소수자의 재현과 디지털 격차

1. 서론

디지털 유비쿼터스(ubiquitous) 시대를 대표하는 가장 일상적인 풍경은 지하철 안 거의 모든 사람들의 손에 스마트폰이 들려 있는 모습일 것이다. 뉴스 기사를 읽고 SNS 메시지를 보내고 영상을 시청하는 등 분주한 모습들에서 눈을 돌리면, 구석의 교통약자용 좌석에 비교적 한가한 모습으로 앉아 있는 노인들을 발견할 수 있다. 이러한 차이는 단순히 지하철 내에서의 시간을 다르게 보낸다는 것이 아니라 지능정보사회에서 얼마나 다른

---

‡ **이소현**(한양대학교 미디어커뮤니케이션학과 강사)

일상을 살아가는지를 보여주는 것이기도 하다.

정보취약계층이 겪는 불편, 특히 노인들이 겪는 디지털 소외에 대한 문제는 지속적으로 부각되어 왔다. 기차 좌석 예약 앱을 제대로 활용하지 못해서 "노인들은 서서 가고 젊은이들은 앉아서 가는"(≪경향신문≫, 2019.2.4) 쓸쓸한 모습이 화제가 되었으며, 비용 절감을 위해 등장한 무인 주문기 키오스크는 노인들이 "햄버거 하나 사 먹기도 어려운"(≪조선일보≫, 2021.6.17) 상황을 만들었다. 더구나 코로나19 상황으로 인해 비대면 서비스가 확산되었으며 점점 우리의 일상에서 AI, 사물인터넷, 빅데이터 등 디지털 기술 의존도도 커져가고 있다. 빠르게 변화하는 미디어 환경 속에서 노인, 장애인 등 정보취약계층이 처해 있는 디지털 격차의 수준을 파악하고 관련 문제들에 대한 면밀한 검토가 필요한 시점이다.

과학기술정보통신부는 모바일 기반 유무선 융합 디지털 환경에서 발생하는 정보 격차의 수준과 특성을 종합적으로 측정해 「2020 디지털 정보격차 실태조사」를 발표했는데, 2020년 4대 정보취약계층, 즉 장애인, 저소득층, 농어민, 고령층의 디지털 정보화 수준은 72.9%였다. 이는 일반 국민의 디지털 정보화 수준을 100으로 놓고 대비한 수치이다. 계층별로 살펴보면 고령층 디지털 정보화 수준이 68.6%로 가장 낮으며, 저소득층이 95.1%로 가장 높고, 장애인 81.3%, 농어민 77.3% 순으로 나타났다. 2017년 65.1%를 기록했던 정보취약계층의 디지털 정보화 수준은 점차 향상되어 가고 있지만 기술 발전과 미디어 환경 변화의 속도를 따라가지 못하는 형편이다. 더구나 디지털 정보화 접근 수준(93.7%)에 비해 디지털 정보화 역량(60.3%) 및 활용(74.8%) 수준에서 더 큰 차이를 보인다는 점에서 디지털 정보 격차가 사회문화적 격차로 이어질 수 있는 가능성을 간과하기 어렵다. 특히 고령층이 디지털 정보화 역량(53.7%) 및 활용(71.4%) 수준에서 가장 낮은 수준을 기록했다는 것은 단지 디지털 소외의 문제뿐만 아니라 노인 일자리 문제, 사회적 고립 등 고령사회의 문제를 더 악화시킬 가능성을 시사한다.

　이 장에서는 정보취약계층의 디지털 격차 문제를 소수자의 재현과 사회문화적 이슈를 중심으로 고찰하고자 한다. 먼저 미디어와 소수자 관련 논의를 살펴보면서 변화하는 미디어 환경 속에서 소수자의 재현 양상의 변화와 의미 작용을 분석하고, 디지털 미디어 문화가 제공하는 새로운 재현의 가능성과 주체적인 움직임들을 탐색할 것이다. 디지털 융합과 미디어 포화 환경에서 디지털 격차는 사회적 차별과 소외뿐만 아니라 문화적 실천과 담론적 구성에 지배적인 영향을 발휘한다는 점에 주목하여 새로운 불평등 요인이 소수자에게 부과하는 억압의 기제를 면밀히 살펴보려 한다. 소수자의 디지털 격차가 사회문화적 격차로 이어져 구분 짓기, 혐오, 집단 간 갈등으로 확산되는 양상을 추적함으로써 정보지능사회가 요구하는 포용의 양식과 다양성의 가치를 모색하고자 한다.

　「디지털 정보 격차 실태조사」에서 주목하는 정보취약계층은 장애인, 저소득층, 농어민, 고령층, 북한이탈주민, 결혼이주민이다. 이 장에서는 소수자와 미디어 연구의 논의를 기반으로 장애인, 고령층, 결혼이주민 사례를 중심으로 정보취약계층의 디지털 격차 문제를 다루고자 한다. 각 정보취약계층마다 그리고 특정 계층 내부에서도 고유한 속성과 차이가 존재하기에 정보취약계층의 디지털 격차를 동일한 접근이나 관점으로 논의할 수 없다. 각 계층의 사례 및 쟁점은 정보취약계층 전체의 논의를 아우르는 방향이 아니라 세부적인 논의의 전개 과정 속에서 구체적인 맥락과 관련 함의를 드러낼 수 있는 방향으로 활용할 것이다.

2. 디지털 소외와 소수자

1) 소수자와 미디어

소수자(minority)라는 개념은 19세기 말에서 20세기 초 무렵 유럽과 미국에서 쓰이기 시작했는데, 주로 상이한 역사적 조건 속에서 형성된 인종적(racial), 민족적(ethnic) 소수집단을 지칭하는 의미로 활용되었다. 소수자에 대한 가장 보편적인 정의는 "신체적, 문화적 특성 때문에 사회에서 구분 지어지고 불평등한 취급을 받게 되어 자신들을 집단적 차별의 대상으로 여기는 사람들"이다(Wirth, 1945, Meintel, 1993에서 재인용). 이후 소수자 개념은 소수자의 사회적 위치 및 지배 집단과의 권력관계를 고려하게 되면서 소수자가 경험하는 차별과 배제 그리고 이러한 불평등한 취급을 경험하고 저항하는 과정 속에 만들어지는 집단의식(group awareness)을 포함하게 되었다(Wirth, 1945; Dworkin 외, 1999). 기존 의미들을 정리해 요약하자면, 소수자는 "한 사회 내에서 사회의 지배적 가치와는 다른 특성으로 인해, 지배 집단에 의해 편견의 대상이 되고 차별 대우를 받는 집단"이다(주유선 외, 2019: 32). 소수자는 단순히 수적으로 열세인 것을 의미하는 것이 아니라 사회적인 관계 속에서 종속되거나 억압되는 위치로 규정되며, 역사적인 과정 속에서 언제든 새로운 소수자가 등장할 수도 있고 기존 소수자의 위치가 변화할 수 있다.

미디어 연구에서 소수자에 대한 관심은 미디어 재현(representation)에 관한 이슈들과 연결되어 있다. 소수자의 재현에 관한 연구는 주류 미디어에서 소수자를 어떻게 재현하는지, 그 속에 왜곡이나 오류는 없는지, 특정 소수자에 대한 스테레오타입(stereotype)과 편견은 어떻게 나타났는지 등의 문제를 탐색해 왔다. 특히 지배적인 가치와 차이가 나는 특성들로 구분되어 차별의 대상이 되는 소수자의 위치를 고려할 때, 왜곡과 주변화로 점철된 주류 미디어의 재현 양상에 대한 비판은 소수자 스스로 목소리를 내고 정체성을 발현할 수 있는 주체적인 재현 및 대안적 미디어에 대한 관심으로 이어져 왔다. 미디어 기술의 발전에 따라, 더 나아가 수평적이고 상호작용적인 커뮤니케이션을 가능하게 한 디지털 미디어의 도입은 소수자 미디어 재현의 새로운 가능성을 제시할 수 있을 것이라는 기대를 갖게 했다.

소수자를 둘러싼 '재현의 정치학'은 미디어 리터러시 교육이 어떠한 쟁점들을 고민해야 하는지 시사한다. 비판적 미디어 리터러시(critical media literacy) 교육은 세 가지 접근법을 취하는데, '미디어 텍스트의 비판적 분석', '미디어를 통한 자아 표현', '미디어 제작을 위한 기능 훈련'으로 나누어진다(정현선, 2007). 비판적 미디어 리터러시 교육은 미디어 읽기와 쓰기를 모두 포괄한다는 점에서 특히 소수자와 미디어 관련 이슈를 다루는 데 도움을 줄 수 있다. 미디어 텍스트 읽기가 소수자의 미디어 재현에 내재된 권력관계와 의미 작용을 파악할 수 있는 능력을 제공한다면, 미디어 텍스트 쓰기는 자기 재현의 기회를 갖지 못한 소수자들이 스스로 대안적 미디어 텍스트를 만들어낼 수 있는 기회를 제공할 수 있는 것이다(장은영, 2017). 미디어 생산자와 소비자 경계가 사라지는 디지털 융합 환경 속에서 비판적 읽기와 대안적 쓰기를 통합하는 비판적 미디어 리터러시 교육은 소수자의 디지털 격차 해소뿐만 아니라 다양성의 가치를 실현하기 위해서도 필요하다.

소수자와 미디어 관련 논의의 또 다른 축은 미디어 접근권(media accessibility)에 관한 문제이다. 미디어 접근권은 미디어로 매개되는 다양한 종류의 정보에 접근하고 미디어를 이용해 관련 이슈에 대한 자신의 견해를 표현할 수 있는 권리를 의미한다. 전파라는 공공자원에 기초한 방송이 등장하면서 모든 국민을 대상으로 하는 보편적인 서비스 개념이 자리 잡았고, 방송의 공익성을 실현하기 위한 다양한 정책과 사업이 실현되었다. 방송

전파를 수신하기 어려운 산간 지역에 케이블을 설치하는 것부터 유료방송 사업자에게 공중파 방송 송신 의무를 부과하는 것에 이르기까지, 방송의 역사 속에 자리 잡은 공공서비스의 궤적을 추적할 수 있다. 특히 정보취약 계층에 해당되는 소수자의 경우 정보 격차를 해소하고 미디어 접근권을 보장할 수 있도록 여러 가지 제도적 장치와 정책적 지원이 요구되는데, 미디어 환경의 변화에 따라 신속하고 유연한 대응을 필요로 한다.

2) 소수자와 디지털 격차

디지털 기술의 발전은 소수자의 미디어 접근권의 경계와 의미를 새롭게 규정하고 있다. 먼저 모두가 이용 가능한 보편적인 서비스라고 믿어왔던 방송조차 디지털 융합 환경에서 정보취약계층의 소외 문제가 대두되었는데, 이는 IPTV 등이 등장하면서 방송 시청이 TV를 켜고 채널을 선택하는 것보다 훨씬 복잡한 정보 습득과 기기 조작을 요구하게 되었기 때문이다. 이러한 변화 속에 소수자의 미디어 접근권을 담보하기 위해서는 물리적 접근성을 개선하는 것뿐만 아니라 활용 능력 개선이나 교육 지원 차원의 고려가 필요하다. 소수자의 디지털 격차를 해소하기 위한 대표적인 지원책은 물리적 접근성을 개선하는 것인데, 이를 위해 방송통신위원회는 시청각장애인용 TV 보급으로 장애인의 시청 편의 제공에 노력해 왔다. 장애인은 비장애인에 비해 지상파 직접 수신 비중이 높은 편으로 드러났는데, 유료방송 비용에 대한 부담이 주요 원인으로 제시되었다(이민상·성욱준, 2020). 모바일 전환 및 OTT 서비스의 확산 속에 전통적인 TV 시청자가 감소하는 추세를 보이고 있지만, 정보취약계층의 사회경제적 요인을 고려할 때 보편적인 서비스의 유지 및 물리적 접근성의 확보는 포기할 수 없는 부분이다.

디지털 미디어 기술의 확산은 방송과 같은 기존 미디어 영역뿐만 아니

유니버설 디자인(Universal Design)

유니버설 디자인은 '모두를 위한' 디자인, '범용(汎用)' 디자인 등으로 불리는데 장애, 연령, 성별, 언어 등의 차이에 관계없이 가능한 모든 사람들이 쉽게 이용할 수 있는 제품이나 서비스를 제공하려는 것이다. 이 용어는 장애인 건축가 로널드 메이스(Ronald Mace)가 처음 고안한 것으로, 초기에는 건물·도로·도시 디자인 등에 적용되었으며 점차 공공시설·교통수단·생활용품 등으로 확대되었다. 근래에는 정보통신 분야에서도 유니버설 디자인이 적용된 제품을 개발하기 시작해 음성인식, 글자 확대 등 누구나 불편 없이 이용할 수 있는 디자인이 상용화되어 가고 있다.

라 모든 일상적 영역을 변화시키고 있다는 점에서 디지털 격차가 가져올 수 있는 불편과 장벽, 그리고 여기에서 파생되는 불평등과 차별에 대해 주목하지 않을 수 없다. 예를 들어, 장애인의 디지털 소외는 비대면 의료서비스 기회를 놓치는 것만을 의미하는 것이 아니라 코로나19로 인한 봉쇄(lockdown) 상황에서 많은 장애인들이 전자기기가 없어서 인터넷을 사용하지 못하고 관련 웹사이트들이 유니버설 디자인(universal design)을 갖추지 않아서 온라인으로 생필품을 구매할 수도 없다는 것을 의미한다(Jesus et al., 2021). 이렇듯 장애인, 노인 등 소수자의 디지털 소외를 해결하기 위해서는 웹 접근성(web accessibility) 개선 등 공급자 측면의 노력이 점점 더 중요해지고 있다. 비대면 커뮤니케이션의 확대 속에 정보취약계층의 일상을 잠식하는 디지털 격차의 폐해를 막기 위해서는 공공적 차원의 지원뿐만 아니라 기업 차원의 새로운 각성과 변화가 요구된다.

온라인 서비스 및 개발업자들을 중심으로 쇄신의 움직임이 눈에 띄지만, 디지털 기술 담론과 이윤 추구의 논리 속에서 소수자에 대한 포용과 배려가 쉽게 자리 잡기는 어려워 보인다. 대표적인 예는 기업의 디지털 플랫폼 디자인에서 드러나는 연령차별주의(ageism)의 영향이다. 디지털 플랫폼

웹 접근성(Web Accessibility)

웹 접근성은 누구나 불편 없이 사용할 수 있도록 웹사이트, 도구, 기술을 디자인하고 개발하는 것을 의미한다. 웹 접근성 이니셔티브(Web Accessibility Initiative, WAI)에 따르면, 웹 접근성 개념은 웹에 접근하는 데 영향을 끼치는 모든 장애를 포괄하며 노화, 일시적인 장애, 상황적인 제약 등을 경험하는 비장애인에게도 혜택을 주는 것이다(www.w3.org/WAI/fundamentals). 한국의 경우 '지능정보화 기본법'에 따라 정보통신접근성 준수를 법적 의무 사항으로 규정하고, 한국웹접근성인증평가원에서 웹 접근성, 모바일 접근성, 소프트웨어 접근성을 심사해 인증을 부여한다. 웹 접근성은 인터넷의 보편적 서비스를 실현시킬 수 있는 실천적 개념으로서, 오프라인 활동의 제약을 겪는 사람들에게 정보 접근과 상호작용의 네트워크를 제공할 수 있는 가능성을 시사한다.

을 이용하는 고령자들이 다양한 흥미 분야와 이용 수준을 드러내고 있음에도 불구하고, 노인은 정보통신기술에 별로 관심이 없다는 고정관념이 제품 및 서비스 결정 과정에서 고령층의 취향과 요구를 배제하는 것을 정당화하며, 디지털 기업문화 속 젊은 개발자들을 중심으로 젊은이를 대상으로 한 디자인이 만들어진다는 것이다(Rosales·Fernández-Ardèvol, 2020). 첨단, 혁신 등의 이미지로 점철된 디지털 기술 담론과 소비문화의 익숙한 프레임 속에서, 구매력을 가진 계층이나 기술친화적인 청장년층을 대상으로 제품과 서비스가 생산되는 가운데 장애인, 고령자 등 소수자의 흥미와 필요는 배제되기 쉽다. 특히 빅데이터에 대한 의존이 점점 커져가는 상황에서 대다수 모형에 내재한 데이터의 편향이나 편견 등을 고려할 때, 사회적 소수자 및 취약계층의 입장은 더 쉽게 무시될 수 있다. 디지털 유비쿼터스 환경에서 기업 문화 및 산업 전반에서 소수자에 대한 포용이 이루어지지 않는다면 장보기에서 은행거래, 교육에 이르기까지 정보취약계층의 일상을 지켜내기 어려울 것이다.

디지털 융합 환경에서 소수자의 미디어 접근권을 보장하기 위해서는 각 소수자 집단이 마주하는 상이한 디지털 장벽과 격차의 수준에 대한 이해가 필요하다. 장애인의 디지털 정보화 수준은 고령자보다 우위를 차지하는데, 이는 장애인 계층이 신체적 제한성을 해결하기 위해 정보통신기기를 적극적으로 이용해 왔기 때문이며, 장애인을 위한 정보통신기기 보급 및 지원 사업의 결과이기도 하다(장창기·성욱준, 2020). 장애인의 디지털 정보화 수치가 상대적으로 우위에 있지만, 이 수치 이면에는 중증과 경증의 차이, 장애의 종류 등 장애인 집단 내의 상이한 미디어 활용 능력과 다양한 불편 사항이 내포되어 있다. 예를 들어, 시각장애인의 경우 이미지 기반 소셜 미디어에서 소외되거나 동영상 콘텐츠 이용에 어려움을 겪고 있기 때문에 오디오 해설(audio description)의 필요성을 제고할 필요가 있다(박정숙·김용찬, 2020). 센스리더, 보이스오버 등 화면의 글자를 음성으로 변환하는 기술의 도입에 따라 시각장애인의 스마트 기기 접근성은 향상되었지만, 디지털 미디어 문화 속에서 가장 크게 확산되어 가는 영상콘텐츠의 이용에 장벽을 느낄 수밖에 없는 것이다. 오프라인 참여가 어려운 장애인들에게 소셜 미디어가 제공하는 사회적 네트워크의 구축 및 생산적인 활동의 가능성을 고려할 때, 디지털 격차가 발생하는 영역과 수준을 구체적으로 파악해 실질적인 방향으로 대응하려는 노력이 요구된다.

3. 스마트 미디어 환경과 장애인의 재현

주류 미디어에서 나타나는 소수자의 재현은 과소 재현, 왜곡, 전형화(stereo-typing), 타자화(othering) 등의 특징을 보인다. 사회적 권력관계에서 열세를 보이는 소수자는 미디어에 노출되기 어려우며, 미디어 속의 소수자는 현실과 다르게 특정한 관점이나 방식으로 묘사된다. 이러한 재현 양상은 몇 가지 대표적인 이미지로 환원되어 소수자에 대한 고정관념을 양산할 뿐 아니라 극복할 수 없는 '차이'를 가진 존재로 받아들이게 만드는 것이다. 따라서 대중적인 내러티브 속 소수자는 사회의 지배적 가치를 실현하는 주체이기보다는 그 지배적 가치의 중요성을 상징하는 도구로 소비되기 쉽다. 장애를 극복하려는 노력은 비장애인의 삶의 가치 혹은 일상의 소중함을 깨닫게 하는 수단으로 활용되고, 결혼이주민의 경험은 한국 사람이 된다는 것 혹은 정상 가족의 의미를 확인하는 방식으로 제시되는 것이다.

미디어 속 장애인은 주류사회에서 배제되어 과소 재현되거나 비장애인과 다른 존재로서 타자화의 대상이 되어왔다. 특히 장애인은 비장애인의 세계에서 "별개의 존재, 문제적 존재로 인식되어" 주로 의료, 보험과 같은 광고 영상에 노출되는 경향을 보였다(강진숙·김동명, 2019). 미디어 속 장애인이 겪는 '장애'는 타자화의 근거로 작동해 장애인을 '문제적 존재'로서 부각시키는 한편, 비장애인으로 하여금 장애인에게 따뜻한 도움을 베풀거나 현명한 해결책을 찾도록 종용한다. 이러한 익숙한 소구는 스마트 미디어 환경 속에서 디지털 신기술의 혜택을 누리는 장애인의 모습으로 나타나고 있다.

2010년대 들어서 장애인이 출연하는 기업 광고가 증가했는데, 이는 첨단 기술이 발전함에 따라 기업이 자사만의 기술로 장애인의 불편을 해소하는 내용의 광고를 제작하는 사례가 많아졌기 때문이다. 장애인을 위한 기술의 발전 및 활용은 바람직하지만, 이러한 광고는 기술의 지향점을 비장애인에게 두고 장애인의 불편을 해소해 주는 "따뜻한 기술"을 강조하는 한편, 장애인을 "어딘가 보완해 줘야 하는 존재"로 부각한다(≪AP신문≫, 2020.4. 20). KT는 '마음을 담다'라는 광고에서 AI 음성 합성 기술로 청각장애인의 목소리를 복원해 '선물'했는데, 장애인 단체는 해당 광고가 수어에 대한 차별적 인식을 조장한다고 국가인권위원회에 진정을 냈다(≪연합뉴스≫, 2020. 4.23). 수어가 한국어와 동일한 자격을 가진 농인의 고유한 언어임에도 불구하고 수어를 쓰는 것은 불완전하고 음성언어를 쓰는 것만이 정상이라는 인식을 심어줄 수 있다는 것이다.

SK 텔레콤의 '창덕 ARirang' 광고 또한 장애인의 상황을 제대로 인식하지 못하는 한계를 드러냈다. 이 광고에서는 친구들과 함께 창덕궁에 놀러 온 장애아동 온유가 등장한다. 뛰어가는 친구들을 따라가려던 온유는 휠체어 바퀴가 턱에 걸려 내부로 들어갈 수 없게 되자 휠체어를 들어 도와주려는 친구들에게 "난 안 뵈도 괜찮아"라고 이야기하며 애써 실망을 감춘다. 이때 5G와 증강현실(AR) 기술로 만든 가이드앱이 등장하고, 온유와 친구들은 함께 창덕궁 내부를 관람하며 즐거운 시간을 보내게 된다. 언뜻 창덕궁 내부에 실제로 들어가지 못하는 장애인에게 첨단 기술력으로 동일한 경험을 제공할 수 있다는 것은 반가운 일로 느껴지지만, 실상 이러한 재현은 장애인의 물리적 접근권을 충분히 고려하지 못한 설정이라는 비판을 받았다(≪오마이뉴스≫, 2020.10.13). 해당 광고는 장애아동이 창덕궁 내부로 들어가지 못하는 불편한 상황을 AR 기술로 해결한 것을 두고 "조금 다른 답을 찾았다"라고 홍보하지만, 장애인이 비장애인과 같은 답을 추구할 수 있어야 한다는 원칙을 무시할 뿐 아니라 "기술은 단 한 명을 위해서라도 더 좋은 답을 찾아갑니다"라는 내레이션을 통해 기술의 우월성만을 부각하는 것이다. 이렇듯 비장애인을 지향하는 정보통신 광고 속 장애인은 스스로의 고유한 경험과 목소리를 잃은 채 따뜻한 기술의 성과를 확인하는 표식으로 남겨질 뿐이다.

장애인에 대한 인식 개선이 여러 방면으로 이루어졌음에도 불구하고 장애인과 비장애인 사이의 구분 짓기 혹은 정상과 비정상의 경계는 쉽게 무너지지 않고 있다. 선한 의도와 따뜻한 시선에도 불구하고 장애는 여전히 불완전한 것으로, 문제가 되는 것으로 형상화된다. LG 유플러스는 시각장애인 어머니의 일상생활을 통해 자사의 신기술을 소개하고 시각장애인을 지원하는 캠페인을 전개해 왔다. '고마워, 나에게 와줘서'라는 제목의 2018년 광고는 1급 시각장애를 가지고 있는 초보 엄마가 조작이 어려운 터치 방식의 가전기기를 음성으로 제어하고 동화책을 들려주는 등 일상의 불편을 덜어주는 AI 기술의 성과를 담아냈다. 이 광고는 주요 광고상을 휩쓸고 유튜브 조회 수가 1300만이 넘을 정도로 큰 대중적 호응을 이끌어냈다.

3년 후 시각장애인 엄마와 5세가 된 아들은 음성 도서 검색서비스 구축을 위한 캠페인에 다시 등장했다. '3년 전 만났던 유성이 가족은 잘 지내고 있을까요'라는 제목의 광고는 시각장애인 엄마의 시선에서 훌쩍 자란 아들의 모습을 보여주는데, 유성이는 엄마를 위해 문을 열어주고 음료가 든 컵을 손에 쥐어주거나 계단을 올라오는 엄마의 손을 잡아끌기도 한다. 바닥에 떨어진 책을 주워서 엄마에게 건네주고 흩어진 책들을 정리하는 유성이의 모습에 엄마의 내레이션과 자막이 겹쳐진다. "유성이는 이렇게 잘 자라 주었는데, 나이에 맞는 책을 읽어주지 못해 엄마는 늘 미안합니다." 아이의 책장 앞에서 서성이며 고민하는 엄마의 모습은 점자 도서 리스트, AI 음성검색서비스, 시각장애인을 위한 디지털 도서 정보 구축 캠페인에 대한 소개로 이어진다. 두 개의 광고에서 시각장애는 모두 일상에 불편을 주는 것으로 재현되었지만, 첫 번째 광고는 서툴고 어렵지만 아이를 먹이고 돌보느라 고군분투하는 초보 엄마의 일상을 AI 기술이 어떻게 도와줄 수 있는지 묘사했다면, 두 번째 광고는 일상생활에 불편을 겪는 시각장애인 엄마를 비장애인 아들이 어떻게 도와주고 있는지 보여준다. '이렇게 잘 자란', 나이에 맞는 독서가 필요한 아들의 모습을 부각하는 가운데 시각장애인 엄마의 주체적이고 능동적인 모습은 사라지고 물리적인 도움이든 기술적인 혜택이든, 도움을 받아야만 하는 장애인의 위치를 확인하는 것이다.

사회의 지배적 가치와 연계되는 다수자 혹은 비장애인의 시선에서 장애인은 '타고난 결함'을 가진 존재로 대상화되고 수혜를 받아야 하는 존재로 자리매김된다(박홍근, 2017). ICT산업의 광고 속에서 장애인의 결함 혹은 불완전함은 디지털 기술로 채워지는데, 여기에 소수자의 디지털 소외와 공명하는 재현 방식이 작동하는 것이다. 장애인 인권 활동가 안희제는 광고에서 장애인은 기술의 혜택을 받는 존재로만 그려질 뿐 시장 속 소비자로 등장한 적이 없다고 지적하고 "장애인을 고객으로 봐줬으면 좋겠다"라고 토로했다(≪AP신문≫, 2020.11.19). 보다 새로운 기술과 편리한 서비스를 앞세운 정보통신 광고 속에서 비장애인은 최신 상품과 서비스를 구매해 혁신적인 라이프스타일을 즐기는 주체로 구성되는 반면에, 장애인은 구매력을 갖춘 자유로운 소비 주체라기보다는 기술의 혜택을 제공받는 대상으로 재현되는 것이다. 신자유주의적 자본주의 질서 아래 상품 구매를 통한 자기표현의 기제가 일상을 잠식하는 환경에서 디지털 기술의 소비자로서 받아들여지지 못한다는 것은 또 다른 소수자의 배제를 의미한다.

4. 디지털 격차와 혐오

1) 미디어 환경의 변화와 혐오 표현

미디어 기술의 변화는 미디어 생산과 소비뿐만 아니라 사회적 관계의 형성 및 유지에도 영향을 끼쳤다. 인터넷의 네트워크 환경과 익명성은 정보와 의견의 과포화 상태를 만들었으며, 화제성과 조회 수에 가치를 두는 온라인 주목 경제는 자극적이고 선정적인 콘텐츠의 확산을 초래했다. 특히 눈에 띄는 것은 혐오 표현(hate speech)의 증가이다. 2010년대 한국 사회 전반에 여성 혐오, 외국인 혐오, 동성애 혐오, 노인 혐오 등 혐오의 언어가 촉발하고 확산되었는데, 이는 혐오 표현이 쉽게 유통되고 재생산되는 모바일 커뮤니케이션 환경에 기인한 것이다(홍성일 외, 2020). 유사한 흥미와 의견을 가진 사람들을 연결해 주는 소셜 미디어의 속성은 구독자 집단의 차별화 및 분극화를 조성하는 가운데 다른 집단에 대한 배타적인 구분 짓기 및 혐오 감정의 공유 등을 노정하기도 한다.

디지털 네트워크 사회에서 소수자에 대한 차별과 편견은 사이버 공간의 혐오로 쉽사리 이식된다. 신자유주의적 자본주의 질서 속에서 일자리 경쟁이 심화하는 가운데 다수자의 좌절과 불안은 이주민, 여성, 노인 등 소수자에 대한 공격으로 나타나게 되었다. 이렇듯 근래의 혐오 현상은 사회구조적인 변화에서 비롯한 것으로 사회경제적 불평등이 악화되면서 현실의 불안정한 지위에 대한 불만이나 공포로부터 발생해 확산되는 경향을 보인다(이승현 외, 2019). 따라서 혐오 표현에서 주목하는 것은 혐오의 사회구조적 차원이다. 일시적이거나 개인적인 차원의 감정 표현이 아니라 이데올로기에 기반해 사회적으로 작동하는 혐오에 주목하고, 특정한 집단에 대한 투사적 혐오를 조장하고 차별을 공고히 하는 것에 관심을 둔다(김민정, 2020). 여기에서 특정한 집단은 한 사회의 지배적 가치와 다른 특징으로 인해 역사적 과정 속에서 혹은 사회구조적 차원에서 열세에 몰리거나 배제된 소수자라고 이해할 수 있다.

국가인권위원회에서 발표한 2019년 「혐오 표현 리포트」는 혐오 표현을 "성별, 장애, 종교, 나이, 출신지역, 인종, 성적지향 등을 이유로 어떤 개인·집단에게 ① 모욕, 비하, 멸시, 위협 또는 ② 차별·폭력의 선전과 선동을 함으로써 차별을 정당화·조장·강화하는 효과를 갖는 표현"(이승현 외, 2019: 12)으로 정의했다. 주류적 가치와 다르다는 이유로 차별의 대상이 된다는 점에서 장애인·이주민 등 소수자에 대한 공격을 혐오로 이해할 수 있으며, 일상적인 소통을 내재한 디지털 미디어 환경 속에서 소수자에 대한 차별이 혐오 표현을 통해 보다 악화되고 자연화될 수 있는 위험을 견지할 수 있다. 더구나 혐오 표현의 대상이 되는 소수자의 대부분이 정보취약계층에 속한다는 점은 온라인 공간의 담론 지형에서 소수자 집단의 목소리가 더 심각하게 주변화되거나 소멸될 수 있는 가능성을 내포하기도 한다.

2) 디지털 격차와 노인 혐오

국가인권위원회에서 실시한 혐오 표현에 대한 국민 인식 조사에 따르면, 지난 1년 동안 경험한 혐오 표현 중에서 특정 지역 출신에 대한 것이 가장 많았고(74.6%), 그다음은 여성(68.7%), 노인(67.8%), 성소수자(67.7%), 이주민(66%), 장애인(58.2%) 순으로 나타났다(이승현 외, 2019). 노인에 대한 혐오 표현이 세 번째를 차지할 정도로 많았다는 것은 세대 갈등이 주요한 사회문제로 부상하고 있는 상황을 드러내는 것이기도 하다. 세대 갈등의 심각성은 국가인권위원회가 발간한 「노인 인권 종합보고서」(2018)의 통계로 확인할 수 있는데, '노인-청년 간 갈등이 심하다'는 문항에 노년층의 44.3% 만 동의한 반면에 20~30대의 81.9%가 '그렇다'고 응답했다. 노인에 대한 청년들의 부정적인 인식은 일자리 및 복지 이슈에 기인하는데, 청년 응답자의 56.6%가 '노인 일자리 증가 때문에 청년 일자리 감소가 우려된다'는 문항에 동의했으며, 77.1%가 노인 복지 확대로 청년층의 부담 증가를 걱정한다고 답했다. 정치적 충돌이나 젠더 갈등이 온라인에서 극단적이고 휘발적인 양상을 보이는 것에 비해 세대 갈등은 산발적이고 지엽적으로 표출되는 듯했지만, 경제적 위기와 사회적 불안 속에 노인 세대에 대한 부정적인 인식과 혐오가 사회 전반으로 퍼져나가는 양상이다.

'연금충'(연금 축내는 노인), '할매미'(매미처럼 시끄럽게 떠드는 할머니), '틀딱충'

(틀니딱딱충) 등 노인에 대한 혐오 표현은 점점 더 과격해지고 있으며, 공공장소에서 벌어지는 일부 노인들의 부적절한 언행이 대중적인 비하와 조롱거리가 되기도 한다. 이러한 앵그리 영(angry young)의 노인 혐오는 디지털 미디어 환경의 주목경제 속에서 확산되고 재생산되는 가운데, 고령층의 디지털 격차 문제가 노인 혐오를 보다 심화시키는 요인이 될 수 있다는 우려를 갖게 한다. 온라인 뉴스 댓글의 내용분석을 통해 노인에 대한 인식을 연구한 결과에 따르면, 노인 관련 기사에서는 노인의 경제적 상황이나 건강 문제 등의 이슈를 주로 다루는 반면, 개인적인 관점에서 기사를 재해석하고 의견을 표출하는 댓글에서는 노인 부양에 대한 부담이나 노인의 일상생활 속에서 발생하는 문제점들을 지적하는 내용들이 많았다(신경아·최윤형, 2020). 특히 일상생활에서 발생하는 노인 관련 문제들 중에 가장 많이 언급된 것은 대중교통 이용, 노인정 이용, IT기기 이용 문제였다. 이는 스마트 미디어로 잠식된 일상생활에서 고령층의 디지털 격차가 가시화되고 있다는 것을 보여줄 뿐 아니라 노인에 대한 인식에도 영향을 끼칠 수 있음을 의미한다.

노인 관련 기사의 댓글에서 노인에 대한 이미지가 어떻게 언급되는지 살펴봤더니 신체적 이미지(36.6%), 사회경제적 이미지(34.2%)가 빈번하게 언급되었으며, 사회경제적 이미지에 관련한 댓글 반응은 '도움이 필요'(7.7%), '무능력'(7.6%), '사회적 부담'(3.7%) 등의 순으로 나타났다(신경아·최윤형, 2020). 사회경제적 이미지가 노인에 대한 이미지에 큰 영향을 차지할 뿐 아니라 노인의 능력을 부정적으로 평가하는 이미지가 지배적이라는 점에서 고령층의 취약한 디지털 정보화 수준이 노인에 대한 인식에 어떠한 영향을 줄 것인지 생각해 볼 필요가 있다.

다른 한편 고령층의 디지털 격차는 사회적 소통의 문제와도 연결된다. 스마트 미디어 환경은 개인들 간의 보다 편리하고 광범위한 소통을 가능하게 하지만, 기술적 역량과 활용 능력을 겸비하지 못할 경우 예전보다 더 심각한 불편과 소외를 경험하게 만든다. 더불어 코로나19 상황으로 확산된 비대면 문화는 정보취약계층의 일상생활 곳곳에서 디지털 장벽을 공고히 할 뿐 아니라 보다 심각한 수준의 사회적 배제와 불평등을 초래할 수 있다. 노년층의 디지털 격차와 소외는 기존에 있던 세대 갈등을 증폭시키는 기제로서 노년층의 분노와 청년층의 노인 혐오가 분출하는 상황, 즉 '앵그리 올드'와 '앵그리 영'의 갈등이 사회문제로 부상하게 만든다(오주현, 2021). 디지털 공간의 노인 혐오는 세대 갈등의 발현 양상이지만, 집단 간의 상호 작용적인 대응이 비교적 크게 드러나는 편은 아니다. 기존에 존재했던 세대 갈등이 어떤 변화 가능성을 모색하는 역동적 현상으로 받아들여졌던 반면에, 노인 혐오는 젊은 세대가 자기 세대에 감정을 이입해 그 안에서 편향된 대화만 나누기 때문에 세대 간에 소통 부재와 단절을 낳기 쉽다(오주현, 2021: 158). 고령층의 디지털 격차는 '도움이 필요한' 노인의 이미지를 부각해 부정적인 인식을 강화시킬 뿐 아니라 온오프라인 공간에서 노인의 소외와 배제를 초래할 수 있는 것이다. 혐오 문화가 지배하는 네트워크 사회 속에서 온오프라인 공간을 넘나드는 소수자에 대한 차별과 편견에 어떻게 대응해야 할 것인지 보다 심층적인 고민이 필요한 시점이다.

5. 소수자를 위한 미디어 교육과 실천

디지털 기술의 발전과 미디어 환경의 변화 속에서 미디어 교육은 모두에게 필수적인 요건이자 일상적인 실천으로 자리 잡았다. 생산자와 소비자의 경계가 사라진 프로슈머(prosumer)의 시대에 미디어 읽기와 쓰기는 동전의 양면처럼 결합되었으며, 정보와 의견의 포화 속에서 거짓과 진실을 가리고 스스로에게 필요한 콘텐츠를 선택할 수 있는 비판적 분석 능력에 대한 관심도 높아지고 있다. 이러한 미디어 리터러시의 조건들은 소수자의 미디어 재현과 이용에 관한 이슈에서 중요한 의미가 있다.

소수자를 위한 미디어 교육에서 주목하는 것은 미디어 텍스트를 비판적으로 읽는 능력이다. 가장 대표적인 사회화 기제로서의 미디어의 역할을 고려할 때, 소수자의 미디어 재현이 배태하는 의미작용과 그 사회적, 정치적, 문화적 영향력을 간과하기는 어렵다. 특히 새롭게 소수자로 등장한 이주민의 경우 선주민의 인식이 미디어의 재현 방식에 의존하는 경우가 많기 때문에 더 면밀한 접근이 요구된다. 다문화 교육 전문가 및 관계 기관 종사자들은 이주민과 선주민의 문화 갈등 원인이 미디어에 의한 왜곡된 재현이라고 지적하는데, 이는 미디어가 미디어 다수자(선주민)를 중심으로 운용되기 때문에 이주민에 대한 인식을 바꾸기 위해서는 선주민에 대한 교육이 필요하다는 점을 시사한다(원숙경·윤영태, 2019). 다문화 미디어 교육에서, 이주민 위주의 교육에서 벗어나 선주민 대상 미디어 교육의 필요성을 부각하는 것은 인식 개선 효과를 기대하기 때문이다. 여성가족부가 실시한 2018년 「국민 다문화 수용성 조사」에 따르면, 청소년의 다문화 수용성 지수는 71.22점인 데 비해 성인은 52.81점으로 큰 격차를 보였다. 3년 전 조사 결과와 비교하면 청소년은 3.59점이 상승했으나 성인은 1.14점 하락했는데, 이는 성인들이 느끼는 이주민에 대한 반감 및 혐오를 반영할 뿐 아니라 청소년들을 대상으로 하는 주기적인 다문화 인식 개선 교육의 효과를 입증하는 것이다.

소수자를 대상으로 한 미디어 기능 교육은 소수자의 대부분이 정보취약 계층이라는 점을 고려한 부분도 있지만, 미디어 및 실제 생활에서 주변화되어 왔던 소수자에게 목소리를 부여하는 기회 제공을 위한 것이기도 하다. 기존 다문화정책은 이주민을 대상으로 한 동화 중심의 기조 속에 한국화에 필요한 교육을 제공하는 데 중점을 두었기 때문에, 상호문화 교류 및 소통 수단으로서 미디어의 중요성에 비해서 미디어 정책이나 미디어 교육에 대한 관심은 미흡했다(정의철, 2020). 이주민을 위한 미디어 교육의 목표는 이주민 개인의 정보화 역량의 강화뿐만 아니라 미디어를 통해 스스로의 목소리를 내는 데 있다. 주류 미디어의 소수자 재현 방식이 보여주는 한계를 고려할 때 이주민의 직접적 미디어 참여는 큰 의미를 가질 뿐 아니라, 미디어라는 장에서 다양한 이슈를 소통하고 정체성을 표출하는 과정 속에 '시민됨(citizenship)'의 실천을 담보할 수 있다(정의철, 2020). 더 나아가, 이주민의 직접적 미디어 참여는 이주민의 사회 참여와 공동체에 대한 기여를 가시화함으로써 반(反)다문화 및 이주민 혐오 정서를 전환할 수 있는 인식 개선을 기대할 수 있다.

소셜 미디어의 공유 문화 속에서 직접적으로 미디어에 참여할 수 있는 기회는 비약적으로 확장되었다. 누구든지 정보를 올리고 콘텐츠를 만들어 주목받을 수 있는 수평적 커뮤니케이션 환경은 소수자의 목소리를 더 다양하게, 보다 직접적으로 전달할 수 있게 했다. 유튜브 플랫폼에서도 소수자의 미디어 제작 활동이 증가했는데, 가장 눈에 띄는 것은 장애인 유튜버들이다. 장애인 유튜브 채널은 최근 몇 년간 급속도로 증가했으며 1만 명 이상의 구독자를 보유한 유튜버가 10만 명이 넘을 정도로 활성화되었다(≪디지털 타임즈≫, 2021.8.9). 장애인 유튜버들의 등장은 미디어 환경의 변화 속에서 장애인이 재현의 대상이 아니라 미디어 생산의 주체로서 스스로 의미를 만들고 확산시킬 수 있다는 것을 의미한다. 미디어 생산자와 소비자의 경계가 사라지는 가운데 유튜브, 아프리카 TV 등의 디지털 플랫폼은 소수자 미디어 생산의 토대가 되어 대안적 미디어로서의 가치를 드러내고 있다.

장애인이 생산한 미디어 텍스트는 장애를 다루는 방식에서 주류 미디어와 차이를 보이는데, 기존 미디어가 장애를 열심히 노력해서 극복해야 할 시련이나 고난으로 표현한 반면 장애인 유튜버는 장애를 '있는 그대로 수용하며' 살아가는 모습을 부각한다(윤형·조은총, 2021). 장애인에 대한 주류 미디어의 재현이 장애로 불편을 겪는 불쌍한 장애인의 이야기 혹은 장애를 노력으로 극복한 인간 승리 이야기에 치중한 것과는 달리 장애인 유튜버들의 콘텐츠는 장애를 삶 속에 수용하는 모습에 초점을 두는 것이다. 이렇듯 장애를 바라보는 상이한 관점은 장애인의 다양한 일상을 담아내는 장애인 콘텐츠의 가치를 입증한다. 장애인 보행권을 위한 콘텐츠를 만드는 장애인 유튜버는 미디어가 '불편' 문제를 집중적으로 다루고 그로 인해 바뀌는 점도 있지만, 중요한 것은 일상을 노출하는 일이라고 지적했다(≪미디어오늘≫, 2010.10.1). 휠체어를 탄 장애인이 버스를 타고, 청각장애인이 노래방에 가고, 시각장애인이 라면을 끓여 먹는 일상을 장애인 스스로 재현하고 공유함으로써 주류 미디어의 과소 재현, 왜곡, 타자화의 관행에 도전하고 있다.

디지털 미디어 문화의 주목 경제는 인플루언서, 페북스타 등 새로운 셀리브리티들의 등장을 이끌었는데, 여기에 소수자들의 활동도 눈에 띈다. 20만이 넘는 팔로워를 보유한 테스 달리(Tess Daly)는 전동 휠체어에 앉아서 여러 브랜드의 메이크업 제품을 홍보하고 사용법을 알리는 등 소셜 마케팅 캠페인을 진행한다(≪BBC뉴스≫, 2021.2.26). 다양성과 포용성의 가치가 확산되면서 기업과 장애인 인플루언서와의 협업이 확대되고 있는데, 이를 통하여 기존 시장에 장애인 소비자를 끌어들일 수 있을 뿐 아니라 활발한 SNS 소통을 통해 장애를 자연스럽게 받아들이는 결과를 이끌어낼 수 있다. 수평적, 개방적인 디지털 미디어 환경은 장애인으로 하여금 기존 미디어의 제약을 넘어 주체적인 목소리를 내도록 할 뿐 아니라 일상적인 미디어 실천 속에 스스로의 정체성을 수용하고 표출하게 만들었다. 디지털 공간은 혐오의 온상이자 자기표현의 토대라는 양가적인 속성을 내포하고 있지만, 소수자들의 새로운 경험과 소통의 네트워크를 기대할 수 있는 공간으로 거듭나고 있다.

소수자의 디지털 격차를 해소하기 위한 미디어 교육은 새로운 기술의 유입과 환경 변화 속에 지속적인 보완과 수정이 필요하다. 인공지능, 알고리즘, 사물인터넷 등 첨단 정보통신기술이 상용화되는 가운데, 비판적인 미디어 읽기 및 자기표현을 위한 미디어 쓰기 교육과 병행되어야 할 것은 다가오는 지능정보사회를 위한 준비이다. 특히 다문화가정 청소년들은 문화적·언어적 폐쇄성, 낮은 경제적 소득수준, 학업에 대한 무관심 등으로 제4차 산업혁명 시대의 인재로 성장하기 어려운 처지에 놓여 있기 때문에 디지털 격차 해소를 위한 지원이 시급하다고 볼 수 있다. 지원 사업의 하나로 기획된 다문화가정 청소년을 위한 과학-예술 융합창작 체험 교실은 가상현실, 드론, 인공지능 기술을 중심으로 융합창작 교육을 제공해 다문화가정 청소년의 교육적·문화적인 소외를 해소하려는 것이다(손태웅 외, 2019). 고소득·고학력자들이 디지털 정보화 수준의 우위를 채우고 있음을 고려할 때, 소수자의 디지털 소외를 가져오는 사회경제적 요인의 중요성을 인식해 필요한 자원과 교육의 기회를 제공해야 한다. 디지털 격차와 사회적 불평등 사이의 순환적인 역학을 재고해 소수자를 포용하고 다양성의 가치를 수용하는 방법을 고민해야 할 것이다.

6. 결론: 소통과 포용의 네트워크 사회

소수자의 디지털 격차는 온라인 공간 속의 불편이나 소외만을 의미하는 것이 아니며, 디지털 격차의 해소가 공공 부문의 정책적 지원이나 산업 부문의 전략적 혁신으로 이루어지는 것도 아니다. 특히 특정한 역사적 과정 속에 지배적 가치의 상징적 반대급부로 자리매김해 온 소수자 집단의 구성 양상을 들여다보면, 디지털 격차라는 단면 아래 다층적 결의 사회구조적 격차와 이데올로기적 작용이 숨어 있음을 알 수 있다. 디지털 격차의 구체적인 수준과 실질적인 지원 방향을 파악하는 것을 넘어, 소수자의 디지털 격차는 기존 불평등의 연장선 위에서 그리고 소수자를 향한 또 다른 차별과 혐오의 기제 속에서 이해되어야 할 것이다.

팬데믹 상황은 대면 커뮤니케이션의 위험 요소를 제거할 수 있는 비대면 커뮤니케이션 환경을 조성하여 팬데믹의 혼란을 통제하고 시련을 이겨나가는 데 큰 도움을 주었다. 그럼에도 불구하고 팬데믹 상황이 전면화한 디지털 격차에 대한 우려는 쉽게 해소되지 못하고 있다. 이러한 우려는 팬데믹이 초래한 "디지털 상흔(digital scars)"으로 표현되는데, 디지털 상흔은 응급 상황에서 급하게 운용한 문제적인 기술들을 지속해서 활용하는 것을 의미한다(Marabelli 외, 2021). 이는 코로나19 상황에서 이용되었던 기술들을 그대로 이용하는 것이 적절한지 검토하는 작업을 요구할 뿐 아니라 유비쿼터스 정보통신 기술의 역할을 비판적으로 고찰해야 할 필요가 있음을 말하는 것이다. 예를 들어, 많은 노인들이 불편을 호소하는 무인 주문기 키오스크가 단계적인 적응 과정을 거치지 않은 채 유인 주문 방식을 차단하고 전면적으로 도입되는 것이 적절한지 생각해 볼 수 있다. 팬데믹이라는 특수한 상황이 초래한 비대면의 논리가 팬데믹과 함께하는 일상 혹은 팬데미 이후의 일상을 그대로 잠식하는 것은 정보취약계층의 디지털 격차를 심화하는 결과만 가져올 수 있다.

신자유주의적 자본주의 질서 아래 우리 주변의 많은 것들이 극단화되어 가고 있다. 빈부의 격차는 더 심해졌고, 사회경제적 계층은 양극화되었으며, 갈등과 충돌은 분극화되어 다수자와 소수자 혹은 집단과 집단 사이의 혐오는 걷잡을 수 없이 번져나가는 추세이다. 디지털 기술과 모바일 커뮤니케이션 환경은 IT 성공 신화, 사이버 폭력, 빅테크 플랫폼 등 신조어의 물결 속에 이러한 극단화의 주요 토대로 기능해 왔다.

팬데믹이 가시화한 디지털 소외의 민낯은 성장과 경쟁의 논리, 갈등과 혐오의 언어가 가져온 충돌과 격차의 현실에서 눈을 돌려 서서히 소통과 포용의 담론을 탐색하도록 이끌고 있다. 이러한 소통과 포용의 디지털 담론은 초기 인터넷의 등장이 가져온 수평적, 민주적 커뮤니케이션에 대한 기대에서 찾을 수 있을 것이다. 접근이 불가능했던 지식에 접근할 수 있게 만들고 멀리 떨어진 사람들을 가깝게 이어주는 소통의 온라인 공간을 조성하고, 누구든지 자유롭게 필요한 정보에 접근하고 평등한 서비스를 이용할 수 있는 포용의 네트워크 사회를 구축할 수 있도록 공적 영역뿐만 아니라 기업, 개인에 이르기까지 새로운 성찰이 요구된다. 새로운 성찰의 근원은 정보지능사회의 인권으로서 디지털 권리를 이해하는 것이며, 그 속에서 평등과 다양성 등 오래된 가치들을 재고하고, 사회적 소수자를 위한 실천 방안을 강구해야 할 것이다.

생각해 보기

❶ 본문에서 거론된 소수자 이외 디지털 소외를 겪고 있는 정보취약계층을 찾아보고, 해당 계층의 디지털 격차를 해소하기 위해 필요한 것은 무엇인지 생각해 보자.

❷ 디지털 미디어 기술은 소수자를 위한 대안적 커뮤니케이션 환경을 제공하기도 하지만 기존 정보 격차를 보다 확대하여 차별과 불평등의 심화를 초래하기도 한다. 디지털 미디어 기술이 보다 평등한 사회를 만들 것인지, 보다 불평등한 사회를 만들 것인지 생각해 보자.

학습 활동

❶ 대항 표현(counter speech) 실천하기
   미디어 이용 중에 발견한 왜곡된 재현이나 혐오 표현에 대한 대항 표현을 작성

해 보자. 보다 적극적으로 해당 매체에 수정 요구를 하거나 자신의 대항 표현을 공개하는 것도 시도해 볼 수 있다.

❷ 소수자의 대안적 재현 찾아보기

주류 미디어와 달리 소수자 스스로 소수자를 재현하는 미디어 콘텐츠를 찾아보자. 기존 미디어에서 보았던 이미지와 동일한지, 어떤 차이가 있는지, 소수자에 대한 인식의 변화가 일어났는지 등을 생각해 보고, 서로 콘텐츠를 공유하고 이야기를 나눠볼 수 있다.

참고문헌

강진숙·김동명. 2019. 「장애인 관련 영상제작자 및 활동가들의 '소수자-되기'에 대한 미디어 비오그라피 연구」. ≪한국언론학보≫, 63(1), 286~3244쪽.

김민정. 2020. 「소셜미디어 플랫폼상의 혐오표현 규제. 방송문화연구」, 32(1), 7~54쪽.

손태웅·김상일·유미. 2019. 「4차 산업혁명 시대의 다문화가정 청소년을 위한 융합창작 프로그램 개발」. ≪애니메이션연구≫, 15(4), 190~209쪽.

신경아·최윤형. 2020. 「혐로(嫌老)사회: 뉴스 댓글에 나타 난 노인인식과 공공PR의 과제」, ≪광고학연구≫, 31(6), 93~128쪽.

오주현. 2021. 「노인소외와 앵그리 올드, 그리고 앵그리 영의 노인혐오」. 『네트워크와 혐오사회』. 조화순 엮음. 한울아카데미.

원숙경·윤영태. 2019. 「문화다양성 확보를 위한 선주민 대상의 다문화 미디어교육프로그램 개발전략」. ≪지역과 커뮤니케이션≫, 23(1), 4~29쪽.

윤형·조은총. 2020. 「장애인 유튜버의 미디어 생산 경험에 관한 연구」. 『장애의 재해석』, 3~55쪽.

이민상·성욱준. 2020. 「방송·통신 융합 환경에서 장애인 방송 접근 정책 연구」. ≪한국콘텐츠학회 논문지≫, 20(5), 635~643쪽.

이승현 외. 2019. 「혐오표현 리포트」(국가인권위원회).

장은영. 2017. 「다문화 시대, 비판적 미디어 리터러시의 교육적 함의에 대해」. ≪다문화교육연구≫, 10(4), 1~25쪽.

장창기·성욱준. 2020. 「중증장애인의 온라인 서비스 이용에 대한 디지털 정보격차의 영향: 온라 인 접근성을 중심으로」. ≪정보화 정책≫, 27(3), 56~81쪽.

정의철. 2020. 「제주 이주여성의 참여와 미디어의 역할: '아래로부터 관점'과 정책 제안을 중심으로」. ≪지역과 커뮤니케이션≫, 24(1), 179~212쪽.

정현선. 2007. 『미디어교육과 비판적 리터러시』. 커뮤니케이션북스.

주유선·김기태·김보미. 2019. 「사회적 소수자에 대한 한국인의 인식 연구」(한국보건사회연구원).

홍성일 외. 2020. 「언론학 혐오연구의 메타분석: 2010년대 국내 신문방송학 등재지 게재 논문을 중심으로」. ≪미디어, 젠더 & 문화≫, 35(1), 45~102쪽.

≪AP신문≫, 2020.11.19. "장애인 현실과 동떨어진 광고 만든 SK텔레콤". http://apnews.kr/View.aspx?No=1055895 (검색일: 2021.7.3).

≪AP신문≫, 2020.4.20. "[장애인의 날]한국 광고사 40년은 장애인 차별의 역사였다". http://apnews.kr/View.aspx?No=813936 (검색일: 2021.7.3).

≪BBC뉴스≫. 2021.2.26. "커지는 '장애인 인플루언서 영향력'… 비즈니스 생태계 흔들까". https://www.bbc.com/korean/features-56193965 (검색일: 2021.7.9).

≪경향신문≫, 2019.2.4. "설 기차 '타보니'… 입석엔 노인들". https://m.khan.co.kr/national/national-general/article/201902040900011 (검색일: 2021.5.28).

≪디지털 타임즈≫, 2021.8.9. "당신은 몰랐던 우리의 평범한 삶, 유쾌발랄 장애인 유튜버 전성시대". http://www.dt.co.kr/contents.html?article_no=2021081002101970821002&ref=naver (검색일: 2021.7.12).

≪미디어오늘≫. 2010.10.1. "대중교통 환승 영상 찍는 유튜버, 그가 세상을 바꾸고 있다". http://www.mediatoday.co.kr/news/articleView.html?idxno=209568 (검색일: 2021.7.12).

≪연합뉴스≫. 2020.4.23. "KT '마음을 담다' 광고, 수어에 대한 차별적 인식 조장". https://www.yna.co.kr/view/AKR20200423080851004 (검색일: 2021.7.4).

≪오마이뉴스≫, 2020.10.13. "비교할수록 불편한 SKT 광고 … 그건 정답이 아니다". http://www.ohmynews.com/NWS_Web/Series/series_premium_pg.aspx?CNTN_CD=A0002671173 (검색일: 2021.7.4).

≪조선일보≫. 2021.6.17. "햄버거 '키오스크 주문', 노인은 8분 청년은 1분". https://www.chosun.com/national/national_general/2021/06/17/FHUEIQ7PGVDKFK4QRBAA2IHI74/ (검색일: 2021.5.28).

Dworkin, Anthony. G. and J. Dworkin Rolanlind. 1999. *The Minority Report: An Introduction to Racial, Ethnic, and Gender Relations* (3rd ed.). Fort Worth: Harcourt Brace College Publishers.

Jesus, T.S. et al. 2021. Lockdown-Related Disparities Experienced by People with Disabilities During the First Wave of the COVID-19 Pandemic: Scoping Review with Thematic Analysis. *International Journal of Environmental Research and Public Health*, 18(12), https://doi.org/10.3390/ijerph18126178 (검색일: 2021.6.20).

Marabelli, M., Vaast Emmanuelle and Lydia Li Jingyao. 2021. "Preventing the digital scars of COVID-19." *European Journal of Information Systems,* 30(2), pp.176~192.

Meintel, D. 1993. "What Is Minority?(cover story)." *UNESCO Courier.* 46(6), pp.10~13.

Rosales, A. and Mireia Fernández-Ardèvol Mireia. 2020. "Ageism in the Era of Digital Platforms." *Convergence.* 26(5-6), pp.1074~1087.

Wirth, L. 1945. "The Problems of Minority Groups," in *The Science of Ban in the World Crisis.* Ralph Linton(ed.), pp.347~72. New York: Columbia University Press.

_제6장*

디지털 공간의 젠더 정치학

1. 서론: 디지털 기술과 젠더

제4차 산업혁명으로 대표되는 급격한 디지털 기술 변동은 온라인 공간에서의 성별 격차에 대한 논의와 맞물린다. 1980, 90년대 일부 여성학자들은 디지털 기술의 특성이 갖는 긍정적 잠재력에 주목하면서, 디지털 기술의 발전은 인간과 기계, 여성과 남성 사이의 경계를 약화시킬 것이라고 보았다. 그러나 현실에서 진행된 디지털 기술과 여성의 관계는 아직 다층적인 성별 격차의 상황에 놓여 있고, 이에 따라 많은 연구자들과 국제기구에

＊ **장은미**(서강대학교 미디어융합연구소 책임연구원)

서는 현재의 디지털 기술 상황은 새로운 디지털 성별 격차를 재생산하고 있다고 지적한다(강이수, 2018: 147). 대표적인 디지털 성별 격차는 주로 접근성의 문제로 인터넷 접근은 정보사회에 안정적으로 정착하느냐 혹은 배제되느냐를 결정짓는다. 각 나라의 정보화 수준이나 경제발전 수준에 따라 여전히 격차가 존재하지만, 인터넷 이용의 대중화로 여성의 접근성도 크게 개선되었다. 많은 국가에서 여성이 인터넷을 사용하는 시간은 남성과 점점 비슷해지고 있다(강이수, 2018: 148). 현재 온라인 공간의 정보 격차 문제에서 성별 격차는 거의 사라진 것으로 보고되고 있지만, 성별 분리 현상은 뚜렷하다.

최근 디지털 기술과 젠더에 관련된 논의의 흐름은 크게 '기회'와 '위험'으로 나눠진다(EIGE, 2019). '기회'의 관점에서 보자면, 디지털화는 여성을 포함한 소수자들에게 자기권능화(empowerment)의 가능성으로 이어지는데, 기존과는 다른 정보와 지식에 접근해 자신을 정체화할 수 있는 새로운 플랫폼을 제공하고 이것이 다른 사람과의 연대를 가능하게 하기 때문이다. 또한 익명성의 디지털 공간은 덜 위계적인 커뮤니케이션을 가능하게 하고 레거시 미디어에 비해 좀 더 공평한 미디어 정경을 제공한다. 반면, '위험'의 관점에서 보자면 디지털 기술은 기존의 성별 고정관념을 강화시키며, 사이버 범죄와 관련해 여성에게 해가 되는 수단으로 악용되기도 한다. 여성은 남성에 비해 온라인 괴롭힘의 희생자가 될 가능성이 훨씬 높으며 이는 심리적으로도 여성을 위축시키는 부정적 영향을 미친다. 그러나 동시에 디지털 기술은 젠더 기반 폭력의 생존자를 지지하고 임파워링하는 데 중요한 역할을 하기도 한다. 따라서 디지털 공간의 젠더 이슈와 관련해서는 디지털 기술을 활용해 젠더 평등을 어떻게 달성할 수 있을 것인가에 대한 고민과 디지털 공간에서의 젠더화된 위험이 무엇인지를 면밀히 살펴볼 필요가 있다.

유럽성평등연구소(European Institute for Gender Equality)의 2019년 조사에 따르면, EU의 젊은이(만15~24세) 중 여성은 92%, 남성은 93%의 비율로 매일 인터넷을 사용하고 있어, 사용 수준에 있어서는 성별 간 차이가 거의 보이지 않는다. 하지만 디지털 기술을 활용하는 데 있어서는 성별 간 차이가 있는 것으로 나타났다(EIGE, 2019: 60~62). 디지털 기술과 관련한 젠더 이슈는 크게 다음과 같다.

첫째, 남녀 모두 비슷한 수준의 디지털 기술 능력을 가지고 있지만 남성은 자신의 디지털 능력에 대해 여성보다 높은 자신감을 보였다. 젊은 여성의 자신감 부족은 주로 주관적으로 측정되는 디지털 기술(자기 인식, 문제해결에 대한 자신감 등)에 대한 응답에서 드러났다. 이것은 기술 수준의 차이를 넘어 기술과 관련한 젠더 고정관념의 영향을 보여주는데, 디지털 기술 사용 능력에 대한 여성들의 자신감 부족은 미래 직업 전망에 있어 디지털 분야의 선택 가능성을 낮추게 한다.

둘째, 디지털 공간은 여성의 참여를 방해하는 성별화된 공간으로 드러났다. 여성은 남성에 비해 자신과 관련된 콘텐츠를 많이 업로드하고, 남성은 온라인 글에 대한 코멘트를 많이 게시하는 것으로 나타났다. 여성이 온라인 논쟁이나 뉴스 비평에 더 적게 관여하는 것은 그들의 온라인 표현이 복잡한 협상 과정에 있기 때문이다. 온라인에서 젊은 여성이 자신을 드러내는 것은 보상과 가혹한 비판 사이의 복잡한 협상이라 할 수 있다. 젊은 여성은 '너무' 공개적이라는 이유로 쉽게 질책받는 맥락이 있으며, 사회적으로 기대되는 '적절한 여성성'을 온라인에 전시하고 유지하기 위한 시간과 노력이 요구되었다. 소셜 미디어에서의 논쟁에 여성이 적게 참여하는 것은 가혹한 비평을 피하기 위한 회피 전략일 수 있다.

셋째, 온라인에서의 정치 활동은 젊은 여성에게 더 위험했다. 젊은이들의 온라인 정치 활동은 낮은 편인데, 젊은 여성이 웹사이트의 사회적 이슈에 의견을 게시하는 비율은 남성에 비해 좀 더 낮은 것으로 조사되었다. 여성은 자기를 드러내는(self-presentation) 것 외에 정치 토론에 관여하는 것을 꺼리는데 이것은 부정적 피드백에 대한 두려움 때문인 것으로 드러났다. 어린 시절부터 사회화를 통해 젊은 여성들은 오프라인과 온라인 모두에서 자기표현을 신중하게 선별함으로써 온라인 토론에 대한 전반적인 참여도가 낮아졌고 결과적으로 공중 의제 및 정치 토론에 참여하는 경향도 낮은 것으로 드러났다. 이는 디지털 플랫폼이 자기권능화와 정체성 형성의 공간으로 작동할 뿐만 아니라 특히 외모와 관련된 성별 규범에서 감시 및 자체 모니터링의 장소로 작동함을 알 수 있다. 젊은 여성들은 공개 프로필, 너무 많은 친구, 너무 많은 정보를 게시하는 것에 대한 가혹한 비판에 노출되어 있는데, 이는 여성의 공적 참여에 대한 기존의 차별이 온라인에도 계속해서 작동하고 있음을 시사한다.

넷째, 온라인 괴롭힘(online harassment)은 젊은 여성의 온라인 참여에 지대한 영향을 미치고 있다. 지인이나 낯선 이의 사이버 괴롭힘은 특히 젊은 여성의 온라인 참여를 꺼리게 한다. 특히 정체성과 관련된 비판과 학대(online abuse)를 피하기 위해 젊은 여성들은 남성들에 비해 온라인 정치적 활동을 제한했으며, 이는 디지털 미디어가 제공하는 완전한 수혜를 여성들이 놓치는 것으로 이어진다.

디지털 기술이 등장하고 새로운 방식으로 삶의 경험을 드러내는 과정에서 기존의 억압이나 한계를 넘어설 수 있는 해방적 측면이 있다. 특히나 사회적 억압과 모순이 다중적으로 교차하는 현실 사회의 소수자, 주변부 집단에게 디지털 공간은 자신을 가시화하고 목소리를 드러낼 수 있는 공간을 만들어주기도 한다. 이러한 맥락에서 볼 때, 가부장적이고 남성중심적인 현실에서 주변부 여성에게 디지털 기술은 그들의 삶을 드러내고 구성하는 데 있어 해방적 측면이 있다. 그런데 기술이 개발되고 사회 변화를 추동하는 주요 자원이 되는 과정은 진공 상태에서 이뤄지지 않는다. 기술도 결국 한 사회의 경제, 정치, 문화, 윤리적 토대 위에 구축되는 것이라 그 토대가 어떤 방식으로 서로를 조율하고 있는지도 주의 깊게 살펴봐야 한다. 젠더 감수성이 떨어지는 공간, 혹은 남성적 사유체계가 지배적인 공간에서는 이러한 기술이 해방적으로 작용하기보다는 기존의 젠더 정치학을 교묘히 활용하는 방식으로 전개될 수도 있기 때문이다.

지금까지 디지털 기술과 젠더와 관련된 주요 내용들을 살펴보았다. 다음 장부터 디지털 공간의 젠더 정치학을 디지털 성폭력과 성차별적 혐오표현(sexist hate speech) 및 온라인 게임 문화를 통해 살펴보고, 이에 대한 여성들의 저항 정치는 어떻게 전개되고 있는지를 다루고자 한다.

2. 디지털 성폭력

1) 디지털 성폭력의 정의 및 변화 과정

'소라넷', '불법 촬영 편파수사 규탄 시위(혜화역 시위)', 웹하드 카르텔과 양진호, 단톡방 성희롱 사건, 다크웹('웰컴투비디오'), 텔레그램 'n번방', 디지털 성범죄 아웃(DSO), 한국사이버성폭력대응센터 등은 최근 우리 사회의 핵심 이슈로 등장한 디지털 성폭력(gender based digital violence)과 관련성이 있다. 디지털 성폭력은 2010년대 초반부터 디지털 기기를 매개로 한 여성들의 경험을 페미니즘 안으로 응집시킨 중요한 의제로 성폭력의 새로운 개념과 의미, 경험적 준거 등을 우리 사회에 묻고 있다(윤보라, 2020). 그런데 다수의 연구자들은 디지털 성범죄는 전에 없던 새로운 형태의 성폭력이 아닌 디지털 기기의 발달, 온라인 공간의 활성화와 함께 성장해 온 젠더 기반 여성에 대한 폭력임에 주목한다(강희영, 2020; 김한균, 2020; 장다혜·김수아, 2018 등).

디지털 성폭력이란 카메라 등 디지털 기기를 이용해 신체를 촬영하거나 유포, 유포 협박, 저장, 전시 등 정보통신 기술을 매개로 온오프라인 공간에서 발생하는 성폭력을 의미하며, 이는 젠더에 기반한 폭력으로 디지털 기술이 빠른 속도로 발전하면서 디지털 성폭력의 범위는 확장되고 있다. 즉 동의 없이 상대의 신체, 사생활, 성행위를 촬영하거나 유포, 유포 협박, 저장, 전시하는 행위뿐 아니라 사이버 공간에서 이뤄지는 성적 모욕이나 비하 등 성적 괴롭힘도 디지털 성폭력에 포함된다. 휴대폰, 컴퓨터, 인터넷 등 디지털 기술을 매개로 타인의 성적 자율권과 인격권을 침해하는 행위라면 어디에서 누구에 의해 발생한 것이든 모두 디지털 성폭력이 될 수 있다. 현재 범죄로 규정되는 디지털 성폭력은 성적 목적을 위한 불법 촬영, 성적 촬영물 비동의 유포, 통신매체를 이용한 음란행위 등이 있으며 점차 다양해지는 디지털 성폭력을 처벌하기 위한 변화가 나타나고 있다(강희영, 2020: 53~54). 그런데 주지하다시피 디지털 성폭력의 피해자는 주로 여성이기에 기술이 매개하는 환경, 즉 인터넷과 디지털 공간에서 발생하는 젠더 기반 폭력을 뜻하는 의미에서 '기술 매개 젠더 기반 폭력(technology-facilitated gender-based violence)'이라고도 한다(김한균, 2020).

이처럼 디지털 성폭력은 디지털 기술과 매우 밀접한 관련을 맺으며, 디지털 기술의 발전은 성폭력의 방식과 양상에도 영향을 미쳤는데, 특히나 언제 어디서나 손쉽게 촬영, 합성, 변형, 유포가 가능해지면서 상대방의 동의 없이 만들어진 성적 이미지는 기존의 가부장적 시선과 젠더 위계와 만나 디지털 성폭력을 '일상'이자 '놀이'로 만들었다. 또한 이는 플랫폼 자본주의의 이윤 추구를 가속화하는 수단이 되었다(김소라, 2018). 이러한 문제는 인터넷 네트워크와 휴대용 촬영기기가 보급되기 시작한 1990년대 후반

부터 이미 관찰되었다. 1990년대 후반 캠코더 등을 이용해 성관계 장면을 촬영한 영상이 온라인을 통해 광범위하게 유포, 소비되었고, '소라넷'과 같이 해외에 서버를 두고 여성을 불법 촬영한 이미지와 영상을 공유하는 사이트들이 만들어졌다. 성적 표현물을 만들어내는 '생산자', 이를 유통하는 '배급업자' 그리고 이를 향유하는 '소비자' 간의 경계가 비교적 명확했던 이전과는 달리 누구든지 직접 타인의 몸과 성관계 장면을 촬영하고, 이를 온라인에 업로드하며 소비하는 것이 가능해짐에 따라 성적 이미지의 생산, 유통, 소비 간의 경계가 무너지기 시작했다. 2000년대 후반 이후 사용자에게 대용량의 저장 공간을 제공함으로써 개인 간의 동영상 공유를 쉽게 만든 웹하드가 상용화되고, 영상의 실시간 스트리밍을 매개하거나 개인의 컴퓨터를 직접 연결할 수 있는 네트워크 환경이 구축되면서 디지털 성폭력 문제는 더욱 심각해졌다. 또한 스마트폰이 보급되고 SNS 이용자가 늘어나면서 디지털 성폭력의 유형은 보다 다양해졌고 그 양상은 확대되었으며, 이에 참여하는 방식 또한 증가했다(김소라, 2019: 12~13).

2) 디지털 성폭력의 산업화와 남성 카르텔

김소라(2019)는 디지털 성폭력이 플랫폼 자본주의와 관련된 하나의 산업이 되고 있는 양상에 주목한다. '소라넷'은 폐쇄되었지만, 유사 사이트들은 여전히 운영되고 있고 딥페이크 포르노 외에 이미지의 합성 및 변형, 허위정보의 유포, SNS 계정 사칭 등 동의 없는 불법 촬영과 그것의 유포로 한정할 수 없는 다양한 방식의 디지털 성폭력이 나타나는 가운데 성별화된 욕망과 실천이 계속해서 재생산되고 있기 때문이다. 이는 여성의 몸에 대한 대상화와 상품화가 시공간의 제약을 넘나들며 확장되는 양상, 그리고 이를 가능케 하는 산업적 구조를 추적할 필요성을 제기한다. 남성들에게 불법 촬영물을 포함한 성적 이미지 그리고 감정과 정서를 공유할 수 있는 공간을 제공함으로써 디지털 성폭력 피해를 확대 재생산하는 것은 웹하드, 해외나 다크웹에 서버를 둔 불법 사이트 등의 플랫폼이며, 이들 플랫폼의 운영은 경제적 수익을 그 목적으로 하기 때문이다(김소라, 2019: 14).

웹하드 '위디스크' 실소유주 양진호를 수사하던 과정에 드러난 '웹하드 카르텔'은 디지털 성폭력이 하나의 산업으로 자리 잡은 모습을 단적으로 보여준다. 웹하드 카르텔은 음란물 불법유통 수익을 극대화하기 위해 헤비 업로더, 웹하드 업체, 필터링 업체, 디지털 삭제 업체 등 4단계의 담합이 있는 웹하드 사이트 운영 형태를 말한다. '전기통신사업법'에 따르면 웹하드 사업자는 불법 촬영물을 연상시키는 '국산', '국No', '몰카' 등으로 영상을 게시하거나 검색하지 못하도록 하는 필터링 시스템을 의무적으로 구축해야 한다. 하지만 웹하드 '위디스크'와 '파일노리' 등을 소유했던 양진호는 헤비 업로더들을 특별히 관리해 불법 촬영물과 포르노그래피 등을 대량으로 업로드하도록 했고, 이들에게는 수수료를 최고 18%까지 적용해 보다 높은 수익을 보장해 주었다. 양진호는 헤비 업로더를 관리하는 동시에 '뮤레카'라는 필터링 업체를 직접 운영하면서 필터링 시스템을 제대로 운영하지 않음으로써 불법 촬영물의 유통을 방치했다. 또한 '위디스크' 등은 불법 촬영물 삭제를 요구하는 피해자들을 '뮤레카'의 저작권 침해 영상물 식별 기술을 활용해 운영되었던 '나를 찾아줘'라는 디지털 장의업체로 직간접적으로 유도했다. 이렇게 웹하드 사업자, 필터링 업체, 헤비 업로더, 디지털 장의사 간의 유착이 하나의 산업으로 자리 잡아 이들 모두가 여성의 몸을 착취함으로써 수익을 얻는 구조가 웹하드 카르텔이다(김소라, 2019: 21~22).

방대한 시장과 수많은 공범자를 양산하는 디지털 성범죄의 산업화는 불법 촬영물을 제작(촬영)하고 이를 공유해 수익을 창출함으로써 가해의 범

그림 6-1 웹하드 카르텔 구조

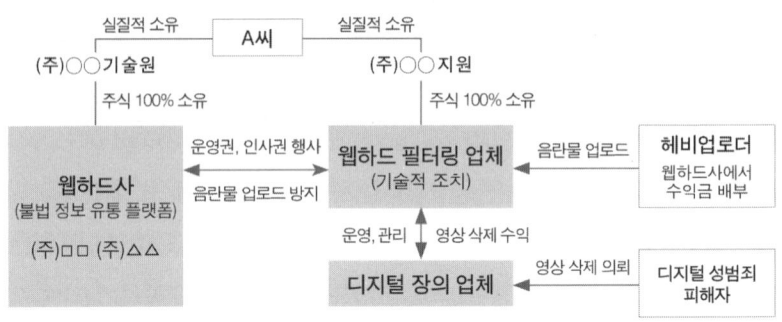

자료: ⓒ경기남부경찰청.

위를 '유통'과 '소비'로까지 넓힌다. 따라서 디지털 성폭력을 매개하는 플랫폼을 통해 경제적 수익을 획득하는 '산업'이 존재함을 분명하게 인식하는 것이 디지털 성폭력 근절의 출발이라 할 수 있다.

3) 디지털 성폭력의 영향 및 대책

디지털 성폭력이 사회적으로 근절되지 않고 확산되면서 많은 여성들이 직간접적인 트라우마에 시달리고 있다. 공공장소에서의 불법 촬영으로 인해 여성들은 공공장소에서 큰 불안감을 느끼며, 시민으로서 제대로 대우받고 있지 못하다는 인식을 갖게 된다. 또한 불법 촬영물이 한번 유포되거나 유포 가능성을 걱정하기 시작하면, 두려움과 불안을 지울 수 없다. 웹사이트에서 사진을 삭제했다 하더라도 그것을 본 누군가가 화면 캡처를 해 언제든지 원하는 사이트에 올릴 수 있고 그것이 통제 불가능하게 확산될 수 있기 때문이다. 따라서 직접적인 성 접촉이 아니기 때문에 성폭력이 아니라는 통념에서 벗어나 개인의 문제가 아닌 '사회적 고통'으로 이해해야 한다.

한편 촬영에 동의했거나 성행위에 동조하는 모습을 보인 피해자들은 사회적 낙인과 비난에 직면한다. 이러한 낙인은 여성의 교육과 고용, 대인관계에 피해를 주며, 특히나 성에 대한 엄격한 이중 잣대는 피해자를 피해자 관점에서 보지 않고 '문란한 여성'으로 비난한다. 사회적 낙인에 의해 피해자는 스스로를 질책하며 위험을 자초한 자신을 용서하지 못하는 심리적 고통을 겪기도 한다. 또한 디지털 성범죄 피해를 신고하고 수사하는 과정에서 이차 피해를 경험하기도 하면서 한국을 떠나거나 더 이상 친밀한 관계를 원하지 않는 등 이전과는 전혀 다른 삶을 선택하기도 한다(HRW, 2021).

디지털 성폭력은 우리 사회의 만연한 성차별 문화 속에서 확대 재생산되고 있다. 온라인상의 사적인 '남성 집단 문화'를 유지하는 데 여성의 대상화가 핵심적인 역할을 하는 것으로, 여성을 대상화해서 남자들끼리의 관계를 공고히 하는 일종의 남성 연대(homosocial)라 할 수 있다. 다른 사람들과 불법 촬영물을 공유하면서 즐거움을 느끼거나 또래들로부터 자신의 남성성을 인정받는 식의 남성 카르텔에 대한 성찰과 디지털 리터러시 교육이 필요하다. 이와 함께 불법 촬영물을 다운로드하고 '소비하는 것도 범죄'라는 인식이 널리 공유되어야 하며, 피해 이미지나 불법 촬영물을 무심코 타인에게 전송하거나 공감, 리트윗, 댓글 달기 등을 하는 것 또한 디지털 성폭력을 키우는 데 일조한다는 점을 인식해야 한다(한희정, 2018).

앞서 논의한 것처럼 디지털 성폭력을 가능케 하는 우리 사회의 '구조', 그것이 이루어지는 '과정', 이를 확대 재생산하는 '산업'으로 시야를 확대해 디지털 성폭력이 개인의 일탈이나 윤리 차원의 문제가 아닌 산업이라는 구조적 인식이 필요하다(김소라, 2019). 현재 국가 차원의 디지털 성범죄 지원 기관은 한국여성인권진흥원 '디지털 성범죄 피해자 지원 센터'(https://d4u.stop.or.kr/)가 있는데, 이 외에도 디지털 성범죄 피해를 지원하는 법적·제도적 장치가 지속적으로 마련되는 것과 함께 무엇보다 이를 선제적으로 예방할 수 있는 국가적 차원의 정책과 지원이 확대되어야 할 것이다.

3. 디지털 공간의 '여성혐오'

1) 온라인 공간의 '여성혐오' 동학

디지털 성별 격차(digital gender divide)에서 중요하게 제기되는 것은 디지털 공간의 물리적 접근성에 있어서는 성별 격차가 존재하지 않지만 디지털 기술을 활용하거나 이용하는 것에 있어서는 여전히 젠더갭(gender gap)이 존재한다는 점이다. 젠더 관점에서 보자면, 이러한 활용에 있어 문제가 되는 것은 여성의 접근을 막는 남성중심적 문화이다. 한국 온라인 공간의 남성중심성은 여성에 대한 비하, 차별을 당연시하고 혐오를 표현하는 '여성혐오(misogyny)'와 밀접한 관련성을 지닌다. 온라인 공간의 '여성혐오' 문제는 2013년 일베에 대한 문제 제기로부터 본격화(윤보라, 2013; 김수아, 2015; 정인경, 2016 등)되었지만, '여성혐오'에 기반한 사이버폭력은 1999년의 군가산점제 위헌 판결로 거슬러 올라가는 오래된 문제이다(권김현영, 2017). 여성들은 결국 온라인상에서 자신들만의 안전한 공간을 구성해 공개되고 열린 공간에서 여성의 목소리가 줄어드는 효과가 발생했으며(김수아, 2019: 280), 이는 온라인 공간의 성별화로 이어졌다.

온라인 공간에서 넘쳐나는 '여성혐오'의 표현으로는 여성을 외모, 나이로 가치 평가하거나 외모를 공격 대상으로 삼고 특정한 외모를 가진 여성 집단을 비하하는 경우가 대표적이다. 또한 대상을 외모, 혹은 신체 일부로 환원하는 것이 대상화의 중요한 특성이라고 할 때, 여성을 성기 환원 혹은 신체 일부로 이름을 붙이는 특정 표현이 인터넷 밈(meme)이 되어 유행하는 것은 온라인상의 '여성혐오' 문제를 잘 보여준다. 또한 여성을 여전히 성녀/창녀 이분법에 근거해 바라보면서 여성의 성적 주체성을 비하하는 혐오 표현들이 다수 사용되고 있다(김수아, 2015).

그렇다면 온라인 공간의 혐오 문화의 사회문화적 요인은 무엇일까? 온라인에서 이러한 차별적인 혐오 표현이 광범위하게 확산되는 이유로, 브라운(Brown, 2018)은 익명성, 신체의 비가시화, 저렴한 이용 비용, 즉각적 소통능력으로 꼽았는데, 결국 온라인에서 즉흥적이고 정제되지 않은 말과 처음 떠오르는 생각들이 즉각적으로 공유되기가 오프라인보다 훨씬 용이하다는 것이다(김수아 외, 2020: 210 재인용). 이와 함께 온라인 문화의 유희성 또한 '여성혐오'의 가속화와 밀접한 관련을 맺고 있다. 유희성은 유머의 형태로 인정받는 것을 중요하게 여기는 인터넷 문화를 통해 강화되는데, 인정받기 위해서 남의 눈에 띄려면 자극적이어야 할 필요가 있다. 전체적으로 온라인 문화는 자극성을 동원한 주목 경제, 즉 주목을 얼마나 획득하는가의 틀 안에서 이루어진다(김수아 외, 2020: 211).

김학준(2017)은 한국의 인터넷 커뮤니티 전반에 걸친 문화적 의례인 웃음의 코드에 주목한다. '드립'은 한국 온라인 공간에서 유일하게 공통적인 코드인데 이는 한 커뮤니티의 합의에 따라 수위가 달라질 뿐, 언제 어디서나 볼 수 있는 유머 코드라는 점에서 '일반성'을 획득한다(김학준, 2017: 290). 그런데 우리가 '드립'에서 놓치지 말아야 할 것은 만약 화자의 발언이 '드립'으로 규정된다면 화자의 발언은 애초에 계획되지 않았음이 전제되면서 책임성을 증발시킨다는 점이다. 즉 자신이 한 말은 전혀 무게감이나 진심이 담겨 있지 않은 '개드립'에 불과했다는 변명이 가능하다. 이로써 드립은 화자의 농담에 불쾌감을 보이는 이들에게 농담을 이해하지 못하는 이들이라는 조롱을 가능하게 한다(김학준, 2017: 292). 그런데 일베의 드립은 주로 타자화된 소수자와 여성을 대상으로 하기에 (여성)혐오와 맞닿아 있다. 이처럼 혐오가 웃음과 농담의 이름으로 전염되는 상황에서는 웃음의 형식을 분류하고 어떤 농담이 차별과 비하를 동원하지 않는 것인지를 면밀히 검토할 필요가 있다.

2) 성차별적 혐오 표현의 해악

'여성혐오' 정서와 디지털 미디어의 특성이 결합하면서 온라인상에는 언어적 표현뿐 아니라 사이버 스토킹, 동의 없는 이미지 및 신상 공개 등의 프라이버시 침해, 혹은 그에 대한 협박 등이 증가하면서 기술 발전에 따른 '성차별적 혐오 표현(sexist hate speech)'이 심각하다. 성차별적 혐오 표현은 성을 이유로 개인이나 한 집단이 열등하다는 생각에 기초한 행위, 제스처, 시각적 구현, 구어 및 문어, 실천이나 행위 등을 말한다. 이는 가부장제 질서에 기반한 성별 역할에 대한 이분법과 그에 기반한 여성성/남성성에 대한 전통적인 스테레오타입 및 편견에서부터 이에 걸맞지 않은 여성/남성에 대한 사회적 배제, 차별, 선동 표현 등의 극단적 폭력까지 포괄한다(이설희·김수아·홍남희, 2020). 성차별적 혐오 표현은 온라인 공간에서 여성들을 침묵시키고 여성들의 공론장 참여의 기회 및 표현의 자유를 제한한다. 또한 현실에서 성평등의 실현을 요원하게 만들고 가정, 직장 등 사회 내 성차별을 영속화한다(이설희 외, 2020: 72).

성차별적 혐오 표현은 온라인 환경의 대중화와 더불어 양상이 더욱 심각해지고 있는데, 특히 '공인' 여성에 대한 공격이 심각하다. 해외의 경우, 여성 저널리스트에 대한 강간 위협과 성적 모욕을 통해 젠더 관련 기사 작성을 어렵게 하는 문제가 제기되었고(Adams, 2018; Rego, 2018), 여성 저널리스트에게 가해지는 성차별적 혐오 표현을 젠더 트롤링(gender trolling)으로 구분하기도 했다(Mantilla, 2015). 한편 '2020 도쿄 올림픽' 양궁 금메달리스트 안산 선수는 숏컷 헤어스타일과 과거 SNS의 표현, 출신 대학 등과 관련해 온라인에서 '페미니스트' 논란을 겪었다. 머리카락 길이가 사상 검증의 잣대가 된 것도 문제지만, 세계 최강의 운동선수를 그가 지닌 양궁 실력의 전문성으로 봐주는 것이 아니라 외모 평가로 치환해 버리는 일부 남초 커뮤니티의 행태는 온라인 성차별적 혐오 표현의 심각성을 보여주는 대표적인 사례라 할 수 있다. 특히 온라인에서 일부 젊은 남성들의 안산 선수에 대한 성차별적 혐오 발언은 그녀가 광주 지역의 여대 출신이라는 점도 포함하는데 이는 지역 혐오와 여대에 대한 편견이 성차별적 혐오 표현과 결합해 강화되는 측면을 드러냈다.

『백래시(backlash)』의 저자, 수전 팔루디(Susan Faludi)는 80년대 미국 사회의 '여성혐오'를 남성의 위기의식과 열등감의 표출로 읽어냈다(Faludi, 2017). 개인의 자유로운 선택과 책임에 기반한 능력주의(meritocracy)를 내건 신자유주의 시대에 남성들은 남성과의 경쟁뿐 아니라 여성과의 경쟁에 직면했다. 위기의식을 느낀 남성들은 부상하는 여성 주체나 여성운동에 "반발(backlash)"하게 되고 이를 '여성혐오'의 감정으로 표출하게 되었다(이현재, 2016). 그렇다면 '여성혐오'를 통해 남성성을 과시하고자 하는 이러한 행위들은 어쩌면 남성성이 거대한 균열과 변화에 직면해 있다는 신호이자 그 혼란의 반영이기도 하다(최태섭, 2017). 따라서 젠더 관계의 변화 혹은 이분법적 젠더의 해체를 우리 사회의 구조적 조건과 관련해 어떻게 이끌어낼 수 있는지를 고민하고, 디지털 네트워크를 통해 새로운 인간성의 조건들을 어떻게 조직할 것인지를 논의해야 할 것이다.

4. 온라인 게임의 성차별적 문화

1) 온라인 게임 산업의 성차별 양상

전통적으로 온라인 게임은 주로 남성 이용자가 많았고, 여성에게 비우호적인 공간으로 분석되었다. 국가인권위원회(이하 인권위)는 2020년 7월 게임업계 내 '여성혐오' 및 차별에 대한 실태조사의 필요성을 강조하며, 차별을 개선하기 위한 대안을 마련할 것을 권고했다. 이는 최근 게임 이용자들의 '여성혐오'적 언행과 페미니즘을 옹호하는 여성 노동자에 대한 차별적 대우가 게임계의 이슈로 등장했기 때문이다. 인권위의 이런 권고는 게임 업계 전반에 만연해 있는 성차별적 문화를 적극적으로 공론화할 필요성을 제기한다(≪대학신문≫, 2020.9.27).

게임계 내의 성차별은 크게 두 가지 차원에서 살펴볼 수 있다. 하나는 게임 콘텐츠 내 여성이 재현되는 양상이고 다른 하나는 게임 산업 종사자이자 이용자로서의 여성이다. 오랫동안 남성-청년의 전유물로 여겨졌던 게임에서 여성의 재현은 '구원을 필요로 하는 존재', '과업 달성의 보상', '젊고 아름다우며 정체불명의 과도한 노출을 하고 있는 성적 대상'으로 등장했다. 최근에 여성 캐릭터에 대한 묘사가 개선되어 주체적이고 영웅적인 활약을 벌이는 여성 캐릭터들이 많아졌지만, 여전히 여성 캐릭터의 주류는 신체 노출이 심해질수록 방어도가 올라가는 섹스어필 중심의 캐릭터 디자인이며, 이는 한중일을 중심으로 하는 아시아 시장에서 더 집중적으로 나타난다(최태섭, 2017: 309). 그런데 사실 게임 속 내러티브인 '곤경에 빠진 공주' 모티브는 유구한 전통을 지니며, 게임만이 가지고 있는 독자적인 요소는 아니다. 그러나 게임은 다른 미디어와 달리 상호작용을 통해 이뤄지며 플레이어는 적극적으로 게임을 수행함으로써 자발적인 몰입의 과정을 경험한다. 남성 캐릭터가 주체적으로 사건을 해결하고 서사를 이끄는 존재로 설정된 반면 여성 캐릭터는 구원의 대상으로 타자화된, 이러한 이분화된 구조는 게임을 하는 동안 지배적 남성성을 적극적으로 실천하는 공간이 된다(천정환, 2019).

한편 한국 게임업계에서 일하는 여성은 2019년 기준으로 29.9%이며 이는 점차 증가하는 추세이다(한국콘텐츠진흥원, 2019). 그런데 게임산업 종사자 혹은 이용자로서의 여성과 관련해서는 여러 '잔혹사'들이 존재한다. 대표적으로 '클로저스 사건'을 들 수 있다. 2016년 게임 〈클로저스〉의 캐릭터 '티나'를 연기한 성우 K 씨가 본인의 SNS에 'Girls do not need a prince'라는 문구가 적힌 티셔츠를 입은 사진을 올렸다가 성우에서 교체되었다. 해당 티셔츠가 '메갈리아' 사이트와 연관되어 있다는 이유였다. 이후 게임뿐 아니라 문화예술계 노동자가 페미니즘에 호의적인 태도를 보이기만 해도 이용자들이 단체로 퇴출을 요구하는 문화가 확산해 유사한 사건이 차례로 일어났다(《대학신문》, 2020.9.27).

2020년 전국여성노동조합에 따르면, 게임 개발에 참여하던 중 여성권 관련 지지 목소리를 냈다가 부당한 대우를 당한 여성 노동자가 최근 5년 사이에 최소 14명인 것으로 드러났다. 이들의 직업은 성우, 일러스트레이터, 캐스터, 보컬리스트, 번역자 등이다(《연합뉴스》, 2020.7.18). 업무와 무관한 개인의 신념을 소셜 미디어에 밝히는 것은 그것이 혐오나 차별에 기반하지 않는다면 개인의 자유로운 의사 표현에 해당한다. 그런데 회사가 이를 두고 개인의 가치관을 문제 삼는 것은 노동권과 인권침해라 할 수 있다. 그럼에도 일부 게임사들이 자신의 신념을 드러내는 여성 작업자들을 배제하는 이유는 남성 게이머가 게임 매출액의 상당 부분을 차지하고 있어 남성 게이머들의 눈치를 볼 수밖에 없다는 점이다. 남성중심적인 게임계 내의 일종의 안티페미니즘 소비자 행동주의라 할 수 있는데, 소비자의 요구 자체가 차별에 기반하고 있다면 이들의 요구를 무조건 수용할 것이 아니라, 이윤 추구가 기업의 사회적 책임을 실현하는 방향으로 조율되어야 할 것이다.

2) 온라인 게임의 남성 연대적 질서와 여성 게이머

이와 함께 여성 게이머들도 게임 산업 내에서 수난을 겪고 있다. 대표적으로 〈오버워치〉 프로게이머인 '게구리' 관련 사건을 들 수 있다. 여성 게이머인 '게구리'가 속한 팀에 패배한 상대팀에서 게구리 선수가 부정행위를 했다는 의혹을 제기한 후 인신공격과 협박을 가한 사건이다. 그러나 조사에 착수한 블리자드 측은 부정 의혹이 없었다는 결론을 내렸고, 게구리 선수는 인터넷방송에서 자신의 실력을 실시간으로 증명함으로써 논란을 불식했다. 하지만 이 과정에서 게구리 선수는 본질과 상관없는 성희롱과 인신공격성 발언에 계속해서 노출되었다. 여성 게이머란 이유만으로 실력을 공개 증명함으로써 자신에 대한 의혹을 불식할 수밖에 없었던 이 사건은 e스포츠에 만연한 여성 게이머에 대한 성차별적 태도를 보여준다(성상민, 2019). 게임 이용자 수치를 비교하면 남성 게이머와 여성 게이머의 비중은 크게 차이가 나지 않는다. 여성의 61.9%, 남성은 73.8%가 게임을 이용하거나 이용한 경험이 있다(한국콘텐츠진흥원, 2020). 그러나 여성 게이머 중 적지 않은 이들은 게임 내에서 자신의 성적 정체성을 밝히지 않고 게임하기를 선택하거나, 남성 게이머인 척한 경험을 가지고 있다. 플레이어를 중심으로 이뤄지는 게임 커뮤니티 담론에서 여성 게이머란 조롱의 대상이 되기 쉬우며, 성적 모욕감을 느끼게 되는 수식어로 지칭되는 경우가 지배적이기 때문이다(홍현영, 2019: 269~270).

게임을 둘러싼 젠더 이슈 양상을 살펴보면서 최태섭(2017)은 게임을 온전히 자신들의 영역으로 두고 싶어 하는 남성들의 신경질적이고 폭력적인 대응에 주목한다. 게임을 잘한다는 것은 학교나 군대 같은 동성 또래집단 안에서 인정의 대상이 된다. 따라서 남성들이 원하는 것은 여성과 규제기관 등이 게임을 건드리지 않는 것이다. 즉 게임이 계속해서 남성의 영역으로 남아 있도록, 게임의 생산과 소비가 남자의 관점에서만 이루어지도록 놔두라는 것이다(최태섭, 2017: 312). 게임을 통해 일종의 남성 연대를 구축하는 것이다. 마이클 샐터(Michael Salter)는 이를 '너드적 남성성(geek masculinity)'

으로 설명한다. 너드(nerd)적 남성성이란 젠더 고정 관념(여성은 기술적으로 무능하다)을 지닌 남성 주체와 기술이 결합된 형태를 말한다. 게임 분야에서 여성이 디자이너로 종사하는 비중이 커지고 게임을 즐기는 여성 플레이어 숫자가 지속적으로 늘면서 남성중심의 문화는 균열이 생겼다. 여기에서 오는 위기감에 대응하는 방식으로 기존의 플레이어들은 타자에 대한 희롱과 공격의 방식을 선택한다. 자신이 선호하는 기술 영역에 대한 통제감을 유지하기 위해 위협과 모욕을 적극적으로 활용하는 것이다(Salter, 2018; 홍현영, 2019: 273 재인용), 그런데 이때 너드 혹은 긱(geek)의 이미지는 '사회적으로 서툴지만 똑똑한 외톨이'로 운동 능력이나 이성애적 기량 같은 기존 지배적 남성성의 주류 지표가 아닌 전문적인 기술 능력을 통해 구축된다. 지배적 남성성에서 비켜난 이들은 온라인 게임 공간에서 자신의 통제력을 행사하기 위해 '여성혐오'의 문법을 적극 활용하는지도 모른다.

온라인 게임 내 성차별 실태 조사를 한 논문에 의하면, 대부분의 여성 게이머는 게임 내에 성차별을 제재할 시스템이 마련되어 있지 않아 성차별적 언행에 개별적으로 대응하며 지나친 감정 소모를 경험하고 있는 것으로 드러났다(맹욱재 외, 2018). 따라서 젠더 감수성을 높이는 신고 시스템이 설계되어야 하고, 무엇보다 이를 적극적으로 실천할 수 있는 게임회사 조직의 젠더 감수성이 높아져야 할 것이다.

지금까지 디지털 공간에서 발생하는 젠더 불평등을 디지털 성폭력과 온라인 혐오, 온라인 게임 문화와 관련해 살펴보았다. 하지만 이에 대해 여성들 역시 다양한 실천을 통해 디지털 공간의 젠더 불평등을 공론화하면서 새로운 여성 주체를 구성해 내고 있다. 다음 장에서는 젊은 여성을 중심으로 지금, 현재 어떤 실천과 저항이 있는지 살펴보도록 하겠다.

5. 디지털 공간의 새로운 여성 주체와 저항

1) 페미니즘의 네 번째 물결

2010년대 후반 페미니즘의 재부상과 대중화 속에서 디지털 공간에서 새로운 젠더 주체화가 활발하게 진행되고 있다. 새로운 소통 공간으로서의 온라인의 비약적 발달은 페미니즘과 교차하면서 젠더 변화의 새로운 정치성을 만들어내고 있다(김보명, 2018; 김수아, 2019; 박채복, 2020). 2015년 전후, 디지털 공간에 만연한 '여성혐오'에 대한 저항으로 시작된 되돌려 주기로서의 '미러링'은 미투(#MeToo) 운동, '혜화역 시위', '탈코르셋 운동' 등으로 이어졌는데, 이는 공통적으로 온라인 공간에서부터 공론화되었고 다양한 디지털 플랫폼을 중심으로 저항의 정치가 확산되었다는 특징을 갖는다(박채복, 2020).

디지털 공간과 대중문화, 거리와 광장에서의 집합행동을 통해 재부상한 청년세대의 페미니즘은 디지털 연결성과 대중문화적 감수성, 그리고 '여성'으로서의 공통의 경험과 정체성에 기반을 두는 새로운 저항의 정치학을 보여주었다. 디지털 매체가 제공하는 유동성과 익명성, 비주류적 감성은 이들이 기존의 페미니즘 이론이나 정책의 언어를 벗어나는 '전투적인' 저항의 양식을 선보이게 했고, 대중문화 영역에서 키워온 소비자로서의 역량은 '여성혐오' 콘텐츠에 대한 비판적 개입의 자원이 되었다(김보명, 2018: 121). 이러한 경향은 한편으로는 한국 사회의 구조적 이행의 막다른 골목에서 만들어진 여성들의 저항의 정치학을 보여주지만 동시에 그 저항의 주된 행위자인 청년세대 여성이 살아내는 위태롭고 불안한 삶의 조건을 반영하기도 한다(김보명, 2018: 101). '디지털 네이티브 세대의 자생적 페미니스트' (김보명, 2018)인 청년세대 여성을 중심으로 새롭게 형성된 페미니즘은 온라인 페미니즘 혹은 '제4물결 페미니즘' 등으로 논의되고 있다.

영국의 페미니스트 프루던스 체임벌린(Prudence Chamberlain)은 온라인을 기반으로 한 페미니즘의 새로운 경향을 '제4물결 페미니즘'으로 명명하며 동시대 여성주의 활동을 기록하고 있다(Chamberlain, 2021). 체임벌린은 페이스북과 트위터 등 SNS를 활용해 동시대 여성들이 이전과는 다른 방식으로 소통하고 캠페인을 조직하는 새로운 형태의 행동주의를 '네 번째 물결'로 설명한다. 이는 온라인 페미니즘이라고도 얘기되는데, 이의 기반은 소셜네트워크 서비스와 해시태그를 통한 온라인 행동주의이다(김수아, 2017a; 김은주, 2019; 김효인, 2017). 김은주(2019)는 체임벌린을 경유해 온라인 페미니즘의 정치성을 일상의 영역에서 벌어지는 성차별에 도전하는 미시 정치, 다양한 소수자들의 목소리가 들릴 수 있는 새로운 공론장의 형성, 소셜 미디어의 특성을 반영한 집단적 발화 및 공격적 발화, 그리고 온라인 기술에 힘입은 정서적 연결 등으로 설명한다.

온라인 공론장의 글쓰기는 실시간의 타임라인과 맥락적 상황에 있기 때문에 논증에 호소하기보다는 주로 경험에 기반한 감정을 공유하는 발화와 유머나 미러링을 통한 주의끌기에 초점을 맞추며, 이는 집단적 발화와 때로는 공격적 발화로 이어지기도 한다(김은주, 2019: 12). 또한 해시태그를 통한 소통 방식은 동시대의 여성들을 연결할 수 있다는 효용성을 높이며, 다양한 해시태그 운동을 통해 소비자로서의 여성, 시민으로서의 여성, 생산자로서의 여성 등 다중의 정체성을 가진 여성 주체를 경험하게 된다. 이러한 경험은 정서적 연결이 정치적 확장으로 이어지도록 하는데, 이처럼 디지털 기술에 기반한 공간적 연결성과 감정적 연대를 통해 새로운 정치적 젠더 주체가 형성되는 것을 페미니즘의 네 번째 물결로 명명한다.

2) 페미니즘 대중화와 새로운 여성 주체

페미니즘의 네 번째 물결로서의 온라인 페미니즘은 디지털 공간에서 새롭게 등장한 여성 주체와 이들의 저항 정치로 요약할 수 있는데, 이들의 활동은 온라인을 넘어 오프라인으로 확산되어 페미니즘을 대중화시키고 페미니즘 이슈를 담론장의 주요 이슈로 공론화했다. '나는 페미니스트입니다' 해시태그 운동으로부터 촉발된 '페미니즘 리부트'는 이후 트위터를 중심으로 강력하고 다양한 방식의 실천을 만들어냈다. 김수아(2019)는 이를 디지털 미디어 시대의 여성운동 방식으로 설명하고 있는데 크게 '여성 혐오' 표현에 대한 대항 표현으로서의 '미러링', 해시태그 행동주의, 디지털 성폭력에 대한 저항으로 구분했다.

미러링 전략은 남성중심 온라인 문화에서 일상적으로 행해지던 '여성혐오' 표현이 얼마나 모욕적이고 성차별적인지를, 거울에 비추는 것처럼 성별만 바꾸어 내용을 그대로 보여줌으로써 '여성혐오'를 우리 시대 주요 의제로 공론화했다(김라나, 2017; 유민석, 2015; 장민지, 2016 등). 해시태그 행동주의는 디지털 미디어 시대의 소수자 운동 방식 중 하나로 온라인 공간에서 특정 이슈에 대한 다중의 생각을 빠르고 효율적으로 파악할 수 있게 해준다(김효인, 2017). '#00_내_성폭력' 해시태그, 미투 운동(#MeToo), '혜화역 시위(#Mybodyisnotyourporn)', '탈코르셋 운동'(김애라, 2019) 등은 해시태그를 통해 젊은 여성들이 우리 사회의 불평등한 젠더 권력관계를 전면화하고 공론화한 대표적인 사례들이다.

디지털 성폭력에 대한 저항은 온라인에서 여성들의 네트워크 활동을 통해 소라넷 폐지 운동, 디지털 성범죄 아웃, 한국사이버성폭력대응센터 결성 등을 이끌어냈고(한희정, 2018), 단일 유형의 여성문제 관련 시위 중 가장 대규모였던 '혜화역 시위'를 조직화했다. 혜화역 시위는 2018년 5월부터

12월 사이 6차례에 걸쳐 이뤄진 불법 촬영에 대한 편파수사를 규탄하는 시위로 디지털 성범죄에 무대응으로 일관하는 정부에 강력한 개선책을 요구했다. 수만 명의 여성이 '내 인생은 당신의 포르노가 아니다', '우리는 인간이 아닌가?' 등의 구호를 통해 불법 촬영과 성적 대상화의 문제를 적극적으로 공론화했다(김해원 외, 2018, 박영민·이나영, 2019). 이를 계기로 정부는 디지털 성범죄의 범위를 넓히고 처벌을 강화하도록 법률을 개정했다. 또 디지털 성범죄 생존자들을 지원하는 센터를 설립했다.

최근 디지털 성범죄 현상은 단순히 음란물 유통이 아닌 강간과 추행, 아동 대상 성폭력, 성적 협박과 강요, 성폭력물 판매와 소비에 이르는 온갖 가해 양상을 포함한다. 또한 성폭력물 제작 유통과 소비자가 사이버 공간에서 서로 공모하고 조장하는 형태로 범행하기 때문에 제작과 소비의 경계가 뚜렷하지 않고, 피해자에게 디지털 환경을 이용해 접근하며, 범죄 대가를 암호화폐 등의 은폐적 수단을 통해 거래하는 등 새로운 범행 수법을 통해 죄질과 피해의 참혹성이 증폭되는 특성을 보여준다(김한균, 2020: 372). 이에 대한 대표적인 사례가 텔레그램 'n번방' 사건이다. '추적단 불꽃'에 의해 세상에 알려진 텔레그램 'n번방'은 텔레그램 등의 메신저 앱을 통해 미성년자를 포함한 여성을 촬영한 성 착취 영상을 제작·배포한 디지털 성범죄 사건이다. 이 사건 이후 텔레그램 성 착취 신고 프로젝트 '리셋(ReSET)'이 만들어졌다. '리셋'은 텔레그램 성 착취 범죄에 분노한 여성들이 만든 자생적 조직으로 국민 동의 청원을 이루어내고, 디지털 공간의 성 착취를 모니터링해 경찰에 제보하고, 피해자 대응 및 연대를 지원하면서 정책 대안과 입법 제안, 강연 등을 통해 한국 사회 디지털 성 착취의 심각성을 적극적으로 담론화하고 있다.

'추적단 불꽃'

텔레그램 내에서 벌어지던 성 착취의 최초 신고자이자 최초 기록자이다. 텔레그램 'n번방' 사건은 페미니스트 대학생이던 '불꽃'의 기사가 '탐사보도 공모전'에 입상함으로써 세상에 알려졌다. 이후 이들은 《한겨레》와 《국민일보》 등 기성 언론과 협업해 디지털 성폭력의 새로운 양상을 적극적으로 공론화했다. 이는 디지털 성 착취를 끝장내기 위한 수많은 연대의 목소리가 터져나오는 계기가 되었으며, 불법 성적 촬영물을 보기만 해도 처벌할 수 있는 법 개정을 이끌어냈다(《한겨레21》, 2020.9.25).

3) 나오며

온라인 페미니즘이 기술과 결합해 집단으로 발화하는 네트워크는 급진적 말하기이자 일종의 주체화의 실천이라 할 수 있다(김은주, 2019). 새로운 세대들의 디지털 미디어를 활용한 온라인에서의 주체화 과정은 동시대성, 정동 중심, 집단적 기억 등으로 이야기된다. 그런데 정동의 네트워크가 작동하는 과정에서 다성적인 목소리가 배제되고 동질성이 발동되는 것은, 사용하는 미디어와 네트워크 세대가 달라진 건 분명하지만 온라인 페미니즘에서 새로운 게 무엇인가라는 질문을 제기하기도 한다(김수아, 2019). 또한 동시대 페미니즘 실천들이 포스트페미니즘과 신자유주의에 영향을 받아 자본주의 시장 질서에 공모하는 방식으로 진행되었다는 점은 성찰의 대상이 되기도 한다(김애라, 2019).

그럼에도 불구하고 디지털 네트워크의 이용과 여성의 자기권능화, 그리고 디지털 네이티브 세대의 새로운 페미니스트 정체성을 가진 주체의 등장으로 이야기되는 온라인 페미니즘은 기존의 페미니즘 운동과 단절되었거나 온라인에 참여하는 한 세대의 페미니즘으로 보기보다는 다양한 물결과 공명하면서 선형적이지 않는 서사들을 구축하는 페미니즘 대중 운동의 관점에서 바라볼 필요가 있다(김은주, 2019: 26). 그래서 어쩌면 불화하는 목소리로 실현되며, 하나의 일치된 정체성을 공유하지 않고서도 정치적인 어젠다를 함께 만들어내는지도 모른다. 하지만 그 과정에서 페미니즘의 가치인 '책무성, 상호성, 다양성'(김수아, 2019: 301)을 헤치지 않는 방식 역시 적극적으로 고민해야 할 것이다.

생각해 보기

❶ 디지털 기술 사용 능력에 대한 여성의 자신감 부족은 어떤 방식으로 개선이 가능한가?

❷ 온라인 공간에서 여성의 자기표현은 주로 어떻게 드러나고 있으며, 이러한 양상에 영향을 미치는 요소는 무엇인가?

❸ 온라인 행동주의의 장단점은 무엇이 있는가?

❹ 디지털 성폭력을 뿌리 뽑기 위해 지금 당장 내가 할 수 있는 실천은 무엇이 있을지 함께 얘기해 보자.

참고문헌

강이수. 2018. 「4차산업혁명과 디지털 성별 격차: 여성노동의 쟁점과 현실」. ≪페미니즘 연구≫, 18(1), 143~179쪽.

강희영. 2020. 「디지털성범죄 피해의 복합성과 정책 과제」. ≪이화젠더법학≫, 12(2), 45~93쪽.

권김현영. 2017. 「영 페미니스트, 넷페미의 새로운 도전: 1990년대 중반부터 2000년대 중반까지」. 권김현영 외. 『대한민국 넷페미사: 우리에게도 빛과 그늘의 역사가 있다』. 11~77쪽. 나무연필.

김리나. 2017. 「메갈리안들의 '여성' 범주 기획과 연대: "중요한 건 '누가' 아닌 우리의 '계획'이다"」. ≪한국여성학≫, 33(3), 109~140쪽.

김보명. 2018. 「페미니즘의 재부상, 그 경로와 특징들」. ≪경제와 사회≫, 118, 99~138쪽.

김소라. 2018. 「디지털 성폭력의 변화 양상과 음란성(obscenity)을 근거로 한 규제의 한계」. ≪아시아여성연구≫, 57(1), 163~199쪽.

_____. 2019. 「디지털 자본주의와 성폭력 산업」. ≪여/성이론≫, 41, 10~26쪽.

김수아. 2013. 「한국 사회의 사이버 공간과 젠더 이슈」. 이나영 외. 『다시 보는 미디어와 젠더』, 299~319쪽. 이화여자대학교출판문화원.

_____. 2015. 「온라인상의 여성 혐오 표현」. ≪페미니즘 연구≫, 15(2), 279~317쪽.

_____. 2017a. 「연결행동(Connective Action)? 아이돌 팬덤의 트위터 해시태그 운동의 명암」. ≪문화와 사회≫, 297~336쪽.

_____. 2017b. 「남성 중심 온라인 커뮤니티에서의 페미니즘 주제 토론 가능성: '역차별' 담론 분석을 중심으로」. ≪미디어, 젠더 & 문화≫, 32(3), 5~45쪽.

_____. 2019. 「디지털 미디어 시대 여성주의 운동」. 김명혜 외. 『핵심 이슈로 보는 미디어와 젠더』, 279~302쪽, 이화여자대학교출판문화원.

김수아 외. 2020. 「온라인 혐오표현 규제 쟁점과 대안: 규제기관 담당자, 시민단체 활동가, 연구자 및 피해 경험자 심층 면접을 중심으로」. ≪언론정보학보≫, 101, 203~230쪽.

김애라. 2019. 「'탈코르셋', 겟레디위드미(#getreadywithme): 디지털경제의 대중화된 페미니즘」. ≪한국여성학≫, 35(3), 43~78쪽.

김은주. 2019. 「제4물결로서 온라인~페미니즘: 동시대 페미니즘의 정치와 기술」. ≪한국여성철학≫, 31, 1~32쪽.

김학준. 2017. 「웃음과 폭력: 혐오 없는 웃음은 가능한가」. 연세대학교 젠더연구소 엮음. 『그런 남자는 없다』, 282~300쪽. 오월의 봄.

김한균. 2020. 「디지털성범죄 차단과 처단-기술매개 젠더기반 폭력의 형사정책-」. ≪저스티스≫, 178, 369~392쪽.

김해원 외. 2018. 「5월 19일, 여성들은 혜화역에 어떻게 모였나?: 불법촬영 편파수사 규탄시위의 의제화와 조직화 과정을 중심으로」. ≪언론과 사회≫, 26(4), 85~139쪽.

김효인. 2017. 「SNS 해시태그를 통해 본 여성들의 저항 실천: '#OO_내_성폭력' 분석을 중심으로」. ≪미디어, 젠더 & 문화≫, 32(4), 5~70쪽.

맹욱재 외. 2018. 「온라인 게임 내 성차별 실태 조사 및 제재 시스템 디자인 연구」(한국HCI학회 학술대회), 470~475쪽.

박영민·이나영. 2019. 「새로운 페미니스트 운동의 등장?: 불편한 용기 참여자들의 경험을 중심으로」. ≪시민과 세계≫, 34, 135~191쪽.

박채복. 2020. 「온라인 페미니즘」. ≪동서연구≫, 32(4), 123~143쪽.

성상민. 2019.7.7. "스타·오버워치·LOL … 여성 게이머 차별과 혐오의 시대". ≪미디어오늘≫, http://www.mediatoday.co.kr/news/articleView.html?idxno=201019 (검색일: 2021. 8.30).

유민석. 2015. 「혐오발언에 기생하기: 메갈리아의 반란적인 발화」. ≪여/성 이론≫, 33, 126~152쪽.

윤보라. 2013. 「일베와 여성 혐오: 일베는 어디에나 있고 어디에도 없다」. ≪진보평론≫, 57, 33~56쪽.

윤보라. 2020. 「디지털 거주지(digital dwelling)와 성폭력 ― '카카오톡 단체 채팅방 성희롱 사건'을 다시 보기」. ≪페미니즘 연구≫, 20(1), 123~165쪽.

이설희·김수아·홍남희. 2020. 「온라인 성차별적 혐오표현의 특징과 내용 규제 쟁점」. ≪미디어, 젠더 & 문화≫, 35(3), 61~103쪽.

이현재. 2016. 「도시적 감정으로서의 여성혐오와 도시적 젠더정의의 토대로서의 공감의 가능성 모색」. ≪한국여성철학≫, 25, 35~64쪽.

장다혜·김수아. 2018. 「온라인 성폭력 범죄의 변화에 따른 처벌 및 규제 방안」(한국형사정책연구원).

장민지. 2016. 「디지털 네이티브 여/성 주체의 운동 전략: 메갈리아를 중심으로」. ≪미디어, 젠더 & 문화≫, 31(3), 219~255쪽.

정인경. 2016. 「포스트페미니즘 시대 인터넷 여성혐오」. ≪페미니즘 연구≫, 16(1), 185~219쪽.

천정환. 2019. 「게임과 문학」. 이동연 외. 『게임의 이론』, 139~167쪽. 문학과학사.

체임벌린, 프루던스(Prudence Chamberlain). 2021. 『제4물결 페미니즘: 정동적 시간성』. 김은주 외 옮김. 에디투스.

최태섭. 2017. 「digital masculinity: 한국 남성청(소)년과 디지털 여가」. 연세대학교 젠더연구소 엮음. 『그런 남자는 없다』. 302~324쪽, 오월의봄.

팔루디, 수전(Susan Faludi). 2017. 『백래시: 누가 페미니즘을 두려워하는가?』. 황성원 옮김. 아르테.

한국콘텐츠진흥원. 2019. 『2019 대한민국 게임백서』.

한국콘텐츠진흥원. 2020. 「2020 게임이용자 실태조사」, https://www.kocca.kr/cop/bbs/view/ B0000138/1842870.do?menuNo=200831# (검색일: 2021.8.30).

한희정. 2018. 「사이버 성폭력에 맞서 싸운 여성들: 불법 촬영물을 중심으로」. ≪미디어, 젠더 & 문화≫, 33(3), 213~255쪽.

홍현영. 2019. 「게임 문화와 젠더 정치」. 김명혜 외. 『핵심 이슈로 보는 미디어와 젠더』, 254~ 278쪽. 이화여자대학교출판문화원.

≪대학신문≫. 2020.9.27. "성차별로 얼룩진 게임계, 해답은". http://www.snunews.com/ne ws/articleView.html?idxno=21536 (검색일: 2021.8.30).

≪연합뉴스≫. 2020.7.8. "[이효석의 게임인] 반복되는 게임계 '메갈 사냥' ··· 5년간 14명 일자리 잃어". https://www.yna.co.kr/view/AKR20200717139500017 (검색일: 2021.8.30).

≪한겨레 21≫. 2020.9.25. "[너머n] 추적단 불꽃의 n번방 추적기". https://h21.hani.co.kr/arti/ society/society_general/49284.html (검색일:2021.8.30).

Adams, Catherine. 2018. "They Go for Gender First." *Journalism Practice*, 12(7), pp.850~ 869, DOI: 10.1080/17512786.2017.1350115.

EIGE. 2019. *Gender Equality and Youth: Opportunities and Risks of Digitalisation.* https://eige.europa.eu/publications/gender-equality-and-youth-opportunities-and-r isks-digitalisation (검색일: 2021.8.30).

Human Rights Watch. 2021.6. 「"내 인생은 당신의 포르노가 아니다": 한국의 디지털 성범죄」. https://www.hrw.org/ko/report/2021/06/16/378896 (검색일: 2021.8.30).

Mantilla, Karla. 2015. *Gendertrolling: How Misogyny Went Viral.* Pareger.

Rego, Richard. 2018. "Changing Forms and Platforms of Misogyny: Sexual Harassment of Women Journalists on Twitter." *Media Watch*, 9(3), pp.472~485.

제 3 부

미디어 산업에서의 격차

제7장

미디어 산업의 불안정 고용

1. 서론

한국 사회에서 공정, 고용, 안전 등이 중요한 화두이다. 이는 팬데믹 재
난을 겪으며 어느 때보다도 안전한 삶에 대한 사회적 욕구가 분출되었음
을 의미한다. 개인과 사회의 안녕에 대한 불안감이 노동과 삶의 현장에서
나타나는 불평등 이슈에도 주목하게 한다.

사회 곳곳의 재난과 사고 소식을 전하고 수많은 콘텐츠 생산으로 국민
을 위로하는 미디어 종사자는 이런 이슈와 무관할까? 정보를 만들고 아름

---

*   **이경숙**(고려사이버대학교 문화예술경영학과 교수)

다운 창조의 꿈을 실현하기 위해 미디어 뒤에서 일하는 종사자들은 자신의 업무와 노동조건에 만족할까? 그동안 휴식도 취하지 못한 채 근무하다 스스로 삶을 마감한 이재학·이한빛 PD, 그리고 미스트롯 석재학 촬영감독의 안전사고 등은 여전히 논란 중에 있다. 이들이 생산한 콘텐츠의 재미에 환호하는 사이 미디어 산업현장의 고용불안과 불평등 문제는 사회적 관심을 받지 못한 채 누군가의 삶을 위태롭게 한다.

반면에 디지털화로 인한 콘텐츠 수요 증가와 소비의 일상화로 인해 미디어 산업 진출에 대한 관심도 커지고 있다. 미디어 산업이 웹기반 플랫폼 중심으로 재편되면서 대박 콘텐츠와 유튜버에 대한 관심과 열망에 비해 미디어 산업의 불평등 문제나 노동자들의 불안정한 삶은 여전히 관심을 받지 못하고 있다. 이러한 분위기속에 미디어 산업 노동 현장의 문제는 여전히 개인이 해결해야 할 일로 남아 있다. 이는 미디어 노동의 특수성에 대한 이해 부족과 함께 산업 진흥과 부가가치 높은 콘텐츠 담론에 가려 노동자 개인에 대한 관심이 상대적으로 부족하기 때문이기도 하다. 자신의 꿈을 실현하기 위해 미디어 산업에 몰려드는 수많은 미디어 노동자들의 삶의 위치와 불안정한 현실을 이해하고 적극 개입할 때이다.

업종 간, 직무 간 위계적 관계 속에서 미디어 산업 종사자들은 불투명한 노동관계를 맺고, 조직에 속한 정규직이 아닌 프리랜서로서 인적 네트워크 속에서 떠돌고 있다. 미디어 산업의 노동 특성인 창의 노동과 프로젝트 기반 노동이 야기하는 만성적 고용불안과 자기 계발 요구는 개인을 착취적 노동의 굴레에 머무르게 한다. 이러한 특성은 미디어 산업 종사자의 고용 불안에서 나아가 생활과 미래에 대한 불안으로 연결된다. 최근 모바일과 웹 영상 산업의 발달로 인한 미디어 산업의 지각변동은 특히 청년과 여성들의 노동을 토대로 하며, 청년과 젠더를 중심으로 고용 취약성 문제도 두드러지고 있다. 누구에게나 열려 있는 콘텐츠 생산의 장은 자율성과 부가가치 담론 아래 미디어 노동의 불안정성을 은폐한다. 이 장에서는 미디어 산업의 노동 특성과 함께 미디어 산업의 지각변동 속에 청년과 여성 중심의 불안정한 고용과 위계적 노동 시장에서 야기되는 격차들을 탐구하고자 한다. 미디어 노동 주체의 정체성이 더욱 위태로워지는 디지털 환경에서 어떻게 노동 주체로서 살아가는지 그 삶도 돌아보고자 한다. 미디어 현장에서 우리 사회의 소통을 담당하는 미디어 노동자들의 불평등 고용 실태를 탐색할 필요가 있다.

2. 미디어 노동의 특성

1) 창의 노동의 특수성

미디어가 지닌 사회적 영향력과 대중성 그리고 텍스트의 심미성은 그 자체에 대한 환상뿐만 아니라 관련 직종에 대한 환상과 열망을 낳는다. 특히 부가가치를 창출하는 원천으로서 미디어 산업이 조명되자 미디어 산업 직종에 대한 신자유주의적 환상과 담론은 더욱 커졌다. 창의성이 산업적·경제적 차원에서도 중요하게 여겨지기 때문이다. 황금알을 낳는 거위로 여겨지는 대표적 창의 산업인 방송, 음악, 게임 등 미디어 산업은 규모의 성장뿐만 아니라 노동력의 유입도 늘고 있다. 통계에 의하면, 미디어 콘텐츠 산업 종사자 현황은 2014년 이후 매년 약 2%가량 꾸준히 증가하고 있으며 2018년에도 2만여 명이 증가했다(한국콘텐츠진흥원, 2020b). 대박 콘텐츠에 대한 사회적 담론과 함께 미디어 콘텐츠를 생산하는 종사자는 새로운 것을 기획하고 제작해 수용자에게 전달하기 위해 늘 창의적(be creative)이어야 한다. 그 과정은 새로운 주제와 소재를 발굴하고 스토리텔링 과정을 거쳐 콘텐츠로 가공하며, 수용자의 기호에 소구할 완성품을 생산하는 일이다. 이 과정은 사회적 트렌드 변화와 수용자의 취향에 민감해야 할 뿐만 아니라 예술가적 표현과 생산능력까지 요구한다. 새로운 콘텐츠를 만들어내기 위해 다양한 창조적 능력과 기술을 지닌 업무 주체들과 이들의 업무를 기술적으로 지원하고 실행하는 현장 실무자들을 필요로 한다. 늘 새로운 콘텐츠를 생산하는 이 과정에는 콘텐츠에 따라 PD, 작가, 편집인, 촬영 감독, 미술과 조명 감독, 메이크업 등 다양한 직무 종사자들이 동원된다. 미디어 산업은 기획, 생산, 유통, 소비라는 일련의 과정을 거치는데, 생산과정은 더욱 복잡해 수용자에게 전달되는 미디어 콘텐츠는 개인 작업보다는 다양한 협업과 상호작용을 통해 이루어진다. 이 과정을 거치는 미디어 종사자들은 동일한 제품을 반복적으로 생산하는 직무가 아닌 각 영역에서 새롭고 창의적이며, 심미적인 가치를 실현하기 위해 자율성을 가지고 업무에 임하는 창의 노동자라고 할 수 있다. 즉 창작자이자 노동자로서 이중적 위치에 놓이지만 창의성과 자유, 자기표현, 자율, 개인성을 중시하는 창의 노동의 특성에 가려 그들의 노동자성은 크게 주목받지 못한다 (Banks·Hesmondhalgh, 2009).

　이들이 창의 노동에 종사하며 갖는 예술가적인 낭만적 이상주의는 심미적 가치뿐만 아니라 자기표현과 자기실현의 이상을 추구하는 방식을 특징으로 한다. 예술가적인 이상주의는 자율성을 강조하고, 이를 실현하기 위한 열정 노동을 정당화하며, 현재의 삶을 희생하는 기제로 작용하기도 한다(박진선, 2020). 이러한 창의 노동은 일반 노동이 경제적 보상을 위한 활동으로 안정적인 대신 권태롭고 수동적인 노동인 데 반해, 경제적인 보상을 넘어서 일을 통한 성취감을 추구하고 자율성과 독립성, 유연성과 같은 특징이 있다(장희은·노성철, 2019). 개인이 지닌 지식과 창조적 능력을 발휘하는 노동으로 노동자의 자발적 의지와 실행, 기술력이 무엇보다 중시된다.

이는 경제적 보상보다 자율성과 독립성 등의 긍정적 측면이 부각되지만 창의적인 소재와 아이디어 기획, 예술가적인 감각적 표현 기술 등의 끝없이 요구되는 지속적인 자기혁신과 노동의 대가를 요구한다. 창의 노동은 상징적 상품을 생산하는 과정에 예술, 열정, 놀이 등 감정적 상태와 상상력을 필요로 한다. 뿐만 아니라 실질적인 생산과정 이외에 수용자의 피드백과 사회 변화도 파악해야 하는 노력이 요구된다. 노동시간의 명확한 구분이 쉽지 않은 영역이다.

개인의 창의적 능력과 자발성이 강조되는 창의 노동은 노동과정이나 내용에 대한 관리가 어려우며 능력 개발에 대한 요구가 매우 크다. 이러한 창의 노동은 많은 시간을 요구하며 저임금·장시간 노동, 불평등과 차별, 고용 불안정성을 낳기 쉽다. 자유롭게 자아를 실현하는 창의 노동의 이면에는 과로와 저임금, 생계가 보장되지 않는 자유 직업인의 삶이 자리하고 있다. 열정에 기대어 꿈이 없으면 감내할 수 없을 정도로 열악한 구조인데, 미디어 산업의 창의 노동자들이 받는 경제적 보상은 노동시간을 고려하면 최저임금과 비슷하거나 그에 미치지 못한다. 한국 미디어 콘텐츠 산업 종사자의 고용 현황을 볼 때 '낮은 임금 수준'이 채용 애로 사항(51.5%)이자 퇴사 이유(46.4%) 1순위이다. 노동에 비해 낮은 보상이 창의 노동에서 큰 문제로 지적된다(한국콘텐츠진흥원, 2019). 실제 드라마 제작 현장에선 "너 말고도 하고 싶은 사람이 많다"는 식으로 미디어 노동자의 열정과 희생을 요구한다. 꿈이 없으면 도저히 감내할 수 없을 정도로 창의성이 열정 노동으로 변질되며 개인적 사명감으로 버틴다고 한다. 이러한 드라마 제작 환경은 재난 현장에 가깝고, 촬영에 돌입하면 하루 평균 19.18시간 일하고 평균 휴일은 주 0.9일에 그친다(시사인, 2017.10.2).

이런 현상은 스스로 자기의 육체적·정신적 한계를 넘어서까지 일하는 창의 노동자의 자기 착취(self-exploitation) 개념으로 설명할 수 있다. 미디어 종사자들은 미래의 장기적 성공을 위한 임시적인 희생, 일에 대한 열정, 더 나은 일자리나 보상을 기대하며 스스로를 착취한다(장희은·노성철, 2019). 특히 자율성과 경제적 부가가치가 높은 창의 노동 담론이 미디어 노동자의 자기 착취 노동을 정당화하는 기제로 작동한다. 피에르 부르디외(Pierre Bourdieu)에 의하면, 노동자의 자율성이 클수록 노동에 주관적 의미를 부여하고 노동에 자발적으로 몰두할 가능성이 커진다(이상길·이정현·김지현, 2013). 이러한 환경은 무언가를 창작해 내고 프로그램을 완성하는 노동을 '보람', '열정', '희열' 등으로 의미 부여하는 '창의적이지만 취약한 생산자'를 양산한다(이설희·홍남희, 2020).

2) 미디어 노동의 유연화

디지털화와 전 지구화는 국가 간 경계를 넘어 자본, 문화, 인적 자원 등을 자유로이 이동할 수 있게 했다. 디지털 기술의 발달로 분산되어 있던 각 영역 간 통합이 이루어지며, 시공간의 압축을 토대로 산업, 제도, 기술의 융합도 나타나고 있다. 근대적 자본주의의 발달 과정에서 정규적인 전일제 노동과 비정규적인 시간제 노동 등의 시간에 따른 노동의 배열과 제1세계와 3세계, 공적·사적 영역에 따른 구별 등 공간에 따른 노동 배열 방식이 탈근대적 이행을 겪으며 유연해지고 있다(김현미· 손승영, 2003).

전 지구적인 자본주의 노동시장의 유연화는 디지털화로 인한 시공간의 재배치와 함께 다양한 노동 형태의 등장을 특징으로 한다. 전 세계적으로 노동의 유연성 확대는 종신 고용 감소와 프리랜서와 비정규직 노동 급증 현상으로 나타나고 있다(이상길·이정현·김지현, 2013). 자본주의적 유연화는 미디어 산업의 생산과 소비 과정 전체에서 나타나는데, 미디어 콘텐츠 소비는 점점 개인화되며 이동성과 유동성을 특징으로 한다. 미디어 기업의 생산과정에서 나타난 자본주의적 유연화는 취업과 고용, 노동과정과 생산 관리를 효율적 관리와 수익 중심으로 재배치한다.

한국 사회도 IMF 외환위기 이후 경제의 신자유주의적 재편을 거치면서 서구 자본주의적 유연화 경로를 밟아왔다. 디지털화와 함께 콘텐츠 수요 증가와 더불어 한국 미디어 산업의 유연화가 강화되는데, 국가적인 미디어 산업 진흥과 인재 양성 등에서 성장 중심의 특징을 파악할 수 있다. 미디어 산업 진흥 정책은 콘텐츠 제작 활성화와 경쟁력 강화, 방송사의 독과점 개선 등에 초점을 두었고, 외환위기 이후 노동의 유연화로 인한 미디어 노동시장 내부의 위계적 구조화와 다양화 등이 초래하는 문제들은 사회적 관심에서 멀어졌다. 이렇듯 전 지구적인 유연 자본주의의 확대는 노동 차원에서 삶의 취약성을 강화하지만, 성장 주도적 담론 속에 묻히게 된다.

고용의 유연성은 고용 형태의 다양화와 비정규직 직군의 증가, 곧바로 프로젝트에 투입될 수 있는 경력직 선호 등으로 나타나 사용자의 선호에 적합한 고용 방식으로 구조화된다. 이는 미디어 기업의 종신 고용이나 정규직보다 프로젝트 기반의 비정규직을 강화하며, 신규 인력의 미디어 산업 진입을 어렵게 하는 취업 장벽으로 작용하기도 한다. 신규 인력은 산업 예비군으로 비정규직이나 임시직을 떠돌며 자신의 경력과 기술을 쌓아야만 했다. 이러한 고용의 유연화는 구체적인 노동 속성의 변화와도 연계되는데, 작업 인원과 노동시간의 다변화, 업무와 여가 시간의 경계 해체 등의 현상이 나타난다(박진우, 2011).

한국 방송 산업의 경우, 1991년부터 도입된 외주 제작 정책과 방송 통신의 융합과 경쟁 심화 환경 등에서 자본주의적 유연화가 더욱 강화된다. 이는 노동시장 유연화와 외주 제작업체를 통한 비정규직 노동자 양산이라는 결과를 초래했다. 지상파방송사를 정점으로 한 정규직·비정규직 위계 구조를 만들고, 비정규직은 방송사의 직접고용과 간접고용, 특수고용, 상시계약, 한시 계약, 바우처, 임시직 등 매우 다양한 형태로 나타났다(이설희·홍남희, 2020).

이러한 취업과 고용의 유연화는 노동 보상에 있어 비정규직의 저임금 장시간 노동으로 귀결되었다. 이는 미디어 제작 현장의 과로사나 자살 문제에서 개인의 삶에 미치는 영향을 가늠할 수 있다. 원청업체인 방송사가 안전에 대한 책임을 지지 않는 외주 독립 제작사의 열악한 노동 환경과 프로젝트에 기반해 표준화되지 않거나 계약서 없이 노동에 임하는 방식은 모든 부담을 개인이 감수하게 한다. 방송 현장의 열악한 노동 환경은 '장시간·밤샘 노동을 당연시하는 업계 분위기'(53.11%), '빠듯한 제작일정으로 인한 과도한 업무량'(51.89%) 등이 가장 큰 문제로 지적되는 데서도 알 수 있다. 노동에 대한 보상 또한 매우 취약함을 드러내는데, 임금 체불 경험이 '최근 1년간 한 번 이상 있었다'는 응답이 52.4%에 이른다. 이들 노동환경의 취약성을 잘 보여주는 미디어 노동 현장이라고 볼 수 있다(이종수, 2021).

3. 미디어 산업의 위계적 노동 구조

1) 내외부 시장과 정규직 · 비정규직 이중 구조

1997년 외환위기 이후 한국 사회는 신자유주의적 효율화 기조에 따라 노동력 관리의 유연성 제고와 노동비용 절감을 위해 비정규직 노동자 규모가 급속히 확대된다. 미디어 산업의 핵심인 방송 산업에서도 마찬가지이다. 편성권을 가진 방송사는 외주제작 의무 편성 제도에 따라 늘어난 외주 제작사를 지휘·감독하며 이들과 위계적 관계를 맺는다. 이러한 사업자 간의 위계적 구조는 이중적 노동시장 형성과 노동의 유연화를 강화했다.

방송 산업은 방송사 내부 노동시장과 외주 독립제작사 등의 외부 노동시장의 위계적 이중시장으로 구조화되었다. 방송사를 중심으로 독립제작사, 파견 회사, 기획사, 협력사, 용역사 등이 방송프로그램 제작 요소 시장을 형성하며 분화되었다. 방송사 내부 노동시장의 정규직 연출직이 방송사 내외부 비정규직과 방송사 외부 노동시장의 독립제작사 인력을 실질적으로 지휘 관리하는 관계에 있다. 방송사 내부 시장은 정규직 중심으로 고용 관행이 형성되고, 외부의 노동시장은 비정규직 중심으로 고용 관행이 만들어졌다(송용한·이종임·오현주, 2019).

이러한 위계적 구조는 방송사와 독립제작사 간의 불공정 거래 관행을 만들었다. 외주 제작사 인원들이 용역이나 바우처 계약의 형태로 방송사 내부로 이동하면서 특히 제작 부문에서 비정규직이 증가했다. 한국콘텐츠진흥원(2020a)이 작성한 「2019 콘텐츠산업통계조사」에 따르면, 2018년 기준 방송 산업의 정규직은 79%에 해당하며, 비정규직 비중이 21%로 나타났다.

방송 산업의 위계적 이중시장 구조에서 고용 형태의 구분이 불명확함으로 인해 미디어 노동자의 위치는 더욱 불안정해진다. 방송사가 직접 고용하는 정규직과 계약직을 제외하면, 다른 고용 형태의 종사자들 간의 경계선이 명확하지 않다. 특히 '바우처' 형태는 특수고용이나 직접고용 임시직과 명확하게 구분하기 곤란한 경우가 자주 발생한다. 방송사가 직접 고용하는 것이 아니라 프로젝트의 책임자인 PD가 해당 프로그램 제작비에서 고용하는 방식이기에 제작비의 규모에 따라 임금이나 고용 여부가 좌우되어 고용 안정성은 매우 불안해진다.

방송사나 제작사와의 실질적 관계에서 종속적인 비정규직은 노동의 유연화를 차별적으로 경험한다. 비정규직 가운데 다수를 차지하는 프리랜서는 근로자성을 인정받지 못하고 '노동법'과 '최저임금법' 등 관련 법제도적 보호로부터 배제되어 노동시간, 임금, 4대 보험 등의 권리를 보장받지 못한다. 보조 작가 프리랜서는 최저임금에도 못 미치는 시급을 받고 있으며, 출퇴근도 불명확하며 근로와 휴식 시간의 구분이 불분명하다. 이들은 계약서 없이 계약을 진행하는 등 노동조건의 격차가 내외부 시장에 따라 심화되고 있다(이종구, 2009). 이들은 파견법에 따라 허가받은 파견 업체와 노동계약을 맺고 임금을 받지만 업무상 지시 감독은 사용 업체인 방송사 등으로부터 받게 된다. 이와 같은 방식으로 방송 산업의 이중 노동시장에 걸쳐 일하는 비정규직 노동자들은 저임금, 장시간 노동, 차별을 경험하는 불안정한 위치에 있다.

2) 프로젝트형 노동시장과 프리랜서 노동

미디어 산업은 표현 영역별 창작 능력과 기술지원 능력의 결합으로 노동이 이루어진다. 이들은 수용자에게 소구하려는 치열한 경쟁 속에 끝없이 새로운 창작물을 생산해야 한다. 트렌드에 민감하고 고정된 예산과 제작비로 움직이기 어려운 미디어 산업의 콘텐츠 제작 방식은 프로젝트 단위의 제작 구조로 인원과 재원 계획 등을 수립하고 집행하게 된다. 미디어 산업에서 콘텐츠 제작 과정 전반에 대한 체계적 준비와 계획적 인력 운용은 사실상 어렵다. 이는 문화예술 전반의 창의 산업이 프로젝트 기반으로 이루어지는 것과 유사하다.

프로젝트 기반의 미디어 산업 노동 환경은 자영업 형식의 근로자 고용, 프로젝트 단위의 비정규직 고착화, 기업 규모의 영세성, 고용 없는 성장 등을 특징으로 한다. 기업 규모는 노동조건에 영향을 미치는데, 이들 기업의 영세성을 보면 1~9인 이하 사업체가 38.7%를 차지하며, 10~50인 미만은 21.9%를 차지한다(한국콘텐츠진흥원, 2020b). 이들 업체는 정규직이나 직접

고용 방식보다는 프로젝트형 노동시장을 중심으로 임시직 또는 프리랜서 노동을 주로 동원한다. 미디어 산업의 이러한 특수성에 의해 출판, 만화, 음악, 영화, 방송은 창작 인력과 기술지원 인력 모두 프리랜서가 상당 부분 차지한다. 캐릭터, 애니메이션, 게임은 내부 고용 인력이 제한적일 때 아웃소싱을 통해 프리랜서를 수급하는 구조이다.

미디어 산업의 프리랜서는 총 8만 6400명 규모로 전체 인력의 30.5%를 차지하고 있다. 장르별, 직무별로 그 규모는 상이한데 만화, 영화, 음악의 경우 기획(제작기획), 제작 인력의 50% 이상이 프리랜서로 구성되어 있다 (한국콘텐츠진흥원, 2020a). 방송 산업의 경우 방송사 외부 노동시장에는 비정규직 중심의 프로젝트형 노동시장이 주로 작동한다. 이들 중에서도 특수고용 형태의 프리랜서 노동을 프로그램 제작에 관행적으로 활용한다(이종구, 2009). 공공부문 방송사 프리랜서 10명 중 7명은 여성(71.2%)이고, 20대와 30대 여성이 75% 내외를 차지한다. 대부분 작가, 아나운서, 리포터, 캐스터 등이며, 성별 임금 직무 분리가 나타난다. 이들의 고용 형태는 임시직/프로젝트 계약, 일용직, 고용원이 없는 자영업자 등의 형태이다(한국콘텐츠진흥원, 2020c). 프로젝트형 노동시장은 시장원리가 결합되어 동일 노동이지만, 차등 임금에 노동 내용에 대한 관리와 표준화가 곤란해 노동자의 자발적 협력 확보가 필요하다. 이들 중 적지 않은 수가 형식상은 프리랜서이지만 실질적으로 복수의 사업체에 경제적으로 종속된 채 일한다. 이들의 임금 실태를 보면, 공공부문 방송사 비정규직의 월평균 임금은 180.3만 원이며 정규직의 약 24.7% 수준이다(한국콘텐츠진흥원, 2020c). 이들 프리랜서 가운데 자발적으로 노동을 선택하고 그 활동으로 충분한 생계유지가 가능한 경우는 35%에 그친다. 이들 중 자발적으로 활동을 선택했고 주 수입원으로 삼고 있으나 적은 수입으로 부업을 하는 경우가 65%에 이른다. 즉 자발적 선택이든 비자발적 선택이든 충분히 생계유지를 하기 어려워 1~2개의 사업체에 종속되어 노동을 해야 하는 경우가 절반 이상에 이른다. 이는 프리랜서 형태 미디어 산업 종사자들의 고용 및 임금 불안정성이 매우 높음을 보여준다(한국콘텐츠진흥원, 2020b).

3) 미디어 산업 성별 고용구조

미디어 산업은 위계적 노동시장 구조이며, 바로 투입되는 인력을 선호하는 프로젝트형 노동시장 중심으로 이루어져 신규 진입자인 청년과 여성의 고용 취약성이 나타난다. 미디어 산업 내부에서 업종에 따라 고용 형태의 분포가 서로 다르게 나타나 각 산업 영역 모두를 일반화하기는 어렵다. 산업 전체적으로 정규직에서 남성이 여성보다 9.1% 정도 더 많은 비중을 차지한다. 출판 산업은 정규직에서 남성이 여성보다 8% 정도 높고, 비정규직은 성별 차이가 크게 나타나지 않는다. 오히려 만화 산업과 음악 산업은 여성의 정규직 비중이 높은 편이고 게임, 방송, 캐릭터, 지식정보 산업은 남성의 정규직 비율이 여성에 비해 매우 높은 편이다. 산업 전체적으로 비정규직 부문은 성별 차이가 정규직보다 비교적 크지 않고, 미디어 산업전체 비정규직은 남성이 여성보다 0.7% 많다. 게임 산업의 비정규직은 특히 남성이 여성보다 5% 정도 많이 차지한다(한국콘텐츠진흥원, 2020a).

미디어 산업 가운데 방송 산업에서 직무별 성별 차이가 크게 나타나는데, 의사결정 직급일수록 성별 직업 분리가 크게 나타나고 있다. 대표적으로 지상파방송 산업의 직무별 종사자 현황을 통해 성별 고용구조를 살펴보면, 방송 산업의 위계 구조상 최상위에 속하는 지상파방송에서 고용의 성별화는 크게 나타난다.

전체 종사자의 72.5%가 남성이며, 이는 정규직의 고용 안정성과 임금이 비교적 보장된 지상파방송이 남성중심적 성별 분리 구조임을 의미한다.

표 7-1 2019년 지상파방송 직무별 종사자 현황

성별	전체	대표/	임원	경영직	방송직					기술직	연구직	영업/홍보직	기타
					기자	PD	아나운서	제작 관련	기타				
남자 (%)	10,530 (72.5)	62 (98.4)	100 (92.6)	1,235 (73.7)	1,926 (77.9)	1,650 (66.7)	214 (42.2)	1,836 (78.4)	322 (37.4)	1,997 (94.8)	92 (82.1)	537 (64.8)	559 (57.6)
여자 (%)	3,989 (27.5)	1 (1.6)	8 (7.4)	440 (26.3)	547 (22.1)	822 (33.3)	293 (57.8)	506 (21.6)	539 (62.6)	109 (5.2)	20 (17.9)	292 (35.2)	412 (42.4)
합계	14,519 (100.0)	63 (0.4)	108 (0.7)	1,675 (11.5)	2,473 (17.0)	2,472 (17.0)	507 (3.5)	2,342 (16.1)	861 (5.9)	2,106 (14.5)	112 (0.8)	829 (5.7)	971 (6.7)

자료: 과학기술정보통신부·방송통신위원회(2020). 「2020 방송산업 실태조사보고서」 재구성.

표 7-2 2018 방송 산업 전체 성별 고용 형태 현황

고용 형태	전체(%)	남자(%)	여자(%)
정규직	39,753(79.0)	26,907(53.5)	12,846(25.5)
비정규직	10,533(21.0)	4,869(9.7)	5,664(11.3)
합계	50,286	31,776(63.2)	18,510(36.8)

자료: 한국콘텐츠진흥원(2020a).

최고의 의사결정자인 각 방송사 대표의 경우 98.4%가 남성이다. 단 1명의 여성만이 대표직을 수행하고 있다. 임원의 경우 남성이 92.6%를 차지하고, 경영직은 73.7%가 남성이다. 아나운서와 기타를 제외하고 모두 남성 종사자가 지배적이다. 종사자 수에서나 의사결정 직급에서의 성별 고용 분리가 확연하게 나타난다. 콘텐츠 기획과 제작의 의사결정자라 할 수 있는 기자와 PD직군에서도 각각 77.9%와 66.7%가 남성으로 수직적 성별 분리가 나타나고 있다. 기술직과 연구직에서도 남녀 차이가 크게 나타나고 있어 성별 직업 분리가 방송 산업 전체에 나타나고 있고, 이러한 성별 직업 분리는 여성의 열악한 노동시장 지위에 영향을 미치는 주요 요인이 된다. 성별 분리와 노동영역 분리를 동일시하면서 남성적 일과 여성적 일

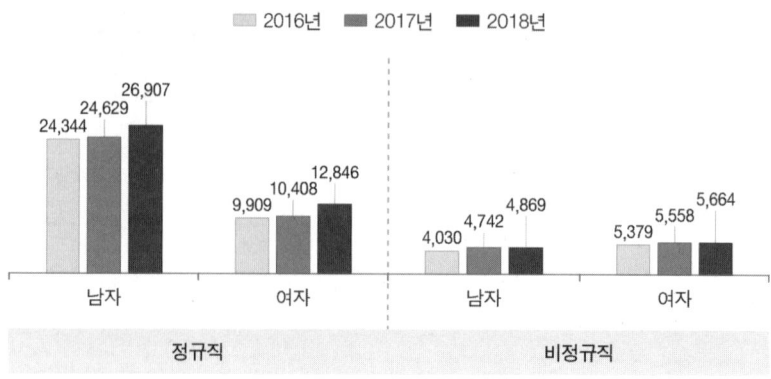

자료: 한국콘텐츠진흥원(2020a). 2019 콘텐츠산업통계조사.

을 구분하고, 의사결정 권력과 임금격차가 나타나고 있다. 여성 노동의 전반적인 하향 가치화가 나타난다고 할 수 있다(김현미·손승영, 2003).

2018년 기준 방송 산업의 정규직은 79%에 해당하며, 비정규직 비중이 21%로 나타났다. 그러나 성별 구조면에서 정규직 남성이 53.5%이며, 여성 정규직은 25.5%로 남성 정규직이 여성에 비해 두 배 가량 많다. 비정규직의 성별 비중은 남성이 9.7%, 여성이 11.3%에 이르러 여성이 2%가량 많다. 방송 산업 가운데서도 유선방송과 위성방송 부문의 비정규직의 성별 비율 차이는 약 1%에 그친다. 그러나 정규직은 지상파, 유선방송, 위성방송에서 남성과 여성의 비율 차이가 50% 가량 나타난다. 방송 영상물 제작업, 즉 독립제작사에서는 정규직 부문에서 남성과 여성의 차이는 10% 가량으로 방송 산업 내 규모가 큰 타 영역일수록 남성 종사자가 많음을 알 수 있다. 방송 산업 전체로 볼 때 정규직 부문에서 남성과 여성 간의 차이가 비정규직보다 더 확연히 나타난다.

〈그림 7-1〉의 자료에 의하면, 연도별 방송 산업의 종사자 수는 연평균

7.3%가량 증가했다. 미디어 산업의 확장과 신규 인력 유입이 증가하고 있음을 알 수 있다. 연평균 남성 정규직 종사자는 5.1%, 여성 정규직 종사자는 13.9% 증가했고, 비정규직에서 남성 종사자는 9.9% 증가했고 여성 비정규직은 2.6% 증가했다. 방송 산업 종사자 수는 전체적으로 증가하지만, 정규직과 비정규직 부문의 성별 차이는 비슷한 비율로 고착되고 있다. 정규직은 남성이 여성의 두 배, 비정규직은 여성이 남성보다 2%가량 많은 수준을 지속적으로 유지하고 있다(한국콘텐츠진흥원, 2020a).

미디어 산업의 임금 영역에서도 성별 구조가 크게 나타난다. 종사자의 월평균 개인 소득의 성별 차이(2017)를 보면, 남성은 평균 204.5만 원, 여성은 186.3만 원으로 집계되었고, 200만 원 미만 소득의 성비를 보면, 남성은 42.9%이며 여성은 54.5%를 차지한다. 여성이 남성보다 소득이 낮을 뿐만 아니라 저임금 소득 구간에 여성이 차지하는 비율이 12% 이상 높게 나타난다. 계약 방식에서도 남성은 제작사가 주 계약 상대인 비율이 50.6%, 여성은 40.7%, 제작사로부터 도급/위탁/위촉받은 회사가 주 계약 상대인 남녀 구성비는 남성은 27.5%, 여성은 45.1%로 나타나고 있다. 여성들이 하도급 또는 위탁업체에 종사하는 비율이 높다. 임금 수당 항목의 직책수당(남성 17.7% : 여성 3.3%)과 가족수당(남성 2.5% : 여성 0%)에서 남녀 차이를 보더라도 남성이 주요 직책을 차지하며, 성별 차이를 나타내고 있다(한국콘텐츠진흥원, 2018). 임금 수준에 대한 남녀 인식 차이를 보면, 남자는 79.3%가 낮은 수준이라고 인식하는 데 비해 여성은 90%가 낮은 수준이라고 인식하고 있다. 업무에서 개선을 희망하는 분야(중복)는 남성은 68.2%가 임금을 꼽은 반면 여성의 79.3%가 임금 개선이고 다음이 근로시간과 복리후생이다. 이런 조건의 미디어 산업 종사자들은 주로 불규칙한 수입과 미래에 대한 불안과 불확실성 때문에 직업 변경이 잦다. 남성의 65.3%와 여성의 50%가 불규칙한 수입을 원인으로 꼽고, 미래의 불안과 불확실성은 남성이 53.3%, 여성이 64.7%를 직업 변경의 원인으로 꼽는다(한국콘텐츠진흥원, 2019). 직업의 안정성 면에서도 남성보다는 여성의 위치가 더욱 위태롭다. 남성보다 여성 노동의 유연화가 더 큰 취약성을 드러내는데 임금과 직업의 불안정성, 과다한 근로시간, 시간제 노동자로 편입되어 전문성보다 산업 예비군에 머무르는 것 등에서 나타난다.

업종과 직무 종사의 성비 불균형을 볼 때 미디어 산업 전반에 걸쳐 성별 직업 분리와 성별 사업체 분리가 나타나는 것으로 보인다. 직업에 있어 여성이 상대적으로 낮은 노동시장 지위를 보이는 성별 직업 분리는 물론 성별 사업제 분리 또한 마찬가지이다. 인정적인 기업의 형태를 갖춘 방송 산업의 경우 정규직 내 남녀 분포에서 큰 차이를 보이고, 소매업 등의 유통업이나 콘텐츠 출판업 등의 영세 사업체에는 여성 집중 현상이 나타난다. 미디어 산업의 성별 직업 분리는 노동시장에서 성차별을 야기하는 주요한 요인이다. 성별화된 직업 구조는 업무, 노동시간, 임금 등에서 여성에게 불리하게 작용하면서 고용의 불안정을 야기한다. 산업 전체적으로 성 구별적 분업 체제와 성차별적 임금 체계와 노동조건이 결합되어 성차별이 만연한 고용구조이다. 이러한 환경에서 노동의 질적 격차가 심화되고, 경제적 보상에 올인하는 기계적 노동이 심화될 수 있다. 또한 정규직이나 프로젝트 책임자 집단과 비정규 미디어 노동자 간에 가치 치향성의 격차가 발생할 수 있다.

4. 미디어 산업의 플랫폼 노동

세계적으로 온라인 노동이 연평균 26% 성장하며, ICT 개발과 디지털 콘텐츠 산업의 성장 속도가 빠르게 진행된다. 디지털 경제의 발달과 함께 온라인 중심으로 상품과 서비스, 콘텐츠의 생산자와 구매자를 통한 플랫폼 노동이 증가하고 있다. 디지털 플랫폼 노동(platform work)의 정의는 "온라인을 통해 플랫폼을 이용해, 불특정 조직이나 개인이 문제해결이나 서비스를 제공하고 보수 혹은 소득을 얻는 일자리"로 규정된다(ILO, 2018; OECD, 2019; 김종진, 2020 재인용). 이는 플랫폼을 매개로 노동이 중개되는 방식을 주로 일컫지만, 플랫폼 노동화는 두 가지 방식으로 이루어지는데, 기존 산업의 플랫폼 노동화로 물류 배달 등 특정 개인에게 서비스를 제공하는 노동형태와 새로운 산업의 플랫폼 노동화가 나타난다. 이를 다시 구분하면, 플랫폼 노동의 대표적 방식은 웹 기반(web-based)형과 지역 기반(location- based)형으로 볼 수 있다. 웹 기반형은 웹툰 등 콘텐츠 스트리밍, 번역, 창작물 콘테스트 등 서비스 제공이 온라인에서 이루어지는 유형이며, 기존 산업의 플랫폼노동화인 지역 기반형은 배달, 대리운전, 청소 등 서비스 제공이 오프라인에서 이루어지는 유형이다. 웹 기반형은 초고속 인터넷과 모바일 기술의 발전으로 출현한 새로운 산업으로 미디어, 콘텐츠, 전문 서비스 등을 이용자에게 제공하는 노동 형태이다. 웹 기반 플랫폼노동은 플랫폼 기업(운영사) - 수요자(고객) - 공급자(노동자)의 관계로 구성된다(양경욱, 2020).

플랫폼의 주된 이용자들은 동영상, 음악, 웹툰, 소설, 뉴스 등의 다양한 콘텐츠를 플랫폼을 통해 매개하고 소비한다. 웹과 모바일 기반 플랫폼노동을 중심으로 성장하는 미디어 산업은 동영상 체제의 웹기반 영상 콘텐츠 제작으로 분화된다. 특히 유튜브와 페이스북 같은 SNS 등 개인 이용자의 콘텐츠 생산과 전시가 보편화되면서 자유롭게 자신의 콘텐츠를 플랫폼에 업로드하며, 재미를 얻거나 수익을 추구하기도 한다. 플랫폼은 콘텐츠를 제공하는 주체이기보다 개인들의 생산 및 소비 활동을 중개하고 매개하는 역할만을 담당한다.

언제나 쉽게 접근할 수 있는 플랫폼을 통한 콘텐츠의 생산과 소비 방식은 자유롭고, 유희적이며 진입이 용이하다. 플랫폼 콘텐츠의 생산과 소비는 자발적 놀이기도 하지만, 수익 추구의 활동이기도 하다. 이 경우 자유로운 무료 노동이 동원된다. 만족감을 위해 적은 수익에도 기꺼이 노동을 수행하는데 노동의 유희적 속성 때문에 자발적으로 자기 착취에 가담한다. 이러한 방식의 디지털 노동은 금전적 대가 없이 이용자들의 활동을 무료로 수취하기에 전통적인 임노동보다 더 착취적이다(양경욱, 2020). 그래서 플랫폼 이용자들의 노동은 자유롭지만 착취적이라고 할 수 있다. 이들은 자신의 욕구에 따라 자발적으로 플랫폼을 이용하며, 자본의 명령이나 지휘로부터 사유롭다. 특히 여성 플랫폼 노동의 경우 51.6%는 고용계약 없이 일하고, 35.5%는 고용계약은 없었으나 정해진 장소와 시간에 일하고, 12.9%는 고용계약을 맺고 일을 하고 있는 것으로 조사되었다.[1]

이들 노동은 전형적인 프리랜서 방식의 독립 사업자 형태의 일자리로 종속성이나 전속성 문제보다 표준계약, 수수료, 일과 업무 성격, 평판과 같은 문제들이 주요 쟁점이 되고 있다. 플랫폼노동 유형은 노동의 대가는 임금이 아닌 건당 혹은 시간당 수수료 형태로 지급받는다. 노동시장 진입장벽이 낮고, 노동 참여를 촉진한다. 단점은 고용조건이나 사회보험 및 안전에 아무런 제도적 작용을 받지 못하는 점이다. 웹기반 플랫폼 노동은 플랫폼에 개인이 등록 후 표준계약을 체결(혹은 약관 동의)하고 일을 한다. 기존에 프리랜서로 일한 사람들이 플랫폼 기업에 프로필을 제출 후 비표준적인 계약관계를 맺고 일을 하는 형태이다. 모두 일하는 시간이나 형태가 자율성이 높고 자유로운 곳에서 일이 수행된다(김종진, 2020).

미디어 산업의 플랫폼 노동은 주로 웹 기반 플랫폼 노동이라고 할 수 있다. 플랫폼을 무대로 자유로운 온라인 영상 제작, 1인 크리에이터 활동을

---

[1] https://www.korea.kr/news/pressReleaseView.do?newsId=156367150.

통한 수익 기대로 개인 이용자들이 노동의 주체로서 노동에 참여하는 현상이 확산되고 있다. 기업과 광고업체가 이들의 자발적이며 자유로운 무료 형태의 웹 기반 플랫폼 노동을 이용함에 따라 이들의 노동은 상품화 과정에 통합된다(박진선, 2020). 이용자가 플랫폼에 로그인하고, 콘텐츠를 생산하고, 업로드하는 일련의 행위들이 강요보다는 '자발적 노동'으로 이루어진다는 점은 이러한 상품화 방식을 지닌 플랫폼의 작동 원리와도 연결된다. 플랫폼이 사회적 상호작용을 조장하고 이를 놀이와 오락으로써 일상화하며, 이를 자본주의적 논리와 결합시킨다. 플랫폼이나 MCN 등에 의해 관리되지 않는 진입장벽이 낮고 자율과 무료로 제공하는 웹 기반 플랫폼 노동은 창작자로서 갖는 노동의 즐거움과 동시에 낮은 보상의 불안정한 수익, 정해지지 않은 장시간 노동, 보장되지 않은 미래로 인한 취약성을 드러낸다.

5. 결론: 떠도는 삶과 불안정한 미디어 노동의 주체

채널 수와 플랫폼 시장의 증가는 미디어 산업에 새로운 인력을 필요로 한다. 창의 노동의 자율성과 독립성을 특징으로 하는 이 분야는 청년세대의 직업적 관심도 받고 있다. 트렌드를 주도하고 변화에 민감한 젊은 감각을 필요로 하는 미디어 산업에 청년 종사자들이 늘고 있다. 비정규직의 진입장벽이 낮은 미디어 산업의 웹 기반 플랫폼 노동에 대한 청년층의 선호는 셀럽화되는 인플루언서와 1인 크리에이터에 대한 사회적 열광에 의해 촉진된다. 2018년도 미디어 산업의 연령별 종사자 통계를 보면, 29세 이하 종사자는 17만 6232명으로 전체 종사자 수의 33.0%를 차지했고, 전년보다 10.2% 증가했다. 29세 이하 청년들이 전체의 44.9%를 차지하는 30대

종사자(30세~39세) 다음으로 미디어 산업에 가장 많이 종사한다(한국콘텐츠 진흥원, 2020b). 정규직 신규 채용이 거의 드문 지상파방송사도 청년 인력 대부분을 비정규직으로 고용하고, 9인 이하 사업체가 다수를 차지하는 미디어 산업을 볼 때 대부분 청년이 비정규직으로 신규 유입됨을 추정할 수 있다. 이는 미디어 산업의 프로젝트 기반 노동 특성상 바로 일에 투입할 수 있는 경력직을 선호하는 특성에서도 청년세대는 주로 임시직으로 경력을 쌓아야 함을 알 수 있다.

미디어 산업의 다양한 직군에서 프리랜서로 종사하는 청년세대들은 직업을 유지하기 위해 인적 네트워크를 벗어나기 어렵다. 이들 프리랜서들이 프로젝트에 참여하게 되는 경로는 주로 '지인/주변 소개'이며, 평균 64.6%를 차지한다(한국콘텐츠진흥원, 2020b). 이들은 개인의 평판이나 비공식 추천을 통해 일을 얻게 되는데, 친분 관계, 학력, 성별, 출신 지역별 요인이 작동하는 인적 네트워크를 관리해야 한다. 인적 네트워크가 취업이나 재취업의 주요한 요소이다 보니 노동관계 속에서 겪는 불편이나 부당함을 말하기 어렵다.

이들은 평판과 경력에 기대어 미디어 노동시장에서 생존하기 위해 경쟁력을 갖기 위해 창의적이 되거나 자기 계발과 스펙 관리에 많은 시간을 투자해야 한다. 끊임없이 자기관리와 자기 계발을 통해 노동 시장에 뛰어들 준비를 해야 하고, 다음 일자리를 모색할 수 있어야 한다(이설희·홍남희, 2020). 이들 미디어 노동자는 인적 네트워크 안에서 떠도는 삶을 살아내야 하며, 지극히 불안정하고 착취적 성격을 지닌 위계적 노동시장에 편입되어야 한다. 이로 인해 저임금의 경제적 빈곤과 비정규·임시직으로 취업 불안에 시달리며, 좌절과 자존감의 하락을 경험하게 된다.

비정규직, 청년세대, 성별 차이가 교차하는 미디어 산업의 취약한 고용 구조는 자율성과 자유노동 담론과 대비되는 삶의 불안정성을 노출한다.

특히 직업, 직종의 성별 분리와 세대 차이로 인해 여성과 청년이 낮은 임금과 장시간 노동에 떠밀려 위태로운 삶을 살아내고 있다. 노동의 유연화로 인한 직업 상실의 위험을 일상화하고, 취업과 재취업에 대한 스펙 쌓기와 평생 재교육과 교육훈련 요구로 인한 압박을 견뎌야 한다. 미디어 산업 내 조직별, 직군별, 고용 형태별, 성별 노동 양식에 따른 차이들은 불확실하고 보장되지 않은 유연한 착취에 내몰린 불안한 프리케리아트(precariat)를 양산하고 있다.

🔖 사례 찾아보기

2017년 10월 CJ E&M 소속 이한빛 PD가 고강도 장시간 노동의 괴로움을 호소하며 스스로 생을 마감했다. 그는 tvN 〈혼술남녀〉 촬영 현장에서 격무에 시달렸다. 그를 추모하는 시민 추모 문화제가 열렸고, 재발 방지 대책을 촉구했다. 성실하게 사는 청년이 좌절하고 죽음을 선택해야 하는 회사와 사회의 구조를 바꾸기 위한 움직임이 생겨났다. '카메라 뒤에 사람이 있다'라며 방송사 및 미디어 산업에 근무하는 비정규직 및 취약 노동자들의 권익 보호와 복지 증진과 낡은 방송 제작 환경을 개선하는 활동을 '한빛미디어노동인권센터'를 설립해 이어나가고 있다.

🔖 학습 활동

이한빛 PD, 이재학 PD 사례 찾아보기, 한빛미디어노동인권센터 찾아보기 (https://hanbit.center/info1): 카메라 뒤에 사람들은 어떻게 일하고 있는지 답해 보기

🔖 책 읽기 (이한빛 PD 어머니가 쓴 에세이)

김혜영, 『네가 여기에 빛을 몰고 왔다(먼저 떠난 아들에게 보내는 약속의 말들)』(후마니타스: 2021).

❶ 미디어 산업에서 나타나는 창의 노동의 긍정적 측면은 무엇인가?

❷ 미디어 산업에서 나타나는 창의 노동의 부정적 측면은 무엇인가?

❸ 미디어 산업의 노동시장은 어떻게 위계적 구조를 맺는가?

❹ 미디어 산업의 고용구조에서 청년과 성별 특성은 어떻게 교차하는가?

참고문헌

김종진. 2020.「디지털 플랫폼노동 확산과 위험성에 대한 비판적 검토」. ≪경제와 사회≫, 125, 296~322쪽.

경제사회노동위원회. 2019. 디지털 플랫폼 노동의 새로운 도전과 과제. ttps://www.korea.kr/ news/pressReleaseView.do?newsId=156367150 (검색일: 2021.7.10).

김현미·손승영. 2003.「성별화된 시공간적 노동 개념과 한국 여성노동의 유연화」. ≪한국여성학≫, 19(2), 63~96쪽.

박진선. 2020.「크리에이터는 어떻게 노동하는가?: 1인 미디어 생산 경험에 대한 비판적 고찰」. ≪미디어경제와 문화≫, 18(1), 73~110쪽.

박진우. 2011.「유연성, 창의성, 불안정성 미디어 노동 연구의 새로운 문제 설정」. ≪언론과 사회≫, 19(4), 41~86쪽.

서동진. 2012.「창의적 일로서의 미디어 노동? 미디어 노동의 문화경제 분석을 위한 시론」. ≪한국언론정보학보≫, 57, 33~48쪽.

송용한·이종임·오현주. 2019.「한국 방송산업의 구조적 변화에 따른 비정규직 노동자의 정체성 구성에 관한 연구」. ≪문화와 정치≫, 6(4), 205~237쪽.

양경욱. 2020.「플랫폼 경제와 문화산업: 만화산업의 플랫폼화와 웹툰 작가의 자유/무료노동」. ≪노동정책연구≫, 20(3), 79~106쪽.

이상길·이정현·김지현. 2013.「지상파 방송사 비정규직 노동자의 직무인식과 노동경험: 파견직 FD에 대한 심층인터뷰를 중심으로」. ≪방송과 커뮤니케이션≫, 14(2), 157~206쪽.

이설희·홍남희. 2020.「유동하는 청년들의 미디어 노동:2·30대 미디어 생산자를 중심으로」. ≪한국언론정보학보≫, 101, 113~152쪽.

이종구. 2009.「방송산업 비정규직 노동자의 실태:노동시장 구조와 고용관행」. ≪민주사회와 정책연구≫, 15, 273~310쪽.

이종수. 2021.「방송산업의 노사관계 평가와 전망」. ≪월간 노동리뷰≫, 1, 72~87쪽.

이종임. 2018.「국내 방송드라마산업의 제작구조와 노동환경에 관한 연구」. ≪인문사회21≫, 9(3), 741~755쪽.

임지영. 2017.10.2. "이한빛 PD가 떠나고 '이한빛들'을 위하여". ≪시사인≫.

장희은·노성철. 2019.「불안정 창의노동자들의 정체성과 고용형태의 변화:A사 프리랜서 구성작가의 정규직화 과정 사례를 중심으로」. ≪산업노동연구≫, 25(1), 253~298쪽.

한국콘텐츠진흥원. 2018.「2017년 대중문화예술산업 실태보고서」.

_____. 2019. 「2018년 대중문화예술산업 실태보고서」.

_____. 2020a. 「2019콘텐츠산업통계조사」.

_____. 2020b. 「콘텐츠산업고용구조 변화연구」.

_____. 2020c. 「방송사 비정규직과 프리랜서 실태: 공공부문 방송사 프리랜서 인력활용」.

Banks, M. and D. Hesmondhalgh. 2009. Looking for Work in creative industries policy. *International Journal of Cultural policy,* 15(4), pp.415~430.

제8장

글로벌 영상 플랫폼과 문화 소비
넷플릭스 동영상 콘텐츠 소비가 영상문화에 미치는 영향

1. 서론

1) 연구 배경과 선행 연구

디지털 혁명과 전 지구화의 가속화에 따라 영화는 넷플릭스를 비롯한 다양한 OTT(Over The Top, 온라인 동영상 서비스) 플랫폼에서 상영되기 시작했다. 콘텐츠로서 유통되고 소비된 것뿐만이 아니라 영화의 극장 개봉 이전에 혹은 극장 개봉을 대체하는 방식으로 온라인 플랫폼에서 상영되기

＊　**장미화**(중앙대학교 첨단영상대학원 영상학과 강사)

시작했다. 포스트 코로나19의 언택트 시대를 맞아 이러한 관행은 점차 확산 추세에 있으며, 영화가 존재론적인 근거를 상실하지 않으면서 새로운 문화적 변화를 따르는 측면에 대한 논의가 일어났다. 영화가 극장이라는 공적 공간을 기반으로 많은 사람들이 공동으로 경험하는 감상 방식 대신에, 개인적 공간에서 개인이 경험하는 감상 방식은 영화라는 매체의 본질적인 특성이 바뀌었음을 말한다. 요컨대 글로벌 OTT 플랫폼에서의 동영상 콘텐츠의 소비 행태는 영화를 이전과 크게 달라진 새로운 매체로 바꾸고 있다. 소비 방식에 따른 이와 같은 차이는 경제, 산업, 사회, 문화 각 방면에 걸쳐 다양한 변화를 제기한다. 그러나 글로벌 OTT 넷플릭스를 중심으로 살펴보았을 때 영화의 극장 개봉을 대체하는 OTT 소비 행태는 매체로서의 변화뿐만 아니라 글로벌과 로컬 간의 대립이라는 갈등을 야기하는 것이기도 하다.

텔레비전과 컴퓨터, 스마트 기기 어디에서나 접속이 가능한 넷플릭스의 서비스 환경은 관객의 편의를 최우선으로 고려했다. 관객의 소비 경향을 빅데이터 산출의 유일한 기준으로 삼는 마케팅 전략은 단순한 수용자에서 능동적 수행성을 갖추게 된 사용자의 변화를 반영한다. 넷플릭스는 매력적인 콘텐츠를 지속적으로 제공하기 위해 글로컬 전략을 세웠다. 유럽, 아시아, 남미 등 모든 지역에 진출하면서 그 나라의 로컬화를 시도하는 전략을 시행한 것이다. 대표적으로 2016년 한국에 진출하면서, 봉준호 감독의 영화 〈옥자〉에 600억 원을 투자해 넷플릭스 오리지널 콘텐츠로 제작했다. 극장이 아닌 넷플릭스에서 먼저 상영한 방식은 한국 사용자를 잡기 위한 것이다(오은경, 2019: 339). 콘텐츠를 소비하는 관객의 태도가 문화적 다양성, 정체성이라는 두 가지 요소에 미치는 영향을 살펴보고 글로벌 OTT에서의 영화 소비 행태가 소비자의 영화 관람에 어떤 변화들을 끌어내는지 문화적인 차원에서 알아보고자 한다.

2016년 한국에 처음 진출한 넷플릭스는 이후 국내시장 진입 정책을 실행했다. 그에 따라 글로벌 OTT 산업은 국내 미디어 생태계에 영향을 미치고 문화의 다양성과 정체성에 중대한 변화가 나타났다. 그러한 변화들과 관련해서 최근 연구들은 넷플릭스의 유통 전략을 중심으로 영화에 미치는 영향을 검토하고 있다. 정승애·임대근(2018)은 넷플릭스의 초국가적 유통 전략이 영상 미디어 콘텐츠 산업의 생태계를 바꾸는 작금의 현상에 대해서 비판적으로 검토했다. 디지털 컨버전스 시대의 도래에 따라서 넷플릭스는 초국가적 유통 전략으로 영상 미디어 콘텐츠 산업 생태계를 바꾸는 새로운 행위자로서 부상했으며 모순적인 글로벌라이제이션이 진행되었다. 그에 따라 동영상 콘텐츠 산업은 각 지역 시장을 획일화된 시장으로 포섭하고 있다(정승애·임대근, 2019: 201). 넷플릭스의 마케팅 정책은 회원 가입 수와 유지를 목표로 실시간으로 개인화 서비스, 콘텐츠 순위 등을 조정한다. 넷플릭스는 알고리즘에 반영된 개인정보를 기반으로 "사용자와 콘텐츠가 직접 상호작용하는 네트워크로써 새로운 미디어 구조를 형성했다. 넷플릭스의 콘텐츠는 통합된 매체를 통해서 전달되며 기술로써 분석되는 상품이다(정승애·임대근, 2018: 200~201). 넷플릭스는 자체 콘텐츠를 제작·유통하면서 영상문화에 중대한 영향을 미쳤다. 팬데믹 사태의 장기화로 〈승리호〉와 같은 영화는 극장 대신 넷플릭스에서 개봉되어 커다란 성공을 거두었다.

설문조사에 따르면 넷플릭스의 영향력이 증가하면서 영화는 단순히 국내시장 잠식과 국내 콘텐츠의 약화라는 부정적인 영향뿐만 아니라 소비계층에 따라 긍정적인 영향도 받고 있다. 정인숙은 네 가지 시나리오를 도출해서 전문가 집단과 20대 대학생을 대상으로 설문조사를 실시했는데 조사 결과 글로벌 OTT 확산이 국내 미디어 생태계에 긍정적 영향을 미칠 것이라는 낙관적인 답변이 두드러지게 나타났다. 문화적 다양성과 문화적 정체성 측면에서 넷플릭스가 긍정적 영향을 불러올 것이라는 20대 응답자의 반응은 국내시장 잠식과 한국 영화의 문화적 정체성 파괴라는 전문가집단의 시나리오와 대비된다. 전문가 집단에서 부정적 견해가 나타난 부분은 '국내 플랫폼 사업자의 경쟁력' 부분이다. '국내 콘텐츠 이용률'에서 20대 관객은 문화적 정체성보다는 문화적 다양성에 더 많은 관심을 가지며 외국 콘텐츠 선호도가 높다(정인숙, 2019: 25~26). 홍남희는 팬데믹으로 인한 언택트 시대에 넷플릭스 오리지널 영화의 영향으로 급변하고 쇠퇴해가는 극장 중심 영화와 TV 문화 그리고 넷플릭스 간의 관계에 대해 탐색했다. 코로나 팬데믹은 극장을 통한 관객 대면 위주의 영화 소비문화를 급격히 붕괴시키면서 영화에 대한 인식과 정의를 재구성할 것으로 전망된다(홍남희, 2020: 184). 디지털 네트워크화된 영화관람 문화는, 컴퓨터 기술이 19세기의 새로운 발명품이었던 영화의 기술·문화·산업적 차원에 커다란 변화를 불러오고 있음을 반영하고 있다. 넷플릭스가 국내 영상문화 다양성과 정체성에 미치는 영향을 이해하고 이에 대비해야 할 것이다.

2) 연구 목표와 내용

팬데믹 사태로 가속화된 극장의 약화는 영화 감상 경험이 앞으로 크게 변화할 것을 예고한다. 관객은 극장에 가는 대신 개인적인 공간에서 수많은 콘텐츠를 소비하고 그에 따라 영화의 본질적 형식 체제가 바뀔 것이다. 그런 문화적 변화에 대한 관심을 중심으로 변화의 양상을 검토하고자 한다. 한국 영화는 OTT와 상호 발전적 관계에서 세계화의 시대적 흐름에 따라 변하고 있다. 글로벌 OTT의 동영상 콘텐츠 관람이 초래하는 불균형 지점에 대해 살피고 영화의 소비 행태가 초래하는 감상 경험의 차이가 영화에 어떤 변화를 불러들이는지 문화적인 관점에서 탐색한다. 넷플릭스의 국내 진출로 소비자는 문화적 다양성을 누리게 되었지만 동시에 한국 영화는 문화적 정체성을 상실할 우려가 크다. 국내 콘텐츠의 특성이 약화되고 넷플릭스의 고유한 매체성이 영화 형식에 영향을 미침에 따라서 구체적으로 어떤 부분에서 영화 관람 경험이 변화하는지를 살펴보고자 한다.

극장 경험이 제공하는 여러 계층의 사람들과의 관계성, 외출을 통해 외부 공간에서 느낄 수 있는 즐거움, 영화관의 완벽한 시설에서 감상하는 영화 관람 대신 OTT를 통한 영화 관람은 완성도 높은 관람 경험을 축소하고 있다. 동시에 넷플릭스는 소비자의 동영상 콘텐츠 관람에서 극장과 다른 문화적 다양성을 증진한다. 소비자가 직접 인터넷 플랫폼에서 검색을 통해서 자신이 보고자 하는 영상 콘텐츠를 동영상 아카이브를 활용해서 선택하던 기존의 동영상 스트리밍 서비스 대신, 넷플릭스의 정책은 인공지능의 빅데이터 분석에 의존해서 동영상을 추천해 준다. 이용자의 취향을 중심으로 콘텐츠를 제안하고 편성하는 방식의 서비스 제공은 몰아보기 시청 방식과 함께 소비자로부터 커다란 호응을 끌어냈다. 넷플릭스의 알고리즘은 아카이브 검색 과정에서 이용자가 입력한 정보들을 근거로 해서 적절한 동영상 관람을 이끌어낸다. 이러한 편의성은 바쁜 현대인들에게 매우 유용한 차별화된 서비스를 제공하고 있다. 이와 같은 콘텐츠 관람 형식은 알고리즘의 공정성이 보장되지 않은 상황에서 문제를 일으킬 수도 있으나 대체로 넷플릭스는 넷플릭스 오리지널을 제작해 문화적 다양성을 추구하는 것으로 알려져 있다. 영화는 매체적 특성상 고유한 소비 특성을 가지고 있다. 문화적으로 최근 영화 마케팅에서 중요한 것은 N차 관람과 몰아보기로서 영화를 많이 보는 고관여자들의 주목을 끄는 일이다. 영화 자체의 셀링 포인트를 적절하게 노출해서 구매력 높은 관객들에게 그와 연관된 다른 영화의 관람을 유도해야 한다. 영화평론가의 추천보다 블로그와 SNS 활동으로 영향력을 미치는 영화 인플루언서들이 형성하는 여론 중심의 마케팅도 중요해졌다. 이렇듯 새로운 영화 소비문화는 지금 시점에서 영화를 제작하는 데 중요한 변수가 되었다.

한편 극장의 쇠퇴는 영화의 예술성보다는 OTT 이용자의 소비 취향을 반영하면서 영화의 본질을 변하게 하는 면도 나타난다. 한국 영화의 정체성 또한 이러한 넷플릭스의 회원 가입을 확대하고 유지하는 전략의 영향을 받을 것이다. 미국에서 시작한 다국적 기업 넷플릭스의 글로벌한 마케팅은 한국의 문화정체성을 보호하기보다는 이를 축소할 것으로 보인다. 2010년대 후반 이후 다양한 국가들에 진출했던 넷플릭스는 각 국가들의 고유한 문화적 특성을 반영해 영상 콘텐츠를 편성하고 확보하는 마케팅 전략을 추진해 왔다. 넷플릭스의 글로벌라이제이션과 맞물려 있는 로컬라이제이션 전략은 한국의 영화 제작에 중대한 영향을 미치면서 문화정체성보다 국가나 민족의 특성을 모호하게 하는 획일화 경향을 끌어내고 있다. 넷플릭스를 이용하는 20대들이 국내 콘텐츠보다 해외 콘텐츠를 선호하는 경향도 문화정체성과 관련해서 중요한 변수가 된다. 결과적으로 넷플릭스는 국내 영화 소비의 다양성을 불러오면서 국내 콘텐츠의 문화적 정체성을 약화할 것으로 보인다. 이 글은 그러한 관점에서 넷플릭스가 영화의 극장 관람 경험을 축소하고, 동영상 콘텐츠의 소비가 문화적으로 다양성과 정체성을 가져오는 측면을 검토한다.

2. 넷플릭스가 미치는 동영상 콘텐츠 소비문화의 불균형

1) 극장 경험의 축소

영화가 OTT 플랫폼 중심의 동영상 콘텐츠로 소비되면서 과거 필름 시대의 문화적 전통이 상실되어 가고 있다. 무엇보다 영화의 소비가 전통적으로 영화를 상영해 온 극장을 대체한 온라인 공간에서 이루어짐에 따라, 극장에 대한 영화 관객의 요구가 크게 줄어들었다. 팬데믹으로 인해 이러한 사례는 더 증가했다. 극장 중심이었던 영화라는 매체는 관객에게 수용되는 시점에서 근본적인 차이를 보이게 되었다. 영화는 19세기 말 탄생한 시네마토그래피(cinematography)로서, 대중을 상대로 관람료를 받고 공적장소에서 빅 스크린으로 상영된 근대 미디어이다. 극장은 곧 영화를 이루는 본질적인 특성을 가지고 있었다. 문화적 제도로서 극장의 존재는 영화의 위치를 빅 스크린을 기반으로 한 스펙터클한 예술의 자리에 둔다. 첫번째 시네마토그래피인 〈시오타 역에 도착하는 열차〉(1895)를 본 관객은 매우 놀라며 두려움에 자리를 이탈했다는 기사에서 알 수 있듯이, 영화는 시각적 놀라움을 유발하는 기술적 전시로서 규정되었다. 철로에서 다가오는 기차가 영사된 스크린의 이미지를 실제로 착각한 관객이 뛰쳐나갔다는 기사는 사실 초기 영화의 스펙터클의 위상을 격상하려 한 것이다. 관객의 놀라움은 빛의 속도로 발전한 근대 테크놀로지에 대한 감동을 드러내는 것이다. 영상 콘텐츠가 OTT 플랫폼에서 소비되면서 기술에 대한 놀라움은 극장 영화 관람 경험과는 다른 방식으로 충족된다.

넷플릭스는 미디어 기술의 활용에 중점을 두고 있기 때문에 영화의 작품성과 예술성 자체에 대해서는 정교한 의미를 부여하지 않는다. 넷플릭스의 동영상 콘텐츠로서 영화는 플랫폼이 지시하는 방향에 따라서 제작되고 운용된다. 동영상 콘텐츠의 기획자는 생산자와 직접 접촉하고 그러한 기술의 활용 방식을 취사선택하게 된다. 이렇듯 미디어 생태 환경의 변화는 영화의 경우 극장 상영과 본질적으로 달라진 미디어 습성을 반영할 것을 강제한다. 영화의 소비 행태도 그에 따라서 변화하는데 소비자는 생산자, 기획자와 연결되어서 피드백을 보낸다. 이러한 소비자의 피드백을 흡수해서 넷플릭스는 소비자들의 욕구에 따라서 새롭게 콘텐츠를 제작하게 된다. 이와 같이 소비자의 요구에 호응해서 콘텐츠를 제작하고 소구하는 넷플릭스의 정책은 사용자를 중심에 두면서 네트워크 효과를 발생하는 미디어 구조를 형성한다.

글로벌 OTT 플랫폼사들이 국내에 진출해 오리지널 콘텐츠를 제작한 것은 그러한 미디어 구조에 따른 것이다. 넷플릭스 오리지널 영화의 경우 극장의 관람 경험이 주는 스펙터클한 요소 대신 소비자가 오늘날의 변화한 미디어 환경과 조건 속에서 요구하는 것을 반영하고 있다. 전통적인 극장이 영화를 보러 온 관객의 사회적인 교감과 공동 감상의 경험에 비중을 두고 시각적 스펙터클을 강조했던 것과 달리 넷플릭스는 디지털 스토리텔링의 전략을 연구해서 그에 따른 소비자의 호응을 얻어내는 데 초점을 둔다. 특히 시각적인 즐거움보다는 청각적인 즐거움을 제공하는 데 주력하면서 관객의 시각적 경험에 대해 이전과는 다른 양상을 나타낸다. 관객의 청각을 자극하고 시각적으로 흔들리고 정신 분산적인 이미지로 지속적인 충격 효과를 관리하는 조정의 양상이 대두된다. 관객은 권태와 일상의 무기력에서 벗어나기 위해 극장을 가기보다는 휴대폰, 티브이, 컴퓨터 모니터 앞에서 넷플릭스와 같은 OTT 플랫폼이 제안하는 엔터테인먼트 상품을 취향에 따라 선택할 가능성이 크게 되었다.

극장의 축소는 문화적 차원에서 영화의 매체성에 불균형을 야기했다. 넷플릭스의 자체 제작 콘텐츠로서 넷플릭스 오리지널 영화는 극장 개봉을 대체하며 관람의 경험을 축소했다. 이러한 관람 행태는 예술로서 영화의 대형 스크린의 스펙터클의 미학을 감소시켰다. 극장 관객은 이제 OTT 플랫폼이 주도하는 미디어 생태계 속으로 흡수되고 있다. 그에 따라 야기된 문화적 불균형은 무엇보다도 집단적 관람 문화가 쇠퇴했다는 것이다. 극장에서 불특정 다수가 같은 시간에 서로 에너지를 공유하며 영화를 통해 시대적 공감대를 형성했던 집단 문화는 더 이상 찾아보기 어렵다. 사회적 공동체의 공론장으로서 극장의 자리가 점차 사라지고 있다. OTT 플랫폼에서 주도하는 미디어 생태계의 이러한 변화는 장기적인 관점에서 보았을 때 영화 산업의 축소와 소비자의 관람 경험 전반에 걸친 공동체 문화의 쇠락을 나타낸다. 넷플릭스를 통한 소비 행태는 소비자로서 관객이 극장에 절대적으로 의존하던 과거의 관람 방식에서 오는 일회적 감상 대신 무한 반복과 몰아보기, 빨리 보기 등의 개인적 감상 경험을 야기했다. 다양한 사회 계층이 모인 극장의 관객은 사라지고 개인화된 소비자가 부상했다.

2) 문화 다양성의 증진과 파괴 효과

(1) 소비 차원의 효과

넷플릭스는 극장의 쇠퇴를 가져온 반면 국내의 동영상 콘텐츠 소비는 크게 증진시켰다. 스마트폰, 스마트 TV의 출현으로 한국 사회가 스마트 시대에 진입함에 따라 시공간적 제약이 사라지고 누구든 자유롭게 동영상 서비스를 제공받게 되었다. OTT 서비스를 통해 이용자는 스마트폰과 태블릿, pc 등의 기기를 자유자재로 넘나들며 다양한 콘텐츠를 실시간으로 즐길 수 있다. OTT 서비스는 콘텐츠 세상의 패러다임을 바꾸는 키워드가 되고 있다(배기형, 2015: vii~viii). 넷플릭스는 동영상 콘텐츠 소비를 전체적으로 증진한 반면 국내 동영상 콘텐츠 소비를 감소시키는 결과를 초래했다. OTT 플랫폼을 통한 영화 관람은, 관객이 극장 기반의 영화 감상과는 다른 차원에서 디지털 기술에 의해 형성된 소비문화에 동참하는 것이 된다. 사람들은 영화, 티브이 드라마, 애니메이션 등 다양한 동영상 콘텐츠를 OTT 플랫폼에서 구입해 관람하면서 더 이상 극장에 가지 않아도 되는 편익을 누린다. 극장에 가는 것은 지금의 시점에서 금지 혹은 기피의 행위가 되었기 때문이다.

OTT 플랫폼을 통해서 영화를 관람하는 소비가 증가함에 따라 국내 영화 산업은 극장보다는 OTT 상영을 선호하게 되었고 결과적으로 OTT 플랫폼의 특성에 적합한 영화를 활발히 제작하고 있다. 이러한 변화는 소비의 차원에서 야기된 문화적 다양성의 긍정적인 변화를 보여준다. 무엇보다 영화의 총제작 편수와 전체 투자 자본의 규모가 증가했고 외국 자본의 유치로 국내 콘텐츠 산업이 활기를 띠게 되었다. 소비자 입장에서는 더 많은 콘텐츠를 소비할 수 있게 되었다. 넷플릭스는 이용자가 국내외 다양한 콘텐츠 가운데 원하는 것을 선택하고 경험할 수 있게 해주었고 양질의 콘텐츠를 대량으로 저렴하게 즐기게 해주었다. 소비의 양적 증가와 질적 증가는 한국 영화의 문화적 정체성을 상대적으로 축소할 가능성도 높이고 있다.

(2) 산업 차원의 효과

국내 OTT 서비스 시장은 다양한 플레이어들의 치열한 각축장이 되어가고 있다. 영상 산업의 시장 규모는 지속적으로 성장했다. 국내 OTT의 시초는 판도라 TV, 곰 TV 등 초기 온라인 콘텐츠 스트리밍 업체들로서 이들은 처음으로 국내에서 인터넷 TV 서비스를 시작했다. CJ 헬로비전이 서비스하는 티빙을 비롯해 지상파방송사들이 만든 콘텐츠 연합 플랫폼인 푹(Pooq), 현대 HCN, 판도라 TV가 합작 설립한 에브리온 TV 등이 대표적인 국내 OTT 서비스 플랫폼이다. 우리 나라에서 OTT 서비스는 아직 기존 방송의 보완재 정도이지만 앞으로 시장성이 급속하게 커질 것이다. 해외 OTT 사업자의 국내시장 공략도 만만치 않겠지만 역으로 국내 서비스 사업자가 중국이나 다른 아시아 국가들의 OTT 시장에 진출하는 것도 가능하다(배기형, 2015: 61~62). 넷플릭스는 국내 진출을 위해 한국 영화에 투자해서 넷플릭스 오리지널 영화를 제작했다. 한국에서 제작된 콘텐츠를 확보하기 위해 막대한 글로벌 자본을 국내에 투자해서 K-콘텐츠의 시장 규모를 양적, 질적으로 확대했다. 그러나 넷플릭스로 인해 활발해진 자체 콘텐츠 제작은 국내 OTT들의 자체 콘텐츠 제작과 확보 경쟁을 야기했다. 양질의 콘텐츠를 확보하기 위해 각 플랫폼 사업자들은 고유한 전략을 수립해 실행하고 있다. 웨이브는 2025년까지 1조를 투자할 예정이라고 밝혔으며 티빙은 CJ, ENM과 JTBC 합작으로 시너지 효과를 내고 콘텐츠를 다양화할 전망이다. 왓챠는 방송사 등과 협업으로, 시즌은 KT 통신사의 자회사라는 강점을 극대화하는 전략을 펴고 있다. 티빙의 경우 20~30대 시청자 팬덤을 기반으로 성장한 방송 채널로서 tvN을 모티브로 해서 트렌디한 OTT로 자리매김하고자 했다.

국내 OTT인 웨이브는 넷플릭스 오리지널 콘텐츠 확보 전략에 대응해서 공격적인 투자를 했다. 웨이브는 2025년까지 오리지널 콘텐츠에 총 1조 원을 투자한다. SK텔레콤으로부터 1000억 원 규모 추가 유상증자도 확보했다. 국내 OTT가 질적 측면에서 TV나 IPTV와는 차별화된 콘텐츠를 확보하고 자체 제작 작품 수를 늘리면서 타사와의 합작이 활발해졌다. 국내 OTT 회사들은 콘텐츠의 질적 차별화 전략과 서비스 패키징으로 정체성을 확고히 하는 마케팅 정책을 펼쳤다. "고품질 콘텐츠를 갖추는 것은 기본이지만 콘텐츠 성공을 예측하는 것은 어렵기 때문에 가지고 있는 것을 중심으로 서비스를 패키징하고 독자적인 브랜드를 내는 것도 서비스 차별화의 강점이 될 수 있다"(김나인, 2021). OTT 콘텐츠 전체 시장이 확대되면서 다양한 콘텐츠들이 제작된 것은 바람직한 일로 보인다. 국내 OTT가 자체 콘텐츠나 타사와의 협력 체제로써 넷플릭스에 대응하는 양상은 세계적인 경쟁 구도로 확장된다. 넷플릭스는 국내 OTT회사들을 신자유주의 시대의 경쟁 구도 속으로 끌어들였다. 극장 관람의 경험을 축소했으나 오리지널 콘텐츠의 확보 등을 통해서 전체 콘텐츠 제작량을 증가시켰다. 글로벌 사업자로서 넷플릭스는 국내 사업자들과 경쟁하면서 영화를 위시한 TV 드라마 등 동영상 콘텐츠 제작량의 증가로 문화적 다양성을 높이고 있다.

(3) 문화 차원의 효과

2018년 워너브라더스는 23편, 디즈니는 10편의 영화를 제작한 반면 넷플릭스는 82편의 오리지널 영화를 제작했다. 맥도널드·스미스-로우지 (2020)에 따르면 넷플릭스는 블록버스터 제작의 증가, 시즌제의 활성화, 스토리에 맞는 6, 9부작의 제작 편수 경향, 광고와 무관한 제작, 미디어 산업 밸류 체인의 변화를 야기했다. 회사 실정에 맞는 정책으로 콘텐츠를 확보하면서 수급한 영화에서는 장르에 편중되는 경향이 나타났다. "세밀히 들여다보면 OTT사들은 각각 수급 정책이 다르다. 예를 들어 예전같이 19금 콘텐츠를 만들려면 한국에서는 상업적이지 않다고 기피했다. 그러나 넷플릭스와 같은 경우, 생각이 정확할지는 모르지만 (이런 기획을) 좋아한다. 장르적으로 훨씬 더 하드코어적인 영화를 더 편하게 만들 수 있다"(김수빈, 2021). 일선 기획자가 말하듯이 넷플릭스는 이전에는 예산 때문에 국내에서 쉽게 제작할 수 없던 다양한 장르들을 제작하게 할 것이다. 그 예로 〈승리호〉는 마블 시네마틱 유니버스의 〈어벤저스〉 혹은 〈아이언맨〉처럼 여러 명의 주인공이 등장하는 '스핀오프' 영상 콘텐츠, 웹툰, 게임 등 다양한 콘텐츠로의 확장을 전제로 해서 제작되었다. 넷플릭스가 이 영화를 스트리밍한 것은 넷플릭스 오리지널은 아니지만 팬데믹 시대에 국내 자본으로 제작된 영화의 시장성을 알아보았기 때문이다.

2021년 〈오징어 게임〉이라는 시리즈물이 전 세계적으로 커다란 반향을 얻으면서 넷플릭스 오리지널 시리즈로서 국내 동영상 콘텐츠의 우수성을 알렸다. 이는 한국 문화정체성을 알리는 데 크게 기여하고 있는 것처럼 비친다. 그러나 넷플릭스는 한국 영화의 문화적 다양성에 도움을 주는 면이 있지만 그 수요를 마련해 준 것은 국내 문화의 다양성 증진을 목적으로 한 것이 아니라 기업의 이익을 높이기 위한 것이다. 그러한 목적상의 차이는 문화적 차원에서 결과적으로 다양성에 기여한다 해도 동시에 문화를 획일화할 가능성이 크다. 글로벌 OTT는 시청자의 특성상 장르의 다양한 표현보다는 다수의 공감을 끌기 위한 관습적 재현을 선호한다. 장르 영화는 특정 캐릭터, 장소, 사건들의 전형을 표상하는 데 관객이 특정 영화에 대한 약호, 상징, 서사와 인물 유형에 친숙해지고 선호도가 누적되면서 서사나 인물에 대한 전형화로 나타난다. 그러나 미디어 콘텐츠의 글로벌화는 많은 자본의 투자와 패턴화된 관습적 재현을 기반으로 장르화, 단순화를 특징으로 한다(홍남희, 2020: 186).

넷플릭스는 소비자를 하나의 독립된 개인으로 설정하는 것이 아니라 장르화된 콘텐츠를 소비하는 데이터상의 유형으로서 간주한다. 넷플릭스의 사업 모델은 소비자의 특성을 반영해서 콘텐츠 소비를 늘이는 데 초점을 두고 있으나 이는 지엽적으로만 소비자에 대해 이해할 뿐이며 국가별, 개인별 문화적 특수성은 정교하게 고려하지 않는다. 결과적으로 넷플릭스의 정책은 개별화의 과정을 거치지 않기 때문에 영화를 비롯한 영상 콘텐츠 소비에 따른 문화적 다양성 확보와 함께 획일화의 딜레마에 놓여 있다. 넷플릭스가 문화적 정체성을 쇠퇴하게 만드는 과정은 소비자의 정보를 처리하는 방식으로 다양한 장르의 콘텐츠들을 유통시키면서 소비자가 글로벌화된 영역 속에 포함되게 만든다. 국내 동영상 콘텐츠 소비가 해외 콘텐츠보다 적어지면서 소비의 불균형은 심화될 우려가 크다.

(4) 예술성 차원의 효과

다양한 국가의 다양한 장르 영화를 선보인다는 점에서, 넷플릭스 오리지널을 포함한 콘텐츠 아카이브는 영화의 영역을 확장한 면도 크다. 그러나 넷플릭스가 글로벌화된 소비자를 대상으로 한 여러 장르 영화들을 오리지널 콘텐츠로 제작하면서 영화가 추구해 온 예술성은 쇠진할 우려가 크다. 넷플릭스 오리지널은 영화, 드라마, 예능, 다큐멘터리 등 다채로운 콘텐츠를 만날 수 있는 종합 플랫폼으로서 국내외 인지도 높은 작가, 감독들의 영화 제작을 지원했다. 봉준호의 〈옥자〉에서부터 멕시코 출신의 감독 알폰소 쿠아론 〈로마〉까지, 세계적인 영화제에서 최고상을 수상하는 영예를 안았다. 이러한 사례들이 늘어나면서 넷플릭스에 대한 영화 팬들의 신뢰는 길수록 두터워졌다. 창작자에게 이떤 간섭도 히지 않는 넷플릭스의 지원 방침은 최소한의 개입조차 없이 영화감독이 추구하는 예술적 세계를 자유롭게 표현하게 내버려둔다. 이러한 방임의 원칙은 굳이 흥행의 공식을 따르지 않아도 넷플릭스라는 플랫폼의 브랜드 파워와 시스템이 확보하고 있는 많은 가입자들의 숫자 덕에 충분히 승산이 있다는 계산에 따른 것이다(김윤미, 2019: 112~113).

〈트랜스포머〉시리즈로 유명한 마이클 베이 감독과 〈데드풀〉의 배우 라이언 레이놀즈가 참여한 영화 〈6 언더그라운드〉는 그 대표적 예다. 초대형 액션 블록버스터들을 만들어 주목을 받아온 마이클 베이의 첫 번째 넷플릭스 영화로서 1억 5000만 달러(약 1800억 원)의 지원금을 받았다. 넷플릭스 영화사상 가장 높은 제작비를 지원한 이유는 OTT 시장의 변화와 관계가 있다. 넷플릭스에 비해 디즈니는 〈겨울왕국〉시리즈, 〈어벤져스〉(마블), 〈스타워즈〉(루카스필름), 〈토이 스토리〉(픽사) 등 수많은 아이피를 오랜 극장용 영화 애니메이션 제작 경험을 기반으로 보유하고 있다. 넷플릭스가 새로운 아이피 콘텐츠 제작에 적극 나서게 된 것은 이와 같이 OTT 영상 콘텐츠 시장의 경쟁이 심화되었기 때문이다(서정민, 2019). 오리지널 콘텐츠 확보를 위해 미국, 남미, 한국 등 여러 국가의 작가 지원 및 영화 제작을 적극 지원해 줌으로써 영화의 예술성 확산에 일부나마 기여한 것은 사실이다. 하지만 긍정적인 효과의 이면에는 영화의 극장 관람을 대체하면서 소비자의 영화 관람에서 완벽한 관람의 경험을 축소해서 본래 영화가 추구해 온 예술성에 의미심장하게 영향을 미쳤다.

영화의 시작인 시네마토그래피의 미적 경험이 근거하는 것은 극장의 대형 스크린이다. 어두운 극장의 빅 스크린에 영사기 불빛이 투사한 이미지야말로 영화의 완벽한 감상의 전제였다. 이러한 극장 영화 관람 경험의 전통은 넷플릭스에 의해서 본질적으로 흔들리게 되었다. 이미지의 리얼리즘이 중심이 되던 영화의 전통은 스크린에 극적으로 펼쳐지는 믿음과 불신 사이에서 흔들리는 관객의 경험을 제공한다는 데 중점을 두었다. 뤼미에르(Lumière) 형제의 시네마토그래피 성립에는 무엇보다 거대한 스크린에 영사된 이미지가 주는 놀라움에 대한 매혹이 자리하고 있다. 극장 스크린이 제시하는 전시의 직접성은 스몰 스크린에서는 경험하기 어렵다. 휴대폰 혹은 컴퓨터 모니터에서 스트리밍되는 디지털 동영상 콘텐츠 이미지는 관람자에게 놀라움의 매혹을 제공하기보다는 감각적인 신체적 경험을 디지털 매체와 기기의 특성을 반영하며 제공한다. 탐 거닝(Tom Gunning)은 "영화의 테크놀로지에 대한 놀라움"을 설명하는 단적인 예로 〈기차의 도착〉을 관람하고 놀라서 극장에서 나와버린 첫 번째 관객에 대해 강조했다. 그에 의하면 영화는 초창기부터 시각적 엔터테인먼트들로서 한 세기가 바뀌는 전통이었다. 영화는 놀라움의 매혹을 제공하면서 세기말의 전환점에서 신기술로서 매직 씨어터의 전통을 계승했다(Gunning, 1989: 114~133). 영화관의 빅 스크린은 OTT 플랫폼이 제공하는 동영상 콘텐츠를 감상하는 디지털 스크린과는 본질적으로 다른 스펙터클의 힘을 전시한다. 그것은 우리가 굳이 영화를 보러 극장을 찾는 주요한 이유 가운데 하나이다. 영화 특유의 관람성 창출을 위한 전제로서 극장 스크린이 부재하는 점은 영화가 대중에게 소구하는 예술성을 제거한다. 대신 OTT 플랫폼은 영상 이미지에서 극장과는 다른 즐거움을 기반으로 몰입과 참여적 관람성을 형성한다.

3) 국내 콘텐츠의 문화적 정체성 약화

넷플릭스의 플랫폼 비즈니스가 전 세계 콘텐츠 사업의 흐름을 바꿀 것이라는 전망은 이제 부인하기 어렵게 되었다. 패러다임 전환의 견인차로서 역할을 한 넷플릭스는 사용자의 소비문화를 중심으로 하며 그 시청 범위는 매우 다양한 문화권을 포함하고 있다. 글로컬 마케팅의 해법을 소비자 개개인의 시청 습관에서 찾으면서 넷플릭스는 콘텐츠 전략을 시청 습관 데이터 분석을 기반으로 한 편성 방식에 두었다. 총괄 책임자에 따르면 넷플릭스는 이야기 구조나 드라마 콘셉트를 평가하는 데 관심이 없었다. 그 대신 넷플릭스의 3300만 가입자들에게서 수집한 개인별 시청 습관 데이터에 집중했다. 전통적인 편성 대신 여러 편에 달하는 에피소드를 한번에 공개하는 '몰아보기(binge watching)' 서비스도 시청자의 큰 호응을 얻어냈다.

그러한 넷플릭스의 공격적인 서비스 정책은 글로벌라이제이션을 바탕으로 한 획일화 정책이라는 비판을 받았다. 넷플릭스 오리지널 콘텐츠가 전 세계 이용자에게 동일한 선상에서 소비를 보장하고 콘텐츠와 접촉하게 하는 방식은 지역별 콘텐츠 시장의 획일화된 시장을 전제한다. 넷플릭스는 그런 획일성에 기대어 소비자를 포섭했다. 넷플릭스 오리지널 콘텐츠의 경우 사용자의 누적 시청 데이터를 통해 넷플릭스 사용 형태에 가장 적합한 방식으로 생산해 낸 빅데이터의 결과물이다. 그것은 스트리밍 기술의 집약에 해당한다. 넷플릭스 모델에서 콘텐츠 생산방식은 넷플릭스가 축적해 놓은 빅데이터의 집합이자 기술적 기교인 것이다. 그것은 상품과 기술로서의 콘텐츠라는 의미만을 갖는다(정승애·임대근, 2018: 201). 로컬라이제이션의 초기 단계 시장 진입에 있어 넷플릭스는 넷플릭스 오리지널로 국내 영화들을 독점하기 위해서 지원했다. 넷플릭스의 진출이 가속화됨에 따라 각국의 영화는 제작비를 지원받으면서 넷플릭스의 로컬라이제이션 수단이 되었다. 각국의 콘텐츠 제작자들은 넷플릭스의 시장 효과에 의존하면서 극장에 한정되지 않은 OTT 플랫폼 사업에 참여했다. 국제화 시대에 넷플릭스의 지원 정책은 한류 문화 확산이라는 점에서 바람직한 면도 큰 것으로 보인다. 한류 문화에 대한 베트남, 중국, 몽골, 라틴 아메리카 등의 관심에 부응하는 넷플릭스의 콘텐츠 전략은 사실상 한국 문화의 우수성보다는 현재 한류 엔터테인먼트 산업이 지닌 국제적 파워를 의식한 것이다. 이는 한국의 우수한 문화를 알리는 데 목적이 있다기보다는 한국이라는 국가의 이미지를 활용해서 자사의 회원 증가와 콘텐츠 소비를 늘리려는 목적에서 이루어진 것이다. 이러한 넷플릭스의 오리지널 콘텐츠 제작 지원책이 궁극적으로 한국의 문화적 정체성 보호 관점에서 유용하다고 확신할 수는 없다.

3. 영화의 극장 관람에 대한 넷플릭스의 문화적 영향

1) 극장의 영화 관람성의 변화

OTT 플랫폼 서비스는 극장의 산업, 문화적 지배력이 약화되면서 영화 관람 경험에 대해서 단절을 불러들인다. 코로나19 사태가 장기화되면서 단절은 심화되었다. 극장에서 관객 수가 크게 줄어들었으며 글로벌 OTT 동영상의 소비는 크게 신장했다. 코로나19 감염증 사태가 장기화됨에 따라 한국의 영화 산업은 전통적인 극장 기반의 관람 문화를 대체하는 넷플릭스와 같은 글로벌 OTT로부터 직접적 영향을 받게 되었다. 문제는 공공의 장소로서 극장의 관람이 급격히 줄어들면서 영화 감상의 질적인 측면이 저하됐다는 점이다. 비스타비전(Vista Vision)이나 시네마스코프(Cinema Scope) 화면 비율의 빅 스크린이나 첨단 음향 시스템이 제공하는 극장의 완성도 높은 관람 경험 대신 텔레비전이나 컴퓨터 스크린 혹은 휴대폰 모바일 의 작은 스크린을 통한 감상이 대세를 이루게 되었다. 영화관의 빅 스크린은 영화의 스토리에 대한 몰입도를 높였으나 다른 한편으로는 스펙터클의 기술을 전시해 왔다. 필름 시대부터 영화의 완성도 높은 관람을 위한 기본 전제가 되었던 빅 스크린은 관객에게 어트랙션(attraction) 효과를 부여하면서 중요시되었다. 극장 경험이 축소됨에 따라 관객은 영화 감상의 시점에서 극장과는 다른 몰입감에 익숙해지게 된다. 관객의 몰입감에는 실제로 큰 상관관계가 있다. 스크린이 크면 클수록 관객들은 스토리에 몰입하게 된다(김훈광·김종완, 2017: 213). 그러나 작은 스크린의 영화는 그러한 극장의 몰입감 대신 몰아보기, 정신 분산적 감각을 강화한 모바일 스크린의 이미지 등을 통해서 관객에게 이전과 다른 영화 감상의 경험을 제공하고 있다.

영화가 시각적 볼거리로 관객에게 어트랙션의 효과를 제공하고 스펙터클의 매혹으로 디지털 시대에 새롭게 포지셔닝되었던 측면은 팬데믹의 장기화에 따른 스몰 스크린의 부상으로 감소하게 되었다. 영화는 필름 시대 내러티브 중심의 영화로 돌아가고 있으며 영화관의 스펙터클과는 다른 시각 특수효과가 가상 이미지들을 만들어내고 있다. 우리의 눈을 끌어당기는 디지털 특수효과 기술은 OTT 플랫폼 산업의 성장으로 강세를 보이게되었다. 영화 이미지에도 시각보다 청각 효과가 강조되면서 관객에게 휴대폰이나 컴퓨터 모니터 스크린에 최적화된 시청각 이미지로 소구하고 있다. 영화는 디지털 스토리텔링의 발달로 산업적 부흥을 다시 이루며 산업적인 차원에서 변화의 양상을 보이고 있다. 가상 배우, 가상 제작 시스템의 활성화가 일어날 것으로 보이며 극장에서의 감상에 대한 수요가 존재하는 가운데 OTT 플랫폼의 감상은 계속적으로 영화의 대중문화로서의 특성을 변화시켜 나갈 것으로 보인다.

2) 극장 경험의 감소와 사회적 관계망 약화

소비자는 각자의 집에서 영화를 OTT 플랫폼에서 소비하고 스트리밍된 이미지를 관람하면서 극장의 관계성 대신 사이버 스페이스에서 거래하고 공유한다. 넷플릭스에서의 소비 행태는 극장에 가서 여럿이 관람 경험을 공유하는 사회적 관계성과 외출의 즐거움을 감소시키면서, 영화의 고유한 관람성을 재매개하는 양상을 보인다. 전통 극장에서의 관람을 대체하기 위한 넷플릭스의 전략은 극장의 경험에서 나오는 사회적 관계망 대신 사이버 스페이스에서의 사회적 관계망을 구축하고 있다. 컴퓨터 알고리즘의 추천에 의해 영화가 소개되는 넷플릭스의 추천 시스템과 같은 초개인화 기술은 영화 관객에게 사전에 정보를 제공하고 감상 경험에 대한 의견을 교환하는 과정을 거치지 않은 채 곧바로 알고리즘에 따라 영화를 선택하게 하고 있다. 데이터는 그 자체로 지식을 창출하게 된다. 넷플릭스의 영화 추천 시스템은 초개인화 기술로서 IP TV 등과 차별화되는 특장점이지만 알고리즘은 어떤 영화가 비용을 지불할 만큼 좋은 경험을 제공하는지에 대해 정교하게 고려하지는 않는다. 영화에 대한 선택에서 매개자로서 알고리즘은 아직 공정성이나 완성도 면에서 문제의 소지도 크다. 현재로서 소비자 자신이 선호하는 영화를 추천하는 넷플릭스의 알고리즘 추천 시스템은 관객이 다양한 영화를 보고 즐기게 돕고 전통적 영화 감상에서 나타나는 문화적 정체성에 대한 인식을 확장하지는 못한다. 알고리즘으로 추론되어진 문화적 정체성이란 그 대표적인 효과만 영구화하는 특성을 보인다. 규범적 정체성은 보이지 않고 차이만 제시된다(맥도널드·스미스·로우지, 2020: 95). 그럼에도 알고리즘에 의한 넷플릭스 추천 서비스에 대한 만족도는 소비자 조사 결과 65%에 달하고 있다. 컴퓨터 알고리즘 기술에 의한 영상 콘텐츠 마케팅 기법이 선호되면서 플랫폼 기업이 영화 제작을 통제하고 조절하게 될 것이다. 첨단 기술과 결합한 새로운 마케팅 기술이 관객의 문화적 다양성의 요구에 부응하면서도 한국 영화의 문화적 정체성에 대해서 경계해야 한다. 과학 기술중심주의에 기반을 둔 넷플릭스의 논리는 국가에 문화 제국주의의 논리를 전파할 여지가 크기 때문이다.

4. 결론

글로벌 OTT 플랫폼 사업이 미국의 다국적 기업 넷플릭스를 중심으로 국내에 미치는 영향은 21세기 들어 가속화된 신자유주의 시대의 산물이다. 후기 자본주의는 4차 산업혁명과 더불어 추진되어 온 글로벌라이제이션 시대의 경제 논리를 반영한다. 넷플릭스는 영화를 비롯한 국내 동영상 콘텐츠 소비문화에 지대한 영향을 미치고 있다. OTT 플랫폼에서 동영상 콘텐츠를 소비하는 행태가 문화적으로 미치는 영향에 대해서 살펴본 결과 미국의 문화적 제국주의가 글로벌 시대에 변주되고 있음을 알 수 있었다. 글로벌한 문화 권력을 창출하고 있는 글로벌 OTT의 성장은 앞으로 한국 영화가 극장 기반의 산업 구조에서 벗어나 새로운 흐름에 발 빠르게 대응하지 않으면 안 된다는 위기의식을 일으켰다. OTT 플랫폼의 선두 주자로서 넷플릭스는 각 국가들에 진출해 문화적 정체성을 약화하는 글로벌한 마케팅 전략을 펼치고 있다. 여기에서 자본의 투입으로 문화적 다양성을 강화함과 동시에 국내 영화의 문화적 정체성을 흔드는 면이 목도되었다. 전 세계에서 각 국가들마다 지니고 있는 고유한 민족적, 문화적 정체성을 침해하고 사업자의 이윤을 극대화하는 전략을 펴나갈 때 한국의 영상문화는 획일화와 보편주의에 따른 퇴보를 가져올 것이다.

영화의 극장 관람을 둘러싼 공동체적 경험이 사라짐에 따라 개인주의가 심화되면서 한국 문화의 정체성이 크게 약화되는 측면에 대해서 경계해야 한다. 마셜 매클루언(Marshall McLuhan)이 1964년 예고한 지구촌 시대의 도래로 인한 오늘날 미디어 생태계의 변화에서 나타난 문화적 위기의식에 대해 한국 영화를 위시한 국내 동영상 콘텐츠 산업에 대한 정부의 지원이 요구된다. 한국산, 한국적인 국내 OTT사가 글로벌한 시장경제에서 생존하도록 정부는 넷플릭스의 문화적 획일화를 방지할 정책을 마련해야 한다.

글로벌라이제이션 시대에 OTT 플랫폼의 확산은 필수 불가결한 것으로 보인다. 넷플릭스를 비롯한 글로벌 OTT의 시장 점유 확대는 영화뿐만이 아니라 TV 드라마, 게임, 등 다양한 동영상 콘텐츠들에 걸쳐서 문화적 정체성을 약화시킬 가능성이 크다. 글로벌 OTT의 진출이 확대되면서 일어날 국내 영상 콘텐츠 소비에 대해 감상의 편리성과 극장의 감상 문화쇠락이라는 딜레마를 넘어서야 하는 정책 마련이 시급하다. 결론적으로 다음 세 가지 방향을 제안하며 이 글을 맺고자 한다. 첫째 국내 소비자의 과도한 외국 콘텐츠 소비 행태는 견제되어야 한다. 글로벌 OTT의 콘텐츠에 대한 문화적 차원의 검열과 국외 콘텐츠의 과열된 선호 경향에 대한 조절로 국내 OTT가 자체적으로 제작한 콘텐츠의 성장 지원책을 마련해야 한다. 둘째 정부는 국내 OTT 기업의 자체 제작 콘텐츠를 육성하는 지원 정책을 수립하고 국내 영상 제작 인력의 고용 안정성을 보장해야 할 것이다. 미국의 시장 선도로 강자가 주도하는 OTT 플랫폼의 치열한 경쟁에서 국내 OTT

가 고유한 문화적 특성을 유지하게 하면서 가입자의 확보와 유지, 안정적
인 수익 구조를 확보하도록 정부는 정책적으로 뒷받침해야만 할 것이다.
정부가 문화산업의 육성과 보호라는 관점에서 장기적으로 OTT 동영상 콘
텐츠 제작비, 유통 비용, 마케팅 비용 등 전반에 걸쳐 적절하게 지원을 제공
해 주어야 한다. 아울러 극장 관람을 효율적으로 만들기 위해 극장의 수직
통합화가 아닌 여러 극장의 경쟁을 통해서 다양한 기술적 시도들에 의한 영
화 감상 경험이 창출되도록 바람직한 여건을 조성해야 한다.

학습 활동

넷플릭스 오리지널(자체 제작) 영화 〈옥자〉를 감상하고 난 소감을 적어보자. 넷플릭
스의 콘텐츠 제작 지원을 받아 만들어진 이 영화에서 한국 고유의 문화적 정체성이
구체적으로 표현되었는가?

생각해 보기

❶ 넷플릭스 오리지널 영화로서 〈옥자〉는 한국의 고유한 문화적 정체성을 보존하
는가?
❷ 극장 관람에 대비해서 OTT 플랫폼을 통한 영화 감상 경험이 만족시키는 관객의
욕구는 무엇인가?
❸ 글로벌 OTT 자체 제작 동영상 콘텐츠들의 경우 텔레비전 공중파, IP TV와 어떤
점에서 차별화되는가?
❹ 넷플릭스의 알고리즘에 의한 콘텐츠 추천이 지닌 문제점은 무엇인가? 넷플릭스
가 영화를 추천하는 것은 문화적 다양성 면에서 바람직한가?

참고문헌

김나인. 2021. ""[플랫폼이 바뀐다] ① "서비스 패키징으로 정체성 확고히 해야" … 디즈니·쿠팡 까지 OTT 각축전". https://www.metroseoul.co.kr/article/20201230500037 (검색일: 2021. 8.14).

김수빈. 2021. "OTT는 극장의 대체재가 아닌 보완재 될 것, 보복관람이 관건". https://www. kobiz.or.kr/new/kor/03_worldfilm/news/news.jsp?mode=VIEW&seq=3434 (검색일: 2021.8.14).

김윤미. 2019. "[영화] NEFLIX 넷플릭스 오리지널 영화의 공습". ≪월간 샘터≫, 112~113쪽.

김훈광·김종완. 2017. 「영상의 화면비 변화에 따른 인식 변화 분석─스탠다드부터 스크린-X까지─」. ≪영상기술연구≫, 27, 213쪽.

배기형. 2015. 『OTT 서비스의 이해』. 커뮤니케이션북스.

서정민. 2019. "마이클 베이가 넷플릭스 영화 '6 언더그라운드' 찍은 이유". https://www.hani. co.kr/arti/culture/movie/919279.html (검색일: 2021.10.6).

오은경. 2019. 「포스트미디어 시대의 문화기술-세계화에 대한 우화로서 옥자 분석」. ≪영상문화콘텐츠연구≫, 17, 340쪽.

정승애·임대근. 2018. 「넷플릭스의 초국가적 유통 전략과 그 비판: 콘텐츠 비즈니스 모델과 모순적 로컬라이제이션을 바탕으로」(글로벌문화콘텐츠학회 2018년 동계학술대회 자료집), 201쪽.

정인숙. 2019. 「글로벌 OTT의 확산에 따른 미래 예측과 정책 대응」. ≪방송통신연구≫, 109, 25~26쪽.

맥도널드(Kevin Macdonald)·스미스-로우지(Daniel Smith-Rowsey). 2020. 『넷플릭스 효과 21세기 기술과 엔터테인먼트』. 유건상 옮김. 한울 아카데미.

홍남희. 2020. 「언택트 시대 넷플릭스와 영화: 퀄리티 콘텐츠로서의 영화와 극장의 의미 변화」. ≪영상문화≫, 37, 184쪽.

Gunning, T. 1989. "An Aesthetic of Astonishment: Early Film and (In)credulous Spectator." *Art and Text,* 34, pp.114~133.

제4부

미디어 리터러시와 포용사회

제9장

미디어 리터러시와 디지털 시민성

1. 서론: 디지털 사회와 디지털 시민

인간은 놀이를 통해 규칙, 경쟁, 의례, 축제, 종교, 언어, 문화를 만들며 살아가고 있다. 놀이 속에서 문명을 발견했고 철학과 예술을 통해 다양한 놀이를 증명했으며, 현대에 와서는 인간의 행위를 놀이와 노동, 일의 경계를 허물고 놀이 속 상상의 세계를 현실로 바꿀 수 있는 최첨단 기술과 도구를 끝없이 발명하고 있다(Huizinga, 2020). 무한의 정보를 자본으로 교환할 수 있는 디지털 네트워크 사회는 '호모 루덴스(Homo ludens)'의 혁명이다. 20세기 격동의 시대를 재현했던 매스미디어는 무엇을 남겼던가. 미디어

** **최은경**(한신대학교 평화교양대학, e스포츠융합전공 대학원 조교수)

속에만 존재하던 허구의 세계는 현실보다 더 현실 같고, 일부는 이미 현실 세계에 존재했던 것처럼 생각하게 한다. 매체가 생산하는 소리, 이미지, 영상이 디지털 기술과 만났고 인간이 할 수 없는 것은 아무것도 없다는 것을 증명하는 놀이를 하고 있다. 영원한 것을 결정할 수 있는 신에게 감히 유한한 존재가 도전하듯이, 현대인들은 무시로 디지털 기술을 곁에 두고 있다. 스마트 TV, 컴퓨터, 태블릿, 폰, 시계, 알고리즘화된 온라인 플랫폼, 인공지능이 탑재된 가전제품들, 인간이 접촉하는 순간 모든 것이 자동으로 기록되고 있다. 가족이 둘러앉아 함께 시청하던 TV프로그램과 주파수를 맞춰가며 듣던 라디오, 손으로 종이를 넘겨가며 읽던 책과 신문, 필름을 넣고 조리개와 셔터를 맞춰가던 사진기, 무거운 배터리가 있어야 장시간 촬영이 가능했던 필름 카메라, 음반을 교체해야 들을 수 있던 뮤직 플레이어가 손 안의 작은 스마트폰 속으로 들어갔다. 뿐만 아니라 스마트폰은 별도의 알람 시계, 나침판, 전화번호부, 사전, 메모장, 계산기, 손전등을 불필요하게 만들었고 은행 업무와 자산관리, 교육과 학습, 교통 안내, 게임, 쇼핑을 할 수 있다. 심지어 스마트워치에 달린 미세한 센서는 움직임과 달리는 것을 구분, 추적하고 중력을 감지해 방향, 위치 및 속도 변화를 측정한다. 유해한 햇빛의 노출량, 이동 높이, 수면, 심박 수, 호흡, 체온, 스트레스의 변화까지 측정하고 기록하며 스마트폰과 연결되어 건강관리에 도움을 주는데, 최근엔 코로나19에 감염됐는지 후속 검사와 자가 격리를 관찰할 수 있어 코로나19와 같은 팬데믹도 예측 가능할 것이라 한다(최필식, 2020.12). 2000년 후반 등장한 스마트폰이 삶의 양식을 너무도 빨리 변화시켰다. '호모 데우스'가 쓰고 있는 인류의 미래는 무엇인지, 또한 첨단 기술과 인공지능으로 무장한 기계(혹은 시스템)에 압도되기보다 주체적으로 이것을 이용하며 독립된 시민으로 인간성(humanity)을 지킬 수 있을지 질문하지 않을 수 없다. 이에 이 장은 디지털 세계 속에서 국경과 문화를 초월해 살아가는 세계

시민들이 품어야 하는 디지털 시민성(citizenship)은 무엇인지, 디지털 시민
으로 성장하는 데 필요한 디지털 리터러시(literacy)[1]는 무엇인지 살펴본다.

2. 시민성의 성장과 사회 변화

시민성의 개념은 시간과 공간에 따라 변화한다. 근대 국가의 형태를 고
민하던 영국의 정치 철학자 토머스 홉스(Thomas Hobbes)는 모든 개인은 자
연 상태에서 본성에 따라 자신의 이익을 한없이 추구하며 '만인에 의한 만
인의 투쟁'을 벌이기 때문에 이들의 자연권은 사회계약에 의해 리바이어던
과 같은 강력한 국가권력이 필요하다고 주장했다.[2] 그리고 프랑스의 민주
주의 실현에 초석을 놓은 장자크 루소(Jean-Jacques Rousseau)는 18세기 절
대왕정 체제의 기득권층과 지식인을 비판하며, 모든 사회 구성원은 시민
으로서 자유를 향유할 수 있으며, 사회계약에 의해 정부로부터 보호를 받고
그 대가로 통치를 받아야 한다는 교환의 개념을 정의했다.[3] 시민성은 프랑
스혁명과 자유민주주의(liberal democracy) 정치체제를 통해 기본 틀이 발전
됐는데, 이는 주권국가(nation-state)의 구성원인 개인에게 동등한 법적 구성
원으로서의 권리와 의무, 그리고 시민으로서의 합법적 지위(status)를 부여
하자는 것에서부터 논의를 시작했다. 법적 지위가 보장된 보편적 시민권

---

1 디지털 리터러시는 디지털 플랫폼의 다양한 미디어를 접하면서 명확한 정보를 찾고, 평가
   하고 조합하는 개인의 능력, 디지털 문해력(文解力)을 뜻한다.
2 홉스(1588~1679)는 1651년 『리바이어던(Leviathan, or The Matter, Forme and Power
   of a Commonwealth Ecclesiastical and Civil)』을 저술했다.
3 루소(1712~1778)는 인간 불평등의 기원과 자연법을 탐구하는 『인간 불평등 기원론(Discours
   sur l'origine et les fondements de l'inégalité parmi les hommes)』(1755) 이후 『사회계
   약론(Du Contrat Social ou Principes du droit politique)』(1762)을 발표했다.

을 가진 개인은 참여라는 적극적 행위를 통해 정치 공동체 구성원이 될 수 있었고 동시에 정치적 평등과 자유민주주의의 원리인 자기 협치(self-govern-ance)를 실현하는 것을 진정한 시민성으로 보았다. 하지만 시민권이 시민성을 적극 보장하지 않을 수 있다는 제도적 한계를 우려한 학자들은 참여민주주의는 평등이란 이론적이고 제도적인 문제라기보다 사회적 실천이라 주장했다(Warren, 1992).

근대 국가들은 시민의 권리와 국가의 권력을 각자의 방식으로 이해하며 상황에 맞게 사회제도를 발전시켰는데,[4] 제2차 세계대전이 종료된 1945년 10월, 국제 평화와 안정을 보장하고 국제 협력 증진 및 인권을 개선할 수 있는 유엔(UN)을 출범시키며 시민성은 국제사회에 대한 책임과 연대로 실천되어야 한다는 분위기가 조성되었다. 현재 193개국이 가입한 유엔은 1948년 회원국 국민과 관할 영도의 국민에게 필요한 보편적 시민권, 즉 '세계인권선언(Universal Declaration of Human Rights, UDHR)'을 선포한 것이 대표적이다.[5] 유엔은 인권·환경·보건 분야와 저개발지역 원조를 위한 사업을 추진하는 데 상설·특별위원회 조직과 다양한 산하기관을 두고 있다.[6]

---

[4] 재노스키·그랜(Janoski·Gran, 2002)은 시민성을 자유주의적 시민성(liberal citizenship), 공화주의적 시민성(republican citizenship), 탈국가적 시민성(post-national citizenship), 포스트모던 시민성(post-modern citizenship)으로 범주화해 제시했다. 유사하게 돕슨(Dobson, 2003)은 4가지 차원 권리/책임(의무), 공적/사적, 덕목/비덕목, 영역적/비영역적에 초점을 두어, 시민성을 자유주의적 시민성, 공화주의적 시민성, 탈세계시민주의 시민성으로 구분한다. 포스트모던 시민성은 국가 정체성보다 오히려 사회적, 문화적 정체성을 강조하면서 다양성과 차이를 인식한다(조철기, 2016: 717).

[5] 여전히 많은 국가들은 유엔의 '세계인권선언'에 있는 권리를 인정하지 않고 심지어 일부 국가들은 쉽게 위반하고 있다. 여성의 투표권, 종교의 자유, 국가의 독립 같은 일들은 사실 자국의 정치적 상황에 영향을 받아 장기간 투쟁을 하기도 하고, 국제사회와 협력하면서 성취하는 경우가 많다(조철기, 2016).

[6] 유엔 산하기구로 국제여성향상연구훈련원(INSTRAW), 유엔인간정주위원회(HABITAT), 유엔무역개발회의(UNCTAD), 유엔마약통제계획(UNDCP), 유엔개발계획(UNDP), 유엔

물론 유엔 총회를 포함한 모든 국제기구의 결의는 사실 효력만 있을 뿐 법적 구속력은 없는 것이 원칙이다. 게다가 총회 결의가 통과되기 위해서는 통상 과반수의 찬성이 필요하다. 하지만 회원국의 평화와 안보를 담당하는 '유엔안전보장이사회(United Nations Security Council, UNSC)'는 유엔회원국에 대해 구속력을 갖는 결정을 할 수 있는 유일한 기관으로 국제적 마찰을 야기할 수 있는 분쟁 또는 사태에 관한 조사 및 분쟁의 조정 방법 또는 해결 조건을 권고하며, 평화를 위협하고 평화를 파괴 또는 침략하는 행위의 존재 여부를 결정하는데, 국제 평화와 안전의 유지 및 회복을 위해 권고 또는 강제 조치 집행이 가능하다.[7] 시민의 권리란 인간의 보편적 가치 즉 인권을 기반으로 하기 때문에, 진정한 자유와 평등에 관한 정치 실천 원칙은 모든 국제사회가 지켜야 한다는 합의(consensus)가 마련된 것이다.[8]

20세기 후반 공산주의가 붕괴되고 구소련이 15개로 해체되면서 미국이 주도하는 세계화(globalization)도 빠르게 확산되었다. 국가(state)[9]를 규정하는 영역과 영토 내 사람들 그리고 국경과 주권이 변하면서 국가의 개념과

환경계획(UNEP), 유엔인구활동기금(UNFPA), 유엔난민고등판무관실(UNHCR), 유엔아동기금(UNICEF), 유엔여성개발기금(UNIFEM), 유엔훈련조사연구소(UNITAR), 유엔대학(UNU), 세계식량이사회(WFC), 유엔팔레스타인 난민구제사업기구(UNRWA) 등이 있다.

7   유엔은 군비 통제안을 수립하고 전략지역에 신탁통치를 할 수 있으며, 신회원국의 가입을 권고하거나, 사무총장의 임명 권고 및 총회와 함께 국제사법재판소 판사를 선출한다(외교부, 2007).

8   우리나라는 유엔에 8번이나 가입을 신청했지만 국제사회에서 국가로 인정받지 못해 거절 당하다. 1987년 민주화 이후인 1991년이 되어서야 가입됐다. 2006년 유엔 사무총장 배출과 2016년 유엔 경제사회이사회의 의장국을 맡게 되면서 국가 위상도 상당히 높아졌는데, 최근 유엔은 우리 사회 내 갈등이 커지고 있는 혐오, 차별, 노동 이민자, 표현의 자유, 공평하고 공정한 재판, 동일노동과 동등한 보수, 특히 여성, 장애인, 저임금 노동자의 사회 복지 이슈에 대해 회원국의 위상에 맞는 제도를 갖추도록 요구하고 있다.

9   국가는 영역(territory), 사람(people), 경계(boundaries), 주권(sovereignty)이라는 4개의 본질적인 특징을 가지는 공간적 독립체이다.

국가 간 관계, 민족(nation)의 정체성도 큰 변화를 맞았다. 국가는 정치적 제도로서 국민에게 국적(nationality)을 부여해 주고 민족은 공통의 혈통, 역사, 문화, 언어 등을 공유하는 사람들의 집단, 즉 민족 공동체(national community)에 사용되기 때문에 상상의 공동체임에도 불구하고 올림픽, 월드컵 같은 국제 스포츠 대회가 열릴 때면 매스미디어에 의해 매우 감성적이거나 민족주의(nationalism)를 드러내기도 하지만, 미디어를 통해 빠르게 주입된 세계 시민성과 세계화, 국제화는 다양한 이유로 국경을 넘는 사람들이 증가하면서 활발히 상호작용했다. 특히 매스미디어가 선거라는 제도적 정치 속에서 영향력을 갖게 되는 것을 발견한 콜맨(Coleman, 2008)은 전통적인 하향식(top-down)의 시민성을 '관리되는 시민성(managed citizenship)'이라 재정의하며 '자발적인 시민성(autonomous citizenship)'을 과거 시민성의 개념과 구분했다(Bennett, 2008). 시민성이 의무와 권리에 치중한 전통적인 개념에서(Dutiful Citizenship, DC) 자기실현의 개념으로(Self-actualizing Citizenship, AC) 변화한 것은 현대사회에 나타난 큰 변화이다(Bennett, 2008; Bennett·Wells·Rank, 2009).

20세기 미디어 환경과 기술의 변화를 탐색한 마셜(Marshall, 1992: 8)은 시민성을 "사회의 지배적인 기준에 따라 사회 유산을 완전히 공유하고, 시민적 생활을 영위하게 하는 권리"라고 정의했고, 모스버거(Mossberger, 2008)는 "인터넷을 정기적이고 효율적으로 이용하는 사람"이야말로 민주주의 시대에 정치, 사회, 경제적 모든 권리를 향유할 수 있다고 주장했다. 이것은 이후 디지털 시민성에 영향을 주게 되는데, 앞서 살펴본 것처럼 시민성은 결국 가변적이고 상대적인 특성을 가지고 있다. 근대사회가 시민의 존재를 인식하고 시민의 권리와 의무를 어떻게 정의할 것인가를 두고 숙의했다면, 현대사회는 전쟁과 냉전을 겪은 후, 범국가적 차원에서 시민의 기본권리가 보장될 수 있는 기구를 만들며 국경을 허물고 연대하는 것을 중시했으며, 나아가 민주주의 시대 개인이 향유할 권리를 강조했다. 물론 20

세기에 등장한 다양한 국제기구 대부분이 북미와 서유럽 일부 부유한 국가들에 의해 설립되고 운영되다 보니 국제사회 불평등과 불균형을 우려하기도 한다. 하지만 3차 산업사회의 주역이 된 숙련된 임금노동자들은 이미 경제 분야에서 다양한 가치관과 문화를 인정하며 활발히 교역했고, 디지털 기술과 디바이스, 그리고 서비스를 적극 이용해 디지털 소비자로서 디지털 문화를 이용하는 것이 당연하다는 시대정신이 지배적이다.

3. 디지털 시민성과 디지털 리터러시

커뮤니케이션 환경에서 개인은 정보를 습득하고 소통한다. 그리고 시민으로서 정치 사회 과정 및 경제활동에 참여한다. 다원주의 민주사회의 구성원으로서 권리와 지위, 의무를 인식하게 되면 시민성의 발전에 부합하는 인지적(cognitive), 태도적(attitudinal and affective), 행위적인(behavioral) 사회화 과정에 영향을 미치기도 한다. 이러한 관점에서 디지털 미디어 환경도 시민성이 성장하는 데 긍정적 영향을 줄 것이라고 기대하는 연구자도 많았다. 하지만 온라인 공간은 현실 공간의 연속이기 때문에 사회의 구조적 문제가 온라인 기술 이용 방식에도 영향을 줄 수 있을 것으로 보는 관점이 늘어났다(Bimber, 2000; Prior, 2005). 마고리스와 레닉스(Margolis·Resnick, 2000)는 전자민주주의가 '구태의연한 정치의 연속(politics as usual)'에 불과하다고 강하게 비판하며 디지털 미디어 시대를 비관했는데, 이러한 관점은 '디지털 미디어 이용 격차', '온라인 정보 격차' 연구에 영향을 주었다.[10] 특히 온라인

---

10 대표 연구로 노리스(Norris, 2001)는 정보 불평등 현상을 인터넷 접근성의 차이와 연결시켜 『디지털 시대의 민주주의: 정보 불평등과 시민참여(Digital divide: Civic engagement, information poverty, and the internet worldwide)』를 발표했다.

매체 이용자들의 정치참여에 관한 연구가 주목을 받으면서, 디지털 시대 민주주의와 정보 불평등 그리고 시민성은 중요한 의제로 떠올랐다. 시민성을 단순히 외부로부터 주어진 지위의 개념으로 접근하기보다, 커뮤니케이션을 통해 내부로부터 형성되고 발전하는 정체성의 문제로 본 것이다. 결국 디지털 미디어 환경으로 확장된 공공의 장에서 커뮤니케이션 능력을 향상시키기 위해서는 디지털 리터러시 교육이 중요했고 이것은 디지털 시민성의 함양을 위한 정책, 즉 시민성 교육의 일부가 되어야 한다는 것이다.

그런데 디지털 기술 개발을 위한 고급 인력과 막대한 투자 자본이 있는 선진국의 경우 공적·사적 공간에서 디지털 기술과 장비를 쉽게 접하고 이용하지만, 디지털 기술이 더 빨리 개발되고 더 많이 보급될수록 그렇지 못한 개인, 사회, 국가 간 격차가 더 벌어질 수 있다는 문제의식이 확산되면서 '디지털 격차'와 '디지털 시민성', '디지털 리터러시'가 중요한 문제가 되었다. 앞 절에서 살펴본 대로 디지털 격차는 '정보기기, 정보기술에 대한 계층 간 접근성 차이'(최병일, 2001; 강진숙, 2002), 또는 '정보의 불평등한 접근이나 활용'(서이종, 2001; 강진숙, 2002)으로, 초기에는 기술이나 하드웨어에 대한 물리적 접근성과 접근성에 영향을 줄 수 있는 인구사회학적 변인과 경제, 사회자본, 문화자본, 개인의 역량 같은 원인을 밝히는 것이 주류였다. 하지만 빠르게 성장하고 변화한 미디어 환경 때문에 디지털 장비를 선택하고 이용하는 '미디어 이용 능력(media competence)'의 중요성이 강조되었고 대부분의 선진 국가들은 단일 관점보다 통합적 관점에서 디지털 격차에 대응하기 위해 디지털 통합 발전 정책과 제도를 마련해야 한다고 믿었다.[11]

---

11 우리나라는 2001년 '정보 격차 해소의 불평등에 관한 법'을 제정해 정보 격차를 '경제적·지역적·신체적 또는 사회적 여건으로 인해 정보통신망을 통한 정보통신 서비스에 접근하거나 이용할 수 있는 기회의 차이'라고 정의했다. 이는 격차를 접근과 함께 이용의 개념으로 이해하고 있음을 보여준다(이원태 외, 2008).

특히 2007년 애플사가 세계에 출시한 스마트폰이 선진국을 중심으로 초고속 유무선 인터넷 통신 서비스와 함께 보급된 이후, 소셜 미디어 서비스(SNS)와 디지털 서비스 및 동영상 콘텐츠 서비스(OTT)가 세계 시민의 문화와 의식에 큰 영향을 주고 있다. 세계화로 인한 문화적 동질성과 획일화를 우려하며 반세계화를 외치던 우리나라조차 디지털 정보통신기술(ICT)을 경쟁적으로 도입해 확산시키고 있고, 제4차 산업 시대를 선도하기 위해 인공지능과 반도체 개발 및 투자에 사력을 다하고 있다. 하지만 디지털 사회로 전환할 여력이 부족한 저개발 국가 혹은 가난한 사람들에게 디지털 시민성과 디지털 리터러시는 스스로 쟁취하기 힘든 것이 되었다. 결국 본격적인 디지털 정보사회가 도래했음에도 나이, 성별, 직업, 교육, 소득, 거주지 같은 사회적·경제적·문화적 환경이 다르다는 이유로 불평등한 존재가 된다는 것은 근대사회 이후 자유와 평등을 수호해 온 시민이 다시 투쟁을 해야 할 시기가 왔음을 암시하는 것으로, 시민성을 회복하는 것은 디지털 시대 모든 시민의 숙제와 같다.

2020년 창궐한 코로나19가 세계 곳곳에서 재확산되면서 교육 분야는 사상 초유의 변화를 경험하고 있다. 장기화된 팬데믹 속에 온라인 개학과 원격 수업으로 학생들의 학습 결손도 심각하다. IT 기술 활용 역량과 환경 개선을 교사와 학생 개인의 몫으로 미룰 때가 아니다. 다행히도 한국은 제4차 산업혁명과 디지털 전환(digital transformation) 사회에 대한 국가 전략·정책이 낯설지는 않다. 하지만 디지털 시민성을 기르기 위한 교육은 디지털 사회에서 살아나가기 위한 디지털 활용 기술을 습득하는 것으로는 충분하지 않다. 즉 디지털 환경이 요구하는 윤리성, 인성이 필요하기에 교육 내용에는 비판적 사고를 기반으로 테크놀로지 활용, 테크놀로지와 관련된 다양한 이슈의 이해, 역량 있는 ICT 이용자로서의 책임과 윤리, 안전하고 위험을 관리할 수 있는 인지력, 디지털 기술의 순기능을 촉진할 수 있는 활용

지식, 학교와 세계를 연결하며 문화 경제적 활동에 참여할 수 있는 기술 활용 등이 포함될 수 있다. 이것은 사회적 갈등과 충돌을 최소화하기 위한 새로운 기술에 대한 시민의식 곧 시민성이다. 사회 변화에 대한 사회 구성원들의 공감과 합의를 이끌어낼 수 있는 의식적 차원의 시민성은 결국 사회 발전의 원동력이 된다. 그리고 분쟁과 혐오와 갈등이 끊이지 않는 시대, 모든 국가에 필요한 포용성(inclusion)으로 개인적 가치와 사회적 가치의 동반 성장(mutual growth)을 만들어낼 기반이 된다. 디지털 리터러시가 최소한의 디지털 기술과 능력을 키우는 것 이상의 사회적 신뢰(trust)를 갖추게 될 때 진정한 디지털 시민성이 길러진다(김진숙, 2020).

4. 미디어 리터러시 교육 현황

UNESCO는 UN이 제정하고 발표한 세계인권선언 제19조와 유네스코 헌법 제1조에 제시된 의사 표현과 정보 표현의 자유 및 미디어와 미디어 속 정보를 누릴 수 있도록 하는 기본 역량으로 미디어와 정보 리터러시(Media and Information Literacy, MIL)[12]를 꼽았다. 그리고 사람들이 어떤 미디어를 통해서든 지역과 국경에 구애받지 않고 미디어와 미디어 속 정보 및 생각에 접근하고 정보를 주고받으며, 평가하고 활용할 수 있도록 하는 MIL 추진 전략, 지표 및 교육과정을 개발하며 국제행사도 개최하고 있다. 사실 UNESCO는 전통적으로 정보 리터러시와 미디어 리터러시를 별개 분

---

12 UNESCO(2013)은 MIL은 '시민들이 개인적, 전문적, 사회적 활동에 참가하고 참여하기 위해, 다양한 도구를 사용해 중요하고 윤리적이며 효과적인 방법으로 모든 형식의 정보 및 미디어 콘텐츠에 접근, 검색, 이해, 평가, 사용, 창작, 공유할 수 있도록 하는 역량 집합'으로 정의한다.

그림 9-1 2013년 MIL의 개념 구성 모형

정보 리터러시	라이브러리 리터러시	기초 리터러시	디지털 리터러시
미디어 리터러시			
문화적 다양성	뉴스 리터러시	다른 유형의 리터러시	ICT 리터러시/인터넷 보안

자료: UNESCO(2013).

야로 간주했지만, 최근 21세기 세계 시민에게 요구되는 역량(지식, 스킬 및 태도)은 통합적이기에 UNESCO도 융합적 리터러시를 개발했다.

UNESCO는 2007년부터 '미디어 리터러시'와 '미디어 교육'이라는 용어를 대신해 '미디어와 정보 리터러시'라는 융합된 용어인 MIL을 사용하고 있으며, 2013년 MIL 모형을 새로 제시했다. 그리고 시민들의 MIL 역량을 향상시키기 위한 교육과정을 가르치게 될 교사(또는 교수)에게 필요한 MIL의 5가지 법칙이 담긴 교육과정과 다양한 자료를 무료로 제공했다.[13]

미디어 리터러시는 21세기 핵심 역량의 하나로 OECD, P21, ATC21S 등 다양한 국제기구에서 주목해 왔는데, 캐나다·핀란드·프랑스·호주·뉴질랜드·싱가포르 등 여러 교육 선진국들은 국가 교육과정을 개정해 미디어 리터러시 교육을 운영하고 있다(노은희, 2018). 2016년 미국 대통령 선거에서 시작해 유럽과 아시아 곳곳의 정치 현장에서 가짜 뉴스(fake news) 논란이 확산되면서, '탈진실(post-truth)'의 시대를 고민하게 됐다. UNESCO는

---

13 2011년 MIL 구성모형에서는 FOE(freedom of expression) and FOI(freedom of information) Literacy가 구체적으로 제시되어 있는 반면에 2013년 모형에는 '기본적 리터러시'와 '문화적 다양성'이 제시되어 있으며 매체를 중심으로 한 리터러시가 하나의 영역으로 통합되어 있다.

표 9-1 미디어와 정보 리터러시(MIL)의 5법칙

법칙	내용
제1법칙	정보, 의사소통, 도서관, 미디어, 기술, 인터넷과 다른 모든 유형의 정보 기관은 중요한 시민 참여와 지속적인 발전에 사용되기 위한 것이다. 이러한 정보 제공 기관들은 동등하다.
제2법칙	모든 시민들은 정보/지식의 창조자이며 메시지를 가지고 있다. 그들은 새로운 정보/지식에 접속하고 그들 자신을 표현할 수 있는 권한이 있다. MIL은 모두를 위한 것이며 인간 권리와 연결되어 있다.
제3법칙	정보, 지식, 그리고 메시지는 언제나 가치 중립적이며 언제나 편견에 독립적인 것은 아니다. MIL의 어떤 개념이나 사용과 적용도 모든 시민들이 이해할 수 있고 투명해야 한다.
제4법칙	모든 시민들은 새로운 정보, 지식과 메시지를 알고 이해하기를 원하며 의사소통하기를 원한다. 심지어 사람들이 그들이 원하는 바를 인식하거나 허락하거나 표현하지 못했다고 하더라도, 그들의 권리는 타협될 수 없다.
제5법칙	미디어와 정보 리터러시는 한 번에 획득되는 것이 아니다. 그것은 살아있고 역동적인 경험이며 과정이다. MIL이 지식, 스킬, 태도를 포함하고 있고, 정보, 미디어와 기술(technology) 콘텐츠에 접근하고, 평가/측정하고 사용하고 제작하고 전달할 때 MIL은 완전해진다.

자료: UNESCO(2013).

2017년 언론의 자유와 정보 접근을 위해, 국제 커뮤니케이션 개발 사업 (International Programme for the Development of Communication, IPDC)이 주력하고 있는 '탁월한 저널리즘 교육을 위한 글로벌 이니셔티브(Global Initiative for Excellence in Journalism Education)'를 발표했다. 이것은 전 세계가 직면한 허위정보(disinformation) 문제에 적극 대응하려 한 것이다(UNESCO, 2018).[14]

---

14 정치인들은 자신에게 우호적이지 않은 언론을 공격하기 위해 '가짜 뉴스'라고 부르며, 이것을 정치적 수사의 도구로 사용했는데, 가짜 뉴스는 뉴스처럼 가장한 뒤 유포되는 허위, 왜곡 정보(misleading information)의 의미도 담고 있어, 2017년 유네스코는 언론의 자유와 정보 접근을 위한 공동 선언문을 발표해 가짜 정보가 뉴스에 한정된 것으로 오인될 수 있어, '허위 조작 정보(disinformation)'로 바꾸어 부르고 있다. 미국과 유럽의 주요 국가들은 팩트체크를 하기 위해 대학과 언론사가 연합하거나(예를 들어 Factcheck.org), 독립된 조직(예를 들어 IFCN, Full fact, Politifact, Newtral 등)을 만들어 운영하고 있다. 통신사나 언론사가 직접 운영하는 팩트체크 서비스도 있는데, 우리나라는 현재 서울대학교와 언론사가 협업하는 'SNU팩트체크'와 시민과 각 분야 전문가가 함께 검증하는 '팩트체크넷'이 있다.

1) 캐나다의 디지털·미디어 리터러시 교육 동향

현재 디지털·미디어 리터러시 사업을 이끌고 있는 미디어스마트(Media Smarts)[15]는 1994년 캐나다의 국립영화위원회 지원으로 시작해 1996년 캐나다 주요 미디어 회사, 정부, 교육부, 도서관 및 비영리 부분의 대표들이 자발적으로 독립 법인 미디어 인지 네트워크(Media Awareness Network, MNet)를 설립했고 2012년 지금의 미디어 스마트로 명칭과 로고를 변경했다. 디지털 리터러시 및 미디어 리터러시와 관련한 원칙과 핵심적인 기능 및 역량을 정의하고, 학교에서 교사들이 교육과정과 연관해 쉽게 활용할 수 있는 수업 계획안을 온라인에서 제공함으로써 학교의 디지털 리터러시 교육을 지원하고 있다. 미디어 스마트의 디지털 리터러시 모델은 디지털 기술에 대한 기본적인 접근, 인식, 훈련 등과 같은 낮은 단계에서부터 시민 의식, 소비자 의식, 이용자의 자신감, 비판적·창의적 사고력 등과 같은 높은 단계에 이르는 스펙트럼을 포괄한다. 여기서 디지털 리터러시를 디지털 기술의 '사용', '이해', '창조'의 세 가지 차원으로 구분하는데, 이는 미디어 리터러시와도 밀접한 관련을 갖는 것으로 제시하고 있다.[16] 2015년 이후 디지털·미디어 리터러시 관련 자체 보고서를 발간하고 있으며, 교사를 위해 개발된 '디지털 리터러시 101'은 학습 자료를 포함해 핵심 개념을 설명하는

---

15 홈페이지 참고 https://mediasmarts.ca/.

16 '사용'은 컴퓨터와 인터넷 사용을 위한 기술적 유창성을 뜻하며, 워드 프로세서·웹브라우저·이메일 등의 의사소통 도구를 비롯한 컴퓨터 프로그램을 사용하는 기본적인 기술의 사용부터 검색 엔진, 온라인 데이터베이스, 클라우드 컴퓨팅과 같은 지식 자원에 접근해 이를 사용할 수 있는 정교한 능력까지를 포함한다. '이해'는 디지털 미디어의 의미를 해석하고, 비판적으로 평가할 수 있는 일련의 사고를 뜻하는 것으로, 여기에는 우리의 행동·지각·신념, 우리를 둘러싼 세계에 대해 느끼는 감정에 네트워크 기술이 어떻게 영향을 미치는지에 대한 인식도 포함한다. '창조'는 다양한 디지털 미디어 도구를 통해 내용을 생산하고 효과적으로 의사소통할 수 있는 능력을 뜻한다.

영상을 홈페이지와 유튜브에서 제공하고 있다(노은희 외, 2018: 26~27).[17]

2) 핀란드의 디지털·미디어 리터러시 교육 동향

핀란드 교육문화부 산하의 국립 교육청(Finish National Agency for Educa-tion, EDUFI)[18]은 유아 교육 및 보육, 취학 전 교육, 기본 교육, 일반·직업·고등·중등 교육과 성인 교육 및 훈련을 담당하는 국가 개발 기관으로 교육문화부는 핀란드의 모든 공립 교육을 담당하고 있다. 2016년 교육문화부에서 교육과정을 전면 개편해 '멀티리터러시(multiliteracy)'와 'ICT 역량'을 핵심 역량에 포함시켰다. 멀티리터러시[19]는 다양한 양식을 통해 다양한 맥락과 상황에서 다양한 도구를 활용해 정보를 얻고 결합·변형·생산·제시·평가하는 능력이라고 규정한다. 학생들은 전통적인 학습 환경과 디지털 환경에서 기술과 미디어를 다양한 방식으로 활용할 수 있는 기술을 연습할 기회를 제공받아야 함을 강조한다(Finnish National Agency for Education, 2016: 3). 또한 모국어·사회·역사 등 다양한 교과에서 다루는 핵심 역량이자 학습 요소로, 그 목적은 학생들이 학교 밖의 시민사회 및 공동의 일에 참여하기 위한 지식, 경험, 방법을 익히는 데 두고 있다.[20] 핀란드는 멀티리터러시 교육 내에 미디어 리터러시 교육이 있는데 세 단계로 이루어진다. 1단계는 자신의 생각을 말과 글로 표현하는 것을 배우는데, 초등학교

---

17 홈페이지 참고 https://mediasmarts.ca/teacher-resources/digital-literacy-101.

18 홈페이지 참고 https://www.oph.fi/en.

19 멀티리터러시는 문자, 시각, 청각, 수리, 동작의 상징체계들과 그 복합 작용에 의해 제시되는 지식을 다루는 것이다(Finnish National Agency for Education, 2016).

20 멀티리터러시는 영국에서 처음 등장한 용어로, 미디어 리터러시 개념과 실천 중심의 디자인 기반 교수법이 결합된 개념이다(김아미, 2017: 86).

3학년 국어 시간에는 도서관에서 자료를 찾아 읽고 자신의 글로 표현하는 초보적인 미디어 리터러시 교육을 받는다.[21] 2단계는 뉴스를 직접 제작하는데 학생들이 신문 기사를 작성하거나 동영상 뉴스를 제작하는 과정에 전·현직 언론인이 참여해 도움을 준다. 미디어 리터러시 교육이 학교만이 아니라 지역 사회 및 미디어 단체와의 협업을 통해 이루어지는 점은 주목할 만하다. 3단계는 비판적 사고를 기르기 위해 동일한 사건에 대해 다양한 관점의 뉴스를 비교·분석하도록 한다. 국어 수업에서 리터러시 교육의 기초를 시작하면서 사회 현상에 관심을 유도하고, 스스로 뉴스를 제작해 보면서 비판적으로 이해하도록 하는 체계적인 교육이다(심미선, 2017: 80~87). 핀란드는 2016년 이후 '멀티리터러시' 교육을 다른 분야로 확장하고 있는데, 예를 들면 수학·물리·화학 등의 교과에 코딩 교육을 포함하고 있다(김아미, 2017: 87). 즉 핀란드에서 코딩은 프로그래밍 교육 차원만이 아니라 그것에 대한 비판적 이해 또한 중시하는데, 학습자로 하여금 온라인에서 접하는 정보나 서비스가 어떻게 만들어지는지, 그리고 어떻게 홍보되고 있는지를 연결해 생각하도록 교육한다. 또한 핀란드는 학교, 공공기관, 시민 단체, 가정의 협력을 통해 디지털 리터러시 교육을 지원하는데, 대표적인 사례로 매년 11월에 열리는 '핀란드 게임 주간' 행사가 있다. 핀란드의 어린이와 청소년 다수가 즐기고 있는 디지털 게임이 학습 활동에 긍정적 영향을 줄 수 있다는 인식을 확산시키기 위해 게임 이용 문화 캠페인을 열고 민관학 그리고 가정이 적극 참여한다(노은희 외, 2018: 27~29).

---

21 이때 핀란드 학생들은 말하기와 글쓰기의 시작에서 그 소재를 뉴스에서 찾으면서 자연스럽게 사회 현안에 관심을 갖는다. 우리의 경우도 국어 교과에서 이러한 내용을 포함하고 있으나 기능적인 교육에 그쳐 사회적 주제에 대한 관심과 결합하지 못하고 있는 점과 대비되기도 한다. 이에 대해 심미선 교수는 우리나라의 경우 사회 문제나 시사 문제에 관심을 갖고 의견을 표현하는 교육을 학교는 물론 가정에서도 원하지 않는 경우가 많다고 지적한다(심미선, 2017: 82).

3) 프랑스의 디지털 · 미디어 리터러시 교육 동향

프랑스 교육부 산하의 '끌레미(CLEMI; 교육과 정보 미디어 연계 센터)'[22]는 프랑스 미디어 교육을 담당하는 대표 기구로 교사에게 뉴스 미디어 시스템에 대한 더 나은 지식을 교육하고, 교육을 위한 도구를 제공해 미디어 및 정보에 대한 비판적 사고를 육성함으로써 어린이의 시민권 기술을 구축하기 위해 1983년에 설립되었다. 교사의 미디어 리터러시를 기초 사업으로 삼아 학생들의 미디어에 대한 지식과 비판적인 분석을 돕고 미디어 생산을 장려하며, 미디어 교육 교사 양성, 미디어 교육 자료 생성, 학교 미디어 제작 지원 및 미디어 교육 프로그램을 제공하고 있다. 최근에는 UNESCO의 미디어와 정보 리터러시(MIL) 정책에 따라 미디어 교육의 범위를 '미디어와 정보 교육'으로 확장했다. 끌레미는 모든 학교의 교과 교육과정에서 이루어지는 미디어와 관련 교육에 대해 구체적인 프로그램을 제공해, 미디어 관련 교육이 다양한 교과의 교육과정 내에서 자연스럽게 통합되도록 지원하고 있다. 특히 청소년들이 신문, 라디오 방송의 프로그램 제작을 비롯해 다양한 디지털 콘텐츠 제작을 할 수 있도록 지원하고 있다(진민정, 2017: 19; 노은희 외, 2018: 30).

그 밖에 호주는 2008년 「멜버른 선언: 호주 젊은이들을 위한 교육 목표」[23]에서 '리터러시', '수리력', 'ICT 역량', '비판적·창의적 사고', '개인적·사회적 역량', '윤리적 이해', '상호문화적 이해'를 국가 교육의 핵심 역량으로 제시했고, 호주 공영 방송사 ABC, 호주 도서관과 정보 협회(ALIA), 호주 민주주의 도서관(MoAD), 국립 영화 음향 아카이브(NFSA), 국립과 주 도서관들

---

22 홈페이지 참고 https://www.clemi.fr/fr/en.html
23 Ministerial Council on Education, Employment, Training and Youth Affairs. "Melbourne Declaration on Educational Goals for Young Australians"(2008).

(NSLA), 퀸즐랜드 공과대학교(QUT), 웨스턴시드니대학교 등 7개 조직이 연합해 비영리 미디어 리터러시 연합(Australian Media Literacy Alliance, AMLA)을 설립했는데, 콘텐츠 제작, 정보 제공, 교육 및 미디어, 정보 사용에 대한 리터러시 정보를 제공하고 있다. 뉴질랜드는 2007년「미디어 리터러시 정보」라는 보고서를 통해 뉴질랜드, 영국, 유럽, 북미권의 미디어 리터러시 현황을 파악했는데, 2017년에 35개국 청소년을 대상으로 창조적이고 분석적인 능력, 기업가적 역량, 지도력, 디지털 능력 및 기술력, 국제적 인식 및 시민교육 등의 교육 미래 역량 부문 평가에서 세계 최고의 평가를 받았다 (한국교육과정평가원, 2017).

영국의 비영리단체 차일드넷(Childnet)[24]은 13~18세 어린이와 청소년, 부모, 보호자, 교사, 전문가를 직접 연결하기 위해 1995년 설립됐는데, 참여자가 직접 경험을 나누고 정책을 감시·비판하며 대응 방법을 찾아 정부와 산업계에 정책과 제도 개선을 요구하고 있다. 2011년 영국 인터넷 안전 센터(Safer Internet Centre)와 파트너십을 맺고 건전한 인터넷 사용, 피해 구제, 예방, 캠페인, 온라인 괴롭힘(cyber bullying)에 관한 구체적인 사회 운동을 하고 있다.[25] 최근 어린이들이 온라인상에서 '디지털 발자국'을 보다 긍정적으로 남기고 관리하기 위한 5가지 가이드라인으로 '온라인 평판 체크리스트'를 제시했다.[26] 그 내용은 첫째, 온라인에서 자기 자신을 검색해 보라는

---

24 홈페이지 참고 https://www.childnet.com/.

25 영국은 2003년 '커뮤니케이션법'을 제정하고 방송통신 통합 규제 기구 오프콤(Ofcom)을 출범시켰다. 오프콤은 미디어 리터러시를 육성하고자 했지만, 2004년 문화부 테사 조엘 (Tessa Jowell) 장관이 미디어 리터러시를 교육 프로그램으로 접근하면서 저항과 한계에 부딪쳤다. 2009년 정부가 발표한 '디지털 영국' 이후 오프콤의 디지털 리터러시 업무가 축소되었고, 미디어 리터러시를 기능적인 기술 교육으로 접근하고, 사회 문제에 대한 해결책 혹은 미디어 규제의 대안으로 이용한다는 비판을 받았다(버킹엄, 2019: 38~44).

26 http://www.childnet.com/resources/online-reputation-checklist.

그림 9-2 미디어 리터러시 교육의 핵심 역량, 기초 학습 요소 및 수행 목표의 관계도

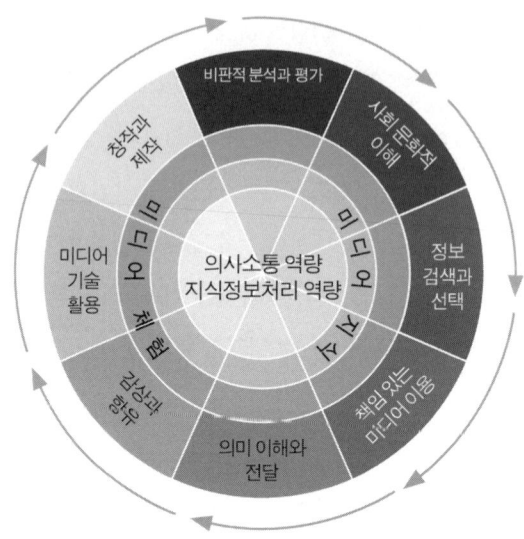

자료: 정현선 외(2015).

그림 9-3 미디어 리터러시 교육의 학교 교육과정 실행 모형

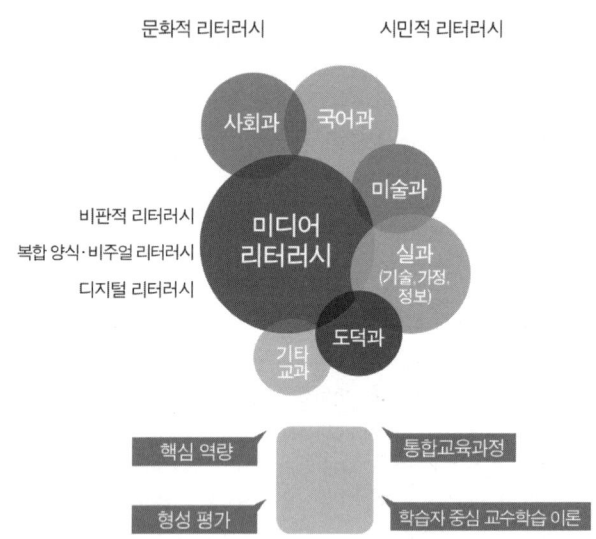

자료: 정현선 외(2016b).

것이다. 둘째, 프라이버시 세팅을 체크하라는 것이다. 셋째, 공유하기 전에 생각하라는 것이다. 넷째, 소셜 네트워킹 사이트의 프로필이나 사이트 이용을 안 하게 되면 계정을 비활성화하거나 삭제하라는 것이다. 그래야 다른 사람이 검색할 수 없게 되며, 해킹의 위험을 제거할 수 있기 때문이다. 마지막으로, 긍정적인 발자국을 온라인에 남기라는 것이다(노은희 외, 2018: 30~35).

우리나라도 2015년 교육과정을 개정하며 '의사소통 역량'과 '지식정보처리 역량'을 핵심으로 제시했다. 그리고 교과 통합과 융합 수업에 사용할 수 있는 미디어 리터러시 학습 모델을 개발했는데, 미디어 리터러시 교육의 기초 학습 요소는 '미디어 체험'과 '미디어 지식'을 설정하고, 미디어 리터러시 교육을 통해 '의사소통 역량' 및 '지식정보처리 역량'을 갖추었을 때 수행할 수 있는 목표이자 결과로 '의미 이해와 전달, 책임 있는 미디어 이용, 감상과 향유, 책임 있는 미디어 활용, 정보 검색과 선택, 창작과 제작, 사회·문화적 이해, 비판적 분석과 평가' 8가지를 제시했다(정현선 외, 2015: 2016a, 2016b).

미디어 리터러시 교육의 중요한 목표 중 하나는, 자신이 접하는 정보에 민감하게 반응하고 정보에 접근하려는 적극적인 태도를 갖추며, 정보를 바탕으로 의사결정을 하고 사회 참여를 하는 시민을 길러내는 것이다. 또한 미디어가 정보로서 의미를 지닐 뿐 아니라 문화콘텐츠이자 환경이기도 하다는 점을 고려할 때, 문화적인 안목을 키우고 미디어가 자신의 정체성 구현에 가지는 의미, 미디어가 만들어내는 문화를 이해하고 나아가 건전하고 창의적인 미디어 문화를 생산하는 것 역시 중요함을 알 수 있다. 이처럼 시민적 리터러시와 문화적 리터러시는 미디어 리터러시 하위 개념들 중 최상위에 있는 개념으로 비판적 리터러시, 복합양식·비주얼 리터러시, 디지털 리터러시 등을 기반으로 성취할 수 있는 리터러시 역량이다.

- **비판적 리터러시:** 정보 생산의 주체와 의도를 비판적으로 파악하고, 정보의 표현과 생산 방식에 따른 의미 효과를 비판적으로 이해할 수 있는 능력
- **복합양식·비주얼 리터러시:** 미디어의 다양한 시각적 이미지의 의미 작용을 문화·예술의 차원에서 이해하고, 미디어의 의미를 구성하는 다양한 기호와 언어의 작용을 이해하고 활용할 수 있는 능력
- **디지털 리터러시:** 기술 변화로 인한 멀티미디어 텍스트의 속성을 이해하고, 다양한 텍스트와 기술을 사용할 수 있는 능력
- **시민석 리터러시:** 사회적 책임감을 가지고 리터러시를 실천하고, 적절한 정보를 갖추고 능동적으로 사회에 참여하는 능력
- **문화적 리터러시:** 사회적·문화적·언어적 다양성의 증대로 인한 리터러시의 변화를 이해하고, 사회적·문화적·언어적으로 다양한 맥락에서 리터러시를 실행할 수 있는 능력

1987년 민주화 이후 민주시민교육의 필요성이 제기되었다. 교육부가 움직이기까지는 오랜 시간이 걸렸고, 드디어 2014년 서울시에서 관련 조례가 통과되면서 지방자치단체와 시·도 교육청으로 확산되었다. 현재 총 54개의 조례가 만들어져 전국적으로 민주시민교육을 실시하고 있다. 하지만 2020년 제21대 총선거 당시, 만 18세 선거권을 도입했는데 학교에서 민주시민교육이 체계적으로 실시되지 못하고 있다는 비판과 함께 미디어 리터러시 역량 교육이 주목을 받았다. 조례에 나타난 교육 내용은 인권, 환경, 양성 평등, 미디어, 노동, 평화, 통일, 영토, 역사, 정통성, 전통문화, 사회 통합, 기후변화, 이주노동자, 세계주의 등 시대적으로 요청되며 민주시민으로서 필요한 삶의 가치들이 있다(경인교육대학교, 2020). 최근 교육부는 코로나 대응 체계, 학사 운영 기준, 학교 방역, 범정부 외국인 유학생 관리,

돌봄 지원, 온라인 개학, 국제 협력, 시험 등 주요 현안을 담은 『코로나19 대응 백서』를 발표했다(교육부, 2021.5.10). 교육부는 팬데믹 상황에서도 교육 활동이 중단되지 않도록 실시간 쌍방향 수업을 확대했고, 원격 수업이 안정화될 수 있도록 교사가 자체 제작한 자료를 활용하도록 지원했지만, 코로나19 백신 접종 갈등과 재확산이 길어지다 보니 관심과 지원이 더 필요한 저소득층의 학력과 교육 격차를 우려하고 있다(이유진, 2021.7.21).

5. 미디어 리터러시 연구 특징

1990년대 이후 등장한 뉴미디어의 이용법과 기술에 대한 관심이 높아지면서 리터러시에 대한 연구도 자연스럽게 많아졌다. 무엇보다 리터러시에 대한 개념과 그에 관한 논의도 시대에 따라 변했는데, 리터러시는 문명을 발전시킨 인간의 기본 소양인 3Rs(읽기, 쓰기, 셈하기)부터 시각적 사고 및 학습, 소통능력, 텔레비전을 비판적으로 시청하는 것, 컴퓨터를 이해하고 활용하는 능력과 태도, 정보의 필요성을 인식하고 탐색하며 기술을 비판적으로 이용해 문제도 해결할 줄 아는 능력으로 확대되었다. 주목할 점은 1960년대 이후 리터러시가 시각, 텔레비전, 컴퓨터, 멀티미디어, 정보, 정보통신, 미디어, 디지털 분야로 빠르게 확대되었으나, 디지털 리터러시는 이전의 리터러시들과 기술 등장이란 측면에서 연장선에 있기 때문에 상당 부분은 유사한 범주를 포함한다. 예컨대 디지털 리터러시는 비슷한 시기에 출현한 정보통신 리터러시, 미디어 리터러시 등과 그 범주가 중첩되어 여전히 여러 분야에서 그 용어가 관점을 달리하며 혼용되기도 한다. 최근에는 국내외에서 디지털 리터러시와 미디어 리터러시를 구분하지 않고 교육과정과 학습 내용의 핵심 역량으로 다루고 있다.

표 9-2 리터러시의 변천

리터러시	시기	범주	비고
3Rs(Reading, Writing, Arithmetic)	5000여 년 전~	읽기, 쓰기, 셈하기	기본적인 기능
시각 리터러시 (Visual Literacy)	1960년대 이후 ~	시각적 사고, 학습, 소통, 창출	
텔레비전 리터러시 (Television Literacy)	1950년대 이후 ~	시각 리터러시, 비판적 사고	비판적 관점 처음 부각
컴퓨터 리터러시 (Computer Literacy)	1980년대 이후 ~	컴퓨터에 대한 이해와 지식, 컴퓨터를 활용하는 능력, 컴퓨터에 대한 태도	
멀티미디어 리터러시 (Multimedia Literacy)	1990년대 이후~	정보, 소통, 멀티미디어 테크놀로지	
정보 리터러시 (Information Literacy)	1990년대 이후~	정보의 필요성 인지, 정보원 탐색, 비판적 사고	정보의 중요성 인식
정보통신 리터러시 (Information Communication Technology Literacy)	1990년대 후반 이후~	매체 활용, 정보 탐색 및 선택, 정보 평가, 조직 및 종합, 문제 해결	소통의 도구로 부각 문제 해결력 강조
미디어 리터러시 (Media Literacy)	1990년대 후반 이후~	정보 리터러시, 컴퓨터 리터러시, 영화 및 비디오 리터러시, 문화 리터러시	메시지에 초점 인쇄·비인쇄 매체 포함
디지털 리터러시 (Digital Literacy)	2000년대 이후~	컴퓨터 리터러시, 네트워크 리터러시, 정보 리터러시	기술 습득을 넘어 활용 능력 요구

자료: 한정선 외(2006); 노은희(2018).

　디지털 리터러시를 초기에 연구한 길스터(Gilster, 1997)는 교육은 디지털 기술을 잘 다루고 정보를 적절히 처리하는 능력 이상의 것을 전달해야 한다고 주장했고 초·중등학교 학생을 대상으로 하는 교육적 관점에서, 디지털 리터러시 개념을 제안했다. 예를 들면 디지털 매체와 테크놀로지를 효율적으로 사용할 수 있는 기술, 지식, 비판적 사고력과 함께 문제해결, 커뮤니케이션, 지식을 창출할 수 있는 능력을 연구하거나(한정선 외, 2006), 디지털 기술과 커뮤니케이션 도구로 적절하게 정보에 접근하고 관리, 통합, 분석, 평가하며, 새로운 지식을 구성, 창조하고 타인과 소통할 수 있는 홍

표 9-3 연구 기준 학문 분야별 '미디어 리터러시' 연구 빈도

학문 분야			연도	2006	2007	2008	2009	2010	2011	2012	2013	2014	2015	2016	합계
미디어 커뮤니케이션학 (이하 미디어학)				8	8	6	7	7	6	8	8	11	13	9	91(39.4)
교육학	교과교육	교육학 일반		0	0	2	4	3	3	0	2	5	4	8	31(13.4)
		아동 교육학		1	0	0	2	2	1	2	2	2	3	6	21(9.1)
		국어교육		1	2	2	2	2	1	3	0	0	2	4	19(8.2)
		일반 사회 교육		0	2	0	2	2	0	1	1	2	2	1	13(5.6)
		미술 교육		0	2	1	0	2	0	1	1	0	2	1	10(4.3)
		컴퓨터(정보)교육		1	1	3	1	2	1	0	0	0	0	0	9(3.9)
		기타 교과 교육		0	1	1	0	0	1	3	0	2	2	1	11(4.8)
기타[1]				1	5	3	2	0	2	2	1	4	3	3	26(11.3)
합계				12	21	18	20	20	15	20	15	26	31	33	231(100.0)

주: 1) 기타 학문 분야의 연구들은 사회복지학이나 청소년 지도학 등의 분야에서 연구가 수행되었고, 노인 계층을 주요 대상으로 실태나 미디어 리터러시 능력 향상 방안에 대한 연구들이 포함되었다. 기타 분야는 이후 학문 분야별 비교표에서는 제외하였다. 학문 분야별 비교에서 주요 관심 대상은 교육학 분야와 미디어 커뮤니케이션학 분야이기 때문이다(안정임·서윤경·김성미, 2017: 23).
자료: 안정임·서윤경·김성미(2017: 23).

미, 태도, 능력을 지도·교육하는 대표적인 해외 사례들(캐나다의 미디어스마트)을 소개했다. 김수환(2017)은 디지털 사회 구성원으로서의 자주적인 삶을 살아가기 위해 필요한 기본 소양으로 윤리적 태도를 가지고 디지털 기술을 이해·활용해 정보를 탐색 및 관리하고, 창작을 통해 문제를 해결하는 실천적 역량을 연구했다. 이와 같이 다양한 학문 분야에서 리터러시 연구가 활발히 진행되자 국내 미디어 리터러시 연구 동향을 분석한 연구가 발표되었다. 안정임·서윤경·김성미(2017)는 1970년대 이후 영화, 텔레비전, 다양한 미디어의 폭력성과 선정성 문제 및 여러 부정적 영향에 대처할 방법으로 미디어 리터러시 능력과 이를 위한 교육과 정책을 연구했다. 하지만 미디어의 문제는 악순환이 반복되면서 리터러시의 현실적 한계를 고민

하게 했다. 여전히 악순환이 반복되고 있는 현실적 한계를 고민했다. 그리고 2006~2016년 국내에서 발표된 231편의 미디어 리터러시 관련 연구와 핵심 논의를 분석해 한국 미디어 리터러시 연구의 발전 방안을 모색했는데 연구 결과 첫째, 2006년부터 2013년까지 미디어학과 교육학에서 연구는 빈도가 낮았다. 하지만 2014년과 2015년에 연구가 급증했는데, 그 원인은 교육부에서 2009년과 2015년 개정 교육과정을 통해 미디어 역량에 대한 관심을 보였기 때문으로 해석된다.

둘째, 학문 분야별 연구 내용에서 사용하는 용어와 관점이 달랐다. 교육학 내에서도 국어 교육, 사회 교육, 컴퓨터 교육이 서로 차이가 났는데, 2012년 이후 미디어 리터러시 연구가 미디어학과 교육학에서 사라졌고, 미디어 리터러시 교육이 첨단 미디어 사용 기술 교육과 분리됐다. 셋째, 2013년 이후 미디어 리터러시 수준 측정이나 평가 도구 관련 연구는 미디어학과 교육학 모두에서 나타났는데, 특히 교육학 분야에서 2016년 교육 대상자에 대한 조사 연구가 집중적으로 나타났다. 즉 교육과정과 교육 방법 개발에 대한 연구는 증가했으나, 미디어 리터러시 교육 활성화를 위한 교육 효과나 유용성에 대한 연구는 상대적으로 부족했다. 넷째, 연구 방법 역시 미디어학에서는 질적 연구가 많았고 교육학에서는 양적 연구가 더 많이 나타났는데, 미디어학에서는 거의 시도되지 않은 개발 연구가 교육학에서는 꾸준히 나타났다. 다섯째, 연구 대상 측면에서도 분석 기간이 소셜 미디어가 세계적으로 확산되던 시기였음에도 관련한 미디어 리터러시 연구가 상당히 적었다. 학계의 연구 관심과 속도가 매체 변화를 따라가지 못하고 있는 현실 속에 최근에는 스마트폰 리터러시, 소셜 미디어 리터러시 등 관련 연구가 등장하고 있다. 마지막으로 미디어 리터러시의 핵심 역량인 접근, 비판적 이해, 제작(표현), 참여를 모두 포괄하는 연구가 가장 많았고 참여 역량을 다룬 연구가 가장 적었다.[27] 개별 역량 요인 중 비판적 이해 역량에 대한 연구가 미디어학과 교육학에서 가장 많았다. 접근 역량에 대해 교육학은 관심이 높고 연구가 꾸준했으며 제작 역량의 경우, 교육학은 교육과정에 제작 역량 교육을 포함시켰고, 미디어학은 노인·다문화·사회소외자·여성 등을 대상으로 지역미디어센터나 다문화미디어교육센터에서 진행하는 미디어 제작 교육 사례를 연구했다. 마지막으로 참여 역량에 대한 연구는 대체로 낮은 비중을 보였는데, 이는 디지털 시민성 같은 개념을 통합적으로만 다룰 뿐 구체적으로 디지털 시민성과 디지털 리터러시가 어떻게 연결되는지, 그리고 이용자는 어떻게 참여할 수 있는지를 구체적으로 제시하지 못했다.

6. 결론: 디지털 미디어 사회의 시민을 위한 제언

인간과 자연, 기술이 함께 쌓아온 역사는 위대하다. 인간은 자연의 힘에 쉽게 순응하기보다 적응하거나 극복하기 위해 끊임없이 기술을 개발했다. 그 기술은 놀이가 되어 문명을 발전시켰고 현재는 자연이 아닌 공간에서도 실존하는 것처럼 활발히 활동하며 사고하고 있다. 하지만 스펙터클하고 다이내믹한 디지털 미디어 세상의 속도가 점점 빨라지고 있어, 이러한 환경

---

27 전체 역량 요인이 모두 포함된 연구들의 경우, 포괄적인 의미의 미디어 리터러시 개념을 바탕으로 각 요인들을 모두 포함한 연구들이 많았다. 예컨대 매체 언어로서의 미디어 리터러시에 대한 접근(김성희·김혜숙, 2012), 디지털 미디어 리터러시 수측 측정 조사나 평가 도구 개발 연구(안정임 외, 2012; 옥현진 외, 2016), 미디어 리터러시 관련 연구 동향 분석(김기태, 2010; 이란·현은자, 2014; 전경란, 2009; 정현선, 2012), 학교 미디어 교육 방향성 검토(김은규, 2012; 전경란·김양은·김아미, 2015)와 같이 통합적인 시각에서 미디어 리터러시 역량에 접근하는 경우이다. 이들 연구는 미디어 리터러시가 단일 개념이 아니라 다양한 요소들의 통합적 집합체라는 인식에 공감대를 갖고 있으며, 미디어 리터러시 교육도 그러한 통합적 시각으로 추진되어야 한다는 입장을 보인다. 그러나 각 역량 요인별 교육이 어떻게 역량의 계발로 연결되는지, 각 역량의 구체적 능력치는 무엇인지 등에 대한 상세한 검토와 설명은 아직 충분하지 않다(안정임·서윤경·김성미, 2012; 안정임 외, 2017: 36).

에 적응해야 하는 현대인들은 시민의 존재와 가치를 생각할 겨를이 없다. 끊임없이 디지털에 연결하고 소비하면서 존재를 확인할 뿐이다. 심지어 빅데이터와 알고리즘으로 조합된 사회가 불평등을 조장하거나 혹은 강화시키고 있음에도 기술과 시스템에 길들여져 차별과 착취를 보지 못하고 있다.

시민성은 개인과 사회, 국가에 대한 본질적인 질문에서 출발한다. 개인의 자유과 권리를 사회와 국가가 어떻게 보장하고 보호할 것인지, 또한 시민으로부터 자유와 권리를 위임받은 국가는 개인에게 무엇을 어떻게 할 수 있는지 물을 수 있어야 한다. 시민성의 개념이 시대를 흐르며 논의되던 것처럼 리터러시는 개인과 사회, 국가적 관점에서 변하고 있어 디지털 미디어 시대를 살고 있는 우리가 살펴봐야 하는 중요한 개념이다. 그리고 시대, 사회, 국가에 따라 다르게 접근 및 활용하고 있는 디지털·미디어 리터러시는 통합적이면서 개별적으로, 분절적이면서 연속적으로 다루어야 한다. 좋은 교육의 도구와 목적에 충실하게 리터러시를 현실화할 수 있는 미시적 방법과 현실적 대안을 논의하는 것은 시급한 일이며 필요하다. 하지만 성큼 다가온 21세기 제4차 산업혁명의 시대를 살고 있는 우리는 리터러시의 가치와 철학, 원칙을 신뢰하되 디지털 미디어 환경의 변화를 날카롭게 관찰하고 기록하면서, 더 나은 미래를 위해 이질적인 가치와 기술까지 이해하고 포용할 수 있는 능력을 길러야 한다. 이것은 미디어 리터러시의 핵심 역량이며 디지털 미디어 사회를 밝힐 시민의 의무이다.

생각해 보기

❶ 디지털 시민에 대한 정의와 범위는 어떻게 정할 수 있는가?
❷ 시민성은 근현대 역사에서 어떤 역할을 했는가?
❸ 디지털 리터러시는 왜 디지털 시민성을 강조하고 있는가?
❹ 세계 선진국의 미디어 리터러시 교육은 어떤 특징을 가지고 있는가?
❺ 미디어 리터러시 연구는 앞으로 어떻게 해야 하는가?

부록 1. 디지털 문화 시민성 셀프 체크 리스트

문항	
온라인 게임 도중 게임을 못하는 상대에게는 막말(욕설)을 한 적이 있다.[28]	YES/NO
온라인 블로그에서 맛집에 대한 혹평을 한 적이 있다.	YES/NO
온라인 메신저에서 허위 정보(가짜 뉴스)를 타인에게 전달한 적이 있다.	YES/NO
온라인 딥 페이크를 생산(유통)한 경험이 있다.	YES/NO
인공지능 챗봇과 막말(욕설)을 해본 적이 있다.	YES/NO
온라인 괴롭힘(cyber bullying)에 참여한 적이 있다.	YES/NO
소셜 미디어에 포스팅하기 전 게이트 키핑을 한다.	YES/NO
온라인 뉴스(정보)의 출처를 확인한다.	YES/NO
문제적 온라인 동영상을 신고한 적이 있다.	YES/NO
온라인에서 개인정보 및 프라이버시를 스스로 보호할 수 있다.	YES/NO

부록 2. UN '세계인권선언'

제1조 **모든 인간은 태어날 때부터 자유로우며 그 존엄과 권리에 있어 동등하다.** 인간은 천부적으로 이성과 양심을 부여받았으며 서로 형제애의 정신으로 행동하여야 한다.

제2조 모든 사람은 인종, 피부색, 성, 언어, 종교, 정치적 또는 기타의 견해, 민족적 또는 사회적 출신, 재산, 출생 또는 기타의 신분과 같은 **어떠한 종류의 차별이 없이, 이 선언에 규정된 모든 권리와 자유를 향유할 자격**이 있다. 더 나아가 개인이 속한 국가 또는 영토가 독립국, 신탁통치지역, 비자치지역이거나 또는 주권에 대한 여타의 제약을 받느냐에 관계없이, 그 국가 또는 는 영토의 정치적, 법적 또는 국제적 지위에 근거하여 차별이 있어서는 아니된다.

제3조 모든 사람은 **생명과 신체의 자유와 안전에 대한 권리**를 가진다.

제4조 어느 누구도 노예상태 또는 예속상태에 놓여지지 아니한다. 모든 형태의 노예제도와 노예매매는 금지된다.

제5조 어느 누구도 고문, 또는 잔혹하거나 비인도적이거나 굴욕적인 처우 또는 형벌을 받지 아니한다.

제6조 모든 사람은 어디에서나 법 앞에 인간으로서 인정받을 권리를 가진다.

제7조 모든 사람은 **법 앞에 평등하며 어떠한 차별도 없이 법의 동등한 보호를 받을 권리**를 가진다. 모든 사람은 이 선언에 위반되는 어떠한 차별과 그러한 차별의 선동으로부터 동등한 보호를 받을 권리를 가진다.

---

28 "인터넷게임서 욕설 유도 후 무차별 고소 금품갈취", https://www.yna.co.kr/view/AKR 20120829087900062.
"게임 중 '욕 배틀', 성범죄자로 처벌받을 수도 있습니다", https://news.nate.com/view/ 20210606n16482?mid=n0801.

제8조 모든 사람은 헌법 또는 법률이 부여한 기본적 권리를 침해하는 행위에 대하여 권한있는 국내 법정에서 실효성 있는 구제를 받을 권리를 가진다.

제9조 어느 누구도 자의적으로 체포, 구금 또는 추방되지 아니한다.

제10조 모든 사람은 자신의 권리, 의무 그리고 자신에 대한 형사상 혐의에 대한 결정에 있어 독립적이며 공평한 법정에서 **완전히 평등하게 공정하고 공개된 재판을 받을 권리**를 가진다.

제11조 1. 모든 형사피의자는 자신의 변호에 필요한 모든 것이 보장된 공개 재판에서 법률에 따라 **유죄로 입증될 때까지 무죄로 추정받을 권리**를 가진다. 2. 어느 누구도 행위시에 국내법 또는 국제법에 의하여 범죄를 구성하지 아니하는 작위 또는 부작위를 이유로 유죄로 되지 아니한다. 또한 범죄 행위시에 적용될 수 있었던 형벌보다 무거운 형벌이 부과되지 아니한다.

제12조 어느 누구도 그의 사생활, 가정, 주거 또는 통신에 대하여 자의적인 간섭을 받거나 또는 그의 명예와 명성에 대한 비난을 받지 아니한다. 모든 사람은 이러한 **간섭이나 비난에 대하여 법의 보호를 받을 권리**를 가진다.

제13조 1. 모든 사람은 자국 내에서 **이동 및 거주의 자유에 대한 권리**를 가진다.
2. 모든 사람은 자국을 포함하여 **어떠한 나라를 떠날 권리와 또한 자국으로 돌아올 권리**를 가진다.

제14조 1. 모든 사람은 박해를 피하여 다른 나라에서 **비호를 구하거나 비호를 받을 권리**를 가진다. 2. 이러한 권리는 진실로 비정치적 범죄 또는 국제연합의 목적과 원칙에 위배되는 행위로 인하여 기소된 경우에는 주장될 수 없다.

제15조 1. **모든 사람은 국적을 가질 권리**를 가진다. 2. 어느 누구도 자의적으로 자신의 국적을 박탈당하지 아니하며 자신의 국적을 변경할 권리가 부인되지 아니한다.

제16조 1. 성인 남녀는 인종, 국적 또는 종교에 따른 어떠한 제한도 없이 **혼인하고 가정을 이룰 권리**를 가진다. 그들은 혼인에 대하여, 혼인기간중 그리고 혼인해소시에 동등한 권리를 향유할 자격이 있다. 2. 혼인은 장래 배우자들의 자유롭고 완전한 동의하에서만 성립된다. 3. **가정은 사회의 자연적이고 기초적인 단위이며, 사회와 국가의 보호를 받을 권리**가 있다.

제17조 1. 모든 사람은 **단독으로 뿐만 아니라 다른 사람과 공동으로 재산을 소유할 권리**를 가진다. 2. 어느 누구도 자의적으로 자신의 재산을 박탈당하지 아니한다.

제18조 모든 사람은 **사상, 양심 및 종교의 자유에 대한 권리**를 가진다. 이러한 권리는 종교 또는 신념을 변경할 자유와, 단독으로 또는 다른 사람과 공동으로 그리고 공적으로 또는 사적으로 선교, 행사, 예배 및 의식에 의하여 자신의 종교나 신념을 표명하는 자유를 포함한다.

제19조 모든 사람은 **의견의 자유와 표현의 자유에 대한 권리**를 가진다. 이러한 권리는 간섭없이 의견을 가질 자유와 국경에 관계없이 어떠한 매체를 통해서도 정보와 사상을 추구하고, 얻으며, 전달하는 자유를 포함한다.

제20조 1. 모든 사람은 **평화적인 집회 및 결사의 자유에 대한 권리**를 가진다. 2. 어느 누구도 어떤 결사에 참여하도록 강요받지 아니한다.

제21조 1. 모든 사람은 **직접 또는 자유로이 선출된 대표를 통하여 자국의 정부에 참여할 권리**를 가진다. 2. 모든 사람은 자국에서 동등한 공무담임권을 가진다. 3. 국민의 의사가 정부 권능의 기반이다. 이러한 의사는 보통•평등 선거권에 따라 비밀 또는 그에 상당한 자유 투표절차에 의한 정기적이고 진정한 선거에 의하여 표현된다.

제22조 모든 사람은 **사회의 일원으로서 사회보장을 받을 권리**를 가지며, 국가적 노력과 국제적 협력을 통하여, 그리고 각 국가의 조직과 자원에 따라서 자신의 존엄과 인격의 자유로운 발전에 불가결한 경제적, 사회적 및 문화적 권리들을 실현할 권리를 가진다.

제23조 1. 모든 사람은 **일, 직업의 자유로운 선택, 정당하고 유리한 노동조건, 그리고 실업에 대한 보호의 권리**를 가진다. 2. 모든 사람은 아무런 차별없이 동일한 노동에 대하여 동등한 보수를

받을 권리를 가진다. 3. 노동을 하는 모든 사람은 자신과 가족에게 인간의 존엄에 부합하는 생존을 보장하며, 필요한 경우에 다른 사회보장방법으로 보충되는 정당하고 유리한 보수에 대한 권리를 가진다. 4. 모든 사람은 자신의 이익을 보호하기 위하여 노동조합을 결성하고, 가입할 권리를 가진다.

제24조 모든 사람은 **노동시간의 합리적 제한과 정기적인 유급휴가를 포함하여 휴식과 여가의 권리**를 가진다.

제25조 1. 모든 사람은 **의식주, 의료 및 필요한 사회복지를 포함하여 자신과 가족의 건강과 안녕에 적합한 생활수준을 누릴 권리와, 실업, 질병, 장애, 배우자 사망, 노령 또는 기타 불가항력의 상황으로 인한 생계 결핍의 경우에 보장을 받을 권리**를 가진다.
2. 어머니와 아동은 특별한 보호와 지원을 받을 권리를 가진다. 모든 아동은 적서에 관계없이 동일한 사회적 보호를 누린다.

제26조 1. 모든 사람은 **교육을 받을 권리**를 가진다. 교육은 최소한 초등 및 기초단계에서는 무상이어야 한다. 초등교육은 의무적이어야 한다. 기술 및 직업교육은 일반적으로 접근이 가능하여야 하며, 고등교육은 모든 사람에게 실력에 근거하여 동등하게 접근 가능하여야 한다. 2. 교육은 인격의 완전한 발전과 인권과 기본적 자유에 대한 존중의 강화를 목표로 한다. 교육은 모든 국가, 인종 또는 종교 집단간에 이해, 관용 및 우의를 증진하며, 평화의 유지를 위한 국제연합의 활동을 촉진하여야 한다. 3. 부모는 자녀에게 제공되는 교육의 종류를 선택할 우선권을 가진다.

제27조 1. 모든 사람은 **공동체의 문화생활에 자유롭게 참여하며 예술을 향유하고 과학의 발전과 그 혜택을 공유할 권리**를 가진다. 2. 모든 사람은 자신이 창작한 과학적, 문학적 또는 예술적 산물로부터 발생하는 정신적, 물질적 이익을 보호받을 권리를 가진다.

제28조 모든 사람은 이 선언에 규정된 권리와 자유가 완전히 실현될 수 있도록 **사회적, 국제적 질서에 대한 권리**를 가진다.

제29조 1. 모든 사람은 그 안에서만 **자신의 인격이 자유롭고 완전하게 발전할 수 있는 공동체에 대하여 의무**를 가진다. 2. 모든 사람은 자신의 권리와 자유를 행사함에 있어, 다른 사람의 권리와 자유를 당연히 인정하고 존중하도록 하기 위한 목적과, 민주사회의 도덕, 공공질서 및 일반적 복리에 대한 정당한 필요에 부응하기 위한 목적을 위해서만 법에 따라 정하여진 제한을 받는다. 3. 이러한 권리와 자유는 어떠한 경우에도 국제연합의 목적과 원칙에 위배되어 행사되어서는 아니된다.

제30조 이 선언의 어떠한 규정도 어떤 국가, 집단 또는 개인에게 이 선언에 규정된 어떠한 권리와 자유를 파괴하기 위한 활동에 가담하거나 또는 행위를 할 수 있는 권리가 있는 것으로 해석되어서는 아니된다.

참고문헌

강진숙. 2002. 「인터넷 네트워크의 정보격차현황과 대응정책연구」(한국언론학회). ≪한국언론학보≫, 46(4), 5~45쪽.

교육부. 2021.5.10. "2020 교육분야 코로나19 대응 백서 발간". https://www.moe.go.kr/boardCnts/view.do?boardID=294&boardSeq=84339&lev=0&searchType=null&statusYN=W&page=1&s=moe&m=020402&opType=N (검색일: 2021.8.10).

경인교육대학교 산학협력단. 2020.11. 「민주시민교육의 현황 분석과 발전 방안」.

김기태. 2010. 「한국 미디어교육연구 실태 및 경향 분석 연구」. ≪인문사회과학연구≫, 29, 170~204쪽.

김아미. 2017. "사범대학 커리큘럼에 미디어 교육 필수로 포함돼야: (인터뷰)핀란드 미디어교육 석학 시르쿠 코티라이넨 교수"(한국언론진흥재단). ≪미디어리터러시≫, 3, 84~89쪽. https://brunch.co.kr/@kpf10/483 (검색일: 2021.8.10).

김은규. 2012. 「지역사회 초·중등학교의 방과후 학교 운영을 통한 미디어교육 실천방안연구: 방과후학교 미디어교육 프로그램 강사들의 참여 경험을 중심으로」. ≪언론과학연구≫, 12(2), 200~239쪽.

김성희·김혜숙. 2012. 「국어교육: 매체 생태학의 관점을 반영한 인터넷 매체언어의 교육내용 연구」. ≪새국어교육≫, 92, 5~33쪽.

김진숙. 2020. 「포스트 코로나 시대 중요해진 역량, '디지털시민성'」. ≪공공정책≫, 176, 22~25쪽

노은희 외. 2018. 「교과 교육에서의 디지털 리터러시 교육 실태 분석 및 개선방안 연구」. 한국교육과정평가원.

박용필. 2021.4.8. "한국의 유엔 가입, 42년이나 걸린 이유". ≪경향신문≫. https://www.khan.co.kr/national/national-general/article/202104080008001 (검색일: 2021.8.1).

박주현. 2020. "UNESCO의 미디어와 정보 리터러시의 교육내용 분석과 교육과정에 관한 연구". ≪한국문헌정보학회지≫, 54(2), 349~374쪽.

버킹엄, 데이비드(David Buckingham). 2019. 『미디어 교육 선언』. 조연하 외 옮김. 학이시습.

서이종. 2001. 「정보격차와 정보불평등」(정보통신진흥원). ≪정보통신진흥연구≫, 3(1).

심미선. 2017. "미디어 리터러시 교육 강국 핀란드: 사회, 과학 등 전 교과에 미디어 리터러시 접목"(한국언론진흥재단). ≪미디어리터러시≫, 3, 78~83쪽. https://dadoc.or.kr/2564 (검색일: 2021.8.10).

안정임·서윤경·김성미. 2012. 소셜 미디어 환경에서의 미디어 리터러시 구성요인 검증. ≪한국

방송학보≫, 26(6), 127~176쪽.

_____. 2017. 「국내 미디어 리터러시 연구동향 분석: 연구 특성 및 미디어 역할, 미디어 리터러시 역량요인을 중심으로」. ≪한국방송학보≫, 31(5), 5~49쪽.

하위징아, 요한(Johan Huizinga). 2020. 이종인 옮김. 『놀이하는 인간 호모루덴스』. 연암서가.

옥현진 외. 2016. 「디지털 리터러시 태도 평가 도구개발 및 타당화 연구」. ≪국어교육≫, 152, 251~283쪽.

이원태 외. 2008. 「방통융합시대 시민참여 변화와 정책적 함의」(정보통신정책연구원). ≪한국 사회의 방송·통신 패러다임 변화 연구≫, 08-03.

이란·현은자. 2014. 「디지털 시대의 아동 미디어 관련 연구동향 분석」. ≪아동학회지≫, 35(4), 17~40쪽.

이유진. 2021.7.21. "저소득층 학습결손 걱정 큰데 … '우수' 학생 지원 내세운 교육부". ≪한겨레≫. https://www.hani.co.kr/arti/society/schooling/1004499.html (검색일: 2021.8.12).

전경란. 2009. 「미디어교육 학술연구에 대한 메타분석」. ≪미디어교육연구≫, 1, 9~55쪽.

전경란·김양은·김아미. 2015. 「중학생 대상 창의적 체험활동을 통한 학교 미디어교육의 방향에 대한 탐색적 고찰」. ≪언론과학연구≫, 15(3), 267~296쪽.

정현선. 2012. 「미디어를 보는 관점에 따른 유아 교육 분야 미디어 관련 연구 동향 분석」.≪어린이미디어연구≫, 11(2), 45~67쪽.

정현선 외. 2015. 「미디어 문해력 향상을 위한 교실수업 개선 방안 연구」. ≪교육부 정책연구≫ 2015-12.

_____ 외. 2016a. 「핵심역량 중심의 미디어 리터러시 교육 내용 체계화 연구」. ≪학습자중심교과교육연구≫, 16(11), 211~238쪽.

_____ 외. 2016b. 「초·중등 교과서의 미디어 리터러시 단원개발 연구」. ≪교육부 정책연구≫, 2016-6.

조철기. 2016. 「새로운 시민성의 공간 등장: 국가 시민성에서 문화적 시민성으로」. ≪한국지역지리학회지≫, 22(3), 714~729쪽.

진민정. 2017. 「프랑스의 뉴스 리터러시 교육 현황」(한국언론진흥재단). ≪미디어리터러시≫, 3, 18~21쪽.

최병일. 2001. 「Digital Divide in the APEC: Myth, Realities and a Way Forward」(KIEPD).

최필식. 2020.12. "[Vol.11] 손목에서 몸의 신호를 읽는 스마트워치, 코로나19 시대에 더 주목받다". https://www.hiic.re.kr/vol-11-%EC%86%90%EB%AA%A9%EC%97%90%EC%84%9C-%EB%AA%B8%EC%9D%98-%EC%8B%A0%ED%98%B8%EB%A5%BC-%EC%9D%BD%EB%8A%94-%EC%8A%A4%EB%A7%88%ED%8A%B8%EC%9B%8C%EC%B9%

98-%EC%BD%94%EB%A1%9C%EB%82%9819-%EC%8B%9C/ (검색일: 2021.8.12).

하라리, 유발 노아(Y.N. Harari). 2017. 김명주 옮김. 『호모 데우스』. 김영사.

한국교육과정평가원. 2018. 2017년 교육과정·교육평가 국제동향 연구사업(뉴질랜드 9월 교육 정책).

한정선 외. 2006. 「21세기 지식정보역량 활성화를 위한 디지털 리터러시 지수 개발 연구: 디지 털 리터러시 프레임워크 구성」(한국교육학술정보원).

Bennett, W.L. 2008. "Changing Citizenship in the Digital Age." *in* W. L. Bennett(ed.). *Civic life Online: Learning how Digital Media Can Engage Youth*, pp.1~24. Cambridge, MA: MIT Press.

Bennett, W.L., C. Wells and A. Rank. 2009. "Young Citizens and Civic Learning: Two Paradigms of Citizenship in the Digital Age", *Citizenship Studies*, 13(2), pp.103~118.

Bimber, B. 2000. "The Study of Information Technology and Civic Engagement." *Political Communication*, 17(4), pp.329~333.

Dobson, A. 2003. *Citizenship and the Environment.* Oxford: Oxford University Press.

Finnish National Agency for Education. 2016.3. https://www.oph.fi/en/about-us (검색 일: 2021.8.12).

Gilster, P. 1997. *Digital Literacy.* Wiley.

Janoski, T. and B. Gran, 2002, "Political citizenship: foundations of rights" in Isin, E. and B. Turner(eds.). *Handbook of Citizenship Studies*, pp.13~52. Sage, London.

Margolis, M. and D. Resnick. 2000. *Politics as Usual.* Sage Publications.

Marshall, T.H. 1992. "The Problem Stated with the Assistance of Alfred Marshall." in T.H. Marshall and B.T.B.(Eds.). *Citizenship and Social Class*, pp.3~51. London: Pluto Press.

Ministerial Council on Education, Employment, Training and Youth Affairs. 2008. "Melbourne Declaration on Educational Goals for Young Australians."

Mossberger, K., C.J. Tolbert and R.S. McNeal. 2008. *Digital Citizenship: The Internet, Society, and Participation.* Cambridge, Mass: MIT Press.

Prior, M. 2005. "News vs. Entertainment: How Increasing Media Choice Widens Gaps in Political Knoledge and Turnout," *American Journal of Political Science*, 49(3), pp.577 ~592.

UNESCO. 2013. "Global Media and Information Literacy Assessment Framework: country readiness and competencies".

UNESCO. 2018. *Journalism, "Fake news" & Disinformation: A Handbook for Journalism Education and Training.*

Warren, D.M. 1992. "Indigenous Knowledge, Biodiversity Conservation, and Development," *Sustainable Development in Third World Countries.* pp.81~88.

https://www.mofa.go.kr/.

https://mediasmarts.ca/.

https://mediasmarts.ca/teacher-resources/digital-literacy-101.

https://www.oph.fi/en.

https://www.clemi.fr/fr/en.html.

https://www.childnet.com/.

제10장

디지털 시민과 콘텐츠 액티비즘의 실천

1. 서론: 팬데믹과 사회적 소외

코로나19 사태는 세계가 얼마나 서로 상호적으로 얽혀 있는지 명확하게 보여준 계기가 되었다. 토머스 프리드먼(Thomas Friedman)은 코로나 전후의 세계를 B.C.(Before Corona)와 A.C.(After Corona)로 구분하면서 코로나 이전의 계층화, 양극화가 팬데믹 이후 더욱 가속화되면서 큰 격차를 발생시키고 있다고 지적한다(Friedman, 2020). 안토니우 구테흐스(António Guterres) UN 사무총장은 "바이러스는 사람을 차별하지 않지만 그 영향은 차별적으로 나타난다"라고 언급하기도 했다.

---

* **신정아**(한국외국어대학교 서양어대학 세계문화예술경영 전공 특임교수)

UN이 발간한 「코로나19 인권 보호 지침」 보고서는 전염병으로 인한 불안과 두려움이 특정 집단에 대한 차별과 혐오 표현, 외국인 혐오, 난민과 망명 신청자에 대한 공격 및 강제 송환, 이주민에 대한 부당한 대우, 성폭력 및 젠더 기반 폭력 등과 같은 기존의 인권 문제를 더욱 악화시켰음을 명시하고 있다. 전 세계 22억 명 이상의 인구가 충분한 물 공급이 안 돼서 규칙적으로 손 씻기가 불가능하고, 노숙 상태이거나 과밀한 주거 환경에 놓인 18억 인구에게 물리적 거리두기는 실현 불가능한 목표일 뿐이다. 빈곤은 그 자체로 엄청난 위험 요인으로 작동하고 있다. 또한 봉쇄 조치는 식량, 학교, 직업, 기본 서비스에 대한 접근을 제한한다. 노인, 아동, 장애인에 대한 지원이 제한되고, 여성은 양육의 의무를 훨씬 더 많이 부담하게 되었다. 아동 돌봄 시설과 보건 서비스의 갑작스러운 중단으로 아동들은 폭력과 착취, 학대에 더욱 취약한 상황에 놓이게 되었다. 여성의 경우 고착화된 성차별, 높은 사회경제적 취약성, 가정폭력 증가, 돌봄 서비스 제공자이자 의료인으로서 최전선에서의 역할로 인해 더 많은 위험과 불안에 노출되었다. 기저질환이 있거나 시설에 수용된 장애인들은 자신을 보호하기 위한 조치를 취하는 것이 더욱 어려워지고 생필품과 식량, 의약품의 이용에 큰 어려움을 겪게 되었다. 수감자, 구금자, 자유를 박탈당한 이들 역시 전염병으로 인해 과밀한 교도소에서 갈등이 심화되고 있으며, 집단 탈옥과 폭동이 보도되고 있다. 성소수자들 역시 의료 서비스 이용 시 차별과 낙인의 대상이 되고 있다. 경찰이 코로나19 지침을 악용해서 성소수자 개인과 단체를 표적으로 삼고 있다는 보고도 있다(국가인권위원회, 2020: 1~16).

UN의 보고서는 인류 전체를 위협하는 코로나19에 맞서 전 세계적인 대응이 필요함을 천명한다. 국경을 뛰어넘는 코로나 바이러스를 퇴치하기 위한 국제적인 공조와 지원을 강화하기 위해 백신의 평등한 공급, 선진국의 저소득 국가 지원 등을 강조한다(국가인권위원회, 2020: 23~24). 2020 SDF

(서울디지털포럼)에 참가한 유발 하라리(Yuval Harari)는 진정한 글로벌리즘의 출발은 외국인과 소수자에 대한 존중과 협력이라고 말했다. 코로나의 원인과 책임을 외국인과 소수자 탓으로 몰아가는 것은 특정 집단의 이익과 맞물려 세계를 더욱 분열하고 폭력이 난무하며, 빈곤하게 만들 것이라고 경고했다(2020). 코로나19 사태는 우리의 시선을 개인, 국가에서 지구촌으로 확대할 것을 요구하고 있다. 글로벌 공공선(global public good)이 중요한 화두가 되고 있는 것이다. 글로벌 공공선은 지구촌의 모든 국가가 자발적으로 참여해 인류의 미래가치를 창출하는 것을 목표로 한다. 팬데믹의 위기는 글로벌 공공선의 관점에서 세계가 성찰적·윤리적으로 재편될 것을 요구하고 있는 것이다(박치완, 2020: 4~5).

페타르 잰드릭(Petar Jandrić)은 디지털 시대가 요구하는 집단지성을 "나는 생각한다. 우리는 배운다. 우리는 행동한다(we-think, we learn, and we act)"라는 새로운 사유의 원리로 제안한다(2019: 279). 박치완은 잰드릭의 논의를 바탕으로 팬데믹 시대를 살아가는 현대인들의 정체성을 글로벌 시민(global citizen)으로 전환해야 한다고 주장한다. 글로벌 시민으로서 신인류는 인간 중심적 사고에서 벗어나 다른 생명체들과 공존하고 살아가는 법을 터득하고 실천하는 주체들이다. 글로벌 공공선의 실현을 위해서는 지구적 문제를 해결하기 위한 '지식의 새로운 형태'를 구성하고, 초국가적 협력 속에 연결과 접속, 개방과 공개 등을 통한 데이터와 생명권 인식에 대한 새로운 연대가 이루어져야 한다. 지구상의 어떤 생명체도 배제되거나 차별받지 않고, 공공선을 위해 함께 노력하며 희생을 감수하는 것이 진정한 글로벌 시민의 문화적 실천이라고 할 수 있다(2020: 19~21).

본 연구는 팬데믹이 가져온 사회적 소외와 차별 등의 문제를 극복하고, 문화적 가치와 연대의 소중함을 일깨우는 방법으로 콘텐츠 액티비즘을 제안한다. 콘텐츠 액티비즘은 비대면 시대를 살아가는 개인들이 가상공간이라는 디지털 선로 위에서 콘텐츠 기획과 제작을 통해 인문학적 성찰과 문화적 실천의 주체가 되는 실천론이다. 특히 인터넷과 소셜 미디어를 통해 연결된 개인들이 자신의 문제의식과 스토리로 다양한 타자와 소통하고, 문제를 해결하기 위해 협력하는 과정은 글로벌 공공선이라는 팬데믹 시대의 새로운 책임과 윤리를 실현하는 대안적 모색이라고 할 수 있다. 개인주의와 자본주의라는 현대사회의 이데올로기가 만들어낸 다양한 파괴와 차별, 빈곤과 폭력에 대한 반성과 함께 사회적 약자, 다양한 종들에 대한 생명권 존중, 기후와 환경에 대한 미래적 대안을 고민하고, 실천하는 방안으로 콘텐츠 액티비즘을 제안하고자 한다. 이와 함께 디지털 시민 주체가 콘텐츠 액티비스트로서 자신의 생각과 의견을 표현하고, 실행하는 데 필요한 교육적 활용 모델도 모색해 본다.

2. 문화콘텐츠와 인문학적 상상력

1) 소통의 관점에서 본 문화콘텐츠

전 지구적 감염의 공포는 사람들 사이를 물리적으로 멀어지게 했고, 이는 심리적인 소외와 고립감으로 이어졌다. 코로나 블루[1]는 사회적 거리두기로 인해 더욱 강화되었고, 사람들 사이의 소통 방법은 디지털이라는 가상 속으로 빠르게 흡수되었다. 비대면의 편리와 효율을 강조하는 언택트

---

1 '코로나19'와 '우울감(blue)'이 합쳐진 신조어로, 코로나19 확산으로 일상에 큰 변화가 닥치면서 생긴 우울감이나 무기력증을 뜻한다. 문화체육관광부와 국립국어원은 '코로나 블루'를 대체할 쉬운 우리말로 '코로나 우울'을 선정했다고 밝혔다(자료: 네이버 시사상식사전, pmg 지식엔진연구소).

서비스 기술의 발전으로 인간적인 소통이 기계와 자본으로 치환되고 있다. 또한 코로나19 사태 이후 가정폭력과 아동학대, 빈곤과 사회적 차별이 더욱 극명해지고 있는 현실에서 우리는 보다 진정성 있는 소통과 공감으로 세상을 좀 더 따뜻하고 살만한 곳으로 보존해야 할 시대적 책무를 짊어지게 되었다. 그렇다면 진정한 소통이란 무엇일까?

소통의 사전적 의미는 '막힌 것이 트이다', '뚫리다'를 의미하는 '소(疏)'와 '통하다', '오가다', '왕래하다', '트이다', '보급되다', '걷다'를 의미하는 '통(通)'자가 합쳐진 낱말이다. 소통의 어원적 의미를 살펴보면 첫째, 막히지 않고 통함, 둘째 생각하는 바가 서로 통함, 셋째, 도리(道理)와 조리(條里)에 밝음, 넷째, 덮이거나 막힌 것을 열어 트이게 함을 의미한다(이승희, 2004: 3553). 소통과 유사한 단어로는 교류, 교통, 왕래, 상통 등이 있다. 진정한 소통을 위해서는 각각의 존재자들이 자신을 둘러싼 존재론적 또는 물리적 막을 뚫고 서로 힘과 정보를 주고받아야 한다. 막힌 것을 뚫고 터서 오고 감, 즉 통섭(統攝)과 교류(交流)가 가능하도록 해야 한다. 소통의 경험은 각자 내부에 존재하는 막을 두드리고, 자극하면서 시작된다. 이 과정을 통해 주체는 자신의 바깥에 존재하는 세계와 만나게 된다(최봉영, 2012: 73).

소통의 목적은 대상과의 '거리 없앰'이다. 여기서 거리란 단순히 물리적인 거리를 뜻하는 것이 아니라 인간을 둘러싼 다양한 차원과의 거리 없앰을 뜻한다. 우선 물리적 거리를 뚫고 힘과 정보를 주고받는 교류, 마음의 거리를 허물고 가까워지는 교감, 신체적인 접촉, 공동체적인 어울림, 초월적인 존재와의 교제가 모두 속한다(이기상, 2012: 40~43). 소통에서 고려해야 할 것은 단순히 소통의 대상과 메시지뿐만 아니라 소통의 도구와 상호작용의 과정도 포함되어야 한다. 이처럼 소통이란 단일하게 경험되는 행위가 아니라 단계적으로 내면화되는 통합적 관계 맺기라고 할 수 있다.

장자(莊子)는 소통의 실천 방식을 세 단계로 구분한다. 1단계는 상대방과

그림 10-1 장자(莊子)의 소통 철학

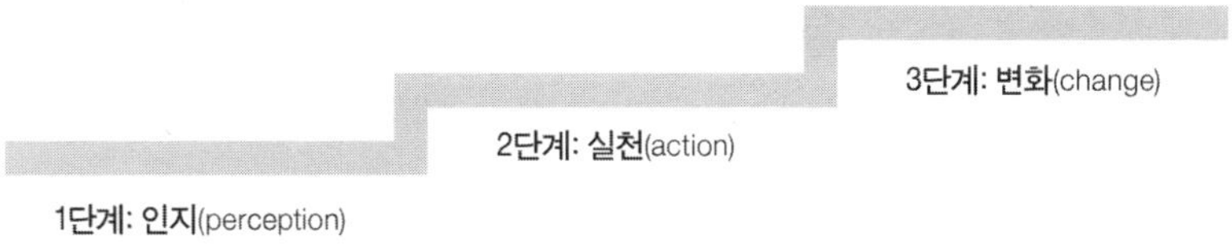

3단계: **변화**(change)

2단계: **실천**(action)

1단계: **인지**(perception)

자료: 김치풍(2010: 3) 참조 및 재구성.

의 차이를 인정하는 것, 2단계는 상대방에 맞춰 소통을 실천하는 것, 3단계
는 소통을 통한 자신의 변화이다. 장자의 소통 철학에서 '타자'는 주체를
변화시킬 수 있는 강력한 존재이다(김치풍, 2010).

소통의 출발은 상대방이 나와 다름을 인정하는 것에서부터 시작된다. 상
대방을 나와 틀린 생각을 가진 존재가 아니라 다른 생각을 가진 존재로 이
해하는 것이 소통의 기본 전제이다. 상대방과의 차이를 이해했다면, 그 차
이를 존중할 수 있는 소통의 전략과 방법을 모색해야 한다. 타인의 문화적
상황과 맥락을 고려한 눈높이 소통의 차이를 인정한 수평적 관계 맺기라고
할 수 있다. 장자 철학에서 타자와 차이는 관조의 대상이나 풍경이 아니다.
그것은 자신의 '동일성'을 무너뜨리는 어떤 힘이라고 할 수 있다. 타자는 삶
의 공간에서 사건으로 나에게 닥쳐온다. 거친 바다 가운데에서 자신의 삶
을 송두리째 삼키려고 몰려오는 폭풍우 같은 자연이다. 바다 한가운데에서
거친 폭풍우를 뚫고 살아 돌아온 사람은 완전히 다른 사람이 된다. 왜냐하
면 그는 진정한 의미에서 타자와 자신의 차이를 경험했고, 그에 따라 자신
을 변화시켰기 때문이다. 장자는 타자와 소통하면 다르게 변형될 것이고,
반대로 다르게 변형되어야 타자와 소통할 수 있다는 점을 강조했다(강신주,
2013: 74~90).

뉴미디어 시대의 소통은 미디어를 통해 매개되는 정보의 수집, 전달, 공
유라는 기술적 차원과 죽음이라는 유한성 앞에서 고독과 소외를 극복하기

위한 문화적 차원으로 살펴볼 수 있다. 기술적 소통은 세계를 다양한 관점에서 사유할 수 있는 소통거리를 제공하지만, 기계적으로 생산된 데이터만으로 기술 너머에 존재하는 누군가의 삶을 성찰하고, 공감하기에는 부족하다. 미디어를 통해 매개된 현실 세계는 의미 있는 경험의 확장보다는 맥락의 단절과 왜곡된 정보의 유통으로 인식의 편향을 초래하기도 한다.

정보의 생산과 확산만으로 진정한 소통이 어려운 현실에서 볼통(2011: 111)은 문화 다양성의 관점에서 정체성과 타자성 사이의 균형감 있는 조직화가 필요하다고 말한다. 서로 다른 문화권 사이에 일어나는 불협화음과 갈등을 극복하고 글로벌 연대와 협력을 이루어내기 위해서는 타자의 삶에 공감하고, 연대하는 인문학적 상상력이 필수적이다. 문화콘텐츠에는 사회적인 차원에서 그것이 드러나고 수용되는 상황 내지는 목적이 담겨 있다. 이기상(2012: 293~294)에 따르면, 인간은 죽음 앞에 홀로 서 있는 것을 가장 불안해하기 때문에 고독감을 극복하고 신뢰감을 조성함으로써 다른 사람들과 긴밀한 관계를 형성하려고 시도한다. 연결과 접속이라는 기술적 소통을 넘어 자기 구현과 자기표현을 통한 재미와 편리함, 멋스러움을 추구하는 것이 문화적 존재로서 인간이 추구하는 소통의 목적이라고 할 수 있다.

이기상·박범준(2016: 288~293)은 소통의 경험을 4단계로 구분한다. 첫 번째 단계는 존재가 외부 세계와 처음 만나는 감각과 지각의 차원인 "만남과 느낌"이다. '만남'은 외부의 힘과 에너지, 정보를 감각을 통해 받아들이는 과정이고, 이에 대한 감각적 반응이 '느낌'이다. 두 번째 단계는 자신의 바깥 세계를 경험한 자아가 외부로부터의 자극에 대처하고, 그것을 대상화하면서 감각을 지각으로 변환해 가는 "교류와 앎"이다. 타자의 존재를 인식하고, 구체적인 정보를 파악하는 과정을 뜻한다. 세 번째 단계는 구체적인 인식과 통각을 거쳐 대상과 세계에 대한 앎을 경험한 개인이 주체적인 사유와 성찰을 하게 되는 "생각함과 사무침"의 단계이다. "교류와 앎"이

그림 10-2 소통의 4단계

자료: 이기상·박범준(2016: 288) 재구성.

이성적이고 합리적인 소통이라면, "생각함과 사무침"은 마음과 정신, 얼로써 교류하는 감성적이고, 초월적인 소통의 차원이다. 사무침은 '깊이 스며들거나 멀리까지 미침'을 뜻하는 우리말로 '막힘없이 환히 아는 정도의 소통 상태'를 뜻한다. 사무침은 '끝까지 이어짐'의 특징도 있는데, 이는 단순한 앎의 차원을 넘어 삶 전체에 넓혀지는 소통 능력으로, 머리와 가슴, 그리고 마음까지 미치는 소통성이다. 마지막 소통의 단계는 "하나-됨과 깨침"으로 자신의 막을 뚫고 나온 개인이 막힘없이 타자와 소통하고, 화합하는 실천의 경지를 뜻한다. '하나-됨'이란 역사와 소통하고, 동시대인들과 어울리며 평화와 공존을 추구하는 윤리적 실천에 해당된다. 이러한 소통의 경험을 정리해 보면 〈그림 10-2〉와 같다.

2) 디지털 시민과 새로운 상상력

문화콘텐츠는 디지털 미디어와 플랫폼을 통해 제작되고 유통된다. 소셜 네트워크는 디지털 소통 문법에서 필수적인 생태계라고 할 수 있다. 또한 디지털 플랫폼은 개인과 개인, 개인과 집단이 만나 공동체를 형성하는 소통의 공간이다. 빌렘 플루서(2004: 301)에 따르면 디지털 공간에서 활동하는 개인들은 더 이상 어떤 하나의 견고한 핵(하나의 '동일성', 하나의 '자아', 하나의 '정신', 하나의 '영혼')을 자신 안에 갖고 있다고 착각하지 않는다. 디지털 주체들은 잠정적인 하나의 기포처럼 집단의 심리적 장에 등장해 정보를 획득하고 처리하고 전달하고 사라진다. 인간은 더 이상 주어진 객관적 세계의 주체가 아니라 대안적인 세계들의 기획이다. 연결된 개인들은 주어진 가능성을 컴퓨터 테크놀로지를 통해 현실화시킨다. 가능성을 현실화시키는 기획자가 되는 것이다.

디지털 시대를 살아가는 개인과 집단의 정체성을 보다 능동적이고 주체적인 문화적 시민으로 해석할 때 '디지털 시민성'은 유용한 개념으로 작용한다. 랜스 베넷(Lance Bennet)은 디지털 정보통신기술에 능숙하고, 정치적 의사결정에 유능하면서 의사결정 방식이나 가치관 공유 측면에서 이전 세대들과 큰 차이를 보여주는 세대를 '자기실현적 시민(self-actualized/self-actualizing citizen, AC)'이라고 정의한다. 이와 대비되는 전통적 시민 개념은 '충실한 시민(dutiful citizen, D.C)'으로 구분된다. 충실한 시민은 매번 선거에 참여하고 뉴스나 신문에서 제공하는 지식과 정보를 신뢰하며, 시민사회조직에 가입해 공적인 의사소통과 정치 행위에 익숙하다. 반면 자기실현적 시민은 제도적 참여보다 항의 시위, 캠페인, 퍼레이드, 청원 서명 등의 대안적 참여에 적극적이고, 매스미디어보다는 팟캐스트, 트위터, 페이스북 등 소셜 미디어를 통한 정보의 수집과 전달에 능숙하다. 또한 거대 담론의 이념에 따라 모인 단체보다 미시적이면서도 현실적인 이해관계에 따라 역동적으로 참여하는 모임을 더 선호한다. 베넷의 자기실현적 시민성의 개념을 디지털 시민의 조건으로 고려해 볼 때, 지능정보사회에 필요한 시민성은 능동성, 주체성, 자발성, 의제 생산성과 의사결정 등을 능동적으로 수행하는 역량에 기초한다고 할 수 있다(신정아·한희정, 2021). 베넷이 자기실현적 시민으로 규정한 개인들은 선거나 정당 참여에 대한 의무보다는 자신의 주변에서 발생하는 문제해결이나 네트워크 기반의 양방향 소통과 참여에 관심이 높은 것으로 나타났다. 다시 말해 규범적 실천성은 약화되지만 자신의 삶과 연관된 자발적 실천성은 더 강화된다고 볼 수 있다(박기범, 2014).

디지털의 등장과 기술 복제가 가능한 시대의 도래로 깊이와 공간이 결여된 0차원적 이미지를 창조하고 소비하는 능력, 즉 기술적 상상력은 생존을 위한 필수 도구가 되었다. 0차원적 이미지로서의 기술적 형상 혹은 이미지란 영상문화를 구성하는 것으로, 이것은 실재 대상의 존재 여부나 공간적 제약에서 자유로운 특성을 지닌다. 이 점이 문자 시대와 다른 특성이다. 문자 시대의 경우 상상적 관계들이 개념으로 고착되고 문자 수용자의 고정적 위치를 고착시키는 반면, 탈문자 시대의 경우 '어떤 공간에도 침투할 수 있을 만큼' 공간적 제약과 미디어 이용자의 위치가 고정되어 있지 않기 때문이다. 이러한 근거에 따라 인간은 이제 기술적 이미지의 '창조자' 혹은 '상상가'가 되는 것이다(강진숙, 2007: 19~20). 컴퓨팅을 통한 새로운 상상력은 인간의 의식을 자유롭게 하는 잠재력을 가지고 있는 만큼 이제 미래의 문명은 우리가 기술적 상상력을 어떻게 새로운 상상력으로 사용하는지에 달려 있다고 할 수 있다. 기술적 상상력을 통한 소통의 확장을 위해서 플루서는 세 가지 방법을 제시한다. 첫째, 호기심과 상상력의 제한이 없는 어린아이처럼 기술적 이미지의 조작법을 배우고 즐길 것, 둘째, 기존의 틀이나 관습에서 벗어나 상상을 통한 진정한 창조자가 될 것, 셋째, 정보를 네트워크화시켜 공동의 상상력을 만들 것 등이다. 플루서에 따르면 이 세 가지 전략을 통해 만들어진 기술적 상상력은 인간이 기계에 예속되는 것을 막을 뿐만 아니라 미디어를 통한 파시즘적 독재를 막는 기능을 한다(임유영, 2009: 337~338).

문화콘텐츠는 문화의 원형 또는 과(過) 문화적 요소를 발굴하고 그 속에 담긴 의미와 가치(원형성·잠재성·활용성)를 드러내 아날로그 또는 디지털 매체에 결합하는 새로운 문화의 창조 과정이자 그 결과물이다. 따라서 문화콘텐츠는 사회 구성원 사이에서 하나의 문화가 어떻게 다르게 이해되고 그러한 이해가 실천을 통해 복원(restoration), 재현(representation), 창조(creation)되는지가 중요한 과정이 된다. 이 점은 문화콘텐츠가 다양한 문화가치의 창출 기반인 동시에 현실적 적용과 구현이라는 활용성을 본질로 하고 있음을 잘 보여준다(심승구, 2012). 문화콘텐츠가 궁극적으로 지향하는 것은 소통과 공감이다. 공감의 행위나 효과가 감성적인 차원에서만 이루어지는 것은 아니다. 그것은 때로 사회적 실천이나 새로운 콘텐츠의 탄생 등 다양한 상호작용으로 이어진다. 결국 소통이란 삶의 의미를 길어 올리는 과정이고, 그것을 위해 끊임없이 나만의 도구와 디자인으로 상호작용하는 행위라고 할 수 있다.

3. 콘텐츠 액티비즘의 개념과 특성

이 장에서는 문화콘텐츠를 통한 사회적 연대와 실천의 방법으로 콘텐츠 액티비즘을 제안하고, 이에 대한 이론적 배경을 검토하고자 한다. 앞서 문화콘텐츠가 지향하는 소통의 가치를 서술한 데 이어서 구체적인 실행 방식으로 액티비즘이 어떻게 작동되고, 사회적 공감을 이끌어낼 수 있는지에 대해 고찰한다. 이러한 과정은 콘텐츠 액티비즘을 교육적 모델로 해서 새로운 리터러시를 실천하기 위한 이론적 토대를 마련하기 위함이다.

1) 전통적 액티비즘 vs 콘텐츠 액티비즘

전통적인 액티비즘(activism)의 개념은 '사회적 변화를 목적으로 실천하는 행동'이다. 액티비즘의 종류는 실행의 도구와 형식에 따라 구분된다. 오프라인을 중심으로 행해지는 보이콧, 거리 행진, 파업, 단식 등과 미디어를 활용한 비디오 액티비즘, 온라인 액티비즘, 모바일 액티비즘, 트랜스미디어 액티비즘 등으로 구분된다(신정아, 2019: 138).

김희경은 콘텐츠 액티비즘의 출발점을 미디어 통신 기술의 발전으로 인한 소통의 확장으로 설명한다. 전통적인 액티비즘은 권력에 대한 감시와 견제, 저항을 실천하는 능동적 활동에 초점을 두고, 액티비스트들이 참여를 독려하고, 변화를 주도해 나가는 것이 특징이었다. 반면 콘텐츠 액티비즘은 다양한 미디어 환경 안에서 평범한 개인이 자신만의 개성을 살린 콘텐츠를 통해 타인과 교류하고, 소통하면서 공감과 실천을 이끌어낸다. 자신의 삶에서 발견한 문제의식을 표현하고 공유하면서 새로운 소통의 그물망을 만들어가는 방식이라고 할 수 있다. 김희경(2019: 36~45)은 콘텐츠 액티비즘의 기술적 환경으로 트랜스미디어를 전제한다. 트랜스미디어는 수용자의 적극적 공감과 참여를 통해 오리지널 콘텐츠의 세계관이 확장되는 구조를 뜻한다. 트랜스미디어 콘텐츠는 수용자의 감성과 취향을 저격함으로써 액티비즘을 직접 경험하고 공유하는 능동적 실천의 중요한 수단이 된다.

임대근(2021: 127)은 액티비즘을 '이론(theory)'에 대응하는 '실천(practice)'의 맥락으로 파악한다. 이론이 전 역사적 층위에서 구성된다면, 실천은 동시대적 층위에서 요구되는 특성이 있다. 실천과 유사한 개념으로 '개입(intervention)'과 '운동(movement; campaign)'이 있다. '개입'은 문화적 현상 이면의 은폐된 권력관계를 폭로하고 비판하는 문화적 실천이고, '운동'은 특정 사안에 대해 적극적인 사회적 의제를 제기하고 행동화하는 일체의 과정을 뜻한다. 이와 관련해 임대근(2019: 74~76)은 콘텐츠 액티비즘을 비평의 새로운 담론으로 주목한다. 임대근에 따르면 '콘텐츠'라는 개념은 전통적인 비평의 대상이었던 작품, 텍스트, 상호텍스트, 파라텍스트에 이어 등장했다. 비평의 영역은 작품 속에 담긴 작가의 의도를 추출하는 작업에서, 텍스트에 대한 독자의 반응과 수용미학을 다루는 방식으로 확장되어 왔다. 그러나 텍스트 비평은 텍스트를 둘러싼 독자의 삶, 즉 콘텍스트 전체를 포괄할 수 없다는 한계에 봉착했고, 이에 대한 새로운 개념으로 '콘텐츠'

가 등장했다. 임대근은 '콘텐츠'라는 개념이 기획과 제작, 유통과 소비, 재기획 등의 결과물이라는 점에 주목하고, 콘텐츠 비평은 콘텐츠의 내용, 도구, 상황과 맥락 등을 포괄해야 한다고 설명한다. 콘텐츠가 텍스트와 텍스트를 둘러싼 다양한 맥락들로 구성된다면 콘텐츠를 통한 액티비즘의 실현은 콘텐츠의 스토리가 갖는 메시지와 공감이 다양한 전파를 통해 유통되고 소비되며, 재기획되는 모든 과정에서 행해지는 협력과 실천을 뜻한다. 콘텐츠에 담긴 사회적 메시지에 공감한 이용자들이 새롭게 변형하고 창작되는 콘텐츠를 통해 새로운 소통의 다리가 놓이게 되는 것이다.

신광철(2019: 27~28)은 콘텐츠 액티비즘이 지향하는 가치를 시대정신의 포착과 인문학적 성찰의 관점에서 조명한다. 신광철에 따르면 문화콘텐츠는 열린 사고와 쌍방향적 인식을 토대로 인류의 공동선·인간화·인간 해방을 향한 자기반성의 과정이자 실천으로 규정한다. 따라서 인문학적 가치를 품고 있는 콘텐츠 안에는 시대정신을 추구하고, 실현하고자 하는 능동적 의지가 담겨 있다고 할 수 있다. 이러한 관점에서 신광철은 콘텐츠 액티비즘을 "콘텐츠 창작-향유-행동을 통해 변화를 지향하는 실천"으로 정의한다.

앞에서 논의한 콘텐츠 액티비즘의 개념을 살펴보면, 대략 세 가지의 핵심 요소를 추출할 수 있다. 첫째, 콘텐츠는 양방향 미디어를 통해 끊임없이 소통하고 확장되는 유기체라는 점, 둘째, 콘텐츠의 핵심 가치는 보다 나은 삶을 위한 연대와 협력에 있다는 점, 셋째, 콘텐츠의 기획·제작·유통의 전과정을 통해서 액티비즘이 가능하다는 점이다. 누군가의 삶에서 길어 올린 문제의식이 콘텐츠가 되고 다양한 미디어를 통해 공유되어 새로운 콘텐츠로 전이되고 파생되는 과정에서, 액티비즘은 온라인과 오프라인을 넘나들며 문화적 가치를 실현하는 장이 된다. 또한 시간과 공간의 한계를 뛰어넘어 공감대를 형성하면서 때로는 파생 콘텐츠로 제작되기도 하고, 때로는 새로운 정책이 되거나 문화 현상으로 수용되기도 한다. 콘텐츠의 독특함은 단순히 감상하고 보는 것에서 그치지 않고, 함께 느끼고 참여하면서 공감을 확장해 가는 그물망적인 소통 방식에 있다. 따라서 공감의 연대로서 콘텐츠 액티비즘을 실현하기 위해서는 우선 콘텐츠를 통해 누군가의 마음속에 울림과 떨림의 파동을 일으키는 것이 중요하다(신정아, 2020: 38~39).

이기상은 "문화콘텐츠란 인간이 문화적 존재로서 보다 나은 삶을 위해 기호와 상징을 사용해 사색하며 다른 사람과 교류하고 사물[사건]과 소통하며 자기를 표현하는 가운데 생겨나는 온갖 거리"(이기상, 2011: 28)라고 정의한다. 콘텐츠를 단순히 기술로 빚어낸 '소통거리'로만 인식한다면 콘텐츠의 개념 속에 담긴 인문학적 가치를 조명할 수 없다. 콘텐츠는 양방향 소통의 시대를 살아가는 개인이 누군가와 소통하고 공감하기 위해 빚어낸 문화적 산물이다. 따라서 콘텐츠를 기획하고 제작하는 주체의 문화적 정체성과 지향성이 소통의 대상과 방법, 의미를 좌우한다. 이는 콘텐츠 액티비즘의 출발점이 거창한 정치적·경제적 담론보다는 개인의 생생한 삶을 담아낼 수 있어야 한다는 점을 시사한다. 문화적 존재로서 개인이 지닌 다양성과 차이가 콘텐츠를 통해 표현되고, 이를 통해 새로운 소통과 공감의 장이 열리는 과정이 콘텐츠 액티비즘의 실현이라고 할 수 있다.

2) 콘텐츠 액티비즘의 실행 모델

콘텐츠 액티비즘의 실행 모델은 문제가 놓인 상황과 문제를 인식한 주체, 문제해결을 위한 액티비즘의 기획에 따라 다양하게 구현될 수 있다. 이 연구에서는 콘텐츠 액티비즘을 "문화콘텐츠 기획과 제작·유통을 통한 사회적 실천"이라고 정의하고, 이론적 개념을 구성하는 요소들과 실행 단계를 탐색해 보고자 한다.

그림 10-3 콘텐츠 액티비즘의 실행 단계

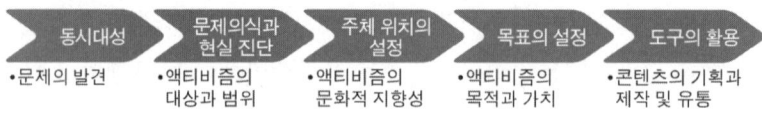

자료: 임대근(2021: 128~129) 재구성.

임대근(2021: 12~129)에 따르면 콘텐츠 액티비즘은 동시대의 개인적·사회적 문제를 발견하고, 이를 각자 처한 상황과 맥락 안에서 극복할 수 있는 방안을 찾아나서는 실천이다. 문화적 주체는 스스로 삶 속에서 문제를 발견하고 자신을 둘러싼 정치적·경제적·문화적 맥락 속에서 문제를 재인식하는 과정을 통해 세계 내 존재로서 말 걸기를 시도한다. 액티비즘의 목표 설정은 액티비즘의 결과를 통해 얻을 수 있는 가치와 효과를 고려해 문제의 우선순위를 진단하는 과정이다. 문제 인식과 진단 및 목표 설정이 완료되면 구체적 행위 단계로 넘어간다. 이때 액티비즘의 목표가 단기적인지, 장기적인지에 따라서 액티비즘의 규모와 기간이 결정된다. 액티비즘의 실행을 위한 마지막 단계는 명확한 도구의 활용이다. 개인 또는 집단의 행위가 하나의 운동이 되기 위해서는 미디어와 플랫폼을 선택하고, 이에 최적화된 방식으로 콘텐츠를 기획·제작해 유통해야 한다. 어떤 플랫폼을 선택하는지에 따라 액티비즘에 참여하는 사람들의 세대, 지역, 정치적 성향 등 문화적 층위가 달라질 수 있다. 임대근은 콘텐츠 액티비즘의 실행 구조를 〈그림 10-3〉과 같이 제시한다.

김희경(2019)은 콘텐츠 액티비즘의 구현 방식을 '문제인식-참여-행동-변화'라는 전통적 액티비즘의 모델에서 차용한다. 전통적 액티비즘은 〈그림 10-4〉와 같이 액티비스트가 문제를 인식하고, 문제를 해결하기 위해 다양한 방법으로 참여하면서 이것이 사회적 행동으로 이어져 결과적으로 문제가 해결되거나 변화가 생기는 일련의 과정을 뜻한다.

그림 10-4 전통적 액티비즘의 구현 방식

자료: 김희경(2019: 44) 재구성.

김희경(2019: 47)은 전통적 액티비즘이 다양한 미디어와 테크놀로지, 플랫폼의 발전으로 콘텐츠 생산과 유통이라는 표현과 창작, 공유의 과정을 통해 콘텐츠 액티비즘으로 확장되었다고 설명한다. 또한 전통적 액티비즘보다 온-오프라인을 오가는 참여와 연대 방식이 더욱 활발해진 점도 콘텐츠 액티비즘의 특성이라고 할 수 있다. 영화, 다큐멘터리, 애니메이션, 게임, SNS 등 다양한 미디어와 콘텐츠를 활용하는 액티비즘의 특성상 재미와 감동을 제공하는 방식으로 참여를 독려하면서 소극적인 사람들도 적극적인 액티비스트로 전환시키기에 용이하다. 〈그림 10-5〉와 같이 콘텐츠 액티비즘은 단계별로 경험자, 참여자, 공유자, 기부자, 조성자, 액티비스트의 단계를 거치면서 문제를 해결하고, 사회적 변화에 기여하는 능동적 주체로 거듭나게 된다.

그림 10-5 콘텐츠 액티비즘의 실현 방법

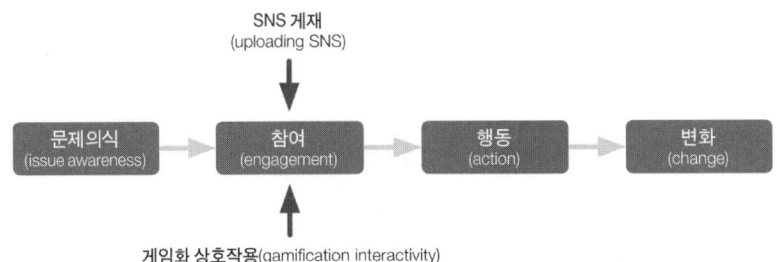

자료: 김희경(2019: 47) 재구성.

이상에서 알 수 있듯이, 콘텐츠 액티비즘은 삶의 문제를 발견하고 인식하는 데에서 출발해, 콘텐츠로 제작하고 공유함으로써 문제해결에 동참하는 적극적이고 능동적인 실천이다. 문제의식이 담긴 콘텐츠를 제작하기 위해서는 미디어와 콘텐츠, 플랫폼에 대한 리터러시 역량과 함께 콘텐츠에 담긴 내용으로 타인에게 상처를 주거나 피해를 주는 결과를 초래하지 않는 윤리적 성찰이 필수적이다. 콘텐츠 액티비즘의 결과가 공동체, 지역, 국가, 민족 등의 분열을 초래하거나 비대칭적 권력을 공고히 하게 될 경우 또 다른 차별과 폭력이 생산될 수 있기 때문이다. 콘텐츠 액티비즘이 추구하는 사회적 변화는 지구 생명 공동체의 공존과 화합에 기여하는 선(善)하고 지속가능한 가치이다. 이를 위해서는 콘텐츠의 기획과 제작, 유통에 이르는 전 과정에서 동시대성과 주체적 사유, 사회적 약자에 대한 연대와 협력 등 타자와 소통하고 공감하는 인문학적 상상력이 발휘되어야 한다. 기술적으로 뛰어난 미학적 가치가 있는 콘텐츠라고 하더라도 그 속에 담긴 이미지와 텍스트, 메시지가 문화적 다양성을 존중하지 않는다면 액티비즘의 결과는 편향과 왜곡의 도구로 전락하게 될 위험성이 높다. 따라서 콘텐츠 액티비즘의 실행 모델은 미디어 리터러시 역량을 활용한 통합적 상상력의 구현이라고 할 수 있다. 이를 바탕으로 콘텐츠 액티비즘의 구현 방식을 구체적인 단계로 정리해 보면 다음과 같다.

① 문제의 발견

액티비즘의 가치는 참여를 통해 변화를 이끌어내는 데에 있다. 이때 중요한 것은 액티비즘을 기획하는 주체의 삶과 연관된 사물과 사태 안에서 문제를 발견해야 한다는 것이다. 기획자로서 자신을 둘러싼 관계들과 공동체, 장소와 이념 등 다양한 문화적 맥락들을 성찰하고 보다 나은 사회를 만들기 위해 해결되어야 하는 문제들을 길어 올리는 것이 액티비즘의 출발점이라고 할 수 있다.

② 현상 인식과 정보 수집

발견된 문제를 소재로 액티비즘 콘텐츠를 기획하기 위해서는 우선 다양한 각도에서 문제를 조명하고, 분석할 수 있는 자료를 수집해야 한다. 수집된 데이터를 기반으로 문제의 중심에 있는 제도, 문화, 이념 등을 검증한후 액티비즘의 지향과 가치를 설정해야 한다. 문제의 핵심과 발생 원인, 문제로 인해 발생하는 사회적 문제점 등을 포괄적으로 조사한 후 문제해결을 위한 우선순위를 결정하고, 실천 가능한 범위 안에서 콘텐츠를 기획한다.

③ 액티비즘의 대상과 목적 설정

액티비즘의 대상은 문제를 둘러싼 다양한 맥락을 고려한 후 선정된 우선 과제를 중심으로 실현 가능한 범위 안에서 설정한다. 액티비즘의 대상을 선정하는 과정은 동시에 실행 방식에 대한 기획도 의미한다. 액티비즘의 실행 방식에 따라 온오프라인의 활용 여부, 콘텐츠의 장르와 포맷, 제작과 유통기간 등을 설정한다. 콘텐츠의 유통에서 이용자들의 참여 방식이공유와 댓글, 좋아요와 같은 소극적 참여에 머물 것인지, 챌린지 영상 제작및 공유, 플래시 몹 참여와 같은 적극적인 행동을 목표로 할 것인지 여부도액티비즘의 확산을 좌우하는 중요한 요소가 된다. 세대와 지역을 뛰어넘는 다양한 소통과 참여를 이끌어내기 위해서는 액티비즘의 목적과 메시지가 단순하고 명료하며, 이해하기 쉽게 설정되어야 한다.

④ 콘텐츠 기획과 제작

콘텐츠 기획은 스토리와 포맷을 정한 후 제작을 하는 과정이다. 스토리의 경우 액티비즘 실현 미디어에 따라 이미지텔링(image-telling), 스토리텔링(story-telling), 스토리두잉(story-doing) 등 다양한 방식의 서사 구성이 가능하다. 이미지텔링이란 사진, GIF, 이모티콘 등과 같은 기호와 이미지 중심의 전달 방식을 뜻한다. 이미지텔링을 통한 액티비즘의 경우 재미와 참여를 유도하는 챌린지 영상과 같은 이벤트성 캠페인에 유용하다. 스토리텔링은 영화, 방송, 출판, 광고 등 전통적인 포맷으로 콘텐츠를 제작하는 방식이다. 스토리의 연재와 공유, 팬덤 구축을 통해 다양한 파생콘텐츠 생산과 지속적인 액티비즘의 실천이 용이하다는 특징이 있다. 스토리두잉이란 양방향 미디어와 가상현실 플랫폼을 활용한 경험 서사를 이용하는 방식이다. 게임, 인터렉티브 광고, VR 콘텐츠, 3D 아바타를 활용한 캠페인 등이 이에 해당된다. 스토리두잉 콘텐츠의 경우 MZ세대, 알파세대 등으로 분류되는 디지털 테크놀로지에 익숙하고, 웹콘텐츠와 게임을 통해 가상현실 속 참여와 소통이 일상화된 이용자들의 참여를 이끌어내는 데 효과적이다.

⑤ 콘텐츠 유통과 사회적 확산

이 단계는 제작된 콘텐츠를 다양한 플랫폼에 유통하면서 많은 이용자들의 소통과 공감을 이끌어내는 과정이다. 플랫폼별로 이용자들의 세대와 취향, 관심사 등이 다르기 때문에 플랫폼에서 지원하는 콘텐츠 포맷에 맞춰서 사진, 영상, 썸네일, GIF, 카드 뉴스, 챌린지 등 다양한 리터러시를 시도하는 노력이 필요하다. 예를 들어 소셜 미디어를 활용한 크라우드펀딩을 시도할 경우, 연재 스토리 공유와 함께 펀딩 모금 이후 후원자들에게 제공할 리워드와 파티 등도 함께 제작해서 공유한다. 크라우드펀딩을 통한 연대는 프로젝트 실행에 필요한 취재 비용이나 운영비 또는 기부를 목적으로 하는 모금도 가능하다. 액티비즘의 목표에 따라 후원자들이 적극적으로 참여하고, 공유하면서 후원할 수 있도록 스토리의 감성과 리워드의 '가심비'[2]를 높이는 것이 중요하다.

⑥ 액티비즘의 참여 결과 공유

기획된 액티비즘의 실행 기간이 끝나면 프로젝트에 참여했던 이용자들의 통계와 소통의 효과를 공유해야 한다. 당초 콘텐츠 액티비즘을 설계한 기획 의도를 상기하고, 액티비즘이 목표로 했던 문제해결에 관한 사회적 환기와 실천이 성공적으로 실현되었는지 검토하고 반성하는 과정이다. 액티비즘에 참여한 시민들에게 감사와 응원, 격려를 전하는 것은 지속적인 연대를 이어가면서 다음 액티비즘의 기획을 위해 중요한 과정이다. 일회성 이벤트로 진행되는 캠페인이나 챌린지도 있지만, 꾸준한 저항과 실천이 필요한 사회적 문제에 대해서는 펀딩의 후원자, 콘텐츠 이용자, 파생 콘텐츠 기획자들에게 연대의 의미와 효과를 정확하게 전달하는 것이 중요하다.

⑦ 액티비즘의 후속 과제 검토

액티비즘의 1차 목표가 달성된 후에는 결과에 따라 후속 과제를 검토한다. 1차 목표가 성공적으로 달성되었다면 보다 많은 사람들의 참여를 이끌어낼 수 있는 지역·세대·인종 등을 가로지르는 확장된 형태의 액티비즘을 기획한다. 언어와 문화가 다양한 이용자들의 참여를 유도하기 위해서는 액티비즘의 메시지는 간결하고, 플랫폼은 접근성과 콘텐츠 이용이 편리해야 한다. 액티비즘의 성격상 이윤추구가 아닌 의미 있는 사회적 변화를 이끌어내는 기획이어야 하므로, 사람들이 스스로 사명감·책임감 등 윤리적

---

2 '가격 대비 심리적 만족도'의 줄임말.

그림 10-6 콘텐츠 액티비즘의 실행 과정

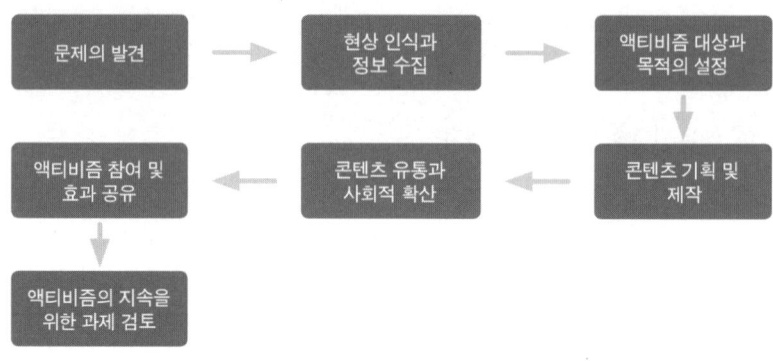

자료: 신정아(2021: 31) 재구성.

태도와 상상력을 발휘해서 참여할 수 있도록 하되 액티비즘 콘텐츠의 경험은 재미와 감동 또는 신념과 가치를 재고할 수 있는 설계가 필요하다. 이상의 내용을 단계별로 정리해 보면 〈그림 10-6〉과 같다.

4. 콘텐츠 액티비즘의 교육적 활용

콘텐츠 액티비즘은 개인이 자신의 삶에서 길어 올린 문제의식을 콘텐츠에 담아 타인과의 연대를 이끌어내고, 다양한 파생 콘텐츠로 확장되면서 사회적 공론의 장으로 확장해 가는 문화적 실천이다. 거창한 정치적 구호나 예술적 행위를 통해서가 아니라 각자의 다양성과 차이를 드러내는 방식으로 콘텐츠를 제작하고 공유하면서, 타인의 문제의식에 공감하고 연대하는 것이 콘텐츠 액티비즘의 핵심이다. 디지털 미디어를 활용한 액티비즘을 실천하기 위해서는 미디어 리터러시 역량이 필수적이다(신정아, 2020).

이 절에서는 리터러시 교육을 통한 역량 강화 방안을 모색해 본다. 전통적으로 리터러시 교육은 미디어를 통한 기술적·문화적 주체로서 비판적 사고와 실천을 강조해 왔다. 이 연구에서는 이러한 흐름에 덧붙여서 '콘텐츠 리터러시'라는 개념을 추가로 제안하고자 한다. 미디어 리터러시와 콘텐츠 리터러시는 상호보완적으로 디지털 시대의 주체가 자신만의 고유한 문화정체성을 바탕으로 타자와 소통하고, 자기실현적 시민으로 공공선 실현에 기여하는 성숙한 시민으로 성장시키는 원동력이라고 할 수 있다.

1) 미디어 리터러시와 비판적 사고 함양

콘텐츠 액티비즘은 거대한 담론에서 시작되는 것이 아니라 일상의 작은 단면들에서 발견되는 균열과 틈에서 기획된다. 각자의 관점에서 문제를 발견하고, 성찰하면서 사회적 소통을 시도하기 위해서는 자신의 생각을 성찰하고, 사회적 소통거리로 표현하는 기술적 역량이 갖춰져야 한다. 특히 기업과 자본의 영향력이 광범위하게 이용자들의 삶을 감시하고, 통제하는 현대사회에서는 미디어 기업과 개별 이용자들이 생산하는 텍스트와 이미지, 영상 등이 어떻게 유통되고, 소비되는지 해독할 수 있는 리터러시의 함양이 중요하다.

버킹엄(2019: 44~45)은 창의적인 제작이나 참여 경험이 있다고 해서 비판적 능력이 자동적으로 형성되지는 않는다고 지적한다. 단순히 미디어 메시지에 접근하거나 메시지를 창작하기 위해 특정 기기를 사용하는 방법을 터득한다고 해서 미디어 리터러시 역량이 강화되는 것은 아니다. 버킹엄에 따르면 미디어 리터러시란 디지털 미디어가 작동하는 방식, 이용자들이 소통하는 방식, 세상을 재현하는 방식, 생산되고 사용되는 방식에 대한 깊이 있고 비판적인 이해를 통해 함양된다. 기술의 조작법과 온라인에서 안전을 지키는 수준에 머무는 것만으로는 디지털 테크놀로지가 가져온 위험과 갈등, 불안과 해악을 해결할 수 없기 때문이다. 따라서 미디어 교육을 통해 사용자의 이용 능력을 강화하는 동시에 사회적 정의와 연대를 실천할 수 있는 감시와 비판, 협력의 조건들도 함께 성숙해야 한다.

버킹엄(2019: 65~70)은 미디어 리터러시 역량 강화를 위한 학습의 대상으로 미디어 언어(media language), 재현(representation), 제작(production), 수용자(audience) 등 네 가지를 제시한다. 미디어의 언어 학습은 미디어의 기술적 언어와 코드를 이해하고, 작동 방식을 이해하는 단계이다. 미디어의 재현 학습은 미디어가 재현한 텍스트, 이미지, 영상, 스토리, 인물 등이 현실을 정확하게 보여주고 있는지, 의도적으로 누락되거나 제외된 대상은 없는지 살펴보는 것이다. 또한 미디어 재현이 수용자의 인식과 태도에 어떤 영향을 미치게 되는지를 학습하는 것도 중요하다. 미디어 제작의 학습은 제작 및 유통과 관련된 직무와 역할, 기업들의 이윤 창출 방법, 미디어에 대한 규제와 통제 방식, 수용자의 선택과 통제 범위를 살펴보는 과정이다. 미디어 제작에는 다양한 이해관계가 얽혀 있기 때문에 상업적 이익과 사회적 가치 사이의 간극과 그로 인한 문제를 도출하고, 비판하는 능력은 미디어 리터러시에서 핵심 역량이라고 할 수 있다. 마지막으로 미디어의 수용자를 학습하는 것인데, 이를 통해 수용자들의 미디어 이용 행태와 접근성, 사회적 요인에 따른 미디어 이용의 차이 등을 이해하는 과정이다.

2) 콘텐츠 리터러시와 뉴타입의 인재 양성

윤옥한(2020: 27~28)은 코로나19 이후 교양 교육의 방향을 3D 모델로 제안한다. 3D란 새로운 가치사슬(discover to new chain), 디지털 리터러시(digital literacy), 다양한 교육 방법의 활용(diverse of educational method)을 뜻한다. 윤옥한에 따르면 3D 교육의 효과적인 실행을 위해서는 7가지 역량 강화가 선행되어야 한다. ① 디지털 기술 활용 능력, ② 디지털 데이터의 구별 능력, ③ 디지털 콘텐츠 활용 능력, ④ 디지털 미디어 활용 능력, ⑤ 디지털에 기반을 둔 콘텐츠 제작 기술 능력, ⑥ 디지털 커뮤니케이션 활용 능력, ⑦ 디지털 감수성 등이 해당된다. 3D 교육과 7가지 리터러시 역량은 미디어에 대한 이해뿐만 아니라 세계를 분석하는 통찰과 상상, 문화적 차이를 이해하는 감수성의 조화를 실현하는 데 유용한 방향을 제시한다.

신광철(2020: 116~122)은 코로나19를 기점으로 그동안 인류가 추구해 온 라이프스타일에 대한 반성적 성찰이 필요함을 강조하고, 야마구치 슈(山口周)의 '뉴타입' 개념을 토대로 문화콘텐츠 교육의 방향을 제시한다. 야마구치 슈는 『뉴타입의 시대』에서 올드타입과 뉴타입의 사고와 행동 양식의 차이를 기술했다. 야마구치 슈에 따르면 올드타입은 '문제해결형'에 해당되고, 뉴타입은 아직 아무도 알아차리지 못한 새로운 문제를 찾아내서 사회적 이슈로 제기하는 '문제 발견형' 또는 '문제 창안형'이라고 할 수 있다. 신광철에 따르면 '문제해결형'이 산업화 시대가 요구한 인재상이라면, '문제 창안형'은 디지털 지식정보화시대가 요구하는 인재상이다. '문제해결형'이 실시간으로 발생하는 문제를 '발견'해 내는 인재라면, '문제 창안형'은 문제를 스스로 구성해 낸다는 점에서 '문제해결형'과 동일하지만 현재적 상황과 미래적 예측을 종합해 앞으로 발생할 문제를 '창안'한다는 점에서 구분된다. 신광철은 '문제 창안형' 인재 양성을 위한 문화콘텐츠 교육 모델로 미디어 리터러시 역량 강화와 문화적 감수성 교육을 융합적으로 가르치는 '콘텐츠 리터러시 교육'을 제안한다. 콘텐츠 리터러시 교육은 고전을 비롯한 양질의 텍스트 수용을 통해 인간-세계-우주에 대한 이해 역량을 고도화하고 미래지향적 감수성을 풍부하게 만드는 프로그램이다. 콘텐츠 리터러시 교육은 인문학적 상상력을 통해 자신을 둘러싼 세계 속에 만연한 폭력과 차별, 빈곤과 소외, 죽음과 공포 등을 성찰하고 이를 해결하기 위해 기술적 환경을 활용하는 주체적 실천을 지향한다. 따라서 콘텐츠 리터러시 교육의 목표는 자신만의 관점과 문법으로 기술을 주체적으로 활용하면서 현상을 분석하고, 문제해결을 위한 대안을 모색한 후 디지털 네트워크를 통해 타자와 소통하고 협력하는 뉴타입의 인재 양성이라고 할 수 있다. '문제 창안형' 인재들은 디지털 시민으로서 사회적 의제 설정과 실천적 방법의 모색, 액티비즘의 기획과 창작이라는 리터러시의 구현을 통해 현재의 난관을 극복하고, 아직 오지 않은 미래의 희망을 실현해 가는 기술적 상상의 주체로 거듭나게 된다.

콘텐츠는 디지털 소통의 도구이자 차이와 다양성을 표현할 수 있는 새로운 문법이다. 언택트 문화가 발전할수록 개인과 사회, 지역과 문화를 가로지르며 서로의 차이를 인정하고, 존중할 수 있도록 콘텐츠 리터러시 역량을 강화해야 한다. 콘텐츠 리터러시란 자신의 삶을 돌아보고, 성찰하는 인문학적 상상력을 바탕으로 타인을 이해하고, 사회적 공감을 이끌어낼 수 있는 문화적 감수성을 전제로 한다. 콘텐츠 리터러시의 실행 모델로서 콘텐츠 액티비즘의 실천은 디지털 사회를 살아가는 현대인들에게 문화적 정체성과 공감 의식을 일깨우고, 진정한 소통과 포용을 위한 핵심 역량이 될 수 있다.

5. 결론

포스트 코로나를 대비하는 기술적, 산업적, 정책적 대안과 전략들이 쏟아지고 있는 요즈음, 이전의 일상으로 돌아가지 못할 수 있다는 경고와 세상의 표준이 바뀔 것이라는 전망 사이에서 누군가는 또다시 혼란스러운 감정과 기술적 소외감으로 코로나 블루보다 더 깊은 절망에 빠질 수도 있다. 기술의 닦달은 언제나 초인간적인 능력을 요구한다. 미디어는 인간의 욕망을 투사하지만 미디어가 실어 나르는 콘텐츠의 내용과 방향을 결정하는 것은 결국 인간의 몫이다. 지금 이 순간에도 누군가는 죽음의 문턱에서 바이러스와 사투를 벌이고 있고, 누군가는 그 곁을 지키며 헌신적인 치료와 봉사에 전념하고 있다. 또 다른 누군가는 사랑하는 이를 잃은 슬픔으로 시간이 멈춰 서 있을 것이다. 지금 우리에게 필요한 것은 비대면 기술로 소거된 누군가의 목소리와 얼굴을 마주하고, 서로의 상황에 공감하는 것이다. 자신의 삶에서 길어 올린 문제의식을 콘텐츠로 표현하고 공유하는 것은 누군가의 신호를 간절하게 기다리는 사람에게 '당신은 혼자가 아니다'라는 진정성 있는 메시지를 띄우는 것이다(신정아, 2020: 11).

콘텐츠 액티비즘은 사람과 사람, 사람과 기술, 사람과 자연 등 다양한 사이를 가로지르며 공존의 문법을 만들어가는 창의적 상상과 실천이다. 코로나19로 깨닫게 된 것은 지구상의 어떤 생명체도 홀로 살아갈 수 없고, 불평등한 계층일수록 더욱 열악한 환경에서 살아가야 한다는 것이다. 콘텐츠 액티비즘이 추구하는 가치는 개개인이 디지털 시민으로 성숙하면서 글로벌 연대를 통해 공공선의 실현에 기여하는 문화적 주체로 거듭나는 것이다. 전 지구적 위기를 개인과 국가의 책임으로 한정 지으면서 건강과 생명의 양극화, 폭력과 가난의 재생산에 저항하고, 다양성을 존중하면서 상생하는 글로벌 소통의 문화가 절실하다.

부록 1. 관련 사례들

톰 무어의 100바퀴 챌린지와 생명의 연대

잉글랜드 베드퍼드셔(Bedfordshire)에 사는 톰 무어(Tom Moore)는 2020년 3월 8일 자신의 100세 생일을 한 달 앞두고 코로나 바이러스와 사투를 벌이고 있는 영국 NHS(국민보건서비스) 의료진 돕기 캠페인을 시작했다. 무어는 자신의 유튜브 계정을 통해 "거동이 불편한 내가 25m 길이의 뒷마당을 왕복 100번 걸을 테니 한 바퀴 돌 때마다 10파운드씩 기부해 달라"는 공약을 내걸었다. 목표 모금액은 1000파운드(약 153만 원)였다. 피부암과 낙상으로 인한 수술 후유증으로 보행 보조기 없이는 거동이 힘든 상황이었던 무어에게 뒷마당 걷기는 생명을 사르는 힘든 도전이었다. 그럼에도 자신이 아플 때 헌신적으로 치료해 준 NHS 의료진에게 보답하는 마음으로 뒷마당 챌린지를 기획했다. NHS를 돕기 위한 100세 노인의 챌린지 소식은 SNS를 통해 급속히 확산되었고, 도전 첫 날 목표 금액을 달성하는 성과를 올렸다. 이후에도 뒷마당 걷기를 멈추지 않은 무어는 자신의 생일인 4월 30일보다 훨씬 앞선 16일에 100바퀴 도전에 성공했다. 그러나 100세 생일날까지 멈추지 않고 도전을 이어간 결과, 총 모금액은 3300만 파운드(약 497억 원)에 달했다. 한편 무어의 집에는 14만 장의 생일 축하 카드가 도착해서 집 근처 학교 대강당을 꽉 채울 정도였다. 카드 정리를 위해 학생과 학부모 등 140명의 자원봉사자들이 도와야 했다. 모금액은 NHS를 포함한 14개 단체에 기부되었다. 노익장의 위대한 도전에 감동한 영국 시민들은 그에게 기사(Knight) 작위를 수여하자는 국민 청원을 시작했고, 30만 명 이상이 서명에 참여했다. 2020년 7월, 엘리자베스 여왕은 톰 무어 경에게 기사 작위를 수여했다.

온라인 퀴어퍼레이드와 젠더 실천

닷페이스는 2016년에 설립된 미디어 스타트업으로 성소수자, 장애인, 비정규직 노동자, 외국인 노동자 등 사회적으로 소외된 이들의 이야기를 전달하는 논픽션 미디어다. 2020년 코로나19 확산으로 해마다 개최되던 서울퀴어문화축제가 무기한 연기되자 닷페이스는 온라인 퀴어퍼레이드(이하 '온라인퀴퍼')를 기획한다. 닷페이스 디자이너 헴찌는 '참여자들에게 배제되지 않는 경험을 줄 것', '시각적으로 재미가 있을 것' 등의 원칙을 세우고, 여성형/남성형으로 구분되지 않는 분수 머리, 불꽃 머리 등과 같은 스타일을 만들고, 의상도 홀터넥+한복 바지, 저고리+그물 스타킹과 같은 이색적이고 재미있는 조합을 고안했다. 캐릭터의 피부색은 '사람 피부색이 아닌 색을 입히자'는 취지에서 이모지, 레고 등에서 사용하는 샛노란색을 선택했다. 이와 함께 참가자들이 휠체어, 오토바이, 성소수자 깃발 등 다양한 아이템을 선택할 수 있도록 했다. 퍼레이드 참가 방식은 쉽고 간단했다. 인스타그램 '온라인퀴퍼' 페이지에 접속한 후 마음에 드는 아바타를 골라서 옷과 머리, 탈 것 등으로 꾸민 후에 해시태그 #우리는없던길도만들지#온라인퀴퍼#닷페이스와 함께 업로드를 하는 방식이었다. 개인이 이미지를 업로드하면 도로 모양의 각 페이지가 연결되면서 하나의 길 위를 걷는 행렬이 이어진다. 참가자들은 주최 측이 제공한 기본 아이템 외에도 각자의 취향을 반영해 반려견, 반려묘의 사진이나 행진에 필요한 생수, 뻥튀기, 우천 시 필요한 우산, 함께 듣고 싶은 음원 등 다양한 아이템을 공유하면서 행진에 참여했다. 반면 '게이남은 사기 결혼 그만해라', '여혐 퀴퍼를 불매합니다', '쓰까 OUT' 등과 같은 혐오 표현을 게시하면서 행진을 방해하는 참가자들도 있었는데, 이에 대한 저항의 표현으로 참가자들은 "우리의 연대는 혐오보다 강하다"라는 메시지를 플래카드 이미지로 제작한 후 여럿이 함께 업로드함으로써 플래카드를 앞세우고 나란히 행진하는 모습을 구현하기도 했다. 2020년 6월 23일부터 7월 5일까지 13일간 개최된 온라인퀴퍼에 참여한 인원은 총 8만 6225명이었다.

발달장애인의 탈시설을 위한 크라우드펀딩 프로젝트

어릴 때부터 바쁜 부모님을 대신해서 장애인 동생을 돌보는 것이 삶의 전부였던 언니 장혜영. 그러나 그녀가 중학교에 입학할 무렵 부모님은 동생을 장애인 수용시설로 입소시켰고, 이후로 18년간 자매는 떨어져서 살아간다. 하지만 서로 다른 삶을 살아가는 시간의 틈바구니는 점점 더 격차가 벌어지기 시작했다. 동생은 시설에 길들여지면서 점점 말수가 줄어들었지만 언니는 세상의 속도에 맞춰 열심히 공부했고, 명문대에 들어가 더 넓은 세상을 경험하면서 차츰 동생 없는 생활에 익숙해져 갔다. 그러던 어느 날 동생 혜정이 생활하던 장애인 시설에서 오랜 기간 지속적인 폭력과 심각한 인권침해가 있었다는 내부 고발자의 폭로를 접한 후 혜영은 동생과 함께 살기로 결심하고, 동생을 시설에서 데리고 나온다. 그러나 발달장애인의 탈시설을 지원하는 사회적 시스템이 거의 없다는 것을 깨닫게 되면서 장혜영은 생업을 포기하고 동생을 돌봐야 하는 현실에 놓인다. 장혜영은 장애를 가지고 태어났다는 이유로 자신의 의지와 상관없이 시설에 맡겨진 후 통제된 생활을 해야 했던 동생의 삶을 보며 슬픔을 느낀다. 또한 발달장애인 가족들에게 현실적 문제를 감당하게 하는 제도적 문제를 개선하기 위해 크라우드펀딩 프로젝트 〈어른이 되면〉을 기획한다. 텀블벅 플랫폼을 통해 기획된 〈어른이 되면〉 프로젝트는 유튜버 장혜영이 탈시설 이후 동생과 함께 살아가는 일상을 기록하는 브이로그와 다큐멘터리를 통해 발달장애인의 탈시설 문제를 공론화하는 것을 목표로 기획되었다. 장혜영은 발달장애인의 탈시설에 대한 정보를 소개하고, 자신만의 감성을 담은 노래를 만들어 동생과 함께 부르고, 동생이 그린 삽화와 자신의 글을 엮어 책으로 출간한다. 자매의 이야기는 소셜 미디어와 방송, 온라인 플랫폼을 통해 다양하게 유통되면서 사회적 관심과 호응을 이끌어낸다. 크라우드펀딩은 자매에게 사회적 연결망을 얻게 된 통로가 되었고, 둘만의 이야기와 감성이 담긴 노래와 춤, 다큐와 책 등은 새로운 희망을 꿈꾸는 간절함이 담긴 콘텐츠 액티비즘의 실천이었다.

소중한 아들과의 시간을 플레이하다

〈댓 드래곤 캔서(That Dragon Cancer)〉는 게임 개발자인 아버지가 악성 뇌종양으로 투병하는 아들을 위해 제작한 인디게임이다. 라이언의 아들 조엘은 태어난 지 1년 만에 악성 뇌종양이 발견되어 4개월 시한부를 선고받는다. 조엘의 시간이 얼마 남지 않았다는 의사의 선고를 받은 후 아버지는 아들의 모든 일상을 게임으로 기록하기 시작한다. 자는 모습, 웃는 모습, 아파서 우는 모습, 아빠 품에서 잠든 모습, 우유를 먹는 모습, 놀이터에서 그네 타는 모습 등을 게임용 이미지와 모션으로 작업해 나간다. 아들의 웃음소리, 울음소리, 신음소리, 가족들의 대화 등을 녹음해 게임의 효과음과 내레이션으로 사용한다. 라이언은 암이라는 거대한 용과 싸우는 용감한 아들의 모습을 게임으로 제작한다. 게임명은 〈댓 드래곤, 캔서〉이다. 그러나 거대한 용과 싸우던 아들은 결국 병마에 스러지고, 조엘의 일곱 살 생일에 완성되어 출시된다. 게임 속 조엘의 캐릭터는 얼굴에 눈, 코, 입이 없다. 유저들이 자신의 기억 속 누군가를 떠올릴 수 있도록 배려한 것이다. 라이언은 플레이어들이 게임을 하면서 조엘과 놀아주고, 재워주고, 우유를 먹여주는 일상의 경험을 하면서 자신에게 소중한 이들과의 추억을 되새기고, 삶의 의미를 발견하게 되기를 바란다고 말한다.

부록 2. 수업 활동 자료

❶ 내 주변 혹은 우리 지역이나 학교에서 액티비즘이 필요한 상황이 있는지 찾아보자. 변화가 필요한 이유는 무엇일까? 내가 생각하는 문제점을 정리해 보자.

❷ 내가 발견한 문제의 핵심은 무엇이고, 어떤 변화가 필요할까? 액티비즘의 대상과 목적을 선정해 보자.

❸ 나와 비슷한 문제의식을 액티비즘으로 실천한 캠페인, 다큐멘터리, 게임 등 관련 사례들을 찾아보자.

❹ 액티비즘의 주제를 선정했다면 누구와 공유하고 싶은지 생각해 본 후 가장 효과적으로 전달할 수 있는 미디어와 플랫폼을 선택해 보자.

❺ 액티비즘의 도구로 선정된 미디어와 플랫폼에서 유통되는 콘텐츠의 포맷을 살펴보고, 자신이 정한 주제의 스토리와 장르를 선정하자.

❻ 콘텐츠 제작이 완료되면 홍보를 위한 키워드를 정리하고, 카드뉴스, 썸네일, 숏폼 콘텐츠 등을 제작하자.

❼ 액티비즘에 참여한 사람들과의 원활한 소통을 위해 커뮤니티 기능을 최대한 활용하자.

❽ 액티비즘 기간이 완료되면 참여 인원과 효과, 목표 달성 여부를 공유하자.

❾ 액티비즘 기획 당시 선정했던 목표를 검토하고, 지속적인 액티비즘의 실행 여부를 참여자들과 함께 논의해 보자.

참고문헌

강신주. 2013. 『(장자 & 노자) 道에 딴지걸기』. 김영사.

강진숙. 2007. 「탈문자시대의 미디어 문화와 이용자에 관한 이론적 연구: 포스터, 플루서, 비릴리오의 입장을 중심으로」. ≪한국출판학연구≫, 52, 545~558쪽.

김치풍. 2010. 「장자로부터 배우는 소통의 지혜」. 삼성경제연구소.

김희경. 2019. 「콘텐츠 액티비즘-행동하는 콘텐츠」. ≪인문콘텐츠≫, 53, 35~49쪽.

리프킨, 제러미(Jeremy Rifkin). 2010. 『공감의 시대』. 이경남 옮김. 민음사.

박기범. 2014. 「디지털 시대의 시민성 탐색」. ≪한국초등교육≫, 25(4), 33~46쪽.

박치완. 2020. 「COVID-19 팬데믹과 글로벌 공공선」. ≪글로컬 창의 문화연구≫, 92, 1~26쪽.

버킹엄, 데이비드(David Buckingham). 2019. 『미디어 교육 선언』. 조연하 외 옮심. 학이시습.

볼통, 도미니크(Dominique Wolton). 2011. 불통의 시대 소통을 읽다. 채종대·김주노·원용옥 옮김. 살림.

신정아·한희정. 2021. 「라디오 시사 프로그램의 트랜스미디어 활용 연구-CBS 〈김현정의 뉴스쇼-댓꿀쇼〉를 중심으로-」. 한국엔터테인먼트산업학회논문, 35~54쪽.

신광철. 2019. 「기억행위와 콘텐츠 액티비즘: 세월호 관련 극영화를 중심으로」(2019 인문콘텐츠학회 춘계정기학술대회 발표집, 26~37쪽).

_____. 2020. 「위드/포스트 코로나 시대 문화콘텐츠 교육의 방향」. ≪인문콘텐츠≫, 59, 131~154쪽.

신정아. 2012. 「문화콘텐츠 기획의 관점에서 본 사이존재: 정기용의 공공건축을 중심으로」. ≪글로벌문화콘텐츠≫, 9, 135~160쪽.

_____. 2019. 『뉴미디어와 스토리두잉』. 칠월의숲.

_____. 2020. 「1인 미디어의 콘텐츠 액티비즘의 실현과 소통: 유튜브 〈생각 많은 둘째언니〉 채널을 중심으로」. ≪인문콘텐츠≫, 56, 35~57쪽.

_____. 2021. 「메타버스 시대의 새로운 저널리즘 실천과 연대」(2021년 양성평등주간 기념 성평등 포럼 발표집, 17~45쪽).

심승구. 2012. 「지구촌시대 성호학회의 가치와 의미: 문화콘텐츠의 관점을 중심으로」. ≪성호학보≫, 12, 35~57쪽.

야마구치 슈(山口 周). 2020. 『뉴타입의 시대』. 김윤경 옮김. 인플루엔셜.

윤옥한. 2020. 「코로나19 이후 교양 교육의 방향 탐색」. ≪교양교육연구≫, 14(4), 25~34쪽.

이기상. 2011. 「문화콘텐츠학의 이념과 방향: 소통과 공감의 학」. ≪인문콘텐츠≫, 23, 25~34쪽.

_____. 2012. 「문화는 소통이다: 문화 다양성 시대의 소통과 공감」. 『문화는 소통이다』. 철학과 현실사.

이승희. 2004. 『국어대사전』. 민중서림.

이정은. 2020.4.3. "코로나 국경차단, 세계가 서로 얽혀 있다는 반증". ≪동아일보≫. https://www. donga.com/news/article/all/20200403/100480626/1 (검색일: 2021.5.30).

임대근. 2019. 「문화콘텐츠 비평: 콘텐츠 액티비즘의 가능성」. ≪인문콘텐츠≫, 53, 71~85쪽.

_____. 2021. 『문화콘텐츠연구』. 한음출판.

임유영. 2009. 「빌렘 플루서의 기술적 상상력과 새로운 글쓰기」. ≪인문학연구≫, 36(1), 71~ 85쪽.

최봉영. 2012. 『한국인에게 나는 누구인가』. 지식산업사.

플루서, 빌렘(Vilém Flusser). 2004. 『피상성 예찬』. 김성재 옮김. 커뮤니케이션북스.

KBS NEWS. 2020.12.18. "2020년, 코로나19에 내몰린 사회적 약자들". https://news.kbs.co. kr/news/view.do?ncd=5074729 (검색일: 2021.4.30).

Jandrić, P. 2019. "We-Think, We-Learn, We-Act: the Trialectic of Postdigital Collective Intelligence." *Postdigital Science and Education*, 1(2), pp.275~279.

제11장

알고리즘 리터러시와
이용자의 데이터 주권

1. 서론: 알고리즘의 명과 암

1) 일상 속 알고리즘, 명(明)인가

'우리의 일상을 지배하는 것은 유튜브와 페이스북이다'라는 말이 전혀 어색하지 않은 시대에 우리는 살고 있다. 전 국민의 89%가 유튜브와 페이스북을 이용하고, 가장 긴 시간 이용하는 앱이 유튜브로 하루 평균 시청 시

＊ **채정화**(서강대학교 ICT법경제연구소 책임연구원)

간이 약 1시간 정도이다(노정연, 2020.10.8; DMC미디어, 2021). 조사 기관에 따라 수치는 미미하게 상이하지만 유튜브와 페이스북에 일상의 상당한 시간을 할애하고 있음은 분명한 사실이다.

유튜브, 페이스북, 인스타그램 등은 이용자가 서비스를 이용하는 사이 수많은 개인정보를 수집하며, 이용자가 인지하지 못했던 기호와 성향까지도 분석해 맞춤형 추천 서비스를 제공한다. AI 알고리즘에 기반한 개인 맞춤형 서비스는 우리 일상 깊숙이 자리해 이용자 편의를 도모하고 있다. 동영상, 맛집, 쇼핑, 메뉴 등의 추천 서비스는 선택 옵션이 아니라 기본 옵션으로 제공되고 있다.

페이스북은 분명 시간 순으로 소식을 보여주는 것 같지만 실제 알고리즘은 그렇지 않다. 페이스북은 이용자가 보거나 참여하는 콘텐츠의 유형, 사용하는 기능, 교류하는 사람 또는 계정, 이용자와 연결된 타인이 공유하는 이용자의 사진 및 댓글 등 페이스북 내 모든 활동을 수집한다. 이를 바탕으로 특정인의 게시 글이 작성됐다는 신호가 들어오면 이용자가 반응할 만한 정보를 예측해 점수를 책정하고 높은 점수의 게시 글을 먼저 보여준다(금준경, 2019).

유튜브는 시청 및 검색 기록, 구독한 채널, 이용자가 교류하거나 콘텐츠를 공유하는 사람들, 콘텐츠와 광고 조회 및 상호작용 행위 등 일련의 행태 정보들을 수집하고, 구글과 이용자 정보를 공유한다. 유튜브 추천 시스템은 서로 다른 사용자들이 같은 동영상을 클릭하고 끝까지 시청했는지(동영상의 품질이 우수하거나 재미있다는 신호) 혹은 동영상을 클릭해 재생한 후 바로 다른 콘텐츠를 클릭했는지의 여부, 홈페이지와 앱 전반에 표시되는 무작위 설문조사, 개별 동영상과 추천 시스템에 대한 경험, 직접 남긴 의견 등을 사용해 알고리즘에 반영하고 있다. 이용자들이 어떤 정보가 어느 정도 규모로 수집되고 있는지 인지하기 어려운 것은 당연하다.

이용자들이 놓치기 쉬운 정보 중 또 하나가 위치 정보이다. 구글이 수집하는 위치 정보의 경우 GPS, IP주소, 기기의 센서 데이터, 블루투스 기기 등 기기 주변의 사물에 대한 정보도 포함한다. 온라인 활동뿐 아니라 오프라인 활동에 대한 정보까지 수집되고 있고, 위치 정보는 구글 계정이 로그인된 스마트폰이 이동하거나 GPS 위치 기록이 켜져 있는 사진이 구글 포토에 업로드될 때 수집된다. 이용자는 구글 지도가 수집한 위치 정보와 이 정보를 토대로 구글이 분석한 이용자 정보를 확인할 수 있다. 구글 지도 타임라인의 '통계' 카테고리에서는 도보, 운전, 대중교통 수단을 통해 이동거리와 시간을, '장소' 카테고리에서는 명소, 쇼핑, 문화, 식음료, 호텔 등으로 이용자의 방문 장소를 특성에 맞춰 분류하고 머문 시간까지 분석하고 있다. 이처럼 이용자가 머물고 이동한 모든 장소와 활동 정보들이 기록·수집·분석되고, 이 정보를 토대로 구글은 이용자에게 필요한 편의 기능과 서비스, 흥미를 가질 만한 광고를 추천한다. 위치정보서비스의 분석 정보를 확인해 본 이용자라면 자신을 너무 잘 알고 있는 서비스에 대해 놀라움과 두려움이라는 양가적 감정을 느낄 것이다. 알고리즘이 제공하는 편의성이 진정으로 이용자가 안심하고 즐길 수 있는 것인지 의구심이 들 것이다. 과연 내 정보의 주인은 누구인가?

2) 알고리즘의 암(暗), 데이터의 편향

알고리즘 기반 서비스에 대한 이용자의 의존성이 커질수록 알고리즘의 역기능에 대한 우려도 크다. 테슬라 자율주행 자동차의 사고를 둘러싼 법적 책임 소재, IBM 왓슨의 환자 진료, 예측 치안 AI시스템, AI면접, AI학점 알고리즘 등 AI 윤리 문제에서부터 알고리즘의 편향과 차별에 이르기까지 AI 알고리즘의 위험성을 경고하는 사례들은 지속적으로 발생하며 사회적 반향을 불러일으키고 있다.

알고리즘의 편향성 문제는 학습 정보의 편향뿐만 아니라 데이터의 수집 방식에 따른 편향, 알고리즘 설계 시 주관적 판단의 개입에 따른 편향 등 다양한 요인들이 영향을 미치고 있다. 알고리즘 구축 단계에서 개발자의 성향과 판단, 사회적 풍토, 외적인 압력이 개입될 수 있다(이원태, 2016). 뿐만 아니라 이용자 데이터를 토대로 작동하는 알고리즘은 공정하고 완벽한 기계적 작동으로 비춰지지만 편견을 가진 이용자 데이터라면 그 결과물은 편향성을 내재할 수밖에 없다(금준경, 2019).

알고리즘의 편향을 보여주는 다양한 연구 결과들 가운데 구글의 온라인 광고가 여성보다 남성에게 보다 높은 임금의 직업 광고를 추천하고, 흑인들에게는 저렴한 상품을 집중적으로 보여주는 현상을 발견한 연구도 있다(금준경, 2019).

최근 저화질을 고화질 이미지로 바꿔주는 머신러닝 알고리즘 PULSE는 유색 인종도 백인 이미지로 생성해 인종차별적 편향 문제로 논란이 되었다(Vincent, J., 2020.7.23). 한 트위터 이용자가 버락 오바마 사진으로 이 알고리즘을 테스트했는데, 백인으로 이미지가 변한 것이다. 이 결과에 대해 머신러닝 훈련에 사용된 데이터 편향이 원인이라는 지적과 선택 알고리즘 자체에 문제가 있다는 주장이 팽팽하게 대립했다. 또 다른 이미지 생성 알고리즘은 증명사진처럼 목 부분 상단의 얼굴만 제시할 경우, 남성 이미지는 양복을 입고 있는 전신사진을 만드는 경우가 가장 많은 반면 여성의 경우 비키니를 입은 것과 같은 노출 의상으로 자동 완성하는 경우가 많았다(Steed·Caliskan, 2000; 오세욱, 2021). AI를 통한 안면 인식 및 이미지 인식의 편향 문제가 완벽하게 해결되지 못하고 다양한 차별 문제를 양산하고 있다.

이러한 문제는 국내 온라인 검색서비스의 이미지 검색 결과에서도 드러나는데, 병원 의사와 간호사를 검색해 보면, 의사는 남성이 다수를 차지하고, 간호사는 여성이 절대 다수로 제시된다(오세욱, 2021). 이미지 검색 알고리즘은 결과적으로 남성을 의사로, 여성을 간호사로 표상하고 있음을 의미하며, 실제는 검색 엔진 설계의 문제가 아니라 역사적 편향을 보여주는 단적인 예라 할 수 있다.

의료 장비인 맥박산소측정기는 환자 피부에 빛을 비춰 산소화 및 탈산소 적혈구에 의한 빛 흡수를 기록해 작동하는데, 이 기계의 표준이 백인 환자를 표준으로 하고 있어 흑인 환자의 혈액 가스 수치를 잘못 보고할 가능성이 세 배나 높다는 결과가 보고된 바 있다. 의료 기술에서 편향된 측정 결과는 환자의 건강 상태를 더욱 악화시키는 결과를 초래할 수 있어, 리스크가 더욱 크다(조형만, 2021.5.18). 데이터 편향이 사회적인 문제일 뿐 아니라 인간의 생명과도 직결될 수 있음을 보여주며, 데이터에 기반한 알고리즘은 현실을 반영하지만 부정적인 사회적 편향을 강화할 수 있음을 시사한다(석대건, 2019.6.26). 그렇다면 우리는 데이터 편향에 대해 어떻게 대응해야 할까?

3) 개인정보 제공 동의와 데이터의 오남용, 그 사이에서

우리의 일상 대부분이 IT 기기를 통해 방대한 규모의 정보가 생성·기록되면서 데이터의 축적 및 활용을 통한 개인 프라이버시 침해 문제도 심각하다. 2018년 3월 페이스북과 정치 컨설팅 업체 케임브리지 애널리티카(Cambridge Analytica)가 전 세계 약 5000만 명의 페이스북 이용자의 데이터를 정보 주체[1]인 이용자의 동의 없이 무단 제공 및 오남용한 사건이 있다.

---

1   정보 주체란 개인정보보호법 제2조(정의) 제3호에 근거하면 처리되는 정보에 의해 알아볼

이는 해킹에 의한 정보 유출이 아닌 기업이 데이터 활용을 하다 소비자 권리를 침해하게 된 대표적 사례라 할 수 있다. 심지어 유출된 페이스북 이용자 데이터는 2016년 도널드 트럼프 대통령 후보 선거운동에 활용된 것으로 알려지면서 거센 비난여론이 일었다. 내부고발자인 크리스토퍼 와일리(Christopher Wylie)가 폭로하지 않았다면 이용자 데이터를 무단으로 사용한 것은 영원히 세상에 알려지지 않았을 것이다(윤수영, 2018).

국내에서는 2021년 1월 공개한 인공지능 챗봇 '이루다' 사건으로 AI 윤리 문제가 수면 위로 드러났다. 정부는 '이루다' 개발사가 이용자의 정보를 개인정보 수집 목적에 벗어나 이용한 데 대한 과징금과 시정조치 명령을 내렸다. 이루다 개발사인 스캐터랩은 '이루다' AI 모델 개발을 위한 알고리즘 학습 과정에서, 카카오톡 대화에 포함된 이름·휴대전화번호·주소 등 개인정보를 삭제하거나 암호화하지 않고, 약 60만 명에 달하는 이용자의 카카오톡 대화 문장을 그대로 활용한 것이다. 스캐터랩은 '이루다' 개발·운영 과정에서 이용자의 카카오톡 대화를 이용하기 위해 '텍스트앳'과 '연애의 과학' 개인정보처리 방침에 '신규 서비스 개발'을 포함시켰지만, 이를 정보 주체인 이용자에게 충분히 숙지시키지 않고 정보제공에 대한 동의를 획득한 것에 대해 정부가 책임을 물은 것이다(김법연, 2021). 이루다는 무분별한 개인정보 처리를 제재한 첫 사례에 해당하며, 데이터 편향성 이슈와 더불어 이용자가 정보 주체로서 데이터 제공에 대한 선택권을 제대로 발휘하고 있는가에 대해 되돌아보게 한 사건이다.

수 있는 사람으로서 그 정보의 주체가 되는 사람을 말한다.

2. 내 정보는 안녕한가

온라인 플랫폼 기업들은 이용자들에게 매력적이고 경쟁력 있는 서비스를 제공하기 위해 최대한 방대하고 다양한 데이터를 수집하고자 한다. 성별, 생년월일, 나이, 연락처 등과 같은 개인정보[2] 외에도 개인이 서비스를 이용하면서 생성하는 수많은 정보들이 축적되고 알고리즘 최적화에 주요한 자산이 된다. 컨설팅 기관 IDC의 조사 결과에 따르면 2018년 기준으로 디지털 데이터 중 개인 데이터 비율이 70%를 차지하는 것으로 나타났다(이영환, 2019). 개인정보는 데이터 자산의 상당한 비중을 차지하지만 정작 이용자들은 서비스를 이용하면서 어떤 정보들이 수집 및 이용되는지에 대해 인지하지 못하는 경우가 대부분이다(이선영, 2014). 개인정보 수집 시 이용자로부터 동의서를 받지만 이용자들은 동의서를 확인하지 않는 경우가 60%에 달하는데, 이는 동의서 내용과 상관없이 서비스를 이용해야 하고, 확인하는 것을 귀찮고 번거롭게 여기기 때문이다(개인정보보호위원회, 2020).

일상적으로 온라인 검색서비스 가운데 이용률이 가장 높은 구글, 네이버, 카카오/다음은 어떤 개인정보를 수집하고 있을까?

먼저 국내 온라인 검색서비스 사업자인 네이버와 카카오/다음은 글로벌 온라인 검색서비스 사업자인 구글과 달리 방송통신위원회의 온라인 개인정보 처리 가이드라인에 따라 수집하는 개인정보를 필수 항목과 선택 항

---

2   개인정보보호법 제2조(정의) 제1호에 적시된 개인정보의 법적 정의에 따르면, 개인정보는 성명, 주민등록번호 및 영상 등을 통해 개인을 알아볼 수 있는 정보이며, 해당 정보만으로 특정 개인을 알아볼 수 없더라도 다른 정보와 쉽게 결합해 알아볼 수 있는 정보이다. 이 경우 쉽게 결합할 수 있는지 여부는 다른 정보의 입수 가능성 등 개인을 알아보는 데 소요되는 시간, 비용, 기술 등을 합리적으로 고려해야 한다. 개인정보의 법적 요건 중 결합 가능성으로 인해 개인정보의 유형과 범위는 성명, 전화번호 등의 인적 사항에 대한 정보 외에도 검색 키워드, 접속 기록 등 서비스 이용 과정에서 생성되는 정보 일체도 포함된다.

표 11-1 개인정보 수집의 범주

네이버	**2. 수집하는 개인정보** 이용자는 회원가입을 하지 않아도 정보 검색, 뉴스 보기 등 대부분의 네이버 서비스를 회원과 동일하게 이용할 수 있습니다. 이용자가 메일, 캘린더, 카페, 블로그 등과 같이 개인화 혹은 회원제 서비스를 이용하기 위해 회원가입을 할 경우, 네이버는 서비스 이용을 위해 필요한 최소한의 개인정보를 수집합니다. 회원가입 시점에 네이버가 이용자로부터 수집하는 개인정보는 아래와 같습니다. - 회원 가입 시에 '아이디, 비밀번호, 이름, 생년월일, 성별, 휴대전화번호'를 필수항목으로 수집합니다. 만약 이용자가 입력하는 생년월일이 만14세 미만 아동일 경우에는 법정대리인 정보(법정대리인의 이름, 생년월일, 성별, 중복가입확인정보(DI), 휴대전화번호)를 추가로 수집합니다. 그리고 선택항목으로 이메일 주소를 수집합니다. - 단체아이디로 회원가입 시 단체아이디, 비밀번호, 단체이름, 이메일주소, 휴대전화번호를 필수항목으로 수집합니다. 그리고 단체 대표자명을 선택항목으로 수집합니다. 회원 가입 시 수집하는 개인정보에 대한 추가 설명 ☑ 서비스 이용 과정에서 이용자로부터 수집하는 개인정보는 아래와 같습니다. - 회원정보 또는 개별 서비스에서 프로필 정보(별명, 프로필 사진)를 설정할 수 있습니다. 회원정보에 별명을 입력하지 않은 경우에는 마스킹 처리된 아이디가 별명으로 자동 입력됩니다. - 네이버 내의 개별 서비스 이용, 이벤트 응모 및 경품 신청 과정에서 해당 서비스의 이용안내에 따라 추가 개인정보 수집이 발생할 수 있습니다. 추가로 개인정보를 수집할 경우에는 해당 개인정보 수집 시점에서 이용자에게 '수집하는 개인정보 항목, 개인정보의 수집 및 이용목적, 개인정보의 보관기간'에 대해 안내 드리고 동의를 받습니다. 이용자 동의 후 개인정보를 추가 수집하는 경우 ☐　　'개인정보 이용현황 (내정보)' 확인하기
카카오/ 다음(Daum)	**2. 개인정보 수집** **서비스 제공을 위한 필요 최소한의 개인정보를 수집하고 있습니다.** 회원 가입 시 또는 서비스 이용 과정에서 홈페이지 또는 개별 어플리케이션이나 프로그램 등을 통해 아래와 같은 서비스 제공을 위해 필요한 최소한의 개인정보를 수집하고 있습니다. [카카오계정] - 필수 　이메일, 비밀번호, 이름(닉네임), 프로필사진, 친구목록, 카카오톡 전화번호(카카오톡 이용자의 경우에 한함), 연락처, 서비스 이용 　내역, 서비스 내 구매 및 결제 내역 - 선택 　생년월일, 성별, 배송지정보(수령인명, 배송지 주소, 전화번호) [본인인증 시] - 이름, 성별, 생년월일, 휴대폰번호, 통신사업자, 내/외국인 여부, 암호화된 이용자 확인값(CI), 중복가입확인정보(DI) [법정대리인 동의 시] - 법정대리인 정보(이름, 성별, 생년월일, 휴대폰번호, 통신사업자, 내/외국인 여부, 암호화된 이용자 확인값(CI), 중복가입확인정보 (DI) [유료서비스 이용 시] - 신용카드 결제 시 : 카드번호(일부), 카드사명 등 - 휴대전화번호 결제 시 : 휴대전화번호, 결제승인번호 등 - 계좌이체 시 : 예금주명, 계좌번호, 계좌은행 등 - 상품권 이용 시 : 상품권 번호, 해당 사이트 아이디 [환불처리 시] - 계좌은행, 계좌번호, 예금주명, 이메일

자료: 네이버, 다음, 구글의 개인정보 처리방침.
  https://policy.naver.com/policy/privacy.html.
  https://policy.daum.net/info_protection/info_protection.
  https://policies.google.com/privacy?hl=ko&fg=1#infocollect.

목으로 구분해 최소한의 이용자 개인정보 수집 원칙을 준수한다. 네이버
는 서비스 이용을 위해 회원가입 시 필수 항목으로 아이디, 비밀번호, 이
름, 생년월일, 성별, 휴대전화번호 정보를 수집하며, 선택 항목으로는 이메
일주소, 프로필과 같은 정보를 포함한다. 네이버 내 네이버 카페, 게임, 블
로그, 쇼핑 등 총 40개의 개별 서비스들은 서비스 특성에 따라 개인정보를
추가적으로 수집하고 있는데 추가 수집 정보도 개인 인적 사항 관련 또는
결제 관련 금융 정보 위주의 단순 인적 정보 중심이다. 클로바의 경우 서비
스에 특화된 서비스 실행 및 청취 모드 상태에서의 이용자 음성 명령 언어
정보, 단말기 주소록에 저장된 이름 등의 정보를 수집한다.

다음(Daum)[3]은 필요한 최소한의 개인정보를 수집하고, 민감정보[4]는 수

---

3 검색서비스는 Daum 서비스에 해당해, Daum이 수집하는 개인정보 중심으로 본문에는 기
   술했다. 카카오와 Daum을 모두 적시한 이유는 주식회사 카카오 내 카카오 서비스와
   Daum 서비스가 구현되고 있으며, 개인정보처리방침의 경우 카카오 계정으로 Daum 서비
   스를 이용하면 카카오 개인정보처리방침이 적용되고, Daum 서비스만 이용하거나 Daum

집하지 않는다는 기본 방침을 밝히고 있다. 다음은 회원 가입 시 필수 항목 정보로 이름, 비밀번호, 연락처, 아이디 등을 수집하고 본인 확인 시 인적 사항 외에도 본인 확인 값, 아이핀 정보 등을 수집한다. 다음 캐시, 메일, TV팟 등의 서비스 이용 시에도 이용자의 인적 정보 및 금융·결제 정보를 수집한다.

한편 구글은 이용자가 계정을 만들 때 직접 입력하는 이름과 비밀번호를 수집하고, 전화번호와 결제 정보는 이용자의 선택사항이다. 국내 이용자의 경우 구글 계정에 가입할 때 전화번호, 성별, 생년월일, 지역 정보까지 제공한다. 구글은 이용자가 로그인했을 때 구글 계정과 함께 저장되는 정보뿐만 아니라 오프라인 상태에서의 이용자 활동 정보도 수집한다. 구글 이용자가 생성하거나 제공하는 정보는 서비스 이용자가 업로드하거나 다른 사람에게 받은 콘텐츠, 사진과 동영상, 유튜브 동영상에 남긴 댓글, 구글 서비스를 이용한 통화 및 메시지 로그 정보 등이다. 구글 서비스에 접속할 때 사용하는 앱, 브라우저, 기기 정보, 기기의 유형 및 설정, IP 주소도 수집된다.

구글이 수집하고 있는 개인정보의 범주는 네이버와 다음과 비교해 상대적으로 포괄적인 반면 네이버와 다음은 최소한의 개인정보 수집 원칙에 근거해 제한적인 정보를 수집한다. 이는 개인정보 수집과 관련한 제도적 차이에서 비롯하는 것으로 국내 온라인 검색서비스 기업은 개인정보 수집 시 반드시 사전 동의를 받아야 하지만 글로벌 사업자인 구글은 포괄적 동

서비스에 카카오계정을 연결하면 Daum 서비스 개인정보처리방침이 적용된다(카카오/다음 개인정보처리방침).

4 민감정보란 이용자의 소중한 인권을 침해할 우려가 있는 정보, 즉 인종, 사상 및 신조, 정치적 성향이나 범죄 기록, 의료 정보 등을 일컫는다. 단 법령에서 민감정보의 처리를 요구하거나 허용하는 경우에는 반드시 사전에 이용자에게 해당 사실을 알리고 동의를 구한다(카카오/다음 개인정보처리방침)

의로 개인정보 수집이 가능하다. 구글은 민감정보[5]를 제외하고 개인정보를 광범위하게 수집하는 대신 이용자가 별도로 구글 계정에서 구글에 제공할 정보를 선택할 수 있도록 하고 있다.

이용자의 개인정보 활용 이전에 사전 동의를 받는 것이 이용자 권익 보호와 편익 제고에 기여하는 바가 큰지, 구글과 같이 포괄적 동의를 통해 이용자에게 정보제공에 대한 선택의 다양성을 보장하는 것이 보다 편익이 큰지는 고민의 여지가 있다.

3. 이용자 개인정보 안녕을 위한 알고리즘의 투명성과 책무성 규범

데이터의 주요 통제 기제는 알고리즘이다(김미경, 2020). 알고리즘은 인간의 개입 없이 수학이나 확률에 근거해 과학적이고 객관적인 셈법으로만 작동하면서 중립적일 것이라는 오해를 쉽게 불러일으킨다. 하지만 실생활에서는 AI 알고리즘 기반 서비스의 편향과 차별 문제는 늘 이슈의 중심에 있다. 인간의 고정관념을 그대로 학습한 AI가 인간과 유사한 편견을 투영한 판단을 내리면서 문제가 발생하는 것이다. 또한 검색서비스에서 나아가 추천 서비스가 급부상하면서 이제는 이용자가 전체 정보를 볼 수 있는 기회까지 박탈당할 수 있다.

이용자는 분명 알고리즘 서비스를 이용하는 주체임과 동시에 알고리즘 기반 서비스가 작동할 수 있도록 행태 정보 등 개인정보를 제공하는 주체이다(이금노, 2018). 하지만 이용자는 자신의 정보를 기반으로 운용되는 알

---

5 기밀 의료기록, 인종, 민족, 정치적·종교적 신념, 성 정체성 등의 주제와 관련된 특정 개인 정보를 말한다.

고리즘의 작동 원리가 무엇인지, 정보 주체로서의 권리가 어떻게 위협 또는 보호받는지에 대해 충분히 인지하지 못하고 있다.

세계 각국은 AI 알고리즘의 문제를 윤리 규범 및 가이드라인을 통해 대응하고 있으며, 국내도 이러한 변화의 대열에 동참하고 있다. 2013년 '로봇윤리헌장'을 시작으로 2017년 '로봇기본법안' 내 로봇윤리규범을 비롯해, 2017년 '지능정보사회 윤리 가이드라인', 2019년 '이용자 중심의 지능정보사회를 실현하기 위한 원칙', 2020년 '지능정보화 기본법' 제정 등 다양한 자율 규범과 법 제정에 노력을 기울였다. 2021년 6월 방송통신위원회는 '인공지능 기반 미디어 추천 서비스[6] 이용자[7] 보호 기본 원칙'을 마련했다. 이 원칙은 대표적인 미디어 서비스를 모델로 인공지능 기반 추천 서비스의 투명성과 다원성을 확보하기 위한 취지에서 서비스 제공자에게 권고하는 자율 규범이다(방송통신위원회, 2021.6.30). 기본 원칙에 담긴 3대 핵심 원칙은 '투명성, 공정성, 책무성'이며, 5대 실행 원칙은 '이용자를 위한 정보공개, 이용자의 선택권 보장, 자율 검증 실행, 불만 처리 및 분쟁 해결, 내부 규칙 제정'이다. 이 가운데 '정보공개'와 '선택권 보장'은 이용자에게 추천 서비스에 관한 기본 정보와 개인 설정 기능을 제공함으로써 이용자의 합리적 소비를 유도하는 추천 서비스가 실제 선호와 필요에 따라 실행되도록 추천 서비스의 본질적인 기능을 보완하는 의미를 담고 있다.

구체적으로 이용자를 위한 정보공개의 내용을 보면, 추천 서비스 제공자는 인공지능 기반 추천 시스템을 사용해 해당 서비스를 제공한다는 점

---

[6] 인공지능 기반 추천 서비스는 인공지능 알고리즘을 적용해 완전히 또는 부분적으로 자동화된 콘텐츠 배열 시스템(이하 "추천 시스템")을 통해 이용자에게 미디어 콘텐츠를 선별적으로 노출시키는 서비스(이하 "추천 서비스")를 일컫는다.

[7] 이용자는 디지털 미디어 플랫폼에서 제공되는 추천 서비스를 이용하거나 이용하려는 자를 말하며 해당 플랫폼을 통해 미디어 콘텐츠를 소비하는 자 또는 플랫폼 서비스를 이용해 미디어 콘텐츠를 공급하는 자를 모두 포함한다.

그림 11-1 '추천 서비스'의 기본 원칙

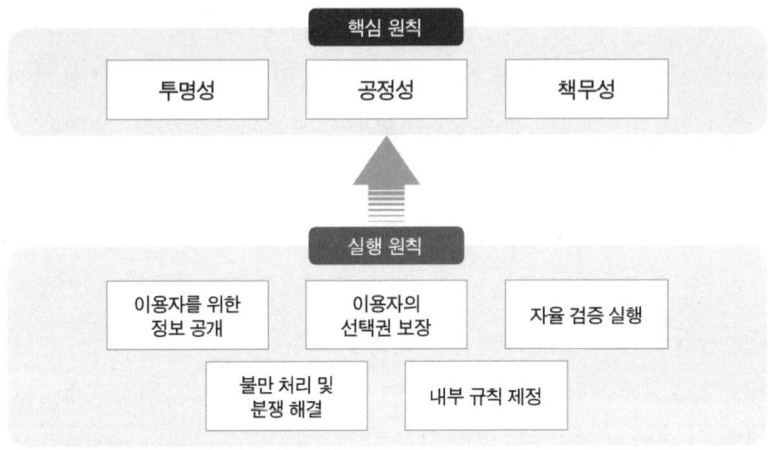

자료: 방송통신위원회(2021.6.30) 보도자료.

을 이용자에게 실시간 문자 전송, 홈화면 알림 등의 방법으로 통지 또는 표시해야 한다. 또한 추천 서비스 제공자는 이용자의 소비·검색 이력, 콘텐츠별 조회 수, 연령, 성별 등 콘텐츠 자동 배열에 적용되는 주요 사항을 홈화면 알림, 팝업창 고지, 약관 명시 등 이용자가 이해하기 쉽고 명확한 방법으로 공개하도록 하고 있다. 뿐만 아니라 이용자는 콘텐츠 배열에 적용된 주요 사항에 대한 선택·변경 기능을 이용자가 이용하기 쉬운 방식으로 제공하도록 명시하고 있다.

기존의 AI 윤리 가이드라인 및 AI 윤리 원칙보다 '인공지능 기반 미디어 추천 서비스 이용자 보호를 위한 기본 원칙'이 선언적 수준에서 진일보한 면이 있지만, 실행 가능 여부는 또 다른 문제일 수 있다.

시대적 요구에 따라 주요 온라인 플랫폼 기업들도 가치 실현을 위한 원칙의 하나로 AI 윤리 원칙을 마련하고 있다. 네이버는 AI 개발과 이용을 위해 5가지 원칙을 수립하고 있다.[8]

네이버 AI 윤리 준칙

1. 사람을 위한 AI 개발

네이버가 개발하고 이용하는 AI는 사람을 위한 일상의 도구입니다. 네이버는 AI의 개발과 이용에 있어 인간 중심의 가치를 최우선으로 삼겠습니다.

2. 다양성의 존중

네이버는 다양성의 가치를 고려해 AI가 사용자를 포함한 모든 사람에게 부당한 차별을 하지 않도록 개발하고 이용하겠습니다.

3. 합리적인 설명과 편리성의 조화

네이버는 누구나 편리하게 AI를 활용하도록 도우면서, 일상에서 AI의 관여가 있는 경우 사용자에게 그에 대한 합리적인 설명을 하기 위한 책무를 다하겠습니다. 네이버는 AI에 관한 합리적인 설명의 방식과 수준이 다양할 수 있다는 점을 고려해, 이를 구체적으로 실현하기 위해 노력하겠습니다.

4. 안전을 고려한 서비스 설계

네이버는 안전에 유의해, 서비스의 전 과정에서 사람에게 유해한 영향을 미치는 않는 AI 서비스를 설계하겠습니다.

5. 프라이버시 보호와 정보 보안

네이버는 AI를 개발하고 이용하는 과정에서 개인정보 보호에 대한 법적 책임과 의무를 넘어 사용자의 프라이버시가 보호될 수 있도록 노력하겠습니다. 또한 개발 단계를 포함해 AI 서비스의 전 과정에서 정보 보안을 고려한 설계를 적용하겠습니다.

카카오는 AI 윤리를 실현하기 위해 알고리즘 윤리헌장, 프라이버시 정책, 투명성 보고서를 공개하고 있다. 이 가운데 알고리즘 윤리 헌장[9]을 살

---

8   보다 자세한 내용은 https://www.navercorp.com/value/aiCodeEthics에서 확인할 수 있다.

9   보다 자세한 내용은 https://www.kakaocorp.com/page/responsible/detail/algorithm
     에서 확인할 수 있다.

퍼보면 알고리즘 개발과 관리 과정에서 준수해야 할 윤리 원칙, 알고리즘 결과에 의한 사회적 차별 방지, 특정 의도에 의한 알고리즘 왜곡 가능성 차단, 알고리즘에 관한 성실한 설명 등(이승택, 2021)을 약속하는 7가지 윤리적 규범을 마련하고 있다.

알고리즘 윤리 헌장

1. 카카오 알고리즘의 기본 원칙
카카오는 알고리즘과 관련된 모든 노력을 우리 사회 윤리 안에서 다하며, 이를 통해 인류의 편익과 행복을 추구한다.

2. 차별에 대한 경계
알고리즘 결과에서 의도적인 사회적 차별이 일어나지 않도록 경계한다.

3. 학습 데이터 운영
알고리즘에 입력되는 학습 데이터를 사회 윤리에 근거해 수집·분석·활용한다.

4. 알고리즘의 독립성
알고리즘이 누군가에 의해 자의적으로 훼손되거나 영향받는 일이 없도록 엄정하게 관리한다.

5. 알고리즘에 대한 설명
이용자와의 신뢰 관계를 위해 기업 경쟁력을 훼손하지 않는 범위 내에서 알고리즘에 대해 성실하게 설명한다.

6. 기술의 포용성
알고리즘 기반의 기술과 서비스가 우리 사회 전반을 포용할 수 있도록 노력한다.

7. 아동과 청소년에 대한 보호
카카오는 아동과 청소년이 부적절한 정보와 위험에 노출되지 않도록 알고리즘 개발 및 서비스 디자인 단계부터 주의한다.

구글은 구글이 생각하는 AI 활용 목적[10]을 통해 윤리 원칙을 밝히고 있다.

AI 활용의 목적

1. 사회적으로 유익해야 합니다.
2. 불공정한 편견을 만들거나 강화하지 않습니다.
3. 안전성을 우선으로 설계되고 테스트되어야 합니다.
4. 인간을 위해 책임을 다해야 합니다.
5. 개인정보 보호를 위한 설계 원칙을 적용합니다.
6. 과학적 우수성에 대한 높은 기준을 유지합니다.
7. 구글의 AI 원칙에 부합하는 용도에 활용될 수 있도록 해야 합니다.

구글은 AI를 설계하거나 배포하지 않을 분야도 밝히고 있다.

구글이 AI를 활용하지 않을 분야

1. 전반적으로 피해를 유발하거나 해를 입힐 가능성이 있는 기술.
   중대한 위해의 가능성이 있는 경우에는 편익이 위험을 크게 넘어서는 경우에만
   AI 개발을 진행하고 안전을 위해 적절한 제한 사항을 포함시키겠습니다.
2. 주목적 또는 실행 목적이 인명 피해를 야기하거나 인명 피해를 직접적으로 촉
   진하는 무기 또는 기타 기술.
3. 국제적으로 인정되는 규범을 위반해 감시 목적으로 정보를 수집하거나 사용하
   는 기술.
4. 일반적으로 인정되는 국제법 및 인권의 원칙에 위배되는 목적을 가진 기술

---

10 보다 자세한 내용은 https://korea.googleblog.com/2018/06/ai-principles.html에서 확
인할 수 있다.

네이버, 다음, 구글 모두 검색서비스에 대한 기본 원리나 원칙에 대해 공개하고 있지만 알고리즘에 대한 기본 원칙을 수립하고 있는 기업은 카카오가 유일하다. 네이버가 AI 윤리 준칙 외에 로봇의 검색 결과 수집에 대한 네이버의 정책을 밝히고 있지만 알고리즘에 대한 직접적인 운영 원리에 대한 내용은 아니다. 기업들이 밝히고 있는 AI 윤리 및 알고리즘 윤리 원칙은 사회적 가치 실현을 위한 방향성을 제시하고 있지만 이용자의 선택권에 대한 부분은 아직 주목하고 있지 못하다. 이러한 선언이 법적 구속력이 있는 것은 아니기 때문에 조직 내 별도 기구나 독립적인 외부 기관으로부터 윤리 헌장의 준수 여부를 주기적으로 감사 또는 검증을 받게 된다면 알고리즘의 역효과나 불확실성을 줄일 수 있을 것이라는 제안도 있다(김건우, 2017). 즉 알고리즘 감사(algorithm audit) 제도가 자율적 알고리즘 감독 기능을 보다 실효성 있게 할 수 있을 것이라고 본다(이승택, 2021).

4. 결론: 알고리즘 리터러시와 이용자 데이터 주권, 그리고 우리의 노력

1) 알고리즘 편향성 제거를 위한 노력과 알고리즘 리터러시

알고리즘은 컴퓨터가 일정한 조건하에서 스스로 일정한 문제를 해결하고 일을 진행하도록 하는 방법으로 소프트웨어 내에서 일정한 명령이나 데이터를 처리하게 하는 규칙의 총체라 할 수 있다(이승택, 2021). 알고리즘은 이용자가 생성하고 제공한 데이터를 처리해 이용자가 원하는 제품 및 서비스를 제공한다. 온라인 플랫폼 기업은 이용자 생성 데이터에서부터 처리된 데이터에 이르기까지 다량의 정보를 축적하고 이 정보에 대한 통제권을 가진 수많은 알고리즘으로 운영된다. 하지만 이용자들이 이러한 일련의 메커니즘을 모두 파악하기란 현실적으로 한계가 있다.

알고리즘 리터러시는 이용자가 인공지능 알고리즘의 기본적인 작동 원리를 이해하고 활용할 수 있는 역량을 의미한다. 알고리즘 소비가 확대되면서 이를 이해하고 활용할 수 있는 이용자와 그렇지 않은 이용자 집단 간에는 정보의 획득과 상품이나 서비스의 소비 과정에서의 효용 격차를 보일 가능성이 높다(이금노, 2018). 뿐만 아니라 일상 깊숙이 자리한 알고리즘 기반 서비스들은 의사결정을 대체 및 보완하고 있고, 의사결정에 활용되는 이용자 데이터는 알고리즘 통제 속에서 처리되고 가공되지만 이용자들은 데이터 활용에 대한 정보가 부족하다. 그럼에도 불구하고 AI 알고리즘 문제를 이용자들이 인지하기까지는 그리 오랜 시간이 걸리지 않았다. AI 알고리즘의 비윤리적이고 차별적인 판단과 결정으로 인한 폐해들이 세상에 드러나면서 AI 준법 감시(Compliance) 및 AI 윤리에 대한 필요성이 제기되기 시작했다.

시카고대학교의 '애퀴타스(Aequitas)', 구글의 'What-If Tool', IBM의 'AIF 360(AI Fairness 360 Open Source Toolkit)' 등은 인간이 만들어낸 데이터를 기계가 학습하면서 나타나는 편향 문제를 해결하기 위한 기술적 시도들이다(오세욱, 2021). 이들은 데이터의 편향과 공정성 구현을 위한 서비스들로 편향을 식별하고 수치화해 편향을 예측할 수 있도록 하고, 공정성 지표 및 편향 보정 알고리즘을 제시하기도 한다. 하지만 이러한 시도들도 기본적으로 내재하고 있는 한계점들이 있다. 예를 들어 편향되지 않은 공정성이 무엇인지, 어떻게 실현할 수 있는지에 대한 해답이 모호하다는 점이다. 따라서 차별과 불공정성의 문제는 알고리즘이 기술과 공생할 수밖에 없는 영원한 숙제 중 하나이다.

미국 MIT 미디어랩에서 만든 '플립피드(Flipfeed)' 플랫폼은 트위터 이용자가 자신의 뉴스피드(news feed)를 반대 방향으로 바꿀 수 있도록 만들어준다. 페이스북에서는 반대 성향의 의견을 볼 수 있도록 추가적인 뉴스를 삽입해 주는 프로그램을 제공하기도 한다. 이처럼 알고리즘 편향을 완화하기 위한 기술적 시도들은 지속되어야 함은 물론 이제는 이용자도 정당한 권한을 찾기 위한 노력을 기울여야 할 때이다.

2) 이용자의 데이터 주권, 개인정보 자기결정권은 내 권리를 보호하는가?

구글, 페이스북, 인스타그램, 네이버, 다음 등 알고리즘 기반의 온라인 플랫폼 사업자들이 수집하는 이용자 데이터는 그 자체로도 가치가 있지만 분석과 가공을 통한 데이터의 부가가치는 더욱 크다(정용찬, 2020). 데이터의 사회·경제적 가치가 높아짐에 따라 국가·개인의 '데이터 주권(data sovereignty)' 개념이 중요하게 부각되고 있다. 그러나 통상 데이터 주권이라고 하면 국가적 차원의 데이터 통제를 의미하는 것으로 간주되어 왔고, 국가 간 데이터 이동에 관한 논의가 중심이 되어 왔다(윤수영, 2018).

데이터 주권은 데이터의 생성, 저장, 유통 및 활용에 대한 주권 국가의 배타적 권리로 국가 이익 차원의 데이터 흐름과 공개·비공개 여부, 사용 등을 통제할 수 있는 권리를 의미하며, 넓은 범위에서 자신의 데이터에 대한 개인의 권리로 확대 가능하다(한국정보화진흥원, 2020). EU는 개인과 국가 차원의 데이터 주권을 구분하고 있다. 개인의 데이터 주권은 국민의 민감한 정보를 담은 데이터, 또는 개별 사용자로서 국민의 개인정보를 보호하는 권리 개념이다. 반면 국가의 데이터 주권은 개인의 권리 차원에서 그 근거를 찾아 국가(EU) 차원에서 이를 보장하고 자국 데이터 시장을 보호하는 것이다. 주권이라는 개념 자체가 통일된 개념은 아니지만 인터넷 공간으로 가져와 그 의미를 발전시킨다면 데이터 주권은 인터넷 공간에서 정보 주체의 정보에 대한 권리를 아우르는 개념으로 파악할 수 있다(이희옥, 2018). 또한 빅데이터 환경에서 정보 주체라 함은 이용자인 개인, 사업자 혹은 기업, 국가가 포함되는데, 개인이 정보 주체가 되는 경우는 개인정보 자기결정권과 관련된다(이희옥, 2018).

국내 개인정보보호 법제하의 개인정보 자기결정권은 정보 주체인 이용자가 자신의 정보제공 여부를 결정하는 것으로 통용되고 있으며, 개인정보 보호 법제의 주요 축 가운데 하나이다. 개인정보 자기결정권은 개인정보의 공개·이용을 누구에게 어느 범위까지 허용할 것인지를 정보 주체가 스스로 결정할 수 있는 권리를 의미한다(권영준, 2016; 윤수영, 2018; 윤종수, 2020). 즉 정보 주체가 개인정보의 공개와 이용에 관해 스스로 결정할 수 있는 권리를 말하며, 헌법재판소는 "개인정보 자기결정권은 헌법 제17조에서 사생활의 비밀과 자유, 헌법 제10조에서 모든 인간의 존엄과 가치 및 행복추구권에 근거를 둔 일반적 인격권"으로 판시한 바 있다(권영준, 2015; 박유영, 2015; 이희옥, 2016; 이제희, 2017; 윤수영, 2018).[11] 개인정보 자기결정권은 헌법이나 법률에 명시된 법적 권리는 아니지만 헌법재판소에서도 인정했듯이 개인정보 자기결정권이라는 권리에 대한 이견은 없다고 볼 수 있다(권영준, 2015; 함인선, 2021).

우리의 경우 개인정보 자기결정권을 구현하는 법적 제도가 동의 제도이다(권영준, 2015). 동의 제도는 동의를 하는 정보 주체가 자신의 권리를 충분히 인식해 스스로를 잘 보호할 수 있고, 시장에서 충분한 협상력을 가지고 있다는 점이 충족되어야 한다(권영준, 2015; 이해영, 2018). 그런데 동의 절차가 복잡하고 필수 항목 및 선택 항목 등 동의해야 할 사항이 많아 정보 주체의 동의가 형식적인 동의에 그치는 경향도 커 실질적으로 이러한 전제

---

11 헌재 2005.5.26, 99헌마513; 헌재 2005.7.21, 2003헌마282.

조건의 실현 가능성이 낮다는 지적도 있다. 또한 알고리즘 기반 검색서비스 사업자가 동의 제도에 따라 개인에게 개인정보 제공에 대한 선택권을 부여했기 때문에 개인정보 활용에 대한 설명의 책임 등을 회피하는 수단으로 이용할 가능성도 배제할 수 없다.

초연결 사회에서 양산되는 데이터 규모는 방대하고, 개인이 데이터를 통제할 수 있는 수준을 넘어서게 되면 이용자는 알고리즘에 의해 결정된 내용에 의존하게 된다(윤수영, 2018). 알고리즘은 이용자가 제공하는 정보에 기반한 수요를 반영하지만, 한편으로는 합리적 선택의 기회를 박탈하기도 한다. 때로는 기만적인 방법으로 이용자의 개인정보를 수집해 가기도 한다(이금노, 2018). 개인의 일상 대부분이 디지털 데이터로 생성·기록되고 있는 가운데 이제는 개인의 통제력을 능가하는 데이터 규모라 하더라도 개인이 양산해 내는 정보에 대한 선택권의 중요성을 인지할 필요가 있다.

3) 추천 서비스의 딜레마와 이용자의 선택권

디지털 비서나 음성인식과 같은 서비스도 이용자에 대한 정보를 많이 수집한 사업자일수록 개인화된 서비스를 제공하는 데 유리하다. 때문에 이용자를 고착화(lock-in)시키고 경쟁을 왜곡할 개연성도 크다. 뿐만 아니라 이용자는 디지털 비서와 음성인식 기반 전자상거래를 이용하게 될 경우 이용자에게 한 번에 한 가지 옵션만을 제공하게 하므로 자사 제휴 제품에 선호를 부여할 가능성이 높고, 이로 인해 이용자의 선택권이 제한되고 경쟁에 부정적 영향을 미칠 수 있다(지광석·박수경, 2020).

카카오는 2015년부터 AI알고리즘 기반의 개인 맞춤형 뉴스 추천 시스템인 '루빅스(Rubics)'를, 네이버는 2017년부터 '에어스(AiRS)'를 도입해 사용해 왔다. 최근 정치권에서 AI 알고리즘으로 뉴스를 추천하는 서비스를

그림 11-2 네이버와 카카오의 뉴스 서비스

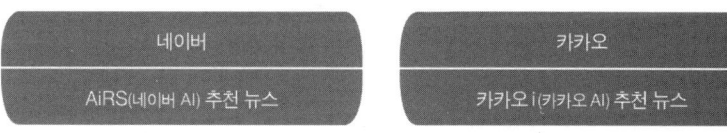

네이버·카카오 뉴스 AI 알고리즘

네이버	카카오
AiRS(네이버 AI) 추천 뉴스	카카오 i(카카오 AI) 추천 뉴스

- •이용자의 기사 소비활동을 AI로 분석
- •이용자 반응에 따라 추천 뉴스 고도화

- •포털 '다음'과 카카오톡 #탭
- •이용자 뉴스 소비 패턴 분석

자료: 김미희(2021.6.17).

없애기 위한 추진 방안을 발표하는 등 확증 편향을 제어하기 위한 방안들을 다각도로 모색 중에 있다. 이에 네이버와 카카오는 2021년 8월부터 뉴스 생산자와 소비자가 주체가 될 수 있도록 뉴스 추천 서비스를 중단하고 모바일 첫 화면에 노출되는 뉴스 언론사를 이용자가 선택하도록 하는 서비스로 전환했다(김성태, 2021.6.20). 네이버 뉴스 탭 'MY뉴스'에서 특정 언론사를 '숨김' 설정하면 해당 언론사의 기사는 제외된다. 카카오는 포털 '다음'과 모바일 메신저 카카오톡 기반 샵(#) 탭을 통해 AI 추천 뉴스 서비스를 제공하는데 이 서비스를 대신해 개별 창작자가 만든 뉴스 등 콘텐츠가 제공될 예정이다.

이용자의 선택권 또는 재량권을 확대한다는 차원에서 이용자들이 선호하지 않는 특정 언론사들은 배제하고 본인이 선택한 언론사의 뉴스 콘텐츠만을 이용하도록 서비스를 개편하는 것이 과연 이용자를 위한 올바른 선택인지는 별개의 문제일 수 있다. 때로 이용자 스스로가 자신이 원하는 정보를 탐색해서 찾는 것보다 AI 알고리즘이 이용자의 선호를 정밀하게 파악해 맞춤형 서비스를 제공해 주는 추천 서비스가 보다 높은 이용자 만족도를 보여주고, 이용자의 정보 탐색 비용 역시 절감되어 이용자 입장에서는 효용성이 클 수도 있다. 그렇지만 자칫 온라인 플랫폼 기업들이 이용자들에게 선택권을 부여했다는 것만으로 면피 대상이 될 수도 있기 때문에 정보에 대한 접근권과 선택권 확대가 합리적인 선택으로 귀결될 수 있을지의 문제는 지속적으로 반문하며 형량해야 하는 문제이다.

4) 알고리즘 리터러시를 위한 출발선

온라인 플랫폼 기업들의 시장 독과점이 심화되면서 정보 불균형에 따른 소비자의 서비스 선택권이 제한되는가 하면 기업과 소비자 간 기술 격차의 확대로 데이터 처리에 대한 소비자의 알권리 또한 약화되고 있는 것이 현실의 일면이다. 개인의 데이터 활용 측면에서 이용자 권리에 대한 논의가 더욱 중요하게 다뤄져야 함을 의미한다(윤수영, 2018). 하지만 알고리즘의 편향성 문제를 해소하기 위한 투명성, 책임성 제고에 대한 논의는 상대적으로 자주 접했지만, 이용자 선택권에 대한 논의는 그 중심에서 비켜난 측면이 있다. 이루다 사건 이후, 이용자의 선택권 보장에 대한 이슈가 주목을 받고 있지만, 정작 이용자들은 형식적인 수준의 개인정보 동의에 그쳐 내가 어떤 정보에 대한 결정권을 행사했는지에 대해서 모르는 경우가 대부분이다. 이용자 개인이 자신의 권리를 주장하고, 정보 활용에 대한 감시 역할을 수행하기 위해서는 알고리즘에 따른 수집 정보 및 활용에 대한 이해가 수반되어야 한다.

이용자는 온라인 플랫폼 기업의 주요한 자산인 이용자 데이터의 정보 주체이자 정보제공에 대한 선택권을 가지고 있다. 하지만 이용자들은 형식적인 정보제공 동의에 그치는 경우가 대부분이다. 한편 글로벌 기업들은 한 번의 클릭으로 포괄적 동의를 받는 대신 이용자에게 보다 다양한 정보제공의 선택권을 제공한다. 어떠한 방식이 보다 이용자 선택권 보호에 긍정적 기여를 하고 있는지에 대한 평가는 어렵다. 하지만 어떠한 방식이 보다 이용자 편익을 제고할 것인지에 대한 고민의 시작이 바로 알고리즘 리터러시의 시작이다. 정부와 이용자는 온라인 플랫폼 기업에 알고리즘의 투명성과 설명 책임성을 요구하고 이를 이해할 수 있는 역량(리터러시)을 갖추는 것이 이용자의 주권 확보를 위한 선결 조건이라 할 수 있다. 온라인 플랫폼 기업이 알고리즘 목표에 부합하는 결과 및 서비스를 제공하고 있는지에 대한 보편적인 검증 능력을 갖추는 것이 알고리즘 리터러시의 목표가 될 수 있을 것이다.

생각해 보기

❶ 내가 이용하고 있는 온라인 플랫폼 기반 서비스 가운데 AI 알고리즘 서비스는 어떤 서비스들이 있는지 조사해 보자.
❷ 내가 이용하고 있는 추천 서비스는 어떤 알고리즘에 기반한 것인지 웹 또는 앱에서 정보를 찾아보자.
❸ 내가 이용하고 있는 온라인 검색서비스 사이트가 나에 대한 어떤 정보들을 수집하고 있는지 조사해 보자.

참고문헌

개인정보보호위원회. 2020. 「2020 개인정보보호 연차보고서」.

김건우. 2017. 「알고리즘으로 움직이는 경제 디지털 카르텔 가능성 커진다」(LG경제연구원).

김미희. 2021.6.17. "포털 추천뉴스 줄이고 이용자 재량권 늘린다". ≪파이낸셜뉴스≫. https://www.fnnews.com/news/202106171831263528 (검색일: 2021.5.20).

김법연. 2021.4. 『'이루다' 서비스로 본 AI 및 알고리즘의 윤리적·법적 쟁점과 대응방안』, ≪KISDI AI Outllok≫, 27~45쪽.

김성태. 2021.6.21. "AI 알고리즘의 딜레마 … '선택의 역설' vs '에코챔버'·'필터버블'". ≪ZDnet≫. https://zdnet.co.kr/view/?no=20210621135006 (검색일: 2021.7.21).

김태오. 2018. 「데이터 주도 혁신 시대의 개인정보자기결정권: 정보통신통신망법과 EU GDPR의 동의 제도 비교를 통한 규제 개선방향을 중심으로」. ≪행정법 연구≫, 55, 29~56쪽.

남시현. 2020.2.18. "구글이 수집하는 위치 정보, 그대로 둘까? 지울까?". ≪IT동아≫. https://it.donga.com/30138 (검색일: 2021.5.20).

노정연. 2020.10.26. "한국 83%가 유튜브 사용 … 카톡보다 사용시간 2.5배 높아". ≪경향비즈≫. https://www.khan.co.kr/economy/economy-general/article/202010081026011 (검색일: 2021.5.20).

박수경. 2020. 「최근 OECD 소비자정책위원회의 소비자 데이터 관련 주요 이슈와 시사점」. ≪소비자정책동향≫, 101, 1~19쪽.

방송통신위원회. 2021.6.30. '인공지능 기반 미디어(매체) 추천 서비스 이용자 보호 기본원칙' (보도자료).

석대건. 2019.6.26. "AI 편향이란 무엇인가? … 구글의 AI원칙 '데이터 왜곡 없애야'". ≪Digital Today≫. https://www.digitaltoday.co.kr/news/articleView.html?idxno=211754 (검색일: 2021.5.20).

셀만, 힐케(Hilke Schellmann). 2021.2.26. "AI 알고리즘 분석해 편향 극복할 수 있나?", ≪MIT Technology Review≫. https://www.technologyreview.kr/auditors-testing-ai-hiring-algorithms-bias-big-questions-remain/ (검색일: 2021.5.20).

오세욱. 2021. "기계가 드러내는 편향, '이루다'만 문제였을까?". ≪KISO 저널≫, 42. https://journal.kiso.or.kr/?p=10838 (검색일: 2021.5.20).

윤수영. 2018. 「4차 산업 혁명 시대의 소비자 데이터 주권에 대한 고찰: EU GDPR을 중심으로」. ≪소비자학연구≫, 29(5), 93~115쪽.

윤수영·여정성. 2018. 「개인정보 이용내역 통지제도에 대한 소비자 인식에 관한 연구」. ≪소비자학연구≫, 29(3), 17~38쪽.

윤지혜. 2021.6.18. "네이버·카카오 "보기 싫은 뉴스 OUT"… 이용자 선택권 확대". ≪머니투데이≫. https://news.mt.co.kr/mtview.php?no=2021061809170927020 (검색일: 2021.7.20).

이선영. 2014. 「개인정보 수집 및 활용 동의서에 대한 이용자 인식 분석 및 대응 정책에 대한 연구」. ≪한국정보기술학회논문지≫, 12(8), 85~92쪽.

이승택. 2021. 「뉴미디어 시대의 알고리즘과 민주적 의사형성」. ≪법학논총≫, 33(3), 543~588쪽.

이영환. 2019. "나의 데이터에 대한 권리는 누구에게 있는가… 마이데이터 산업". http://sti.kostat.go.kr/window/2019b/main/2019_win_02.html (검색일: 2021.5.20).

이원태. 2016. 「EU의 알고리즘 규제 이슈와 정책적 시사점」(정보통신정책연구원).

이희옥. 2018.12. 「개인정보 자기결정권에 관한 비판적 검토」. ≪법제논단≫, 5~35쪽.

조형만. 2021.5.18. "의료 인공지능에 숨은 편향 데이터를 지워라". ≪AI타임스≫. http://www.aitimes.com/news/articleView.html?idxno=138591 (검색일: 2021.5.20).

한은경. 2020.7.27. "AI 알고리즘 편향에 의해 백인이 된 버락 오바마". ≪테크니들≫. https://techneedle.com/archives/40100 (검색일: 2021.5.20).

Vincent, J. 2020.7.30. "What a Machine Learning Tool That Turns Obama White Can (and can't) Tell Us about AI Bias." *THE VERGE.* https://www.theverge.com/21298762/face-depixelizer-ai-machine-learning-tool-pulse-stylegan-obama-bias (검색일: 2021.5.20).

제12장

포용사회를 위한 디지털 참여 거버넌스

1. 서론

오늘 처음 만난 누군가가 과도한 친절을 베푼다면 우리는 아무 의심 없이 그 사람을 '좋은 사람'이라고 생각할 수 있을까? 나에게만 호의적인 태도를 보이는데다가, 심지어 원하지 않는 호의라면 우리는 그 사람이 좋은 사람인지 쉽게 판단하지 못할 것이다. 설령 그 사람이 선한 의도를 가지고 있고 서로 친밀한 관계로 발전하게 되더라도 만남의 결과가 모든 사람에게 긍정적일 것이라고 확신하기는 어렵다. 이처럼 우리가 사람 관계에서 경험하는 일들을 떠올려보면 디지털 참여 거버넌스의 의미를 쉽게 유추해

---

* **육은희**(서울대학교 지능정보사회 정책연구센터 전임연구원)

볼 수 있다. 예컨대 '디지털 사회'를 '낯선 사람'으로, '포용사회'를 '긍정적인 결말'로 대입해 보면, 디지털 사회는 우리가 잘 알지 못하고 경험한 적 없는 사회이다. 디지털 사회는 모든 사람에게 호의적이지 않을 수 있고, 또 어떤 사람은 디지털 사회의 친절함을 원하지 않을 수 있다. 디지털 사회가 긍정적 결말, 즉 포용사회로 이어지리라는 보장도 없다.

그렇다면 불확실한 미래를 위해 우리는 무엇을 할 수 있을까? 어떻게 해야 디지털 사회와 친밀한 관계를 맺고 모든 사람이 디지털의 혜택을 자발적으로 누리는 포용사회를 맞이할 수 있을까? 이 장은 이에 대한 대안으로 디지털 참여 거버넌스를 제안한다. 참여는 낯선 디지털 사회를 알아가는 과정이며 거버넌스는 모든 사회 구성원이 차별과 배제 없이 이 과정에 함께하도록 하는 사회시스템이라 할 수 있다. 다만 디지털 참여 거버넌스가 반드시 포용사회로 연결되는 것이라고 오인해서는 안 된다. 그보다는 디지털, 참여, 포용에 대해 끊임없이 고민하고, 다양한 시도를 통해 적절한 대안을 찾아가는 과정으로 이해하는 편이 적절할 것이다. 이처럼 디지털 참여 거버넌스가 협의하고 보완해 가는 의미임을 염두에 두고, 이 장에서는 디지털 참여 거버넌스와 포용의 개념에 대해 이해하고, 디지털 참여가 포용사회로 연결되기 위해 우리가 무엇을 고민하고 시도해야 하는지 학술적 논의와 사례들을 통해 살펴보고자 한다.

2. 디지털, 참여 그리고 거버넌스

1) 디지털, 이해를 통해 알아가기

디지털(digital)은 0과 1이라는 이진수(binary digit)를 사용해 정보를 가공

그림 12-1 아날로그 신호(좌)와 디지털 신호(우)

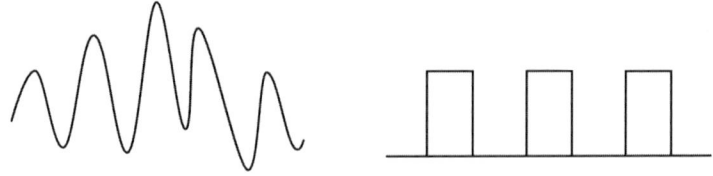

하고 구현하는 방식을 의미한다. 즉 디지털은 텍스트, 음성, 이미지, 영상 등 모든 정보를 0과 1의 조합으로 바꾸어 처리한다. 일반적으로 디지털은 아날로그(analog)에 비해 '좋은 것'으로 여겨지는데 이는 디지털의 불연속적인 신호처리 방식과 관련이 있다.

언급했듯이, 디지털은 신호를 불연속적인 방식으로 처리한다. 하지만 실제 세계에 존재하는 빛의 밝기, 소리의 높낮이, 시간의 흐름과 같은 정보는 대부분 연속적인 신호, 즉 아날로그에 가깝다. 예를 들어, 시간을 숫자로 나타내는 디지털시계는 1시간, 1분, 1초가 흘러가는 과정을 눈으로 확인할 수 없다. 숫자가 1에서 2로, 2에서 3으로 바뀐 결과만을 제공할 뿐 1과 2, 2와 3 사이의 정보는 제공하지 않는다. 반면 아날로그시계는 시침, 분침, 초침을 통해 시간의 연속적인 변화를 표현한다. 우리는 시침이 숫자 1과 2 사이의 어디쯤을 지나고 있는지 볼 수 있고 시간 정보를 '끊김' 없이 전달받을 수 있다.

그렇다면, 우리는 왜 정보의 '끊김' 현상을 동반하는 디지털을 선호하는 것일까? 디지털의 어떠한 특징이 아날로그 시대에는 불가능했던 일들을 가능하게 하는 것일까? 여러 가지 이유가 있겠지만, 디지털 방식은 아날로그의 복잡한 신호를 간소화하고 통합한다. 즉 디지털은 불필요한 정보를 제거하고 각기 다른 형태의 정보를 하나의 형태로 통합하기 때문에 아날로그에 비해 정보를 가공하는 것은 물론 저장, 압축, 변환, 전송이 쉽다. 신호의 잡음 없이 텔레비전을 시청하고 애플리케이션 하나로 동영상과 이미지를 수정하고, 대용량 파일을 분실 걱정 없이 클라우드에 저장해 보관하는 것은, 바로 이러한 디지털의 유용함 덕분이라 할 수 있다.

　디지털의 유용함에 대해 아는 것은 우리가 왜 디지털을 이용하고 디지털 사회로 가고 있는지에 대한 기초적인 이해를 돕는다. 다만 그보다 더 심층적인 의미를 파악하기 위해서는 기술적 메커니즘 이외의 요인들에 대해 알아둘 필요가 있다. 디지털이 산업 분야에 처음 적용된 것은 1946년, 군사용 컴퓨터 '에니악(eniac)'의 개발로 거슬러 올라간다. 이후 디지털은 새로운 기술과 끊임없이 결합하며 그 의미를 확장한다. 예컨대 1970년대 디지털은 반도체 기술의 질적인 향상을 도왔고 반도체 기술은 컴퓨터, 가전제품, 전기기계 등의 분야에 활용되며 산업 성장을 이끌었다. 1980년대, 산업 성장은 디지털 컴퓨터 보급을 촉진했고 공공기관, 교육기관, 기업 등에 컴퓨터가 도입되면서 업무의 자동화가 이루어지기 시작했다.

　1990년대, 컴퓨터는 네트워크 기술과 결합하게 되는데, 이때 생겨난 개념 중 하나가 가상공간(virtual space)이다. PC통신이 유행하고 가격이 저렴한 인터넷이 보급되면서, 가상공간을 통해 공동체를 형성하고 취미를 즐기며 정치적 의견을 주고받는 등의 행위가 새로운 문화로 자리 잡았다. 일상의 많은 영역이 물리적 공간을 벗어나 가상의 공간을 매개로 하는 디지털 미디어의 일상화(mediatization)가 이루어진 것이다. 이러한 현상이 사회적 관심사로 떠오르면서 이후 10여 년간 사이버 공간(cyber space), 사이버 정체성(cyber identity), 디지털 문화(digital culture) 등에 대해 탐구하려는 연구 경향이 두드러지기도 했다.

　2008년 이후, 스마트폰의 등장과 함께 무선 인터넷(wireless internet) 환경이 조성되면서 디지털 미디어의 일상화는 사회, 문화, 정치 영역 전반에 걸쳐 광범위하게 진행되었다. 그리고 현재에 이르러, 디지털은 인공지능 (artificial intelligence), 빅데이터(big data), 사물인터넷(internet of things) 등 첨단 기술과의 조우를 통해 인간의 신체, 물리적 공간, 가상의 영역이 연계되고 융합되는 지능화된 사회로의 진입을 눈앞에 두고 있다.

경제학자 에릭 브린욜프슨(Erik Brynjolfsson)과 앤드루 맥아피(Andrew McAfee)는 디지털이 제2의 기계 시대를 이끌었으며 그 격변이 예상되는 2020년대를 '트리플 혁명'의 시대라고 지칭한다(브린욜프슨·맥아피, 2018). 트리플 혁명의 핵심 3가지는 머신, 플랫폼, 크라우드(군중)로 마음(mind), 생산물(products), 핵심 역량(core)과 각각 대응 관계를 이룬다. 저자들은 대응 관계에 있는 각 요인들이 적절한 균형을 이룰 때 개인, 조직, 사회가 트리플 혁명 시대에 성공적으로 적응할 수 있을 것이라고 지적한다. 이는 머신으로 비유되는 기계, 연결자라 할 수 있는 플랫폼, 생산자이자 이용자로 위치 지어지는 군중, 그리고 대응 요인들의 복합적인 관계가 어떻게 작용하는지에 따라 트리플 혁명의 결과가 달라질 수 있음을 의미한다. 여기서 우리는 기술과의 인간적인 만남을 위해 '머신-마음', '플랫폼-생산물', '군중-핵심 역량'의 벌어진 틈을 어떻게 메우고, 연결할 수 있을 것인가에 대해 고민해 볼 필요가 있다.

2) 디지털 거버넌스의 핵심, '참여'

디지털 거버넌스(digital governance)에 대한 정의는 국가적·사회적 차원, 조직적 차원 등 다양한 방식으로 설명이 가능하다. 국가적·사회적 차원에서 디지털 거버넌스는 광의의 의미로서 '디지털 정보기술을 활용해 정부, 시민 단체, 민간, 시민 간의 협치를 이끌어내고 이를 통해 공공의 문제를 해결하는 과정'으로 해석할 수 있다(김시정·손주연·김주영, 2017). 이러한 접근 방식은 '시민과 정부의 상호작용', '시민의 디지털 기술 접근 및 참여를 위한 정부의 역할', '더 나은 공공서비스 제공을 통한 시민의 삶의 질 향상'을 강조한다. 이와 달리 조직적 차원의 디지털 거버넌스는 조직 운용이라는 협의의 차원에서 '공공, 민간 등의 조직에서 디지털 정보기술을 통해 의사결정을 어떻게 조직화할 것인가'에 관심을 둔다(Welchman, 2015). 이들 관점은 조직의 효율적 운용을 위한 것으로서 '디지털 기술 적용의 책임과 권한', '디지털 기술 적용의 결정 주체' 등과 관련한 전략, 정책, 기준을 마련하는 데 중점을 둔다. 두 가지 관점의 거버넌스는 각기 다른 지향점을 가진다기보다 하나의 최종적인 목표를 위한 단계적이고 상호보완적인 역할을 취한다. 즉 디지털 거버넌스는 조직적 차원에서 디지털 기술 운용에 대한 체계를 확립하며, 이는 국가적·사회적 차원에서 이루어지는 행위 과정에 효율을 높이고 책임성과 투명성을 부여함으로써 디지털을 매개로 한 시민의 적극적인 참여를 이끌어내는 데 일조한다. 결국 디지털 거버넌스는 시민의 '참여'로 이루어지는 과정 자체라고 할 수 있다.

접근 격차(access divide)	활용 격차(literacy divide)
컴퓨터, 모바일, 인터넷 등에 물리적으로 접근할 수 있는 정도의 차이	하드웨어나 소프트웨어 등 정보통신기술의 양적 활용과 질적 활용 능력의 차이를 포함

다만, 참여의 본질을 디지털 기술 활용으로 얻을 수 있는 긍정적 효과 중 하나로 여기거나 정책 결정 과정에 시민의 의견을 반영할 수 있는 수단으로 생각하는 등 단선적으로 해석해서는 안 된다. 그보다는 거시적인 차원에서 사회구조적 불평등을 재생산하거나 억제하는 요인으로 참여의 본질에 대해 고려해 볼 필요가 있다. 가령 디지털 격차 논의에서 참여의 차이, 즉 참여 격차는 정보통신기술의 접근과 활용 격차로 인해 나타나는 최종

그림 12-2 자원 전용이론 모델(a causal model of resources and appropriation theory)

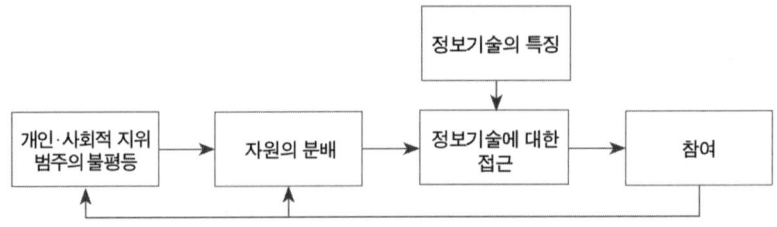

자료: van Dijk(2005: 15) 재구성.

단계이며, 접근과 활용 격차를 심화시키는 요인으로 거론된다. 반 디크 (van Dijk, 2017)는 이 과정을 다음과 같이 설명한다. 첫째, 성별, 직업, 인종 등 사회적 범주에 대한 불평등은 불균등한 자원의 분배를 야기한다. 둘째, 불균등한 자원의 분배는 디지털 기술에 대한 접근 격차를 만들어낸다. 셋째, 디지털 기술에 대한 접근 격차는 이용하고자 하는 기술의 특징들에 영향을 받는다. 넷째, 디지털 기술에 대한 접근 격차는 사회 참여의 격차를 가져온다. 다섯째, 사회 참여 격차는 사회적 범주에 대한 불평등과 자원 분배의 불균등을 유발한다.

커뮤니케이션학, 사회학, 심리학, 경제학 등의 학술 분야에서는 사회구조적 불평등을 지속하고 강화하는 참여 격차 요인의 구체적인 항목에 대해 탐구를 진행해 왔다. 참여 격차에 대한 논의 초기에는 주로 정치참여에 집중하려는 경향이 두드러졌으나, 2010년 즈음 페이스북, 트위터 등 소셜미디어(social media) 이용이 증가하면서 소통에 중심을 둔 네트워킹, 협업, 호혜적 교섭 등의 능력을 추가로 살피기 시작했다. 이후 제4차 산업혁명 시대로의 급격한 진입과 2020년에 발생한 코로나19의 여파로 온라인이 오프라인의 대체제로 주목받으면서 경제, 문화, 교육 활동까지 디지털 참여의 항목으로 고려되고 있는 상황이다. 참여 격차의 구성 요소에 대한 다양

표 12-1 디지털 참여의 구성 요소

구성 요소		내용
네트워킹 능력		미디어를 통해 다른 사람과 연결하고 소통할 수 있는 능력
협업 능력		문제해결, 과업 등을 위해 다른 사람과 교류하고 협력해 성과를 얻을 수 있는 능력
참여	시민적 실천	정치적·사회적 이슈나 문제에 대해 적극적으로 의견을 교류하고, 공동의 문제해결을 위해 다양한 사회 활동에 참여하는 능력
	물질적·문화적 혜택	상품, 서비스 등을 거래함으로써 재화를 창출하고 효율적인 소비를 할 수 있는 능력, 다양한 교육의 기회와 이를 위한 풍부한 자원을 얻을 수 있는 능력, 미디어 공간에서 문화를 즐기거나 문화 활동을 하기 위해 미디어 자원을 활용할 수 있는 능력

한 논의 중 이 장에서는 미디어 리터러시 요인(안정임 외, 2019)과 사회적 배제에 대한 다차원적 요인(변미리, 2017)을 바탕으로 다음과 같이 디지털 참여 유형을 제시했다.

3. 디지털 포용과 기술 활용

1) 디지털 포용

포용성(inclusion)은 사회의 모든 구성원이 다름의 차이를 인정하고 집단의 일원이라는 안정감을 느끼는 상태를 말한다. 다양성(diversity), 개방성(openess), 형평성(equity)의 원리와 함께 작동하는 개념이며 배제의 반대 의미로 표현되기도 한다. 이러한 포용이 상식이 되는 사회를 위해 필요한 핵심 요인 중 하나가 바로 디지털 포용(digital inclusion)이다. 디지털 포용은 전 국민이 소외와 배제 없이 디지털 기술과 서비스를 누리는 것으로 정의된다. 접근 격차와 활용 격차뿐 아니라 디지털 기술 이용에 관여하는 개인의 태도에 대한 내용까지 포괄한다는 점에서 디지털 격차의 확대된 개념이라고 할 수 있다(한국정보화진흥원, 2020).

디지털 포용은 크게 3가지의 구성 요인을 포함한다. 디지털 기기, 인터넷 등에 물리적으로 접근할 수 있는 접근성(access), 디지털 기술을 양적·질적으로 활용할 수 있는 역량(skill), 디지털 기술에 대한 흥미, 이용 동기, 신뢰 등 자발적인 기술 이용에 관여하는 개인의 태도(attitude)이다(Borg et al., 2018). 접근과 역량에 대한 기존의 논의들이 주로 노인, 장애인, 저소득층과 같은 디지털 취약 계층을 대상으로 한 것과 달리, 디지털 포용은 디지털 시대를 살아가는 모든 사회구성원을 대상으로 한다. 이는 인공지능, 빅데이터 등의 최첨단 기술이 중심이 되는 미래 사회에서는 교육, 일자리, 복지, 의료 등 사실상 사회의 모든 분야가 디지털 기술과 연계되며, 이들 기술에 대한 적재적소에의 활용이 사회적·경제적 혜택으로 연결될 수 있기 때문이다. 또한 접근 및 역량 지원의 대상을 특정 계층으로 제한하는 것이 이들에 대한 사회적 낙인으로 작용할 수 있으므로 그 위험성을 차단하기 위한 목적도 있다.

태도는 접근과 역량이 갖추어졌음에도 불구하고 기술 이용을 회피하는 자발적 비참여자를 디지털 환경 안으로 포용하기 위한 전략이라고 할 수 있다. 자발적 비참여자는 디지털 기술 이용에 대한 흥미와 동기가 부족하거나, 기술의 안전성 문제, 디지털 정보의 범죄 악용, 사이버 폭력 우려 등 기술과 기술 행위자(운용자와 이용자)에 대한 신뢰 부족으로 디지털 기술 이용을 회피하는 사람들을 말한다. 반 데르센과 반 디크(van Dijk·van Deursen, 2015)는 디지털 격차 요인을 동기적 접근(motivational access), 물질적 접근(meterial access), 활용 능력 접근(skill access), 이용 접근(usage access) 등 4가지로 구분한 바 있다. 동기적 접근은 기술에 대한 관심 부족, 불안증 등 태도 요인에 해당하는 것으로 이들 연구에서 태도, 즉 동기적 접근은 물질적 접근, 활용 능력 접근을 매개로 디지털 이용 다양성을 감소시켰다. 유사하게 창·윙·박(Chang·Wong·Park, 2014)은 동기적 접근을 '나' 자신과 관련된 내적 요인이자 인터넷 이용 행동에 대한 신념으로 구분해 연구를 진행했다. 연구에 따르면 동기적 접근은 ICT(Information and Communication Technology) 이용 의도를 증가시켰다.

2) 기술을 통해 디지털 포용하기

디지털 포용의 하위 요인들은 개념적 차원에서 디지털 기술, 연결성, 접근성으로 나뉘기도 한다(이동석, 2021). 디지털 기술은 인공지능, 빅데이터, 모바일 등으로 일컬어지는 기술 자체를, 연결성은 와이파이(Wi-Fi) 등의 네트워크를 통해 언제 어디서나, 누구나 인터넷에 접속할 수 있는 환경을, 접근성은 디지털 기기에 대한 물리적 접근 능력과 양적·질적 활용 능력 및 자발적인 기술 활용을 돕는 태도를 포함한다. 디지털 격차 논의가 연결성과 접근성(미디어 기기 및 인터넷 보급, 미디어 교육 등)의 확대·지원을 통해 격차를 해소하려는 방향으로 진행되어 왔다면, 디지털 포용 논의에서는 디지털 기술 자체를 격차 해소의 대안으로 바라본다. 디지털 기술을 격차 해소의 구체적인 수단으로 활용하려는 방안들이 고려되고 있는 것이다. 이에 더해, 기술 활용의 영역을 디지털뿐 아니라 일상으로까지 확대하여 더 포괄적인 의미에서 디지털 포용을 실현하려는 움직임도 확인된다. 예컨대 기존의 디지털 플랫폼을 비롯해 인공지능, 사물인터넷, 로봇 등의 기술을 활용해 디지털 격차를 완화하고 사회적 소외 계층에 편의를 제공하려는 시도들이 활발하게 이루어지고 있다.

한 예로, 미국의 비영리단체인 YGA(Young Guru Academy)는 시각장애인이 편리하게 거동할 수 있도록 초음파 센서가 부착된 스마트 지팡이 위워크(WeWalk)를 개발했다. 사물인터넷 기술을 적용한 위워크는 길거리 등에

인공지능(AI)	사물인터넷(IoT)	로봇 기술(rbot technology)
기계가 경험을 통해 학습하고 새로운 입력 내용에 따라 기존 지식을 조정하며 사람과 같은 방식으로 과제를 수행할 수 있도록 지원하는 기술	각종 사물에 센서와 통신 기능을 내장해 인터넷에 연결하는 기술. 즉 무선 통신을 통해 각종 사물을 연결하는 기술	로봇은 인간과 유사한 형태를 가지고 걷기도 하고 말도 하는 기계 장치로 기계 설계, 제어이론, 마이크로전자, 컴퓨터 프로그래밍, 인공지능, 인간 요소 등 넓은 분야의 기술을 포함

서 마주할 수 있는 가슴 높이 이상의 장애물을 센서로 감지하고 장애물이 있을 시 진동이나 음성 등을 통해 사용자에게 알려준다. 시각장애인의 눈 역할을 할 수 있는 인공지능 기술 기반의 스마트 글래스도 개발되고 있다. 아직 보편화 단계에 이르지는 못했지만, 미국의 대형 슈퍼마켓 웨그먼스 (Wegmans)에서는 스마트 글래스 '아이라(Aira)'를 착용하면 인공지능이 음성 및 영상정보 등을 수집해 원하는 상품을 찾고 정보를 알려준다. 로봇 기술도 시청각장애인의 편리를 돕기 위해 진화 중에 있다. 벨기에 앤트워프 대학교에서는 사람의 음성을 수화로 번역해 주는 3D 로봇을 개발했고, UC 버클리대학교에서는 시각장애인의 길 안내를 도울 수 있는 로봇 안내견을 개발해 공급을 준비하고 있다.

표 12-2 디지털 기술을 활용한 포용 사례

사례	내용
디지털 포용 지도 (digital inclusion map)	뉴질랜드의 비영리기관 2020 Trust에서 운영하는 서비스로 뉴질랜드 내 디지털 포용 자원에 대한 정보를 디지털 지도를 통해 가시적으로 제공. 디지털 자원 정보에 대한 검색의 편의성을 높여 디지털 자원의 활용성을 증진
신토미(Shintomi) 요양원	요양원에 간호 로봇을 도입하여 노인들의 건강을 24시간 모니터링하고 운동, 여가 등 생활 지원을 돕기 위해 의료 시스템을 전자화
유포니아 프로젝트 (project euphonia)	구글(Google)에서 추진 중인 언어장애인을 지원하기 위한 음성인식 기술 개발 프로젝트로, 발성이 잘 이뤄지지 않은 언어장애인들의 음성을 인공지능이 학습, 인식하여 실시간으로 번역, 문자화할 수 있도록 지원

사례	내용
자율주행 휠체어, 윌(Whill)	장애인의 이동 지원을 위해 일본에서 개발된 자율주행 휠체어로, 사물 파악이 가능한 인공지능 기술을 탑재했으며 스마트폰으로 원격 구동이 가능하도록 설계
이지 액세스 (EZ Access)	미국의 위스콘신대학교(Trace Research and Development Center)에서 개발 및 제공되는 장애인을 위한 키오스크 솔루션. 키오스크에 음성 안내 서비스를 제공하고 촉각 키패드를 설치해 시청각장애인의 키오스크 이용을 지원

4. 디지털 시대 인권과 신뢰

1) 디지털 인권(human rights of digital): 디지털 시민으로서의 권리

디지털화된 사회에서 포용적 태도는 인간뿐 아니라 기술에도 적용되는 요건이다. 디지털 포용 사회는 차별과 배제의 논리가 작동하지 않는 공간이어야 하며, 모든 사회구성원이 평등하게 기술의 혜택을 누릴 수 있어야한다. 하지만 디지털화가 진행되어 온 그간의 행적들을 되짚어 보면 새로운 기술은 사회 침투 과정에서 언제나 차별과 배제라는 취약점을 드러냈다. 예컨대 무인 단말기를 통해 상품, 서비스를 구매하는 키오스크 시스템은 인간과 기계의 억지스러운 만남을 주선했고, 노인 세대는 준비되지 않은 만남으로 인해 적잖이 당황스러운 순간들을 직면해야 했다. 70대 유튜버 박막례 할머니가 햄버거 가게에서 키오스크 이용에 어려움을 겪는 영상이 온라인에 업로드되며, 한동안 이슈 영상으로 회자되는 웃지 못할 상황이 벌어지기도 했다. 미국과 영국 등에서는 차량 예약 호출 서비스인 우버(uber) 앱의 안면 인식 시스템이 유색인종 근로자의 얼굴 인식에 실패하면서, 이 근로자들을 우버에서 퇴출시키는 결과를 낳기도 했다. 이 외에도,

시각장애인들은 주로 텍스트음성변환 기능을 통해 인터넷 화면의 내용을 파악한다. 하지만 이미지 등의 콘텐츠를 읽을 수 있는 기술 개발은 여전히 더디며, 호의적이지 않은 미디어 환경으로 인해 시각장애인들은 온라인 쇼핑을 하는 데조차 어려움을 겪고 있는 상황이다.

앞서 제시한 사례들은, 기술을 이용할 역량이 부족하거나 기술이 인위적으로 설정한 범위 안에 들어가지 못하는 등의 이유로 디지털 환경에서 차별과 배제를 경험한 경우이다. 디지털 이용이 사회경제적 가치 창출로 이어지는 현대사회에서 디지털로부터의 소외는 사회구성원으로서 누려야 할 권리를 침해당하는 것과도 같다. 디지털 인권은 누구나 자유롭게 인터넷망에 접근할 수 있고, 인터넷에서 정보와 문화를 향유할 수 있는, 국가와 사회로부터 존중받아야 할 권리이다. 결국 기술에 대한 접근과 활용의 권리를 표방하는 디지털 인권은 디지털 격차 논의와도 맞닿아 있다.

디지털 정보 격차 실태조사(2020)에 의하면, 디지털정보화 수준을 100점으로 환산했을 때, 정보취약계층의 디지털정보화 점수는 접근 89.2점(일반 국민 95.1점), 역량 39.1점(일반국민 64.9점), 활용 42.5점(일반국민 56.8점)으로 나타난다. 이는 일반 국민에 비해 정보취약계층의 디지털화 수준은 상대적으로 낮으며 물리적 접근권의 보장만으로는 역량과 활용 격차를 해소하는 데 한계가 있음을 보여준다. 우리나라의 경우, 디지털 기술에 대한 접근성은 보편화되어 있지만 전 세계적으로는 여전히 접근 격차의 간극이 좁혀지지 않고 있는 상황이다. 전 세계에서 인터넷을 보유하고 있는 가구는 47%에 불과하며 인터넷에 연결되어 있는 정도는 선진국 87%, 개발도상국 47%, 최빈국 19%인 것으로 보고된다(UNESCO, 2019).

최근 코로나19를 겪으면서 우리는 디지털 기술의 유용성을 체감하는 동시에, 디지털 자원의 불균등한 분배가 초래하는 세대와 국가 간 간극의 크기를 확인했다. 디지털 기술 이용에 대한 권리를 누리고 있는 개인들은 모바일을 통해 코로나 확진자 동선을 실시간으로 확인하고, 약국의 마스크 재고량을 파악하고, 잔여 백신 알림을 설정해 관련 정보를 받아보고 있다. 이들은 디지털 기술 이용이 익숙하지 않거나 접근 자체가 어려운 개인들에 비해 사회적 위기 상황에 더 쉽고 효율적으로 대응하고 있는 것으로 보인다. 결국 디지털 이용에 대한 권리는 가상공간을 넘어 실제의 삶과 직결되고, 나아가 개인의 안전과 생명으로 이어짐을 알 수 있다.

2) 포용사회를 위한 믿음, 디지털 신뢰(digital trust)

사람, 공간, 기술이 네트워크로 연결되는 미래 사회는 데이터가 사회경제적 흐름의 핵심이 되는 사회이다. 데이터는 우리가 SNS(Social Network Media)에 업로드하는 텍스트와 이미지, 동영상을 포함해 사물인터넷으로 수집되는 교통 정보, 위치 정보, 환경 정보, 개인정보에 해당하는 신상 정보와 의료기록 등 다양한 유형의 정보를 포괄한다. 이렇게 모인 데이터는 사람이 아닌 인공지능에 의해 분석되고 판단되어 우리의 삶에 필요한 서비스를 제공한다. 상상력을 동원해 보자. 친구와 약속한 장소에 나가기 위해 준비를 마치면 자율주행 자동차가 집 앞으로 마중을 나와 있다. 신호등 없는 도심을 교통체증 없이 달려 약속 장소에 도착하면 인공지능이 추천해 준 내 취향의 맛집을 최소의 동선으로 찾아갈 수 있다. 하지만 자꾸만 불안감이 엄습한다. 자율주행 자동차와 교통 시스템 간 교란이 발생해 교통사고가 나면 어쩌지? 추천 맛집이 내 취향이 아니라면? 누군가 나의 위치 정보나 결제 정보를 빼내어 범죄에 악용한다면?

우리는 고민 상담을 하거나 비밀을 털어놓을 수 있는 상대로 신뢰할 수 있는 사람을 찾는다. 신뢰는 믿고 의지할 수 있음을 의미하며 누군가를 신뢰한다는 말은 그 사람이 선의로 행동할 것이라고 믿고, 그 사람에게 의지할 수 있음을 뜻한다. 이러한 신뢰의 속성은 디지털 기술에도 유사하게 적용된다. 디지털 기술이 편견이나 결함 없이 안전하게 작동할 것이라는 믿음, 디지털 기술 행위자가 나의 정보를 보호해 줄 것이라는 믿음, 디지털을 통해 얻은 정보가 정확하고 나에게 유용하게 활용될 것이라는 믿음 말이다. 이제 친구와의 약속 장소에 가기 전 불안감이 엄습했던 이유를 알 수 있다. 디지털 신뢰가 부족한 것이다.

디지털 신뢰는 디지털 기술, 디지털 행위자(또는 이용자), 디지털 정보에 대한 신뢰로 정의할 수 있으며(Mubarak·Petraite, 2020) 프라이버시, 사이버 폭력, 사이버테러, 알고리즘 편향 등 다양한 사회 이슈와 관련된 개념이다. 더불어 디지털 격차에 영향을 받거나 영향을 주는 요인으로 언급되기도 한다. 예컨대 네트워크 접속이 어려워 인터넷상의 유용한 정보에 접근하지 못하거나, 접근을 통해 얻은 정보가 잘못된 것이거나, 정보를 얻는 과정에서 여러 가지 이유로 위협과 차별을 경험한다면 다시는 정보를 찾기 위해 인터넷에 접속하고 싶지 않을 것이다. 반면, 온라인에 수월하게 접근해 정확한 정보를 획득하고 그 과정에서 다른 사람들로부터 인정과 정서적 지지를 경험한다면, 이후에는 정보 습득뿐 아니라 사회 참여를 위해 인터넷에 접속할지도 모른다.

선행연구자들은 디지털 신뢰가 상호 연결을 촉진하고 개인, 조직, 국가 등 다양한 이해관계자들의 자발적인 협력을 불러일으킨다고 설명한다(Lee·Wong·Chong, 2005; Victor et al., 2009). 이처럼 서로에 대한 신뢰에 기반한 적극적인 형태의 디지털 참여는 포용 사회의 실현을 돕고, 평등한 디지털 이용 환경의 조성으로 이어지는 선순환을 만들어낸다.

새로운 기술은 지금까지 경험한 적이 없는 것이기에 더 낯설고 위험하게 느껴진다. 그리고 경험적으로 축적되는 기술에 대한 불신은 디지털 환경에 대한 부적응과 참여의 문제를 증폭시켜 사회 불평등을 강화한다. 우리는 기술에 의해 차별당하고 배제당하며 위협받는 상황에 놓이고 싶어 하지 않는다. 하지만 기술은 이미 우리의 삶 깊숙이 들어와 있고, 우리는 기술이 만연한 사회에서 직면할 수 있는 부당한 상황으로부터 완전히 자유로울 수 없다. 결국 사람들은 디지털 신뢰가 자신과 사회에 필요한 요인임을 깨달을 수밖에 없으며, 기술을 신뢰할 수 있는 가족 또는 친구와 같은 존재로 받아들일 준비를 해야 한다.

5. 결론: 디지털 협력 거버넌스

『협력의 역설』의 저자 애덤 카헤인(Adam Kahane)은 그의 저서에서 협력에 대한 새로운 접근법으로 '스트레치 협력(stretch collaboration)'을 제안한다. 그에 따르면, 협력은 본질적으로 다른 사고방식, 다른 이해관계를 가진 주체들이 참여하는 과정이기 때문에 애초에 그 지향점이 하나로 모이기 어렵다. 물론 그렇다고 해서 협력이 불가능하다는 의미는 아니다. 협력에 대한 관점을 바꾸라는 말인데, 전체를 하나의 선으로 연결하기보다 연결 가능한 다수의 부분들이 하나의 전체를 이루는 방식으로 협력을 이끌어내야 한다는 것이다. 단, 여기에는 중요한 전제 조건이 있다. 문제를 해결할 수 있는 다양한 방식에 가능성을 열어두고 실험을 통해 전진하는 것, 이 과정에 협력의 주체 모두가 참여하는 것이다.

카헤인이 제안한 협력의 방식은 디지털 상호의존(digital interdependent) 시대를 맞이하는 우리에게 다름과 갈등에 대처하는 현실적인 대안을 던져주는 듯하다. 디지털 기술을 둘러싸고 이용자, 기술자, 기술의 입장이 엇갈리는 상황은 피할 수 없다. 이용자는 자신의 선택이 아닌 시대의 선택에 의해 기술을 받아들여야 할 수도 있고, 기술자는 기술적 유용성보다 이용자 또는 시대의 요구에 따라 기술을 특징지어야 할 수도 있다. 이러한 갈등을 해결해 나가는 과정은 모든 주체가 동시에 만족할 만한 방향으로 나아가지 않기 때문에 필연적으로 불공평하거나 부당한 상황들을 만들어낸다. 다만 서로의 차이를 인정하고 절충점을 찾아가다 보면 다름에서 오는 갈등 관계는 다름으로 인해 가능한 상보적인 관계로 변화할 여지가 있다. 그렇다면, 어떤 주체들이 어떤 상보적인 역할을 통해 디지털 협력을 이끌어내고 있을까. 다음 사례들을 통해 살펴보도록 하자.

1) 연결성 강화를 위한 다자간 협력

연결성 강화는 물리적 연결, 인터넷에 대한 연결, 질적 활용으로의 연결 차원에서 디지털 기기 보급, 공공 와이파이 구축, 디지털 교육 확대 등의 노력이 이루어지고 있다. 우리나라를 비롯해 미국, 영국, 싱가포르, 뉴질랜드 등 전 세계에서 다양한 사업이 추진되고 있고 정부, 지역사회, 기업 등이 이 과정에 참여하고 있다. 우리나라의 경우, 정부 디지털 정책의 일환으로 지자체 등에서 디지털 교육을 실시하거나 온라인에서 무료로 디지털 교육을 받을 수 있는 서비스가 제공되고 있다. 주민센터, 도서관, 버스 등 공공기관에서 인터넷을 사용할 수 있도록 통신사와 지자체가 협력해 공공 와이파이 구축 사업을 진행하는 한편, 디지털 취약계층, 교육기관 등을 대상으로 디지털 기기, 와이파이, 통신 요금을 지원하는 사업들이 단계적으로 시행되고 있다. 해외의 경우, 성공적인 협력 사례로 영국의 '미 와이파이(Mi Wifi)' 사업이 진행된 바 있다. 이 사업에서는 디지털 소외현상이 크게 나타나는 런던의 루이샴(Lewicham) 지역을 선정해 고령층, 장애인 등 취약계층에 모바일 기기를 무상 대여하고 사용법을 가르쳐주는 프로젝트를 추진했다. 이 사업을 통해 모든 참여자들의 디지털 활용 능력이 기본 이상으로 향상되고 참여자들의 삶의 질이 높아지는 긍정적인 효과를 얻은 것으로 알려진다.

국제전기통신연합(International Telecommunication Union)과 유니세프(UNICEF)는 엘살바도르, 카자흐스탄, 짐바웨이 등 인터넷 접근성이 떨어지는 11개 국가의 교육기관에 디지털 인프라를 제공하기 위한 'GIGA' 프로젝트를 진행 중이다. 이 프로젝트는 해당 국가의 학생과 시민이 디지털로 연결되고, 이를 통해 다양한 자원에 접근할 수 있도록 디지털 공공재를 형성할 것을 목표로 하고 있다. 동카리브국가기구(Organization of Eastern Caribbean States, OECS), 에릭슨(ERICSSON), 머스크(MUSK FOUNDATION) 등 다양한 기관 및 기업이 이 글로벌 파트너십을 맺고 있고, 2019년부터 현재까지 8만여 개 이상의 학교가 이 프로젝트를 통해 인터넷에 연결되었다.

2) 디지털 민주주의를 위한 시민 협력

디지털 참여 거버넌스에서 시민참여가 중요한 이유 중 하나는 시민이 직접 사회적 문제를 도출하고 의사 결정 과정에 참여함으로써 디지털 민주주의에 다가갈 수 있기 때문이다. 과거에는 온라인 커뮤니티나 소셜 미디어 등에서 전개되는 인터넷 선거 활동, 정치 토론 등을 디지털 민주주의 형태로 보았다. 하지만 최근에는 디지털 시민참여 플랫폼을 활용한 더 적극적인 형태의 시민참여를 유도하고 있다. 정부와 지역사회가 주축이 되던 의사 결정 과정에 시민참여 기회를 다양화하고 확대해 공공, 민간, 시민의 상호협력적 관계를 형성하려는 것이라 할 수 있다. 대표적인 사례로 꼽히는 바르셀로나(Barcelona)의 데시딤(decidim)은 유럽연합의 스마트시티 계획과 맞물려 고안된 민주적 시민참여 플랫폼으로, 정책 결정 과정에 시민의 의견을 반영해 디지털 민주주의에 기여한 사례로 평가된다. 데시딤의 시스템은 크게 4가지로 구성되는데, 먼저 시의회에서 정책 의제에 대한 내용을 게재하면, 시민은 해당 정책 또는 의제의 결정 과정에 참여할지를 선택할 수 있다. 참여를 결정하면, 참여자들은 정책 또는 의제에 대한 개인의 의견을 제출할 수 있고 원할 경우 절차를 통해 대면 회의에 참가할 수도 있다. 이렇게 취합된 의견은 정책 결정에 반영된다. 데시딤에서는 시민도 정책 의제를 제안할 수 있으며 직접적으로 참여하지 못한 시민들의 의견을 모을 수 있는 절차도 마련하고 있다. 데시딤은 공공, 민간, 시민 간 협력을 이끌어내는 효과적인 모델로 거론되고 있으며 세계 각국에서 디지털 거버넌스 구축을 위해 데시딤 시스템을 도입하고 있다.

생각해 보기

❶ 디지털 거버넌스에서 '참여'의 의미에 대해 생각해 보자. 예컨대 '참여는 주체적이어야 하는가?', '참여의 효과는 긍정적이라고 단언할 수 있는가?', '참여를 강요받는 것은 타당한가?' 등에 대해 고민해 보자.

❷ 모바일, 인공지능, 사물인터넷 등 디지털 기술이 사회 불평등 해소를 위해 긍정적으로 활용된 사례를 찾아보자.

❸ 디지털 협력의 차원에서, 자신이 한 적이 있거나 할 수 있는 활동은 무엇이 있는지 생각해 보자.

참고문헌

과학기술정보통신부·한국지능정보사회진흥원. 2020. 「2020 디지털정보격차 실태조사」.

김시정·손주연·김주영. 2017. 「디지털거버넌스 구축 및 활성화 방안 연구」(서울디지털재단).

맥아피(Andrew McAfee)·브린욜프슨(Erik Brynjolfsson). 2018. 『머신 플랫폼 크라우드』. 이한음 옮김. 청림출판.

변미리. 2017. 「서울형 포용도시 지표체계 개발과 서울시의 포용성」(서울연구원).

안정임 외. 2019. 「미디어 리터러시 역량 인식의 전문가 집단 간 동질성과 차별성」. ≪사이버커뮤니케이션학보≫, 36(1), 49~87쪽.

이동석. 2021. 「영국의 디지털 포용 정책과 비대면 장애인 복지서비스의 함의」, ≪국제사회보장리뷰≫, 16, 27~40쪽.

한국정보화진흥원. 2020. 「디지털 포용 정책 동향과 사례」.

Borg, K. et al. 2018. "Digital Inclusion & Health Communication: A Rapid Review of Literature." *Health Communication*, 34(11), pp.1320~1328.

Chang, Y., S.F. Wong and M.C. Park. 2014. "A Three-tier ICT Access Model for Intention to Participate Online: A Comparison of Developed and Developing Countries." *Information Development*, 32(3), pp.225~242.

Lee, S.J., P.K. Wong, C.L. Chong. "Human and Social Capital Explanations for R&D Outcomes." *IEEE Transactions on Engineering Management*, 52(1), pp.59~68.

Ubarak, M.F. and M. Petraite. 2020. "Industry 4.0 Technologies, Digital Trust and Technological Orientation: What Matters in Open Innovation?" *Technological Forecasting and Social Change*, 161, pp.1~11.

van Deursen, A.J. and A.J. van Dijk. 2015. "Toward a Multifaceted Model of Internet Access for Understanding Digital Divides: An Empirical Investigation." *Information Society*, 31(5), pp.379~391.

Victor, P. et al. 2009. "Gradual Trust and Distrust in Recommender Systems." *Fuzzy Sets and Systems*, 160(10), pp.1367~1382.

Welchman, L. 2015. *Managing Chaos: Digital Governance by Design*. New York: Rosenfeld Media.

지은이

김미경

청운대학교 미디어커뮤니케이션학과 교수다. 중앙대학교에서 언론학 석사와 박사학위를 받았다. 지역방송
발전위원을 역임했으며, 현재 충청언론학회장, 충남지역미디어발전위원, 한국여성커뮤니케이션학회 연구이
사를 맡고 있다. 최근의 연구 분야는 플랫폼과 데이터격차, 알고리즘과 편향성 및 지역언론발전에 대한 것
이다.

김은진

젠더·어펙트연구수 전임연구원이며 부산대학교 미디어커뮤니케이션학과 강사다. 부산대학교 미디어커뮤
니케이션학과에서 석사와 박사학위를 받았다. 미디어, 젠더, 광고, PR, 대중문화, 소셜미디어 등등 다양한
분야를 연구하고 있다. 지은 책으로는 『한국 에로비디오의 사회사: 애마부인에서 소라넷까지』(공저), 『여
성학 강의-일곱 번째 이야기』(공저) 등이 있으며, 논문으로는 「공공기관의 소셜미디어 PR효과: 부산경찰
페이스북 이용자의 메시지 인식, 효능감 및 신뢰를 중심으로」, 「증언과 저널리즘: 〈JTBC 뉴스룸〉의 성폭
력 피해자 생방송 인터뷰 분석」, 「노인들의 SNS 정치커뮤니케이션 연구-카카오톡을 중심으로」, 「유튜브
육아' 연구-육아 과정에서 어머니의 유튜브 이용과 통제」 등이 있다.

조인숙

국민대학교 언론정보학부 겸임교수, 한양대학교 빅데이터연구센터 연구교수다. 국민대학교에서 언론학으
로 박사학위를 받았다. 매일경제신문사에서 기자로 일했고, 현재 SR타임스에서 논설위원으로 글을 쓰고
있으며 한국언론학회 저널리즘연구회 총무로 활동 중이다. 연구 분야는 저널리즘, 미디어 효과, 미디어와
공격성 간의 관계, 빅데이터다.

김소형

성균관대학교 미디어커뮤니케이션학과 초빙교수이며 미디어문화콘텐츠연구소 선임연구원이다. 성균관대
학교 신문방송학과(현 미디어커뮤니케이션학과)에서 박사과정을 수료하고 영국 서섹스대학교(University
of Sussex)에서 미디어커뮤니케이션학 박사학위를 받았다. 미디어의 젠더 재현 방식, 디지털 미디어를 이
용한 시민의 정치사회화 맥락(contexts)에 대해 연구했으며, 현재는 AI 알고리즘의 윤리적 측면에서 편향
성, 디지털 미디어 리터러시와 포용 정책에 대해 연구하고 있다.

이소현

미국 캔자스대학교(University of Kansas)에서 영화·미디어학 박사학위를 취득했으며, 현재 한양대학교
미디어커뮤니케이션학과에서 강의하고 있다. 대중문화, 영상콘텐츠, 비판커뮤니케이션, 소수자와 미디어
연구 등에 관심을 갖고 있으며, 주요 저술로는 『영화와 리얼리즘』, 『핵심 이슈로 보는 미디어와 젠더』(공
저) 등이 있다.

장은미

서강대학교 미디어융합연구소 책임연구원이다. 서강대학교 신문방송학과를 졸업하고 동 대학원에서 언론학 석사와 박사학위를 받았다. 여성주의미디어연구를 전공했으며 현재 서강대학교 여성학협동과정에서 학생들을 가르치고 있다. 주요 연구 분야는 미디어와 젠더이며, 주요 논문으로는 「정치권력과 젠더: '여성' 대통령 박근혜 이미지를 중심으로」(공저), 「'미투 운동(#MeToo)' 이후 젠더 이슈 보도의 성과와 한계」(공저), 「예능 프로그램의 언니들: 여성성의 일탈과 확장」(공저) 등이 있다.

이경숙

현재 고려사이버대학교 문화예술경영학과 교수로 재직 중이다. 고려대학교 신문방송학과에서 언론학으로 박사학위를 받았다. 영상콘텐츠 문화, 이주여성과 미디어 등 지구적 차원의 문화 현상에 관심을 갖고 있으며, 『다시 보는 미디어와 젠더』(공저), 『가족과 미디어』(공저) 등이 있다.

장미화

중앙대학교 첨단영상대학원 영상학과 강사다. 코리아나 화장품, 이랜드 리테일에서 패션, 유통 분야 광고 카피라이터로 일했다. 2007년부터 2011년까지 프랑스 파리 1대학에서 영화 시청각 과정을 거쳤다. '샹탈 아케르망의 〈잔느 딜망〉(1975)을 중심으로 한 영화의 촉면과 시간성'에 대한 논문으로 학위를 받았다. 중앙대 첨단 영상대학원 영상학과 박사논문에서 할리우드 영화의 시간성을 질 들뢰즈의 시간-이미지의 진화라는 관점에서 다루었다. 들뢰즈의 영화서를 중심으로 해서 영화 미학 강의를 한 일을 계기로 여러 대학에서 영화, 광고 마케팅에 대해서 강의했다. 작가 정책, 작가주의 비평, 여성주의, 탈식민주의 문화 이론, 영화와 타 장르의 경계를 넘는 다양한 연구 분야에 관심이 많다. 『히치콕에게 묻고 싶은 것들』, 『디지털 영화와 들뢰즈의 시간-이미지』를 출간했다.

최은경

한신대학교 평화교양대학과 e스포츠융합전공 대학원 교수다. 성공회대학교 신문방송학과를 졸업하고, 영국 골드 스미스 런던대학교(Goldsmiths, University of London)에서 TV저널리즘 석사학위를 영국 러프버러(Loughborough University) 대학에서 커뮤니케이션 정치경제학 박사학위를 받았다. TV 저널리즘과 방송 및 뉴미디어를 연구했으며, SBS 시청자위원으로 활동 중이다. 최근 게임과 스포츠 그리고 뉴미디어와 ICT의 융합을 연구하고 있다.

신정아

한국외국어대학교 서양어대학 세계문화예술경영전공 특임교수다. 덕성여자대학교 철학과를 졸업하고, 한국외대에서 들뢰즈 연구로 석사학위를 받았고, 동 대학원에서 디지털 다큐멘터리 분석으로 문화콘텐츠학 박사학위를 받았다. 1999년부터 방송작가로 활동하면서 400여 편의 TV 교양다큐 프로그램을 기획하고 집필했으며, 한신대학교 초빙교수, OBS 시청자평가원 등을 역임했다. 현재 한국문화콘텐츠비평협회 기획위원장으로 활동하면서 뉴미디어와 디지털콘텐츠를 연구하고 강의하고 있다. 주요 논문으로는 「반교: 디텐션(返校, Detention)'의 미디어소통과 진정한 타자-되기: 게임과 영화를 중심으로」, 「1인 미디어의 콘텐츠 액티비즘 실현과 소통: 유튜브 〈생각많은 둘째언니〉 채널을 중심으로」, 「로컬콘텐츠 기획 및 제작방안 연구: 이문동 문화지도 사례를 중심으로」, 「조선족 여성 재현과 돌봄의 윤리」 등이 있다. 저술로는 『뉴미디어와 스토리두잉』, 『AI와 더불어 살기』(공저), 『로컬콘텐츠와 컬처매핑』(공저), 『문화콘텐츠와 트랜스미디어』(공저) 등이 있다.

채정화

서강대학교 ICT법경제연구소 책임연구원이다. 부산대학교 독어독문학과를 졸업했고, 이화여자대학교 언론홍보영상학과에서 석사와 박사학위를 받았다. KBS부산방송총국에서 구성작가로 활동했으며, MBC, 한국인터넷진흥원 등 정부 유관 연구기관에서 연구원으로 재직했다. 주요 연구 분야로는 미디어 산업 및 정책, 법제 분야로 최근에는 온라인 플랫폼과 AI 알고리즘에 관심을 두고 있다. 주요 연구로는 「검색 알고리즘은 표현(speech)으로서 헌법적 보호 대상이 될 수 있는가에 대한 탐색적 고찰」, 「유료방송플랫폼사업자와 홈쇼핑채널사업자 간 송출수수료 적정성에 관한 법경제학적 분석」 등 검색알고리즘과 유료방송플랫폼 관련 법제도 관련 연구들이 있다. 저서로는 『AI와 더불어 살기』(공저), 『다플랫폼 다채널시대 통일방송』(공저)이 있다.

육은희

서울대학교 지능정보사회 정책연구센터 전임연구원이다. 서울여자대학교 언론영상학과를 졸업하고 중앙대학교 대학원에서 석사와 박사학위(언론학)를 받았다. 「오보 속 사건의 윤리성과 정정보도의 책임 귀인이 인물과 매체에 대한 평가 변화에 미치는 영향」, 「WHO의 게임 이용 장애 질병 코드화 이후 언론의 게임 보도에 대한 내용 분석」, 「시간분할성 및 감각추구성향이 드라마 몰아보기에 미치는 영향: 장르의 조절효과를 중심으로」 등의 논문을 발표했다. 주요 관심 및 연구 분야는 미디어 심리, 뉴미디어 이용과 효과, 온라인 게임, 디지털 격차와 사회적 포용 등이 있다.

한울아카데미 2335

한국여성커뮤니케이션학회 총서 17

미디어 격차
사회적 불평등의 새로운 흐름과 탐색

ⓒ 한국여성커뮤니케이션학회, 2021

엮은이 | 한국여성커뮤니케이션학회
지은이 | 김미경·김은진·조인숙·김소형·이소현·장은미·
　　　　이경숙·장미화·최은경·신정아·채정화·육은희
펴낸이 | 김종수
펴낸곳 | 한울엠플러스(주)
편집책임 | 최진희
편집 | 김하경

초판 1쇄 인쇄 | 2021년 10월 25일
초판 1쇄 발행 | 2021년 11월 15일

주소 | 10881 경기도 파주시 광인사길 153 한울시소빌딩 3층
전화 | 031-955-0655
팩스 | 031-955-0656
홈페이지 | www.hanulmplus.kr
등록 | 제406-2015-000143호

Printed in Korea.
ISBN 978-89-460-7335-7 93300 (양장)
　　　 978-89-460-8130-7 93300 (무선)

* 책값은 겉표지에 표시되어 있습니다.
* 무선제본 책을 교재로 사용하시려면 본사로 연락해 주시기 바랍니다.